Accounting
全国高职高专会计专业
理实一体化系列教材

基础审计

理论·实务·案例

王 婧 孙一玲 主 编

任立涛 苏 鹏 副主编

清华大学出版社

北 京

内 容 简 介

本教材是对高职院校传统《审计》教材改革的一种尝试，立足审计岗位典型工作任务，以注册会计师审计为主导，在遵循审计基本业务流程的前提下，采用项目化教材开发理念，结合实训任务与案例，循序渐进地展开讲解，加深学生对基本概念和理论的理解，促进知识转化为能力。

本教材共有 13 个项目，包括审计岗位认知、了解审计人员的职业道德与执业准则、审计证据与审计工作底稿、计划审计工作、进行风险评估与风险应对、审计抽样、销售与收款循环审计、采购与付款循环审计、生产与存货循环审计、筹资与投资循环审计、货币资金审计、认识独立性、出具审计报告。

图书在版编目（CIP）数据

基础审计：理论·实务·案例/王婧，孙一玲主编. —北京：清华大学出版社，2017

（全国高职高专会计专业理实一体化系列教材）

ISBN 978-7-302-48388-5

Ⅰ. ①基… Ⅱ. ①王… ②孙… Ⅲ. ①审计学—高等职业教育—教材 Ⅳ. ①F239.0

中国版本图书馆 CIP 数据核字（2017）第 216425 号

责任编辑：陈凌云
封面设计：毛丽娟
责任校对：赵琳爽
责任印制：刘海龙

出版发行：清华大学出版社
      网　　址：http：//www.tup.com.cn，http：//www.wqbook.com
      地　　址：北京清华大学学研大厦 A 座　　　　**邮　　编：**100084
      社 总 机：010-62770175　　　　　　　　　　**邮　　购：**010-62786544
      投稿与读者服务：010-62776969，c-service@tup.tsinghua.edu.cn
      质量反馈：010-62772015，zhiliang@tup.tsinghua.edu.cn
      课件下载：http：//www.tup.com.cn，010-62770175-4278
印 装 者：三河市铭诚印务有限公司
经　　销：全国新华书店
开　　本：185mm×260mm　　　　**印　　张：**22.75　　　　**字　　数：**522 千字
版　　次：2017 年 11 月第 1 版　　　　　　　　　　　**印　　次：**2017 年 11 月第 1 次印刷
印　　数：1～2000
定　　价：48.00 元

产品编号：063186-01

　　随着我国市场经济的不断完善和发展，审计作为市场经济的"经济警察"和会计产品的"质检员"，其地位和作用日益被人们所认识和重视。但是，在会计学科体系中，人们普遍认为审计学难学，尤其对于高职院校会计专业的学生来说难度更大，难在审计理论和观念太抽象，难在审计准则和实务变化太快，难在审计与会计、税务以及有关的法律法规紧密相连。为了适应新形势下经济体制改革的需要，促进市场经济健康、稳定、有序地发展，也为了使审计课程的教学跟上高职高专教育改革的步伐，满足新形势下高职高专教学需要，我们编写了本教材。

　　在本教材中，我们将和大家一起分享审计工作流程和审计技术，介绍作为一名审计工作人员应具备哪些素质、审计工作流程是怎样的、如何运用审计技术进行审计、如何出具审计报告等相关知识。在编写过程中，我们始终坚持"以素质为基础、以能力为本位、以就业为导向"的编写新理念。

　　本教材的主要特色可以归纳为以下几点。

　　第一，紧紧围绕高职会计教育的培养目标，充分吸收国内高职示范院校会计教学改革的最新成果，努力培养学生的学习能力、实践能力、创业能力、创新能力和沟通能力，重视学生的职业道德、诚信品格、敬业精神和团队意识的教育。

　　第二，在教材体系上，打破传统的章节模式。全书分13个项目，每个项目下设计若干任务，再现年报审计的逻辑体系。本教材从组织一个年报审计业务的全过程角度，让学生学习如何组织审计工作，如何执行审计程序并形成审计工作底稿，如何进行审计判断以及如何编制审计报告，教会学生如何做年报审计。

　　第三，在内容编排上，力求做到由浅入深、循序渐进，并遵循审计业务工作流程，以符合学生的认知规律和接受能力。本教材以社会审计规范为指导，辅以内部审计规范，以培训学生助理审计技能为目的，主要包括审计基础知识和审计业务循环两大部分内容，共13个项目：审计岗位认知、了解审计人员的职业道德与执业准则、审计证据与审计工作底稿、计划审计工作、进行风险评估与风险应对、审计抽样、销售与收款循环审计、采购与付款循环审计、生产与存货循环审计、筹资与投资循环审计、货币资金审计、认识独立性、出具审计报告。为了体现理实一体化，让学生在实践中理解知识点，本教材融入厦门网中网软件公司开发的会计教学软件，结合实训任务与案例，将知识点讲透，让学生身临其境地完成从业承接、计划审计、审计测试、收集证据到编制审计报告等过程，实训项目可操作、可检验，让学生体验到执行审计业务的快乐。

　　本教材由王婧、孙一玲担任主编，任立涛、苏鹏担任副主编。其中，项目1、项目7由王婧编写，项目2、项目9由任立涛编写，项目3、项目4、项目6、项目10由苏鹏编写，项目5由王婧、付秀娜和王鸿雁共同编写，项目8由王婧、孙一玲和于冬梅共同编写，项目 11 由王婧和孟会朋共同编写，项目 12 由王婧和崔慧娥共同编写，项目 13 由苏鹏和王婧共同编写。全书由王婧统稿。

在本教材编写过程中，我们查阅和参考了大量的文献资料，也借鉴了审计学最前沿的理论和实务，也把修订后的审计准则及其指南、企业内部控制基本规范及其运用指引的相关要求贯穿在教材中，为此，我们对所有审计领域的学者、参考文献的作者以及相关制度的制定者致敬并鸣谢，对扶持和帮助本教材编写的同仁，对提供软件支持的厦门网中网软件公司以及为本书出版付出热情和精力的清华大学出版社的编辑们表示衷心的感谢！

由于编者水平有限，书中不足之处在所难免，敬请读者批评、指正。

编　者

2017 年 8 月

目 录

审计岗位认知

任务 1.1 认识审计岗位

1.1.1 审计工作岗位职责

当财会专业的毕业生走向审计工作岗位，成为一名审计助理时，首先需要认识、明确该工作岗位的职责要求和内容。此处以某会计师事务所的审计助理职务说明书为例进行简单说明。

【例 1-1】 天津扬帆有限责任会计师事务所的审计助理职务说明书见图 1-1。

---

1. 学历背景
会计、审计或相关专业专科以上毕业。
2. 工作经验
一年以上财务或审计经验，从事过社会审计业务者优先考虑。
3. 基本技能和素质
(1) 熟悉财务核算系统，以及公司财务会计、审计、税务等业务。
(2) 熟悉审计操作程序和审计方法。
(3) 熟悉会计操作、会计核算及审计的全套流程与管理。
(4) 熟悉国家财经法律法规和税收政策及相关账务的处理方法。
(5) 熟悉财务管理、企业融资及资本运作。
4. 工作内容
(1) 参与项目实施，负责工作底稿编制。
(2) 资料收集，档案整理和装订，报告递送。
(3) 上级交办的其他工作。
5. 权利
(1) 风险业务处理建议权。
(2) 对上级工作建议权及奖惩不公申诉权。

图 1-1 审计助理职务说明书

从图 1-1 所示的职务说明书可以看出，审计助理职务需要掌握的知识面较广，既需要掌握会计、法律、管理方面的知识，又需要掌握专门的审计技能。审计助理的工作内容比较典型、清晰，主要分为两部分：一是审计工作底稿的编制；二是资料的收集、档案的整理和报告的递交。那么审计操作程序是什么？审计方法有哪些？什么是审计工作底稿？如何编制？如何进行资料收集、报告递送？诸如这些问题，都是需要同学们通过学习审计这门课程才能了解和认识，从而为从事审计助理工作打下坚实的基础。

1.1.2　什么是审计

审计是经济发展到一定阶段的产物，是两权分离（即企业所有权和企业经营权分离）之后，企业所有者为了监督检查企业经营者受托经济责任的履行情况，而委托独立的第三方进行的一种经济监督活动。

在我国，将审计定义为："审计是由独立的专门机构或人员接受委托或根据授权，对国家行政、事业单位和企业及其他经济组织的财务报告和其他资料及其所反映的经济活动进行审查并发表审计意见的独立的经济监督活动。"

这一定义可以从以下四个方面来理解。

1. 执行者是谁

审计工作的执行者是指从事审计工作的人员，也叫审计人、审计主体，是定义中的"独立的专门机构或人员"。具体包括专门机构和专门人员，其中，专门机构指政府审计部门、内部审计机构、会计师事务所；专门人员指专门从事政府审计、内部审计的人员和依法经批准执业的注册会计师。

2. 审计谁

"审计谁"说的是被审计人、审计客体。从定义来看，审计客体主要包括"国家行政、事业单位和企业及其他经济组织"。

3. 审计什么

"审计什么"说的是审计对象。从定义来看，审计对象主要包括被审计单位的"财务报告和其他资料及其所反映的经济活动"。

4. 审计的性质

审计是一项独立的经济监督活动，审计人应当独立于被审计人和预期使用者。

1.1.3　审计的产生与发展

1. 我国审计的产生与发展

我国审计经历了一个漫长的发展过程，大体上可分为以下六个阶段。

1）西周时期初步形成阶段

据《周礼》记载，西周时期就出现了带有审计性质的财政经济监察工作。当时，在中央政权设置的官职中，位于下大夫的"宰夫"一职，负责审查"财用之出入"，并拥有"考其出入，而定刑赏"的职权。这个职位虽然不高，但其所从事的工作却具有审计的性质，是我国国家审计的萌芽。

2）秦汉时期最终确立阶段

秦汉时期是我国审计的确立阶段，主要表现在以下三个方面：一是初步形成了统一的审计模式（全国审计机构与监察机构相结合，经济法制与审计监督制度相统一的审计模式）；二是"上计制度"（皇帝亲自参加听取和审核各地方官吏的财政会计报告，以决定赏罚的制度）日趋完善；三是审计地位提高，职权扩大。

3）隋唐至宋日臻健全阶段

隋唐时期是我国封建社会的鼎盛时期，宋代是我国封建社会经济的持续发展时期。隋朝开创了一代新制，设置了比部，隶属于都官或刑部。唐代的比部审查范围极广，项目众多，而且具有很强的独立性和较高的权威性。宋代专门设置"审计司"，是为我国"审计"的正式命名，从此，"审计"一词便成为财政监督的专用名词，对后世中外审计建制具有深远的影响。

4）元明清停滞不前阶段

元代取消比部，户部兼管会计报告的审核，独立的审计机构即告消亡。明清设置都察院，但其行使审计职能，却具有一揽子性质。

5）中华民国不断演进阶段

中华民国成立后，1912 年在国务院下设审计处，1914 年北洋政府改为审计院，同年颁布了《审计法》。国民党政府根据孙中山先生的五权分立理论，在监察院下设审计部，各省（市）设审计处，分别对中央和地方各级行政机关以及企事业单位的财政和财务收支实行审计监督。国民党政府也于 1928 年颁布过《审计法》和实施细则，次年还颁布了《审计组织法》，审计人员有审计、协审、稽查等职称。

与此同时，随着我国资本主义工商业的发展，民间审计应运而生。1918 年 9 月，北洋政府农商部颁布了《会计师章程》，标志着我国民间审计的诞生。自 20 世纪 20 年代以后，在一些大城市中相继成立了"四大"会计师事务所，如谢霖创办的正则会计师事务所（1921 年，北京）、徐永祚创办的徐永祚会计师事务所（1927 年，上海）。1925 年 3 月，我国最早的民间审计职业组织——上海会计师公会成立。

6）中华人民共和国振兴阶段

中华人民共和国成立后，国家没有设立独立的审计机构。对企业的财税监督和货币管理，是通过不定期的会计检查进行的。1983 年 9 月成立了我国国家审计的最高机关——审计署，在县以上各级人民政府设置各级审计机关。1986 年 7 月国务院发布了《中华人民共和国注册会计师条例》；1988 年 11 月颁布了《中华人民共和国审计条例》；1995 年 1 月 1 日《中华人民共和国审计法》的实施，从法律上进一步确立了政府审计的地位；2000 年 1 月审计署发布《中华人民共和国国家审计基本准则》；2003 年 5 月 1 日审计署颁布了《审计署关于内部审计工作的规定》；2004 年 2 月，审计署发布《审计机关审计项目质量控制办法（试行）准则》；2006 年 2 月 28 日八届人大九次会议通过了修正的《中华人民共和国审计法》并予以发布实施，为政府审计进一步发展奠定了良好基础。

2. 西方审计的产生与发展

1）西方官厅审计的产生与发展

据考证，早在奴隶制度下的古罗马、古埃及和古希腊时代，已有官厅审计机构。审计人员以"听证"（audit）方式，对掌管国家财物和赋税的官吏进行审查和考核，成为具有审计性质的经济监督工作。

在资本主义时期，随着经济的发展和资产阶级国家政权组织形式的完善，国家审计也有了进一步的发展。在现代资本主义国家中，大多实行立法、行政、司法三权分立，议会为国家的最高立法机关，并对政府行使包括财政监督在内的监督权。为了监督政府的财政收支，切实执行财政预算法案，西方国家大多在议会下设有专门的审计机构，由议会或国会授权，对政府及国有企事业单位的财政财务收支进行独立的审计监督，以维护统治阶级的利益。

2）西方民间审计的产生与发展

注册会计师审计产生于意大利合伙企业制度，形成于英国股份制企业制度，发展并完善于美国的资本市场。它是伴随着商品经济的发展而产生和发展起来的。

（1）注册会计师审计的起源——意大利合伙企业制度

16 世纪末期，地中海沿岸国家的商品贸易得到了发展，出现了为筹集大量资金进行贸易活动的合伙经营方式，这样，财产的所有权和经营权分离了，对经营管理者进行监督成为必要，所有者便聘请会计工作者来承担这项工作。1582 年，威尼斯会计协会成立。

（2）注册会计师审计的形成——英国股份制企业制度

1721 年，南海公司破产案是注册会计师审计产生的"催化剂"，它促成了独立会计师——注册会计师的诞生。

1844 年颁布的《公司法》规定股份公司必须设监察人，负责审查公司账目。

1845 年修订的《公司法》规定，股份公司可以聘请执业会计师协助办理此项业务。这一规定无疑对发展民间审计起了推动作用。

1853 年在苏格兰的爱丁堡成立了"爱丁堡会计师协会"，这是世界上第一个职业会计师的专业团体。

1862 年，《公司法》确定注册会计师为法定的破产清算人，从而奠定了注册会计师审计的法定地位。

1979 年，《公司法》要求银行接受特许会计师的独立审计。

1985 年，《公司法》要求全部有限公司年度会计报告必须经过审计师的审查。

英国民间审计，没有成套的方法和理论依据，只是根据查错揭弊的目的，对大量的账簿记录进行逐笔审查，即详细审计。审计师的法律地位得到法律确认；审计报告使用人为企业股东。

（3）注册会计师审计的发展——美国的资本市场

19 世纪末 20 世纪初，美国的民间审计得到了迅猛发展。

1887 年美国会计师公会成立，1916 年该会改组为美国会计师协会，后来发展为美国注册会计师协会（American Institute of Certified Public Accountants，AICPA），成为世界上最大的民间审计专业团体。

1896 年，美国通过了《注册会计师法案》，标志着经济立法的开端；1917 年，美国公共会计师协会编制了《关于资产负债表的备忘录》，从而开创了信用审计的时代。这个时期的审计特征是：审计对象由会计账目扩大到资产负债表；审计的目的是判断企业信用状况；审计方法由详细审计逐步转向抽样审计；审计报告使用人除股东外，扩大到债权人。

1933 年颁布的《证券法》和 1934 年颁布的《证券交易法》，标志着法定审计的出台，使美国审计进入会计报表审计时代。这个时期的审计特征是：审计对象为企业全部会计报表及相关资料；审计目的是对会计报表发表意见，以确定其可信性；审计范围扩大到测试相关内部控制，并广泛采用抽样审计；审计报告使用人扩大到股东、债权人、政府部门及潜在投资者；审计准则开始拟订；注册会计师考试制度广泛推行。

20 世纪 40 年代以后，民间审计开始走向国际化，出现了国际会计公司。这些国际会计师事务所包括普华永道、德勤、安永、毕马威等，其机构庞大，人员众多，有统一的工作程序和质量要求，能够适应不同国家和地区的业务环境。它们不但为跨国公司的各个企业服务，而且也为当地的公司企业服务，其业务收入每年达数十亿美元。它们通过遍设于世界各地的事务所，在国际经济活动中起着重要作用。

审计技术得到不断完善。抽样审计方法普遍运用，制度基础审计方法得到推广，审计准则逐步完善，审计理论体系开始建立。审计业务得以拓展。注册会计师业务扩大到代理纳税、代理记账、参与可行性研究等业务。

1.1.4　审计业务的三方关系

审计业务的三方关系人分别是审计人、被审计人、财务报表预期使用者。

审计人，即上述审计执行者、审计主体，在三方关系中为第一关系人。在三方关系中，其主要责任是接受委托或者授权，按照一定的工作准则，对财务报表发表审计意见。

被审计人，即上述审计客体，在三方关系中为第二关系人。在三方关系中，被审计人对被审计单位经营活动的执行负有经营管理责任，并承担以下责任：①按照适用的财务报告编制基础编制财务报表，并使其实现公允反映；②设计、执行和维护必要的内部控制，以使财务报表不存在由于舞弊或错误导致的重大错报；③向审计人提供必要的工作条件，包括允许审计人员接触与编制财务报表相关的所有信息。

预期使用者是预期使用审计报告和财务报表的组织或人员。比如，在上市公司财务报表审计中，预期使用者主要是上市公司的股东。再比如，企业向银行贷款，银行要求企业提供一份反映财务状况的财务报表，那么银行就是该审计报告的预期使用者。预期使用者是审计报告的收件人，也是三方关系中的第三关系人。由于财务报表是由被审计单位管理层负责的，因此，审计人员发表的审计意见主要是向除管理层之外的预期使用者提供的。但是，由于审计意见有利于提高财务报表的可信度，有可能对管理层有用，因此，在这种情况下，管理层也会成为预期使用者之一，但不是唯一的预期使用者。例如，某企业管理层是审计报告的预期使用者之一，但同时预期使用者还包括企业的股东、债权人、监管机构等。因此，是否存在三方关系，是判断某项业务是否属于审计业务的重要标准之一。如果某项业务只存在被审计人这样的预期使用者，不存在其他预期使用者，那么，该业务不构成一项审计业务。

审计三方关系可用图1-2来表示。

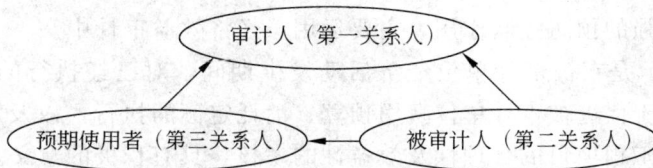

审计人（第一关系人）

预期使用者（第三关系人）　←　被审计人（第二关系人）

图 1-2　审计三方关系

1.1.5　审计分类

1. 按审计主体分类

审计按其主体不同可分为国家审计、内部审计和注册会计师审计三类。

（1）国家审计（也称政府审计）。是指由国家审计机关代表国家依法进行的审计，是强制审计，也是无偿审计。其目的主要是加强国家的审计监督，维护国家财政经济秩序，促进廉政建设，保障国家经济健康发展。它具有独立性、权威性与整体性的特点。

（2）内部审计。是指局限于组织或单位内部范围内所进行的各项审计活动，即在一个组织内部建立的一种独立评价活动，评价企业对其经营活动的控制是否完善，以防范企业潜在的风险，确保企业有效、经济地实现其经营目标。内部审计包括部门内部审计和单位内部审计两大类。内部审计应该起到自我监控和自我促进两方面作用。它具有制约作用、防护作用与参谋作用。内部审计是部门、单位加强内部控制，改善经营管理，提高经济效益的主要手段。

（3）注册会计师审计（也称独立审计、民间审计、社会审计）。是由经政府有关部门审核批准的注册会计师组成的会计师事务所进行的审计。注册会计师审计的特点是受托审计，即无权自行对企业、事业单位进行审计，只有在接受委托后，才能对被审计单位进行审计。会计师事务所不附属任何机构，自收自支、独立核算、自负盈亏、依法纳税，因此在业务上具有较强的独立性、客观性和公正性，并且为社会公众所认可。

2. 按审计内容、目的分类

审计的内容与目的是紧密联系、不可分割的。按审计的内容与目的不同，审计可分为财政财务审计、财经法纪审计、效益审计。

（1）财政财务审计。是对被审计财政财务收支活动所进行的审计，目的在于促进被审计单位遵守党和国家的方针、政策，遵守财经法纪和会计准则、会计制度，借以查错纠弊。财政财务审计是一种传统的审计，也是我国目前主要的审计形式。

（2）财经法纪审计。是对被审计单位严重违反财经法纪的行为所进行的一种专案审计。它是以错误的行为为对象，经过立案后才开始进行，以便明确方向，对问题进行彻底的揭露，以维护国家的财经法纪。财经法纪审计是我国审计监督的一种重要形式。

（3）效益审计。是指对被审计单位（或审计项目）资源管理和使用的有效性进行检查和评价的活动。有效性包括经济性、效率性、效果性和合规性。

3. 按实施时间分类

审计按实施时间的不同，可分为事前审计、事中审计、事后审计。

（1）事前审计（也称预防性审计）。是指在被审计单位经济活动发生之前所进行的审计。这种审计有较强的预防控制作用，主要运用于经济效益审计中。

（2）事中审计。是在被审计单位经济活动发生期间，对已经执行的部分进行的审计。实施事中审计，对于促进被审计单位费用预算、消耗定额的执行，以及对工期较长的基建项目、技术复杂的工程项目的合理性及效益性的考核，具有积极的意义。

（3）事后审计。是在被审计单位经济活动结束之后，对经济活动的结果所进行的审计。这种审计的优点是事实清楚、证据确凿、结论准确。事后审计的适应范围十分广泛，国家审计、注册会计师审计大多数实施事后审计，内部审计也经常进行事后审计。

4. 按审计动机分类

按审计的动机不同，可分为强制审计和任意审计。

（1）强制审计。是指审计机构根据法律、法规规定对被审计单位行使审计监督权而进行的审计。这种审计不管被审计单位是否愿意接受，都应依法进行。政府审计属于强制审计。

（2）任意审计。是根据被审计单位自身的需要，要求审计组织对其进行的审计。任意审计是相对强制审计而言的，因为审计过程是按照公司法、商法、证券法及其他经济法规要求进行的，也带有一定的强制性。

5. 按照是否先通知被审计单位分类

审计按是否先通知被审计单位可以分为预告审计和突击审计。

（1）预告审计。是将审计时间、审计事项等预先通知被审计单位所进行的审计。

（2）突击审计。与预告审计相反，就是在不预先告知被审计单位的情况下，直接进驻被审计单位所进行的审计。

6. 按是否收费分类

审计按是否收费可以分为有偿审计和无偿审计。

（1）有偿审计。是指对被审计单位进行审计后要收取费用的审计。一般注册会计师审计是有偿审计。

（2）无偿审计。是指对被审计单位进行审计后不收取任何费用的审计。一般国家审计和内部审计是无偿审计。

7. 按审计范围分类

审计按范围分类可以分为全部审计和局部审计。

（1）全部审计。是对被审计单位经济活动的各个方面所进行的审计。

（2）局部审计。是对被审计单位经济活动的某些方面所进行的审计。

8. 按审计执行的地点分类

审计按其执行的地点分类可分为就地审计和报送审计。

（1）就地审计。是指审计工作在被审计单位所在地组织进行的审计。

（2）报送审计。是指被审计单位按照要求将要审计的资料送达审计机构所在地进行的审计。

任务 1.2　认知审计目标

审计目标是在一定历史环境下，人们通过审计实践活动所期望达到的境地或最终结果，它包括审计总目标和审计具体目标两个层次。不同的审计类型，其审计目标不同。这里重点讲解我国注册会计师审计的总目标。

1.2.1　我国注册会计师审计的总目标

（1）对财务报表整体是否不存在由于舞弊或错误导致的重大错报获取合理保证，使得注册会计师能够对财务报表是否在所有重大方面按照适用的财务报告编制基础编制发表审计意见。

（2）按照审计准则的规定，根据审计结果对财务报表出具审计报告，并与管理层和治理层沟通。

1.2.2 管理层对会计报表的认定

所谓认定,是指管理层在财务报表中作出的明确或隐含的表达。注册会计师审计的主要业务是财务报表鉴证业务,发表意见的对象是财务报表,但财务报表是由被审计单位填制的,只要被审计单位向注册会计师提供财务报表,就意味着被审计单位管理层对其报表作出了明示性或暗示性的表达。

【例1-2】 天津滨海机械股份有限公司2015年的资产负债表中列示应收账款8 000 000元。

根据企业会计准则规定,管理层表明如下几点。

(1)应收账款客观存在。

(2)应收账款正确余额是800万元。

(3)所有应收账款均已包括在内。

(4)所有应收账款均为A公司的债权。

(5)应收账款披露恰当。

解析:前两项为明示性的认定,后三项为暗示性的认定。这些均为天津滨海机械股份有限公司管理层对会计报表的认定,这些认定包括对财务报表各组成要素的确认、计量、列报以及相关的披露等。

认定与审计目标密切相关,审计人员的基本职责就是确定被审计单位管理层对财务报表的认定是否恰当。现实情况中,被审计单位为了自己的各种利益和目的,可能存在不按照适用的财务报告编制基础编制财务报表,使得其财务报表的认定存在不恰当、虚假等现象,这就需要审计人员通过审计,验证被审单位管理当局认定的恰当性、合法性等。因此,了解管理层对财务报表作出的认定,是审计人员工作的起点。一般来说,被审计单位管理层的认定通常包括如下三类。

1. 与各类交易和事项相关的认定

与各类交易和事项相关的认定见图1-3。

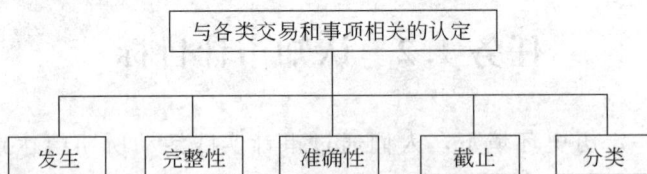

图1-3 与各类交易和事项相关的认定

(1)发生。记录的交易和事项已发生,且与被审计单位有关。"发生"认定所要解决的问题是,管理层是否把那些不应该列入的交易和事项进行了会计记录。它与会计报表组成要素的高估有关。比如,如果没有发生销售交易,但企业在销售日记账中记录了一笔销售,就违反了该项认定。

(2)完整性。所有应当记录的交易和事项均已记录。"完整性"认定所要解决的问题是,管理层是否把那些应该记录的交易和事项没有记录。它与会计报表组成要素的低估有关。比如，如果发生了销售交易，但企业没有在销售明细账和总账中记录，就违反了该项认定。

（3）准确性。与交易和事项有关的金额及其他数据已恰当记录。比如，如果在销售交易中，实际发出商品的数量与账单上的数量不相符，或是在开票时使用了错误的销售价格，或是在销售明细账中记录了错误的金额等，都违反了该项认定。

（4）截止。资产负债表日的交易和事项已记录于正确的会计期间。比如，某企业把2015年12月31日的销售业务推迟至2016年1月1日记录，导致2015年的销售业务没有记录于正确的会计期间，就违反了该项认定。

（5）分类。交易和事项已记录于恰当的账户。比如，企业将现销记录为赊销，会导致交易分类的错误，就违反了该项认定。

2. 与期末账户余额相关的认定

与期末账户余额相关的认定见图1-4。

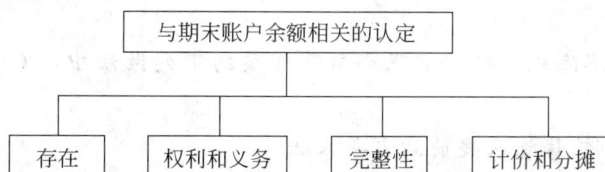

图1-4 与期末账户余额相关的认定

（1）存在。记录的资产、负债和所有者权益是存在的，不存在高估、虚列的情况。比如，如果不存在某顾客的应收账款，但是企业在应收账款明细表中却列入了对该顾客的应收账款，就违反了该项认定。

（2）权利和义务。记录的资产由被审计单位拥有或控制，记录的负债是被审计单位应当履行的偿还义务。比如，企业将他人委托企业代销的商品列入被审计单位的存货中，就违反了该项认定。将不属于企业的债务记入账内，也违反了该项认定。

（3）完整性。所有应当记录的资产、负债和所有者权益均已记录，不存在低估、漏记的情况。比如，如果存在某顾客的应收账款，而应收账款明细表中却没有列入，就违反了该项认定。

（4）计价和分摊。资产、负债和所有者权益以恰当的金额包括在财务报表中，与之相关的计价或分摊调整已恰当记录。

3. 与列报相关的认定

各类交易和事项以及账户余额的认定正确，只是为列报正确打下了必要的基础，财务报表还可能因被审计单位误解有关列报的规定或舞弊等产生错报，也可能因被审计单位没有遵守一些专门的披露要求而导致财务报表错报。因此，审计人员还应当对各类交易和事项、账户余额在财务报表中列报的正确性实施审计，见图1-5。

（1）发生及权利和义务。披露交易、事项和其他情况已发生，且与被审计单位有关。比如，如果企业拥有被抵押的固定资产，而在财务报表中并未进行列报，也没有对"与固定资产相关的权利受到限制"进行说明，就违反了该项认定。

（2）完整性。所有应当包括在财务报表中的披露均已包括。比如，企业存在关联方和

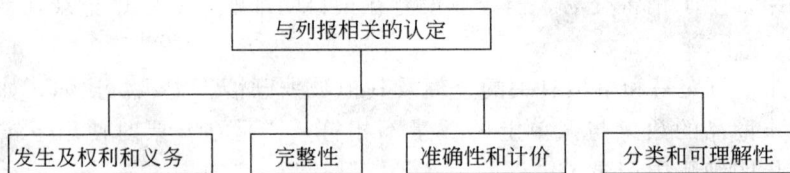

图 1-5 与列报相关的认定

关联交易，没有在财务报表中充分披露，就违反了该项认定。

（3）准确性和计价。财务信息和其他信息已公允披露，金额恰当。比如，企业财务报表附注中，没有对原材料、在产品和产成品等存货成本核算方法做恰当说明，就违反了该项认定。

（4）分类和可理解性。财务信息已被恰当的列报和描述，且披露内容表述清楚。比如，某企业 2015 年财务报表中"长期借款"项目包含了一年内即将到期的长期借款，就违反了该项认定。

【例 1-3】 天津滨海机械股份有限公司管理层的下列做法中，（   ）违反了"发生及权利和义务"认定。

A. 将次年实现的销售收入提前到当年入账

B. 将当年发生的销售业务推迟至次年入账

C. 未在会计报表附注中披露有关抵押物的情况

D. 长期待摊费用摊销期限不恰当

答案：C

解析：A 选项导致当年的收入高估，因此违反了与各类交易和事项相关的认定中"发生"的认定；B 选项导致当年的交易漏记，违反了与各类交易和事项相关的认定中"完整性"认定；C 选项被审计单位存货项目存在"与存货相关的权利受到限制"的情况，但是被审计单位没有在财务报表中进行列报与说明，违反了与列报相关的认定中"发生及权利和义务"的认定；D 选项导致长期待摊费用摊销金额不恰当，违反了与期末账户余额相关的认定中"计价和分摊"认定。

1.2.3　审计具体目标

审计具体目标是审计总目标的进一步具体化，也是审计人员进行具体项目审计时必须达到的目标。审计人员在了解被审计单位管理层认定后，需要根据认定确定每个审计项目的具体审计目标，并以此作为评估重大错报风险以及设计和实施进一步审计程序的基础。

针对被审计单位管理层的认定，具体审计目标分类阐述如下：与各类交易和事项相关的审计目标包括发生、完整性、准确性、截止、分类；与期末账户余额相关的审计目标包括存在、权利和义务、完整性、计价和分摊；与列报相关的审计目标包括发生及权利和义务、完整性、准确性和计价、分类和可理解性。

通过上面介绍可知，认定是确定审计目标的基础。针对财务报表所表现出的认定，审计人员相应地确定一项或多项审计目标，然后通过执行一系列审计程序获取充分、适当的审计证据以实现审计目标。认定、审计目标和审计程序之间的关系举例如下。

【例 1-4】 天津滨海机械股份有限公司是一家集生产和零售为一体的股份公司。扬帆会计师事务所对其进行审计，审计人员王红和刘新确定存货项目为重点审计领域，同时根据管理层的认定确定存货项目的具体审计目标，并选择相应的具体审计程序以保证审计目标的实现。

解析：假定王红和刘新已选定具体审计目标，那么，王红和刘新应当确定的与各具体审计目标最相关的管理层的认定和据以设计的最恰当的审计程序见表 1-1。

表 1-1　管理层认定、审计目标和审计程序之间的关系举例

管理层的认定	审计目标	审计程序
（1）存在	资产负债表列示的存货存在	①实施存货监盘程序
（2）完整性	销售收入包括所有已发货的交易	②检查发货单和销售发票的编号以及销售明细账
（3）准确性	应收账款反映的销售业务是否基于正确的价格和数量，计算是否准确	③比较价格清单与发票上的价格、发货单与销售订购单上的数量是否一致，重新计算发票上的金额
（4）截止	销售业务记录在恰当的期间	④比较上一年度最后几天和下一年度最初几天的发货单日期与记账日期
（5）权利和义务	资产负债表中的固定资产确实为公司拥有	⑤查阅所有权证书、购货合同、结算单和保险单
（6）计价和分摊	以净值记录应收款项	⑥检查应收账款账龄分析表、评估计提的坏账准备是否充足

任务 1.3　认知审计测试流程

确定审计目标后，审计人员就可以开始收集审计证据，以实现审计总目标和各项具体审计目标。而审计证据的收集是在审计过程中实现的，因此审计目标的实现与审计过程密切相关。所谓审计测试流程，是指审计工作从开始到结束的整个过程。不同的审计，工作流程是不同的。本书主要讲解注册会计师审计的工作流程，其主要包括接受业务委托、计划审计工作、实施风险评估程序、实施控制测试和实质性程序、审计完成阶段工作。

1.3.1　接受业务委托

会计师事务所应当按照执业准则的规定，谨慎决策是否保持与某客户的关系，接受其具体的审计业务委托。在接受委托前，注册会计师应当初步了解审计业务环境，认为其符合专业胜任能力、独立性和应有的关注等职业道德要求时才考虑接受委托。接受业务委托阶段的主要工作包括：了解和评价审计对象的可审性；决定是否接受委托；商定业务约定条款；签订审计业务约定书等。

1.3.2　计划审计工作

计划审计工作主要包括以下内容。

（1）在本期审计业务开始时开展初步业务活动。

（2）制定总体审计策略。

（3）制订具体审计计划。

1.3.3 实施风险评估程序

审计准则规定，注册会计师必须实施风险评估程序，以此作为评估财务报表层次和认定层次重大错报风险的基础。所谓风险评估程序，是指注册会计师实施了了解被审计单位及其环境并识别和评估财务报表重大错报风险的程序。

1.3.4 实施控制测试和实质性程序

实施控制测试和实质性程序（实施审计阶段）是根据计划阶段确定的范围、要点、步骤、方法进行取证、评价，借以形成审计结论，实现审计目标的中间过程。这是审计全过程的中心环节，主要工作包括：对被审计单位内部控制的建立及遵守情况进行控制测试，根据测试结果修订审计计划；对会计报表项目的数据进行实质性程序工作，根据测试结果进行评价和鉴定。如果注册会计师认为被审计单位内部控制的可信程度较高，则实质性程序工作就可以大大减少；反之，实质性程序工作则大大增加。但不论何时，实质性程序必不可少。

1.3.5 审计完成阶段工作

审计完成阶段是实质性的项目审计工作的结束，其主要工作有：整理评价执行审计业务中收集到的审计证据；复核审计工作底稿，审计期后事项；汇总审计差异，并提请被审计单位调整或做适当披露；形成审计意见，编制审计报告。为了实现审计目标，注册会计师必须正确运用专业判断，综合所收集到的各种证据，根据注册会计师审计准则，形成适当的审计意见，出具审计报告。

了解审计人员的职业道德与执业准则

任务 2.1　认识我国审计组织

世界上大多数国家和地区先后建立了适应本国特点的审计组织体系，完善的审计组织体系是由国家审计机关、内部审计机构和注册会计师审计机构组成的。

2.1.1　国家审计机关

国家审计机关是根据宪法和审计法建立，代表国家行使审计权力，从事审计监督，以维护国家利益。

根据审计机关的隶属关系，世界各国的国家审计一般可分为立法模式、行政模式和司法模式三种。我国国家审计机关机构的设置，是根据《中华人民共和国宪法》和《中华人民共和国审计法》（以下简称《审计法》）的规定确立的行政审计模式，体现双重领导体制，既隶属于上级审计机关，又隶属于同级人民政府。但审计业务以上一级审计机关领导为主。

我国的国家审计机关分为最高审计机关和地方审计机关。我国的最高审计机关——审计署设立在国务院。在国务院总理领导下，组织领导全国和政府审计工作，向国务院负责并报告工作；县级以上地方政府设立审计机关，负责本行政区域内的审计工作；根据审计机关的工作需要，可以在其审计管辖范围内派出审计特派员，建立特派员办事处；此外，中国人民解放军系统也设置了审计机构。

国家审计机关审计人员包括领导人员和审计专业人员。《中华人民共和国宪法》规定，国家审计署的审计长是国务院的组成人员，由国务院总理提名，全国人民代表大会决定人选，国家主席进行任免；地方各级审计机关领导人员，是本级人民政府的组成人员，由本级人民代表大会决定任免；国家审计工作人员属于国家公务员编制，其聘用按照国家对公务员聘用的有关规定进行。国家审计工作人员的职称有审计员、助理审计师、审计师、高级审计师。高级审计师采取考评结合的方式评定，审计师和助理审计师则采取考试的形式评定。国家审计机关审计人员行使职权受法律保护，任何组织或个人不得拒绝、阻碍审计人员依法执行公务；不得打击报复审计人员；审计机关应支持审计人员依法行使职权，审计人员在行使职权时应遵纪守法。

我国的国家审计机关审计人员应具有较高的政治素质、品德素质和业务素质，应符合以下要求：①熟悉有关的法律、法规和政策；②掌握会计、审计及其他相关专业知识；

③有一定的会计、审计及其他相关专业的工作经历；④具有调查研究、综合分析和文字表达能力；⑤具有良好的职业道德。

2.1.2　内部审计机构

我国经济体制正处在改革过程中，内部审计机构的隶属关系因单位情况不同而有差异：一种是作为国家审计机关（审计署）的派出机构设置，既受审计署领导，又受本部门领导；另一种是在部门内部最高领导人的领导下设置独立的部门内部审计机构，业务上受国家审计机关指导，对本部门及其所属企、事业单位执行内部审计监督职能。

内部审计机构是内部审计的执行机构，它是为内部管理服务的。《审计法》第 29 条规定：依法属于审计机关审计监督对象的单位，应当按照国家有关规定建立健全内部审计制度；其内部审计工作应当接受审计机关的业务指导和监督。我国的内部审计机构是根据审计法规和其他财经法规的规定设置的，分为部门内部审计机构和单位内部审计机构两个层次。

部门内部审计机构的审计业务接受同级政府审计机关的指导和监督，并向本部门和同级政府审计机关报告工作。

单位内部审计机构的审计业务接受上一级主管部门审计机构和同级政府审计机关（主要是主管部门审计机构）的指导与监督，并向本级单位和上一级主管部门审计机构及同级政府审计机关报告工作。

审计业务不多的小型企业，也可不设内部审计机构，只需指定专人检查账目。

由于审计的专业性和政策性较强，内部审计机构要配备政治与业务素质较高的人员，而且其结构要合理，即专业知识结构合理、业务水平结构合理和年龄结构合理。内部审计人员的职称评定与国家审计人员相同，包括审计员、助理审计师、审计师、高级审计师等。

2.1.3　注册会计师审计机构

注册会计师审计是在自愿基础上进行的受托审计，其组织独立于政府和任何企业或经济组织。

注册会计师审计机构是指依照国家法律或条例规定，经政府有关部门批准，并办理注册登记、独立开业的法人单位——会计师事务所、审计师事务所，主要从事审计业务、会计咨询和会计服务业务。国际上现行的会计师事务所主要有四种组织形式：个人独资、普通合伙制、股份有限公司制和有限责任合伙制。

我国目前规定只准设立有限责任公司的会计师事务所和合伙会计师事务所，不准个人设立独资会计师事务所。合伙设立的会计师事务所的债务，由合伙人按照出资比例或者协议约定，以各自的财产承担责任。合伙人对会计师事务所的债务承担连带责任。

会计师事务所的合伙人和专业审计人员必须依法取得注册会计师资格，注册会计师的资格通过考试取得。会计师事务所是注册会计师的工作机构，注册会计师只有加入会计师事务所才能执业。注册会计师执行审计业务必须遵循其职业规范。

目前，许多国家注册会计师审计机构的业务包括审计服务、税务服务、管理咨询、资产评估及会计服务，触及社会生活的各方面。

2.1.4 注册会计师考试制度

1. 报考要求

大专以上学历或者具有会计、审计、统计、经济中级（含中级）以上专业技术职称的中国公民。

2. 考试阶段

考试总共分为两个阶段：第一阶段，即专业阶段，主要测试考生是否具备注册会计师执业所需的专业知识，是否掌握基本技能和职业道德要求。第二阶段，即综合阶段，主要测试考生是否具备在注册会计师执业环境中运用专业知识，保持职业价值观、职业态度与职业道德，有效解决实务问题的能力。考生在通过第一阶段的全部考试科目后，才能参加第二阶段的考试。两个阶段的考试，每年各举行1次。

3. 考试科目

总共要考7科。第一阶段考6科，分别为：会计、审计、财务成本管理、公司战略与风险管理、税法、经济法。第二阶段考综合1科。

4. 有效期限

第一阶段单科合格成绩5年有效。对在连续5年内取得第一阶段6个科目合格成绩的考生，发放专业阶段合格证。第二阶段考试科目应在取得专业阶段合格证后5年内完成。对取得第二阶段考试合格成绩的考生，发放全科合格证。

5. 成为注册会计师的条件

（1）通过注册会计师资格考试。

（2）具有2年及以上事务所审计工作经验。

任务 2.2 了解我国审计人员的职业道德

2.2.1 概念

审计人员职业道德是为指导审计人员在从事审计工作中保持独立的地位、公正的态度和约束自己行为而制定的一整套职业道德规范。是从事审计工作的人员应遵循的、与其职业活动紧密联系的、具有审计人员职业特征并反映自身特殊要求的道德准则和规范。

2.2.2 作用

1. 净化社会风气，促进廉政建设

审计人员职业道德是在20多年的审计实践中逐步产生、形成和完善的，为8万多名审计人员共同认可的，具有无形的、强制约束力的成文和不成文的行为规范与行为准则。其行为规范与准则，是通过审计目标、社会责任、道德义务来实现的。坚持原则、秉公办事、无私无畏、尽职尽责。认真履行《审计法》，严格审计监督。真实、正确、完整地反

映财政、财务收支结果，依法纠正、处理和处罚各种违法违纪行为，净化社会风气，促进廉政建设。

2. 推动本职工作顺利完成

审计工作关系到国家、集体和个人的合法权益，妥善处理好这些关系，审计人员职业道德将起到极其重要的作用。应该做什么和不应该做什么，是判断、评价审计人员工作业绩的标准，以此推动广大审计人员自觉增强责任感、使命感、是非感和荣辱感，规范审计行为，提高审计质量；同时，调整、理顺与社会各界的和谐关系，建立正常的工作秩序、工作环境以及赢得社会的尊重、关心、支持、理解和帮助，保证审计人员认真履行其职责、高质量的完成本职工作。

3. 实现自我完善

审计人员职业道德是无价的精神财富，时刻激励着广大审计人员胸怀共产主义远大理想，诚心诚意为人民谋利益，坚持自尊、自重、自律原则，牢固树立正确的世界观、人生观、价值观、荣辱观，实现自我完善。因此，审计人员要做到以下几点：第一，严格执行党和国家各项政策、法律法规，凡是要求别人做到的，自己必须首先做到，禁止别人做的自己坚决不做。第二，不谋私利、不徇私情，当老实人、说老实话、做老实事，为人民利益坚持真理、修正错误。第三，敬岗爱业，诚实守信，在审计工作岗位上，勇于开拓、积极进取，严格执法、依法审计，维护国家和人民利益，坚决同损害人民利益、国家利益的行为做斗争。

2.2.3　主要内容

审计人员职业道德的主要内容包括以下几个方面。

1. 坚持四项基本原则

四项基本原则是我们国家的立国之本。因此，广大审计人员必须在政治上、组织上、思想上、行动上和党保持高度一致，同心同德。必须忠于祖国、忠于党、忠于人民，全心全意为人民服务，为把我国建设成为富强、民主、文明的社会主义现代化国家努力奋斗。

2. 遵纪守法

法律法规是开展各项工作的重要保证。审计人员在审计活动中，必须严格执行党和国家的各项方针、政策、法规、制度，在法律法规规定的范围内，认真履行《审计法》赋予的审计监督职责。坚持有法必依、执法必严、违法必究，依法加强财政、财务收支的监督管理，旗帜鲜明地同一切违法违纪行为做斗争，维护财经法纪的严肃性，切实保护国家、集体财产的安全和完整。

3. 做好本职工作

做好本职工作是审计人员职业道德的最基本要求，因此，审计人员要做到以下几点：一是忠于职守、爱岗敬业。在办理财政、财务收支审计业务时，应当坚持实事求是、客观公正原则，确保审计结果合法、真实、完整；提倡积极奉献精神，坚持认认真真审计、清清白白做人。二是正确处理国家、集体、个人三者之间的利益关系，切实维护其正当、合法的经济权益。三是严守被审计单位涉及国家经济、技术、商业等秘密，除法律规定外，不得私自向外泄露。

4. 廉洁自律

"保持廉洁、惩治腐败"，无论是过去、现在，还是将来，都与国家的兴盛密切相关。因此，我们在审计活动中，必须做到廉洁自律，明确自己应该做什么和不应该做什么。因此，审计人员要做到以下几点：一是清正廉洁、一尘不染。不得利用职务和工作之便，收受馈赠、贿赂，不得索贿。二是严于律己、不徇私情。不得凭借手中掌握的权力搞钱权交易，不得接受被审计单位宴请和公款支付的娱乐活动。三是作风正派、生活检点。自尊自爱，要保护自己的人格和尊严，要做一个高尚的人、一个有修养的人、一个有益于人民的人。

5. 不断加强学习

实践证明，广大审计人员必须不断加强政治学习和业务学习，提高自己的政治素质和业务能力，才能适应审计事业发展的要求。其中，在政治方面，我们应当系统地学习马列主义、毛泽东思想、邓小平理论等伟人著作，还要涉及其他政治理论书籍。在业务方面，主要是认真学习审计、会计、财政等专业知识以及计算机知识。

2.2.4 具体要求

国家审计人员职业道德：审计机关和审计人员办理审计事项，应当客观公正，实事求是，廉洁奉公，保守秘密。

内部审计人员职业道德：依法审计、忠于职守、坚持原则、客观公正、廉洁奉公、保守秘密；不得滥用职权、徇私舞弊，不得泄露秘密、玩忽职守。

注册会计师职业道德：遵循独立、客观、公正、廉洁等基本原则；具有较强的业务能力；遵守工作程序和工作方法方面的技术守则，注册会计师既要对社会公众负责，也要对委托单位负责；遵守业务承接中的职业道德。

2.2.5 我国注册会计师职业道德的基本内容

为了满足新环境对注册会计师职业道德提出的新要求，并充分借鉴国际职业会计师道德守则的最新成果，实现职业道德守则的国际趋同，中国注册会计师协会于 2010 年 10 月 14 日印发了《中国注册会计师职业道德守则》和《中国注册会计师协会非执业会员职业道德守则》。这次发布的职业道德守则，是在认真总结以往职业道德实践经验，吸收借鉴新修订的国际职业会计师道德守则的基础上编制的，既体现了中国国情，又实现了与国际职业道德守则的趋同。该守则自 2010 年 7 月 1 日起施行。

其中，《中国注册会计师职业道德守则》具体包括《中国注册会计师职业道德守则第 1 号——职业道德基本原则》《中国注册会计师职业道德守则第 2 号——职业道德概念框架》《中国注册会计师职业道德守则第 3 号——提供专业服务的具体要求》《中国注册会计师职业道德守则第 4 号——审计和审阅业务对独立性的要求》和《中国注册会计师职业道德守则第 5 号——其他鉴证业务对独立性的要求》。

此外，中国注册会计师协会同时发布的《中国注册会计师协会非执业会员职业道德守则》是为了规范非执业会员从事专业服务时的职业道德行为，促使其更好地履行相应的社会责任，维护公众利益。该守则从职业道德基本原则、职业道德概念框架、潜在冲突、信息的编制和报告等方面作出规定。把行业非执业会员纳入职业道德建设的规范体系，是本次职业道德守则制定的一大突破。目前，中国注册会计师协会 7 万多非执业会员分布在政府部门、事业单位、企业、院校等各个领域。

为指导注册会计师更好地运用职业道德守则，解决实务问题，防范执业风险，2014年 11 月 1 日，中国注册会计师协会发布《中国注册会计师职业道德守则问题解答》，自 2015 年 1 月 1 日起施行。本问题解答根据《中国注册会计师职业道德守则》（以下简称《守则》）制定，包括 30 个具体问题，内容涵盖职业道德概念框架、网络事务所、审计和审阅业务对独立性的要求、非执业会员职业道德守则等多个领域，为注册会计师恰当理解职业道德守则、解决实务问题提供细化指导和提示，需要注册会计师将其与职业道德守则一并掌握和执行。

1. 基本原则

《中国注册会计师职业道德守则第 1 号——职业道德基本原则》指出：注册会计师应当遵循诚信、客观和公正原则，在执行审计和审阅业务以及其他鉴证业务时保持独立性；应当获取和保持专业胜任能力，保持应有的关注、勤勉尽责；应当履行保密义务，对职业活动中获知的涉密信息保密；树立良好的职业形象。

诚信是注册会计师职业道德守则的核心。诚信是我国传统道德文化的重要内容之一，也是注册会计师行业生存发展的基石，"诚信者，天下之结也"。《守则》要求注册会计师在所有的职业活动中，保持正直，诚实守信，不得与严重虚假的信息、误导性的陈述、有问题的不实信息发生牵连。

要坚持独立、客观和公正的原则。《守则》明确规定：注册会计师是在执行审计和审阅业务以及其他鉴证业务时，应当从实质上和形式上保持独立；应当公正处事、实事求是，不得由于偏见、利益冲突或他人的不当影响而损害自己的职业判断。为了强调对注册会计师坚持独立性的要求，又发布了《中国注册会计师职业道德守则第 4 号——审计和审阅业务对独立性的要求》和《中国注册会计师职业道德守则第 5 号——其他鉴证业务对独立性的要求》。

2. 职业道德概念框架

为了规范注册会计师的执业行为，建立职业道德概念框架，指导注册会计师遵循职业道德基本准则，我国颁布了《中国注册会计师职业道德守则第 2 号——职业道德概念框架》。

(1) 职业道德概念框架是指解决职业道德问题的思路和方法。注册会计师对职业道德基本准则的遵循可能受到多种因素的不利影响，不利影响的性质和严重程度因注册会计师提供服务类型的不同而不同。职业道德概念框架用来指导注册会计师识别对职业道德原则的不利影响，评价不利影响的严重程度，必要时采取防范措施消除不利影响或将其降低至可接受的水平。

(2) 职业道德概念框架的具体运用。在运用职业道德概念框架时，注册会计师应当运用职业判断。首先分析确定可能对职业道德基本原则产生不利影响的因素，《守则》归纳了包括自身利益、自我评价、过度推介、密切关系和外在压力等几个方面。其次要考虑如何应对超出可接受水平的不利影响，包括采取防范措施消除不利影响或将其降低至可接受的水平，或者终止业务约定或拒绝接受业务委托。同时，在遵循职业道德基本原则时，注册会计师还应当解决遇到的冲突问题（具体规定详见《守则》）。

3. 鉴证业务对独立性的要求

职业道德守则要求注册会计师在执行鉴证业务时，应当从内心状态和外在形式方面均保持独立性，即所说的实质上的独立和形式上的独立。实质上独立的要求使得注册会计师在提出结论时不受损害职业判断的因素影响，遵循客观和公正原则，保持职业怀疑态度。形式上的独立是对第三者而言的，它要求注册会计师必须在第三者面前呈现出一种独立于委托单位（或客户）的身份，是一个理性且掌握充分信息的第三方，在权衡所有相关事实和情况后，认为会计师事务所或审计项目组成员没有损害诚信原则、客观和公正原则或职业怀疑态度。在他人看来注册会计师是独立的。

对独立性产生不利影响的主要因素有：自身利益、密切关系、外在压力、自我评价、过度推介等。

《守则》要求注册会计师识别对独立性的不利影响，评价不利影响的严重程度，必要时采取防范措施消除不利影响或将其降低至可接受的水平。无论是承接业务还是保持某项业务，事务所都应该确定能否采取防范措施以消除不利影响或将其降低至可接受水平。如无法采取适当的防范措施消除不利影响或将其降低至可接受的水平，注册会计师应当消除产生不利影响的情形，或者拒绝接受审计业务委托或终止审计业务。

《守则》规定了在评价不利影响的严重程度时，注册会计师应当从性质和数量两个方面予以考虑，详细内容参见其具体规定。

《守则》还在以下方面强化了独立性要求：①将独立性要求从上市公司扩展到所有涉及公众利益的实体；②对事务所特定员工跳槽至涉及公众利益的审计客户并担任特定职位，作出冷却期的要求；③将合伙人轮换要求扩展至所有关键审核合伙人；④强化对审计客户提供非鉴证服务的部分规定；⑤如果对某一涉及公众利益的审计客户的全部收费连续 2 年超过事务所全部收费的 15%，要求在发表审计意见之前或之后进行复核；⑥禁止将关键审计合伙人的薪酬或业绩评价与其向审计客户推销的非鉴证服务直接挂钩。

4. 职业道德基本原则的有关规定

对于职业道德基本原则的有关规定详述如下。

1）关于客观和公正的要求

客观和公正是指按照事物的本来面目去考察，从实际出发，不添加个人偏见。《守则》要求注册会计师在执业过程中，做到客观公正、实事求是，不得因各种不当影响而损害自己的职业判断。如果存在导致职业判断出现偏差，或对职业判断产生不利影响的情形，注册会计师不得提供相关专业服务。

2）专业胜任能力和应有的关注

作为一名注册会计师，不但要具有良好的职业道德，还必须具备较强的业务能力和高水平的职业判断能力。专业胜任能力包含对法律、技术和实务的发展变化的及时了解和掌握，并将专业知识和技能始终保持在应有的水平，以确保为客户提供具有专业水准的服务。注册会计师应当通过教育、培训和职业实践获取和保持专业胜任能力，并保持应有的关注，遵守执业准则和职业道德规范的要求，勤勉尽责，认真、全面、及时地完成任务。

注册会计师要对其助理人员和其他专业人员的业务能力进行评价，看其是否胜任工作；在执行业务之前，就审计项目的性质、时间、范围和方法等对助理人员和其他专业人员进行必要的培训；在执行业务过程中，应对助理人员和其他专业人员予以切实的指导、监督、检查，包括复核其工作底稿。

【例2-1】 扬帆有限责任会计师事务所由于规模较小，人才层次不完备，所以尚未取得证券和期货从业资格，但是，天津海川机械有限公司于2017年12月将发行可转换公司债券，如果扬帆有限责任会计师事务所承接了这项审计业务，违反了哪项准则？

解析： 依据《守则》，扬帆有限责任会计师事务所在专业胜任能力方面违反了职业道德准则。扬帆有限责任会计师事务所可采取拒绝该业务的措施来遵守职业道德准则。

3）保密

注册会计师工作的特点决定了他能获得委托单位的大量信息资料，有些甚至是委托单位的机密信息，例如合同的签订、预期的股票分割、股利的发放等。这些机密一旦泄露，可能会给委托单位造成不可估量的巨大损失，也会影响注册会计师及其事务所的声誉。《守则》规定：不得未经客户授权或法律法规允许，向会计师事务所以外的第三方披露其所获知的涉密信息；不得利用所获知的涉密信息为自己或第三方谋取利益；同时，对所在事务所的涉密信息保密；要警惕无意中泄露的可能性（尤其是对亲属或关系密切的人员）；要建议和帮助下级员工履行保密义务；在终止与客户关系后，注册会计师仍应对以前职业活动中获知的涉密信息保密。

当然也有例外情况。在下列情形下，注册会计师可以披露涉密信息：①法律法规允许披露，并取得客户的授权；②根据法律法规的要求，为法律诉讼、仲裁准备文件提供证据，以及向监管机构报告所发现的违法行为；③法律法规允许的情况下，在法律诉讼、仲裁中维护自己的合法权益；④接受注册会计师协会或监管机构的执业质量检查，答复其询问和调查；⑤法律法规、执业准则和职业道德规范规定的其他情形。

【例2-2】 扬帆有限责任会计师事务所于2015年负责审计天津聚贤电子厂的财务会计报表年报，其另一客户永利晶体管厂是天津聚贤电子厂的长期供应商，但是天津聚贤电子厂以该厂供货质量残次，出现了很多废品为由，拒不付款，永利晶体管厂就向扬帆有限责任会计师事务所索取天津聚贤电子厂2014年年末的存货盘存表，扬帆有限责任会计师事务所答应了这一要求，并索取了追回货款10%的费用。扬帆有限责任会计师事务所违反了哪项职业道德规范？

解析： 依据《守则》中的保密原则，本例中，扬帆有限责任会计师事务所在保密方面违反了职业道德规范。

4）良好的职业行为

注册会计师应当遵守相关法律法规，避免发生任何损害职业声誉的行为，做到"惜誉如金"。在向公众传递信息以及推介自己时，应客观、真实、得体，不损害职业形象，应诚实、实事求是，不得夸大宣传提供的服务、拥有的资质或获得的经验，不能贬低或无根据地比较其他注册会计师的工作。

【例 2-3】 以下是一些会计师事务所宣传册中的部分内容，请说明这些说法是否恰当得体。

(1) 明发会计师事务所："明发会计师事务所，查账全靠我。"

(2) 捷达会计师事务所："本所与税务局、财政厅有很好的关系，选择了本所，选择了便捷。"

(3) 旺达会计师事务所："本所现已正式更名为旺达会计师事务所，同时搬迁至远洋大厦，欢迎新老客户光临。"

(4) 正信会计师事务所："本所业务精良，人才丰富，博士 20 名，研究生百余名，是本地一流的会计师事务所。"

解析： 依据《守则》规定，注册会计师在推销专业服务时，不得有下列行为：①夸大宣传提供的服务、拥有的资质或获得的经验；②贬低或无根据地比较其他注册会计师的工作；③暗示有能力影响有关主管部门、监管机构或类似机构；④作出其他欺骗性的或可能导致误解的声明。

上述四家事务所中，(1)、(2)、(4) 所在的事务所存在做广告、进行业务招揽和宣传上的夸大行为，宣传是不得体的。(3) 所在的事务所宣传是得体的。

任务 2.3 认识中国注册会计师执业准则

2.3.1 审计准则

1. 审计准则的诞生

【例 2-4】 麦克森·罗宾斯案件。

1. 背景

麦克森·罗宾斯公司是纽约证券交易所的上市公司，是一家药材公司。该公司每年一直由普华永道会计师事务所实施审计，并发表了其财务状况和经营成果"正确、适当"的审计意见。

2. 东窗事发

1938 年年初，该公司最大的债权人米利安·汤普森在与其进行往来的过程中，怀疑其制药原料的存货有虚假，并提出如果该公司不提供原材料存在的审计证据，就拒绝认购 300 万元的债券。

3. 真相大白

于是，美国证券交易委员会开始对该公司进行调查，结果如下。

(1) 1937 年 12 月 31 日的合并资产负债表计有总资产 8 700 万美元，但其中的 1 907.5 万美元的资产是虚构的，包括存货虚构 1 000 万美元。

(2) 1937 年度合并利润表中，虚假的销售收入和毛利分别达到 1 820 万美元和 180 万美元。

(3) 公司经理菲利普·科斯特及同伙穆西卡等人，用假名混入公司并担任公司管理岗位。他们将亲信安插在掌管公司钱财的重要岗位上，并相互勾结、沆瀣一气，使他们的诈骗活动持续很久都没能被人发现。

（4）普华永道会计师事务所在审计时，由于缺乏必需的工作指南与规范，以及在审计方法上存在一定的缺陷，结果导致审计失败。

4. 事件影响

事件发生后，审计职业界开始思考并寻找答案。

（1）如何对审计人员进行约束与指导，使其具备起码的专业素质，以保证审计质量？答案是急需制定一套规范的、能够指导审计工作的文件、准则。

（2）如何改善现有的审计措施、方法，以保证审计效果和质量？答案是需要一系列职业界公认的、科学、规范、严谨的措施、方法、程序。

1947年，美国注册会计师协会（AICPA）的审计程序委员会发布《审计准则说明草案》，标志着审计准则的诞生。1954年，该委员会在以上草案基础上，发布《公认审计准则》（GAAS），标志着审计准则在世界上最终形成。

2. 概念

由例2-4可以看出，审计准则是适应社会经济发展的需要，为保证和提高审计质量，在总结审计实践经验的基础上产生的。因此，什么是审计准则？审计准则是指规定审计人员资格和指导审计人员行为的基本原则。审计准则是审计人员工作的质量要求，是审计人员工作的尺度标准和工作依据。

在审计的发展史上，最早出现的审计准则是注册会计师审计准则。在此基础上，有些国家组织又建立了政府审计准则和内部审计准则。它们分别为注册会计师、政府审计人员、内部审计人员执行审计业务建立标准和提供指南，并分别由注册会计师职业团体、国家审计管理机关、内部审计师职业团体指定和公布。美国是最早颁布注册会计师审计准则的国家，无论是国际审计准则的制定，还是其他各国注册会计师审计准则的建立，都深受其影响。各种准则的颁布，提高了全世界审计实务一致性的过程，进一步促进了注册会计师审计事业的发展。由此可见，一言以概之，"准则是规范"。

3. 审计准则的作用

（1）为衡量和评价审计工作质量提供了依据，有助于提高审计工作质量。

（2）有助于规范审计工作，维护社会经济秩序。

（3）有助于社会公众对审计工作结果的信任。

（4）有助于维护审计组织和审计人员的正当权益，使他们免受不公正的指责和控告。

（5）有助于推动审计理论的研究和现代审计人才的培养。

2.3.2 我国注册会计师执业准则体系的建设

中国注册会计师的执业准则体系包括两部分：一是审计技术规范，包括鉴证业务准则和相关服务准则，鉴证业务的准则又细分为审计准则、审阅准则和其他鉴证业务准则；二是质量控制规范。其中审计准则是该体系的核心内容，是注册会计师在执行审计业务过程中必须遵循的技术规范，是注册会计师审计工作质量的权威性判断标准。质量控制准则是审计技术规范的保证。为了进一步完善我国注册会计师审计准则体系，加速实现与国际准则的趋同，中国注册会计师协会拟定了22项新准则，并对26项准则进行了必要的修订和完善，于2006年2月15日由财政部发布，自2007年1月1日在所有会计师事务所施行。这些准则的发布，标志着我国已经建立起一套适应社会主义市场经济发展要求，顺应国际趋势的中国注册会计师执业准则体系。

我国注册会计师执业准则体系的建设可以分为以下三个阶段。

1. 制定执业准则阶段（1991—1993年）

中国注册会计师协会成立之后，一直非常重视执业规则的建设。从1991年到1993年，先后发布了《注册会计师查验证会计报表规则（试行）》等7个职业规则。这些执业规则对我国注册会计师行业走向正规化、法制化和专业化起到了积极的作用。

2. 建立准则体系阶段（1994—2003年）

1993年10月31日，第八届全国人大常务委员会第四次会议通过《中华人民共和国注册会计师法》，规定中国注册会计师协会依法拟定执业准则、规则，报国务院财政部门批准后施行。经财政部批准同意，中国注册会计师协会于1994年5月开始筹备制定中国注册会计师审计准则，同年10月，组织起草小组正式展开工作。1995年1月第一批《注册会计师审计准则》征求意见稿发布，1996年1月1日财政部批准实施第一批9个审计准则和1个实务公告。截至2003年7月1日，中国注册会计师协会先后制定了一批注册会计师审计准则，共计48个项目，包括：1个准则序言、1个独立审计基本准则、28个独立审计具体准则和10个独立审计实务公告、5个执业规范指南和3个相关基本准则（职业道德基本准则、质量控制基本准则和后续教育基本准则），初步建立了我国注册会计师职业规范体系的基本框架和注册会计师审计准则体系。

3. 完善与提高阶段（2004年至今）

随着注册会计师审计准则体系的基本建立，制定工作转向完善注册会计师审计准则体系与提高准则质量并重。特别是自2005年以来，在财政部领导的部署下，注册会计师协会根据变化的审计环境、国际审计准则的最新发展和注册会计师执业需要，有计划、有步骤地制定和修改审计准则，基本实现了审计准则的国际趋同。2006年2月，中国注册会计师协会拟订了《中国注册会计师鉴证业务基本准则》等22项准则，修订了《中国注册会计师审计准则第1142号——财务报表审计中对法律法规的考虑》等26项准则，并自2007年1月1日起施行。2010年中国注册会计师协会修订了《中国注册会计师审计准则第1101号——注册会计师的总体目标和审计工作的基本要求》等38项准则，自2012年1月1日起施行。

2.3.3 中国注册会计师执业准则体系

中国注册会计师执业准则体系包括鉴证业务准则、相关服务准则和会计师事务所质量控制准则。

（1）鉴证业务准则。由鉴证业务基本准则统领，按照鉴证业务提供的保证程度和鉴证对象的不同，分为中国注册会计师审计准则、中国注册会计师审阅准则和中国注册会计师其他鉴证业务准则（分别简称审计准则、审阅准则和其他鉴证业务准则）。其中，审计准则是整个执业准则体系的核心，用以规范注册会计师执行历史财务信息的审计业务。在提供审计服务时，注册会计师对所审计信息是否不存在重大错报提供合理保证，并以积极方式提出结论。审阅准则用以规范注册会计师执行历史财务信息的审阅业务。

在提供审阅服务时，注册会计师对所审阅信息是否不存在重大错报提供有限保证，并以消极方式提出结论。其他鉴证业务准则用以规范注册会计师执行历史财务信息审计或审阅以外的其他鉴证业务，根据鉴证业务的性质和业务约定的要求，提供有限保证或合理保证。

（2）相关服务准则。用以规范注册会计师代编财务信息、执行商定程序、提供管理咨询等其他服务。在提供相关服务时，注册会计师不提供任何程度的保证。

（3）质量控制准则。用以规范注册会计师在执行各类业务时应当遵循的质量控制政策和程序，是对会计师事务所质量控制提出的制度要求。

中国注册会计师执业准则体系见图 2-1。

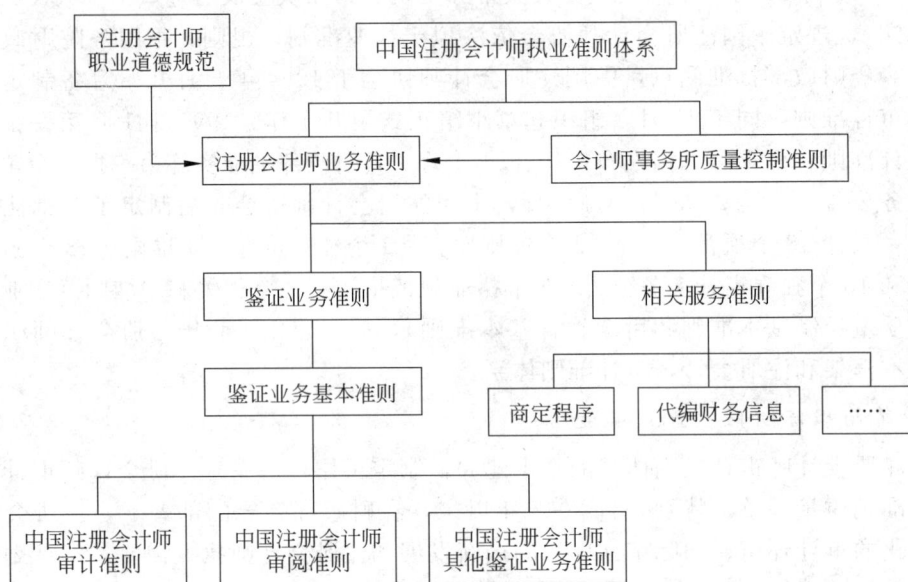

图 2-1　中国注册会计师执业准则体系

新的执业准则体系有利于提升我国注册会计师行业的整体执业水平，有利于解决行业执业实践中遇到的问题；有利于中国注册会计师行业的国际化发展，为中国注册会计师获得国际认同建立了新平台；有利于提高我国经济运行质量，有利于我国的对外经济交流。

2.3.4　中国注册会计师鉴证业务基本准则

中国注册会计师鉴证业务基本准则是整个鉴证业务准则的总纲领，其目的是规范注册会计师执业鉴证业务，明确鉴证业务的目标和要素，确定审计准则、审阅准则、其他鉴证业务准则适用的鉴证业务类型。

1. 鉴证业务的定义和目标

1）鉴证业务的定义

所谓鉴证业务，是指注册会计师对鉴证对象信息提出结论，以增强除责任方之外的预期使用者对鉴证对象信息信任程度的业务。其中包括：历史财务信息审计业务、历史财务信息审阅业务和其他鉴证业务。

这里所说的鉴证对象信息，是按照标准对鉴证对象进行评价和计量的结果。例如，责任方按照会计准则和相关会计制度（标准）对其财务状况、经营成果和现金流量（鉴证对象）进行确认、计量和列报（包括披露）而形成的财务报表（鉴证对象信息）。鉴证对象信息应当恰当反映既定标准运用于鉴证对象的情况。如果没有按照既定标准恰当反映鉴证对象的情况，鉴证对象信息可能存在错报，而且可能存在重大错报。

2）基于责任方认定的业务和直接报告业务

鉴证业务分为基于责任方认定的业务和直接报告业务。

在基于责任方认定的业务中，责任方对鉴证对象进行评价或计量，鉴证对象信息以责任方认定的形式为预期使用者获取。例如，在财务报表审计中，被审计单位管理层（责任方）对财务状况、经营成果和现金流量（鉴证对象）进行确认、计量和列报（评价或计量）而形成的财务报表（鉴证对象信息）即为责任方的认定，该财务报表可为预期报表使用者获取，注册会计师针对财务报表出具审计报告。这种业务属于基于责任方认定的业务。

在直接报告业务中，注册会计师直接对鉴证对象进行评价或计量，或者从责任方获取对鉴证对象评价或计量的认定，而该认定无法为预期使用者获取，预期使用者只能通过阅读鉴证报告获取鉴证对象信息。例如，在内部控制鉴证业务中，注册会计师可能无法从管理层（责任方）获取其对内部控制有效性的评价报告（责任方认定），或虽然注册会计师能够获取该报告，但预期使用者无法获取该报告，注册会计师直接对内部控制的有效性（鉴证对象）进行评价并出具鉴证报告，预期使用者只能通过阅读该鉴证报告获得内部控制有效性的信息（鉴证对象信息）。这种业务属于直接报告业务。

3）鉴证业务的目标

鉴证业务的保证程度分为合理保证和有限保证。

合理保证的鉴证业务的目标是注册会计师将鉴证业务风险降至该业务环境下可接受的低水平，以此作为以积极方式提出审计结论的基础。例如，在历史财务信息审计中，要求注册会计师将审计风险降至可接受的低水平，对审计后的历史财务信息提供高水平保证（合理保证），在审计报告中对历史财务信息采用积极方式提出结论。这种业务属于合理保证的鉴证业务。

有限保证的鉴证业务的目标是注册会计师将鉴证业务风险降至该业务环境下可接受的低水平，以此作为以消极方式提出审计结论的基础。例如，在历史财务信息审阅业务中，要求注册会计师将审阅风险降至该业务环境下可接受的低水平（高于历史财务信息审计中可接受的低水平），对审阅后的历史财务信息提供低于高水平的保证（有限保证），在审阅报告中对历史财务信息采用消极方式提出结论。这种业务属于有限保证的鉴证业务。

【例 2-5】 以下两份报告，保证程度较低的是哪份？为什么？

A. 审阅报告（见图 2-2）

B. 审计报告（见图 2-3）

答案：A

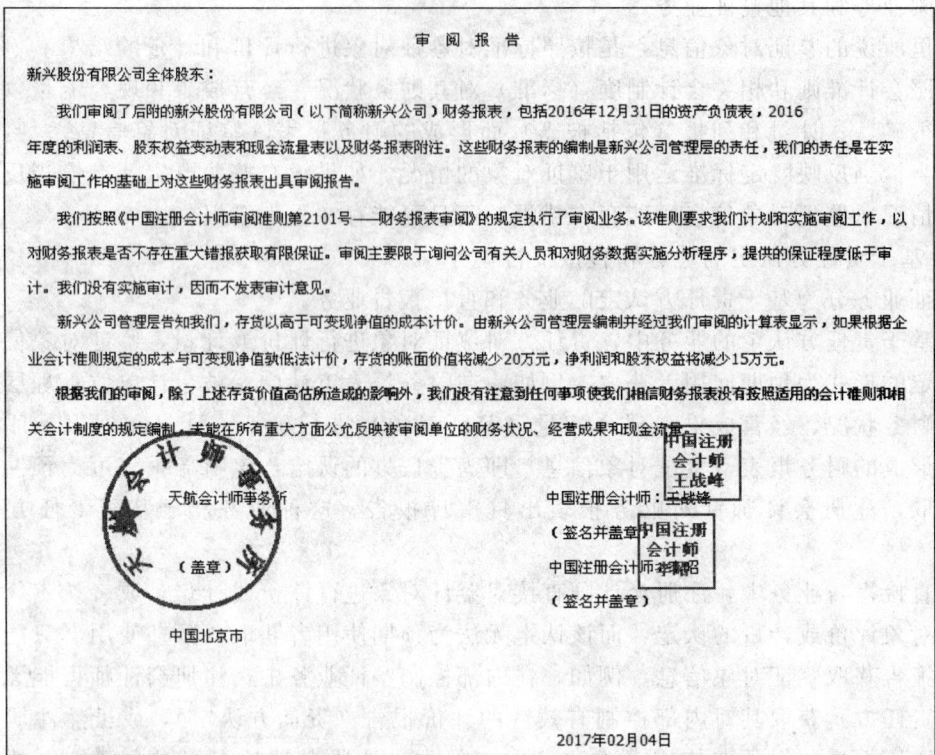

图 2-2　审阅报告（1）

解析：根据两项报告的意见段，可以看出审阅报告的保证程度是有限的，审计报告的保证程度是合理的，因此，审阅报告的保证程度相对较低。

2. 鉴证业务要素

鉴证业务要素包括鉴证业务的三方关系、鉴证对象、标准、证据和鉴证报告。

1）鉴证业务的三方关系

鉴证业务涉及三方关系人，即注册会计师、责任方和预期使用者。这里的三方关系人与项目 1 中审计业务的三方关系人是同一概念，此处不再赘述。

通常，鉴证业务是服务于所有的预期使用者，因而鉴证报告的收件人应当明确为所有的预期使用者。当鉴证业务服务于特定的使用者或具有特定的目的时，注册会计师应当考虑在鉴证报告中注明该报告的特定使用者或特定目的，对报告的用途加以限定。

【例 2-6】　凌风股份有限公司为其分公司编制了报表，北京网中会计师事务所对其报表出具的报告见图 2-4，本例涉及的鉴证业务三方关系为（　　　）。

A. 网中会计师事务所

B. 凌风股份有限公司

C. 凌风股份有限公司分公司

D. 凌风股份有限公司全体股东

答案：A、B、D

解析：鉴证业务涉及的三方关系人包括注册会计师、责任方和预期使用者。责任方与预期使用者可能是同一方，也可能不是同一方。

审计报告

（非标报告—保留意见格式）

京2017审字第 25 号

国安股份有限公司全体股东：

我们审计了后附的**国安股份有限公司**　　　　　　（以下简称国安　　公司）财务报表，

包括 2016年12月31日的资产负债表、2016年度的利润表、现金流量表和所有者权益变动表，以及财务报表附注。

一、管理层对财务报表的责任

编制和公允列报财务报表是**国安股份有限公司**　　　　　　　　管理层的责任。这种责任包括：（1）按照企业会计准则的规定编制财务报表，并使其实现公允反映；（2）设计、执行和维护必要的内部控制，以使财务报表不存在由于舞弊或错误而导致的重大错报。

二、注册会计师的责任

我们的责任是在执行审计工作的基础上对财务报表发表审计意见。我们按照中国注册会计师审计准则的规定执行了审计工作。中国注册会计师审计准则要求我们遵守中国注册会计师职业道德守则，计划和执行审计工作以对财务报表是否不存在重大错报获取合理保证。

审计工作涉及实施审计程序，以获取有关财务报表金额和披露的审计证据。选择的审计程序取决于注册会计师的判断，包括对由于舞弊或错误导致的财务报表重大错报风险的评估。在进行风险评估时，注册会计师考虑与财务报表编制和公允列报相关的内部控制，以设计恰当的审计程序，但目的并非对内部控制的有效性发表意见。审计工作还包括评价管理层选用会计政策的恰当性和做出会计估计的合理性，以及评价财务报表的总体列报。

我们相信，我们获取的审计证据是充分、适当的，为发表审计意见提供了基础。

三、导致保留意见的事项

国安公司2016年12月31日的应收账款余额14万元，占资产总额的12%。由于国安公司未能提供债务人地址，我们无法实施函证以及其他替代审计程序，以获取充分、适当的审计证据。

四、审计意见

我们认为，除"三、导致保留意见的事项"段所述事项产生的影响外**国安股份有限公司**

财务报表在所有重大方面按照企业会计准则的规定编制，公允反映了**国安股份有限公司**

2016年12月31日的财务状况以及 2016年度的经营成果和现金流量。

中国注册会计师

蓝天会计师事务所有限公司

中国注册
会计师
吴昊

中国 北京

中国注册会计师

中国注册
会计师
张强

图 2-3　审计报告（1）

凌风股份有限公司全体股东：

我们审计了后附的凌风股份有限公司（以下简称凌风锦州）的财务报表，包括 2016 年 12 月 31 日的资产负债表，2016 年度的利润表、现金流量表和所有者权益变动表以及财务报表附注。

（一）管理层对财务报表的责任

编制和公允列报财务报表是凌风锦州管理层的责任。这种责任包括：（1）按照企业会计准则的规定编制财务报表，并使其实现公允反映。（2）设计、执行和维护必要的内部控制，以使财务报表不存在由于舞弊或错误导致的重大错误。

（二）注册会计师的责任

我们的责任是在执行审计工作的基础上对财务报表发表审计意见。我们按照中国注册会计师审计准则的规定执行了审计工作。中国注册会计师审计准则要求我们遵守职业道德守则，计划和执行审计工作以对财务报表是否不存在重大错误获取合理保证。

审计工作涉及实施审计程序，以获取有关财务报表金额和披露的审计证据。选择的审计证据取决于注册会计师的判断。包括对由于舞弊或错误导致的财务报表重大错报的评估。在进行风险评估时，注册会计师考虑与财务报表编制和公允列报相关的内部控制，以设计恰当的审计程序，但目的并非对内部控制的有效性发表意见。审计工作还包括评价管理层选用会计政策的恰当性和作出会计估计的合理性，以及评价财务报表的总体列报。

我们相信，我们获取的审计证据是充分的、适当的，为发表审计意见提供了基础。

（三）审计意见

我们认为，凌风股份有限公司财务报表在所有重大方面按照企业会计准则的规定编制，公允反映了凌风股份有限公司 2016 年 12 月 31 日的财务状况以及 2016 年度的经营成果和现金流量。

北京网中会计师事务所
（盖章）

中国注册会计师：任寸阴
（签名及盖章）

中国注册会计师：李绅
（签名及盖章）

中国·北京

2017 年 02 月 01 日

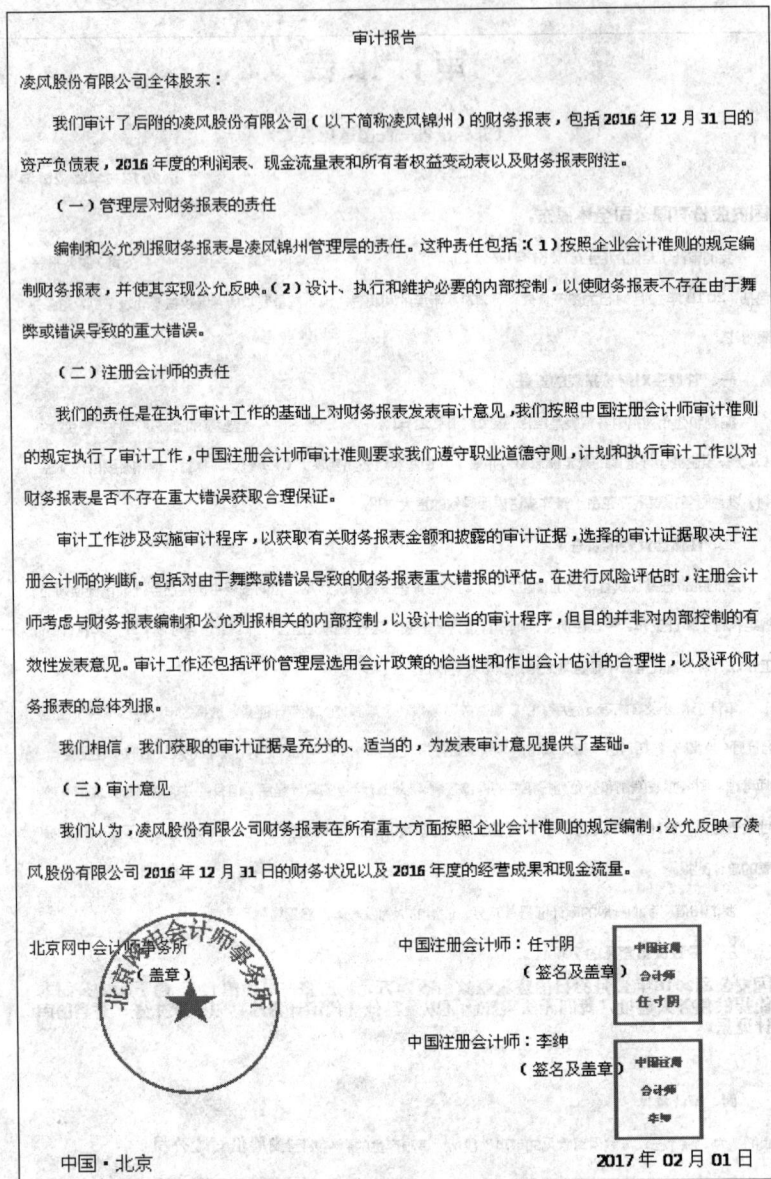

图 2-4 审计报告（2）

2）鉴证对象

在注册会计师提供的鉴证业务中，存在着多种不同类型的鉴证对象。相应地，鉴证对象信息也具有多种不同的形式。

（1）当鉴证对象为历史或预测的财务状况时，鉴证对象信息可能是反映效率或效果的关键指标。

（2）当鉴证对象为企业运营情况等非财务业绩或状况时，鉴证对象信息可能是反映效率或效果的关键指标。

（3）当鉴证对象为设备的生产能力等物理特征时，鉴证对象信息可能是有关鉴证对象物理特征的说明文件。

（4）当鉴证对象为企业的内部控制或信息技术系统等某种系统和过程时，鉴证对象信息可能是关于其有效性的认定。

（5）当鉴证对象为遵守法律法规情况等一种行为时，鉴证对象信息可能是对法律法规遵守情况或执行效果的声明。

【例 2-7】 北京网中会计师事务所出具的审计报告见图 2-5，该业务的鉴证对象为（　　　）。

A. 临夏股份有限公司财务报表

B. 临夏股份有限公司财务状况、经营成果和现金流量

C. 临夏股份有限公司管理层

D. 临夏股份有限公司的内部控制

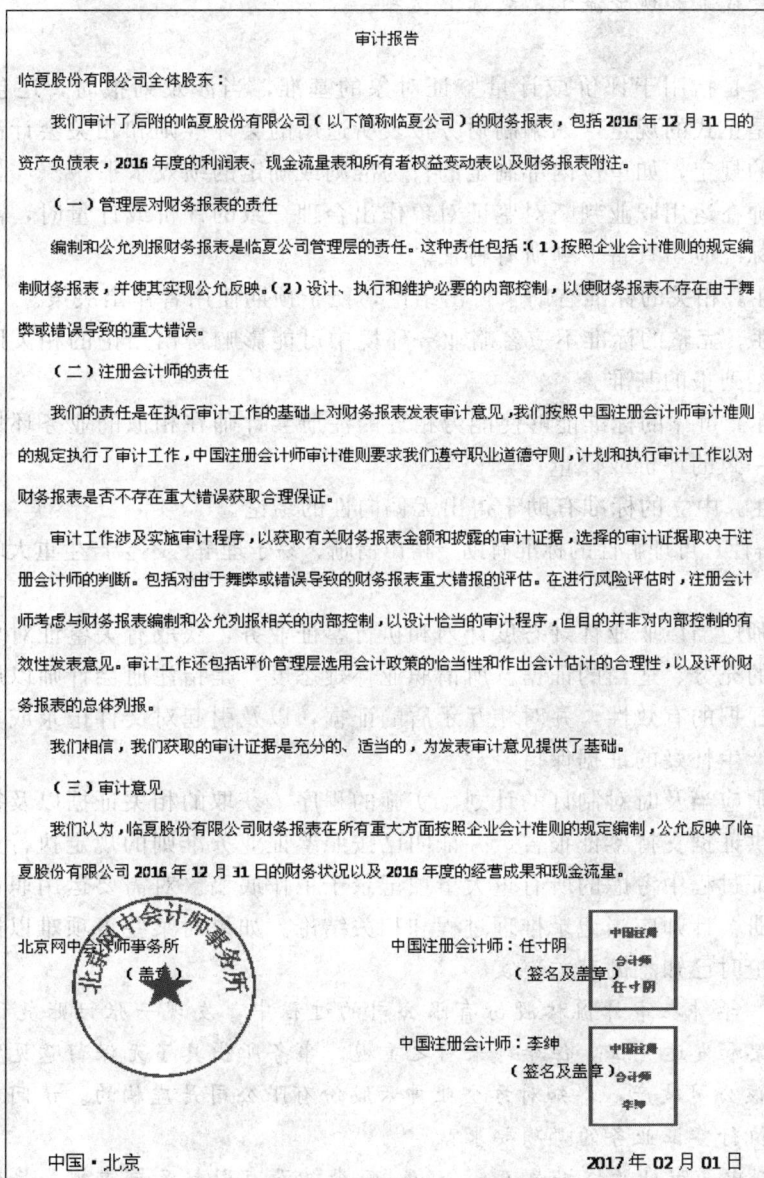

审计报告

临夏股份有限公司全体股东：

　　我们审计了后附的临夏股份有限公司（以下简称临夏公司）的财务报表，包括 2016 年 12 月 31 日的资产负债表、2016 年度的利润表、现金流量表和所有者权益变动表以及财务报表附注。

　　（一）管理层对财务报表的责任

　　编制和公允列报财务报表是临夏公司管理层的责任。这种责任包括：（1）按照企业会计准则的规定编制财务报表，并使其实现公允反映。（2）设计、执行和维护必要的内部控制，以使财务报表不存在由于舞弊或错误导致的重大错误。

　　（二）注册会计师的责任

　　我们的责任是在执行审计工作的基础上对财务报表发表审计意见，我们按照中国注册会计师审计准则的规定执行了审计工作，中国注册会计师审计准则要求我们遵守职业道德守则，计划和执行审计工作以对财务报表是否不存在重大错误获取合理保证。

　　审计工作涉及实施审计程序，以获取有关财务报表金额和披露的审计证据，选择的审计证据取决于注册会计师的判断。包括对由于舞弊或错误导致的财务报表重大错报的评估。在进行风险评估时，注册会计师考虑与财务报表编制和公允列报相关的内部控制，以设计恰当的审计程序，但目的并非对内部控制的有效性发表意见。审计工作还包括评价管理层选用会计政策的恰当性和作出会计估计的合理性，以及评价财务报表的总体列报。

　　我们相信，我们获取的审计证据是充分的、适当的，为发表审计意见提供了基础。

　　（三）审计意见

　　我们认为，临夏股份有限公司财务报表在所有重大方面按照企业会计准则的规定编制，公允反映了临夏股份有限公司 2016 年 12 月 31 日的财务状况以及 2016 年度的经营成果和现金流量。

北京网中会计师事务所　　　　　中国注册会计师：任寸阴
（盖章）　　　　　　　　　　　　（签名及盖章）

　　　　　　　　　　　　　　　中国注册会计师：李绅
　　　　　　　　　　　　　　　（签名及盖章）

中国·北京　　　　　　　　　　2017 年 02 月 01 日

图 2-5　审计报告 (3)

答案：B

解析：鉴证对象与鉴证对象信息具有多种形式，主要包括：①当鉴证对象为财务业绩或状况时（如历史或预测的财务状况、经营成果和现金流量），鉴证对象信息是财务报表；②当鉴证对象为非财务业绩或状况时（如企业的运营情况），鉴证对象信息可能是反映效率或效果的关键指标；③当鉴证对象为物理特征时（如设备的生产能力），鉴证对象信息可能是有关鉴证对象物理特征的说明文件；④当鉴证对象为某种系统和过程时（如企业的内部控制或信息技术系统），鉴证对象信息可能是关于其有效性的认定；⑤当鉴证对象为一种行为时（如遵守法律法规的情况），鉴证对象信息可能是对法律法规遵守情况或执行效果的声明。本例中，鉴证对象信息是临夏公司的财务报表，因此鉴证对象是临夏公司的财务状况、经营成果和现金流量，故选 B 选项。

3）标准

所谓标准，是指用于评价或计量鉴证对象的基准，当涉及列报时，还包括列报的基准。标准可以是正式的规定，如编制财务报表所适用的会计准则和相关会计制度，也可以是某些非正式的规定，如单位内部制定的行为准则或确定的绩效水平。

注册会计师在运用职业判断对鉴证对象作出合理一致的评价或计量时，需要有适当的标准。适当的标准应当具备下列所有特征。

（1）相关性。相关的标准有助于得出结论，便于预期使用者作出决策。

（2）完整性。完整的标准不应忽略业务环境中可能影响得出结论的相关因素，当涉及列报时，还包括列报的基准。

（3）可靠性。可靠的标准能够使能力相近的注册会计师在相似的业务环境中，对鉴证对象作出合理一致的评价或计量。

（4）中立性。中立的标准有助于得出无偏向性的结论。

（5）可理解性。可理解性的标准有助于得出清晰、易于理解、不会产生重大歧义的结论。

4）证据

注册会计师应当以职业怀疑态度计划和执行鉴证业务，获取有关鉴证对象信息是否不存在重大错误的充分、适当的证据。所谓职业怀疑态度，是指注册会计师以质疑的思维方式评价所获取证据的有效性，并对相互矛盾的证据，以及引起对文件记录或责任方提供的信息的可靠性产生怀疑的证据保持警觉。

注册会计师应当及时对制订的计划、实施的程序、获取的相关证据以及得出的结论作出记录，以提供证据支持鉴证报告，并证明已按照鉴证业务准则的规定执行业务。注册会计师应当将鉴证过程中考虑的所有重大事项记录于工作底稿。对需要运用职业判断的所有重大事项，注册会计师应当记录推理过程和相关结论。如果对某些事项难以进行判断，还应记录得出结论时已知悉的有关事实。

【例 2-8】 李绅在审计侃林股份有限公司的过程中，发现一张记账凭证（见图 2-6）无后附销售发票和发运凭证，但李绅未对之重视，事务所出具了无保留意见审计报告（见图 2-7）。事后该公司破产，得知对方企业神六股份有限公司是虚构的。请问，李绅在审计过程中违反了执行鉴证业务的哪项要求？

解析：本例中，审计的证据是不充分的，而李绅没有引起足够重视，导致出具了错误的审计报告。李绅在审计过程中违反了执行鉴证业务的"职业怀疑态度"的要求。

记 账 凭 证

2015 年 10 月 07 日

记字第 089 号

摘 要	总账科目	明细科目	借 方 金 额	贷 方 金 额	√
			亿 千 百 十 万 千 百 十 元 角 分	亿 千 百 十 万 千 百 十 元 角 分	
销售A磨珍机器	应收账款	神六股份有限公司	2 3 4 0 0 0 0 0 0		√
	主营业务收入			2 0 0 0 0 0 0 0 0	√
	应交税费	应交增值税（销项税额）		3 4 0 0 0 0 0 0	√
合 计			￥ 2 3 4 0 0 0 0 0 0	￥ 2 3 4 0 0 0 0 0 0	

附单据 0 张

会计主管：张群群　　记账：沈东飞　　出纳：　　　　复核：蔡飞皇　　制单：施礼群

图 2-6　记账凭证

审计报告

侃林股份有限公司全体股东：

我们审计了后附的侃林股份有限公司（以下简称侃林公司）的财务报表，包括 2015 年 12 月 31 日的资产负债表，2015 年度的利润表、现金流量表和所有者权益变动表以及财务报表附注。

（一）管理层对财务报表的责任

编制和公允列报财务报表是侃林公司管理层的责任。这种责任包括：（1）按照企业会计准则的规定编制财务报表，并使其实现公允反映。（2）设计、执行和维护必要的内部控制，以使财务报表不存在由于舞弊或错误导致的重大错误。

（二）注册会计师的责任

我们的责任是在执行审计工作的基础上对财务报表发表审计意见，我们按照中国注册会计师审计准则的规定执行了审计工作，中国注册会计师审计准则要求我们遵守职业道德守则，计划和执行审计工作以对财务报表是否不存在重大错误获取合理保证。

审计工作涉及实施审计程序，以获取有关财务报表金额和披露的审计证据，选择的审计证据取决于注册会计师的判断，包括对由于舞弊或错误导致的财务报表重大错报的评估。在进行风险评估时，注册会计师考虑与财务报表编制和公允列报相关的内部控制，以设计恰当的审计程序，但目的并非对内部控制的有效性发表意见。审计工作还包括评价管理层选用会计政策的恰当性和作出会计估计的合理性，以及评价财务报表的总体列报。

我们相信，我们获取的审计证据是充分的、适当的，为发表审计意见提供了基础。

（三）审计意见

我们认为，侃林股份有限公司财务报表在所有重大方面按照企业会计准则的规定编制，公允反映了侃林股份有限公司 2015 年 12 月 31 日的财务状况以及 2015 年度的经营成果和现金流量。

北京网中会计师事务所
（盖章）

中国注册会计师：任寸阴
（签名及盖章）

中国注册会计师：李绅
（签名及盖章）

中国·北京

2016 年 02 月 01 日

图 2-7　审计报告（4）

5）鉴证报告

注册会计师应当出具含有鉴证结论的书面报告，该鉴证结论应当说明注册会计师就鉴证对象信息获取的保证。在基于责任方认定的业务中，注册会计师的鉴证结论可以采取明确提及责任方认定和直接提及鉴证对象和标准两种表述方式；在直接报告业务中，注册会计师应当明确提及鉴证对象和标准。

【例 2-9】 下列背景单据所列示的报告中属于鉴证业务报告的是（　　　　）。

A. 审计报告（见图 2-8）

审计报告

商夏股份有限公司全体股东：

我们审计了后附的商夏股份有限公司（以下简称商夏公司）的财务报表，包括 2016 年 12 月 31 日的资产负债表，2016 年度的利润表、现金流量表和所有者权益变动表以及财务报表附注。

（一）管理层对财务报表的责任

编制和公允列报财务报表是商夏公司管理层的责任。这种责任包括：（1）按照企业会计准则的规定编制财务报表，并使其实现公允反映。（2）设计、执行和维护必要的内部控制，以使财务报表不存在由于舞弊或错误导致的重大错误。

（二）注册会计师的责任

我们的责任是在执行审计工作的基础上对财务报表发表审计意见。我们按照中国注册会计师审计准则的规定执行了审计工作。中国注册会计师审计准则要求我们遵守职业道德守则，计划和执行审计工作以对财务报表是否不存在重大错误获取合理保证。

审计工作涉及实施审计程序，以获取有关财务报表金额和披露的审计证据。选择的审计证据取决于注册会计师的判断。包括对由于舞弊或错误导致的财务报表重大错报的评估。在进行风险评估时，注册会计师考虑与财务报表编制和公允列报相关的内部控制，以设计恰当的审计程序，但目的并非对内部控制的有效性发表意见。审计工作还包括评价管理层选用会计政策的恰当性和作出会计估计的合理性，以及评价财务报表的总体列报。

我们相信，我们获取的审计证据是充分的、适当的，为发表审计意见提供了基础。

（三）审计意见

我们认为，商夏股份有限公司财务报表在所有重大方面按照企业会计准则的规定编制，公允反映了商夏股份有限公司 2016 年 12 月 31 日的财务状况以及 2016 年度的经营成果和现金流量。

北京网中会计师事务所
（盖章）

中国注册会计师：王一梅
（签名及盖章）王一梅

中国注册会计师：薛林丽
（签名及盖章）薛林丽

中国·北京

2017 年 02 月 01 日

图 2-8　审计报告（5）

B. 验资报告（见图 2-9）

验资报告

人应财产管理股份有限公司（筹）：

我们接受委托，审验了贵公司（筹）截至2017年05月05日止申请设立登记的注册资本实收情况。按照相关法律、法规以及协议、章程的要求出资，提供真实、合法、完整的验资资料，保护资产的安全、完整是全体股东及贵公司（筹）的责任。我们的责任是对贵公司（筹）注册资本的实收情况发表审验意见。我们的审验是依据《中国注册会计师审计准则第1602号——验资》进行的。在审验过程中，我们结合贵公司（筹）的实际情况，实施了检查等必要的审验程序。

根据协议、章程的规定，贵公司（筹）申请登记的注册资本为 人民币5000万元整 ，全体股东于 2017年 05月 05日之前一次缴足。经我们审验，截至2017年 05月 05日止，贵公司（ 等）已收到全体股东缴纳的注册资本（实收资本）合计 人民币伍仟万元整 （大写）。各股东以货币出资 5000万 元。

本验资报告仅供贵公司（筹）申请办理设立登记及据以向全体股东签发出资证明时使用，不应被视为是对贵公司（筹）验资报告日后资本保全、偿债能力和持续经营能力等的保证。因使用不当造成的后果，与本所及执行本验资业务的注册会计师无关。

附件：1. 注册资本实收情况明细表；
      2. 验资事项说明

北京网中会计师事务所

中国注册会计师：林 （签名盖章）

中国注册会计师：林海（签名盖章）

图 2-9　验资报告

C. 代编财务报表业务报告（见图 2-10）

代编财务报表业务报告

至善林业股份有限公司：

在至善林业股份有限公司管理层提供信息的基础上，我们按照《中国注册会计师相关服务准则第4111号——代编财务信息》的规定，代编了至善林业股份有限公司2016年12月31日的资产负债表，2016年度的利润表、股东权益变动表和现金流量表以及财务报表附注。

管理层对这些财务报表负责。我们未对这些财务报表进行审计或审阅，因此不对其提出鉴证结论。

北京网中会计师事务所
（盖章）
中国北京市

中国注册会计师：林一峰
（签名并盖章）
2017年01月03日

图 2-10　代编财务报表业务报告

D. 审阅报告（见图2-11）

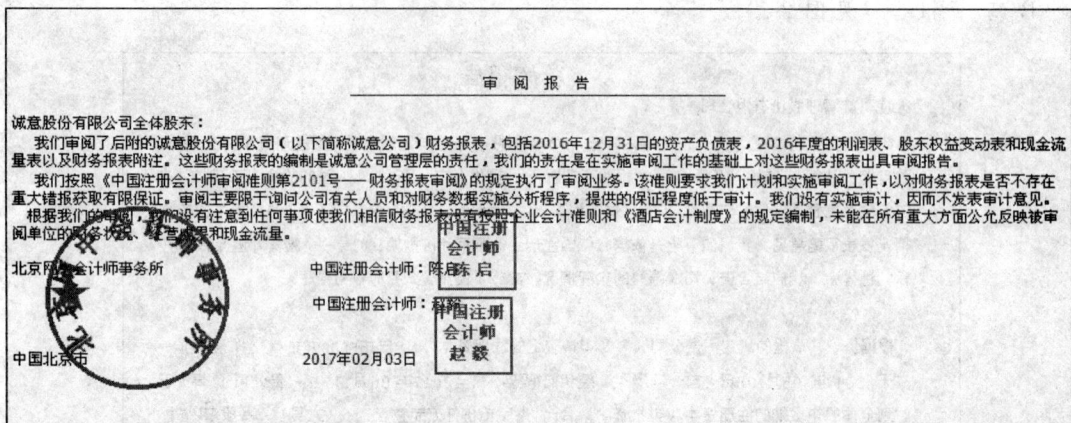

审 阅 报 告

诚意股份有限公司全体股东：

　　我们审阅了后附的诚意股份有限公司（以下简称诚意公司）财务报表，包括2016年12月31日的资产负债表、2016年度的利润表、股东权益变动表和现金流量表以及财务报表附注。这些财务报表的编制是诚意公司管理层的责任，我们的责任是在实施审阅工作的基础上对这些财务报表出具审阅报告。

　　我们按照《中国注册会计师审阅准则第2101号——财务报表审阅》的规定执行了审阅业务。该准则要求我们计划和实施审阅工作，以对财务报表是否不存在重大错报获取有限保证。审阅主要限于询问公司有关人员和对财务数据实施分析程序，提供的保证程度低于审计。我们没有实施审计，因而不发表审计意见。

　　根据我们的审阅，我们没有注意到任何事项使我们相信财务报表没有按照企业会计准则和《酒店会计制度》的规定编制，未能在所有重大方面公允反映被审阅单位的财务状况、经营成果和现金流量。

北京网兴会计师事务所　　　　中国注册会计师：陈启陈启

　　　　　　　　　　　　　　中国注册会计师：赵毅赵毅

中国北京市　　　　　　　　　2017年02月03日

图2-11　审阅报告（2）

答案：A、B、D

解析：鉴证报告是注册会计师应当针对鉴证对象信息（或鉴证对象）在所有重大方面是否符合适当的标准，以书面报告的形式发表能够提供一定保证程度的结论。根据各报告的意见段，可以判断C选项没有发表一定程度的结论。

2.3.5　中国注册会计师审计准则

审计准则是规范审计人员执行审计业务，获取审计证据，形成审计结论，出具审计报告的专业标准。

1. 注册会计师审计准则的性质

注册会计师审计准则又称审计标准，是注册会计师在执行独立审计业务过程中必须遵循的行为规范和指南，也是衡量和评价注册会计师审计工作质量的权威性标准或尺度。

注册会计师肩负着对社会公众的重大责任，为使其能够忠实而有效地履行自己的职责，保证职业的水平和质量，就必须对注册会计师的执业行为进行规范，明确哪些工作必须做，哪些工作可以做，哪些工作不能做。注册会计师审计准则正是规范注册会计师执业行为的权威性标准。同时，注册会计师审计准则对注册会计师的业务素质、业务能力、品德操行和执业态度提出了基本标准。只要注册会计师在执行独立审计业务过程中严格遵循审计准则的要求，保持应有的职业谨慎，就能够为社会公众提供审计质量保证。反之，注册会计师是否在执业过程中严格遵循审计准则，也是衡量和评价其审计工作质量高低的重要尺度或标准。

2. 我国注册会计师审计准则的构成内容

在我国新发布的注册会计师执业准则体系中，审计准则由一般原则与责任、风险评估与应对、审计证据、利用其他主体的工作、审计结论与报告、特殊领域审计6部分内容，共计41个项目组成（见表2-1）。

表 2-1　中国注册会计师执业准则

类　　别	序号	具体项目名称
一般原则与责任	1101	财务报表审计的目标和一般原则
	1111	审计业务约定书
	1121	历史财务信息审计的质量控制
	1131	审计工作底稿
	1141	财务报表审计中对舞弊的考虑
	1142	财务报表审计中对法律法规的考虑
	1151	与治理层的沟通
	1152	前后任注册会计师的沟通
风险评估与应对	1201	计划审计工作
	1211	了解被审计单位及其环境并评估重大错报风险
	1212	对被审计单位使用服务机构的考虑
	1221	重要性
	1231	针对评估的重大错报风险实施的程序
审计证据	1301	审计证据
	1311	存货监盘
	1312	函证
	1313	分析程序
	1314	抽样和其他选取测试项目的方法
	1321	会计估计的审计
	1322	公允价值计量和披露的审计
	1323	关联方
	1324	持续经营
	1331	首次接受委托时对期初余额的审计
	1332	期后事项
	1341	管理层声明
利用其他主体的工作	1401	利用其他注册会计师的工作
	1411	考虑内部审计工作
	1421	利用专家的工作
审计结论与报告	1501	审计报告
	1502	非标准审计报告
	1511	比较数据
	1521	含有已审计财务报表的文件中的其他信息

类　　别	序号	具体项目名称
特殊领域审计	1601	对特殊目的审计业务出具审计报告
	1602	验资
	1611	商业银行财务报表审计
	1612	银行间函证程序
	1613	与银行监管机构的关系
	1621	对小型被审计单位审计的特殊考虑
	1631	财务报表审计中对环境事项的考虑
	1632	衍生金融工具的审计
	1633	电子商务对财务报表审计的影响

2.3.6　中国注册会计师审阅准则

审阅准则主要是用以规范注册会计师执行历史财务信息审阅业务的行为规范。由于财务报表是历史财务信息中最为主要的内容，为了规范注册会计师执行财务报表审阅业务，我国修订颁发了《中国注册会计师审阅准则第 2101 号——财务报表审阅》，包括 7 章 31 条。

1. 财务报表审阅的目标、范围和保证程度

(1) 财务报表审阅的目标，是注册会计师在实施审阅程序的基础上，说明是否注意到某些事项，使其相信财务报表没有按照适当的会计准则和相关的会计制度的规定编制，未能在所有重大方面公允反映被审阅单位的财务状况、经营成果和现金流量。

在执行财务报表审阅业务时，注册会计师应当遵守相关的职业道德规范，恪守独立、客观、公正的原则，保持专业胜任能力和应有的关注，并对执业过程中获知的信息保密。

在计划和实施审阅工作时，注册会计师应当保持职业怀疑态度，充分考虑可能存在导致财务报表发生重大错报的情形。

(2) 审阅范围是指为实施财务报表审阅目标，注册会计师根据审计准则和职业判断实施的恰当的审阅程序的总和。注册会计师应当根据准则的要求确定执行财务报表审阅业务所要求的程序。必要时，还应当考虑业务条款的要求。

(3) 注册会计师应当主要通过询问和分析程序获取充分、适当的证据，作为得出审阅结论的基础。但是，由于实施审阅程序不能提供在财务报表审计中要求的所有证据，审阅业务对所审阅的财务报表不存在重大错报提供有限保证，注册会计师应当以消极方式提出结论。

2. 审阅业务约定书与审阅计划

注册会计师应当与被审阅的单位就业务约定条款达成一致意见，并签订业务约定书。业务约定书的主要内容应当包括：①审阅业务的目标；②管理层对财务报表的责任；③审阅范围，其中应提及按照审计准则的规定执行审阅工作；④注册会计师不受限制地接触审

阅业务所要求的记录、文件和其他信息；⑤预期提交的报告样本；⑥说明不能依赖财务报表审阅揭示错误、舞弊和违反法规行为；⑦说明没有实施审计，因此注册会计师不发表审计意见，不能满足法律法规或第三方对审计的要求。

注册会计师应当计划审阅工作，以有效执行审阅业务。在计划审阅工作时，注册会计师应当了解被审阅单位及其环境，或更新以前了解的内容，包括考虑被审阅单位的组织结构、会计信息系统、经营管理情况，以及资产、负债、收入和费用的性质等。

3. 审阅程序和审阅证据

注册会计师在确定审阅程序的性质、时间和范围时，应当运用职业判断，并考虑下列因素：①以前期间执行财务报表审计或审阅所了解的情况；②对被审阅单位及其环境的了解，包括适用的会计准则和相关会计制度、行业惯例；③会计信息系统；④管理层的判断对特定项目的影响程度；⑤各类交易和账户余额的重要性。

财务报表审阅程序通常包括：①了解对被审阅单位及其环境；②询问被审阅单位采用的会计准则和相关会计制度、行业惯例；③询问被审阅单位对交易和事项的确认、计量、记录和报告的程序；④询问财务报表中所有重要的认定；⑤实施分析程序，以识别异常关系和异常项目；⑥询问股东会、董事会以及其他类似机构决定采取的可能对财务报表产生影响的措施；⑦阅读财务报表，以考虑是否遵循指明的编制基础；⑧获取其他注册会计师对被审阅单位组成部分财务报表出具的审计报告或审阅报告。

注册会计师在执行财务报表审阅业务时，主要通过询问和分析程序获取充分、适当的证据，必要时应当获取管理层声明。注册会计师应当向负责财务会计事项的人员询问的事项主要包括：①所有交易是否均已记录；②财务报表是否按照指明的编制基础编制；③被审阅单位业务活动、会计政策和行业惯例的变化；④在实施上述各项财务报表审阅程序时所发现的问题。此外，注册会计师还应当询问在资产负债表日后发生的、可能需要在财务报表中调整或披露的期后事项。

如果有理由相信所审阅的财务报表可能存在重大错报，注册会计师应当实施追加的或更为广泛的程序，以便能够以消极方式提出结论或确定是否出具非标准审计意见的报告。

4. 结论和报告

注册会计师应当复核和评价根据审阅证据得出的结论，以此作为表达有限保证的基础。根据已实施的工作，注册会计师应当评估在审阅过程中获知的信息是否表明财务报表没有按照适当的会计准则和相关会计制度的规定编制，未能在所有重大方面公允反映被审阅单位的财务状况、经营成果和现金流量。审阅报告应当清楚地表达有限保证的结论。

审阅报告应当包括下列要素。

(1) 标题。审阅报告的标题应当统一规范为"审阅报告"。

(2) 收件人。审阅报告的收件人应当为审阅业务的委托人。审阅报告应当载明收件人的全称。

(3) 引言段。审阅报告的引言段应当说明：①所审阅财务报告的名称；②管理层的责任和注册会计师的责任。

(4) 范围段。审阅报告的范围段应当说明审阅性质，包括：①审阅业务所依据的准则；②审阅主要限于询问和实施分析程序，提供的保证程序低于审计；③没有实施审计，因而不发表审计意见。

（5）结论段。注册会计师应当根据审阅程序的情况，在审阅报告的结论段中提出无保留、保留或否定的结论。如果存在范围限制，而且范围限制的影响非常重大和广泛，以致注册会计师认为不能提供任何程度的保证时，不应提供任何保证。

（6）注册会计师的签名和盖章。

（7）会计师事务所的名称、地址及盖章。

（8）报告日期。审阅报告的日期是指注册会计师完成审阅工作的日期，它不应早于管理层批准财务报表的日期。

2.3.7 中国注册会计师其他鉴证准则

由于注册会计师具有良好的职业形象和较强的专业能力，使得其日益成为政府部门和社会公众信赖的专业人士。在许多国家和地区，注册会计师除了承办传统会计报表审计业务之外，还承办审阅、审核等其他鉴证业务，以增强信息使用者对鉴证信息的信赖程度。为此，还专门制定了其他鉴证业务准则，对注册会计师执行历史财务信息审计或审阅以外的鉴证业务和预测性财务信息的审核业务加以规范。

1. 历史财务信息审计或审阅以外的鉴证业务

为了规范注册会计师执行历史财务信息审计或审阅以外的鉴证业务，我国制定颁发了《中国注册会计师其他鉴证业务准则第 3101 号——历史财务信息审计或审阅以外的鉴证业务》，由 10 章 77 条内容组成：第一章为总则；第二章为承接与保持业务；第三章为计划与执行业务，包括总体要求、评估鉴证对象的适当性、评估标准的适当性、重要性与鉴证业务风险 4 个方面；第四章为利用专家的工作；第五章为获取证据，包括总体要求、责任方声明两个方面；第六章为考虑期后事项；第七章为形成工作记录；第八章为编制鉴证报告，包括总体要求，鉴证报告的内容，保留结论、否定结论和无法提出结论 3 个方面；第九章为其他报告责任；第十章为附则。

2. 预测性财务信息的审核

所谓预测性财务信息，是指被审核单位依据对未来发生可能的事项或采取的行动的假设而编制的财务信息。注册会计师可以接受委托对预测性财务信息实施审核并出具报告，以增强该信息的可信赖程度。为了规范注册会计师执行预测性财务信息审核业务，我国制定颁发了《中国注册会计师其他鉴证业务准则第 3111 号——预测性财务信息审核》，包括总则、保证程度、接受业务委托、了解被审核单位情况、涵盖期间、审核程序、列报、审核报告、附则共 9 章 30 条。

2.3.8 相关服务准则

面对全球化、多元化和竞争激烈的会计市场，注册会计师要实现审计业务收入的持续增长，必须不断开拓新市场和业务。目前，无论在国外还是在我国，注册会计师承办的业务范围已经十分广泛，除了审计、审阅和审核等鉴证业务外，还有相关服务业务。我国注册会计师执业准则体系中，专门制定了《中国注册会计师相关服务准则第 4101 号——对财务信息执行商定程序》和《中国注册会计师相关服务准则第 4111 号——代编财务信息》，用以规范注册会计师代编财务信息、执行商定程序等其他服务。其中，简单讲述代编财务信息业务的基本内容。

1. 一般要求

（1）代编财务信息业务（以下简称代编业务）的目标是注册会计师运用会计而非审计的专业知识和技能，代客户编制一套完整或非完整的财务报表，或代为收集、分类和汇总其他财务信息。注册会计师执行代编业务使用的程序并不旨在也不能对财务信息提出任何鉴证结论。

（2）注册会计师执行代编业务，应当遵守相关职业道德规范，恪守客观、公正的原则，保持专业胜任能力和应有的关注，并对执业过程中获知的信息保密。

（3）审计准则通常不对代编业务提出独立性要求，但如果注册会计师不具有独立性，应当在代编业务报告中说明这一事实。

（4）任何情况下，如果注册会计师的姓名与代编的财务信息相联系，注册会计师应当出具代编业务报告。

2. 业务约定书

注册会计师应当在代编业务开始前，与客户就代编业务约定条款达成一致意见，并签订业务约定书，以避免双方对代编业务的理解产生分歧。

业务约定书的内容应当包括下列主要事项。

（1）业务的性质，包括说明拟执行的业务既非审计也非审阅，注册会计师不对代编的财务信息提出任何鉴证结论。

（2）说明不能依赖代编业务揭露可能存在的错误、舞弊以及违反法规行为。

（3）客户提供的信息的性质。

（4）说明客户管理层应当对提供给注册会计师的信息的真实性和完整性负责，以保证代编财务信息的真实性和完整性。

（5）说明代编财务信息的编制基础，并说明将在代编财务信息和出具的代编业务报告中对该编制基础以及任何重大背离予以披露。

（6）代编财务信息的预期用途和分发范围。

（7）如果注册会计师的姓名与代编的财务信息相联系，应说明注册会计师出具的代编业务报告的格式。

（8）业务收费。

（9）违约责任。

（10）解决争议的方法。

（11）签约双方法定代表人或其授权代表的签字盖章，以及签约双方加盖的公章。

3. 计划、程序与记录

（1）注册会计师应当编制代编业务计划，以有效执行代编业务。

（2）注册会计师应当了解客户的业务和经营情况，熟悉其所处行业的会计政策和惯例，以及与具体情况相适应的财务信息的形式和内容。

（3）注册会计师通常利用以前经验、查阅文件记录或询问客户的相关人员，了解客户业务交易的性质、会计记录的形式和财务信息的编制基础。注册会计师通常不需要执行下列程序：①询问管理层，以评价所提供信息的可靠性和完整性；②评价内部控制；③验证任何事项；④验证任何解释。但是，如果注册会计师注意到管理层提供的信息不正确、不完整或在其他方面不令人满意，则应当考虑执行上述相关程序，并要求管理层提供补充信息。

如果管理层拒绝提供补充证据，注册会计师应当解除该项业务约定，并告知客户解除业务约定的原因。

（4）注册会计师应当阅读代编的财务信息，并考虑形式是否恰当，是否不存在明显的重大错报。这里所说的重大错报，主要包括下列情形：①错误运用编制基础；②未披露所采用的编制基础和获知的重大背离；③未披露注册会计师注意到的其他重大事项。注册会计师应当在代编财务信息中披露采用的编制基础和获知的重大背离，但不必报告背离的定量影响。

（5）如果注意到存在重大错报，注册会计师应当尽可能与客户就如何恰当地更正错报达成一致意见。如果重大错报仍未得到更正，并且认为财务信息存在误导，注册会计师应当解除该项业务约定。

（6）注册会计师应当从管理层获取其承担恰当编制财务信息和批准财务信息的责任的书面声明。该声明还应包括管理层对会计数据的真实性和完整性负责，以及已向注册会计师完整提供所有重要且相关的信息。

（7）注册会计师应当记录重大事项，以证明其已按照准则的规定和业务约定书的要求执行代编业务。

4. 报告

代编业务报告的内容应当包括：①标题；②收件人；③说明注册会计师已按照审计准则的规定执行代编业务；④当注册会计师不具有独立性时，说明这一事实；⑤指出财务信息是在管理层提供的基础上代编的，并说明代编财务信息的名称、日期或涵盖的期间；⑥说明管理层对代编的财务信息负责；⑦说明执行的业务既非审计，也非审阅，因此不对代编的财务信息提出鉴证结论；⑧必要时，应当增加一个段落，提醒注意代编财务信息对采用的编制基础的重大背离；⑨注册会计师的签名及盖章；⑩会计师事务所的名称、地址及盖章；⑪报告日期。

注册会计师应当在代编财务信息的每页或一套完整的财务报表的首页明确标示"未经审计或审阅""与代编业务报告一并阅读"等字样。

任务 2.4　了解中国内部审计执业准则

为了适应内部审计的最新发展，更好地发挥内部审计准则在规范内部审计行为、提升内部审计质量方面的作用，中国内部审计协会对 2003 年以来发布的内部审计准则进行了全面、系统的修订。经中国内部审计协会第六届常务理事会审议通过，发布《中国内部审计准则》（以下简称新准则），自 2014 年 1 月 1 日起施行。之前的《内部审计基本准则》《内部审计人员职业道德规范》以及 1～29 号具体准则同时废止。内部审计准则的修订和发布，是我国内部审计规范化建设的一件大事，也是完善内部审计规范体系的重要举措，对提升内部审计在组织中的地位，规范内部审计机构和内部审计人员的行为，保证审计质量，防范审计风险，促进内部审计事业健康发展具有积极的意义。

2.4.1 中国内部审计准则基本框架

新准则内部审计准则体系由三部分组成：基本准则、具体准则以及职业道德规范。

基本准则是内部审计准则总纲领、内部审计从业者应遵守的基本规范，以及另外两部分的制定依据，在准则体系中拥有最高的法定约束力和权威性；以基本准则为依据制定具体准则，具体准则是内部审计工作应遵守的规范，较为具体是具有操作上的指引意义，其权威性低于前者；职业道德规范是开展审计工作时内审人员所应具备的职业品德，规定了内审工作的职业纪律以及在实施审计时内审人员应承担的职责。将职业道德规范纳入准则体系属于国际惯例，其具有法定的约束力，也处于准则体系的最高层次。其具体项目构成如表 2-2 所示。

表 2-2　中国内部审计准则

序号	具体项目名称
1101	内部审计基本准则
1201	内部审计人员职业道德规范
2101	内部审计具体准则——审计计划
2102	内部审计具体准则——审计通知书
2103	内部审计具体准则——审计证据
2104	内部审计具体准则——审计工作底稿
2105	内部审计具体准则——结果沟通
2106	内部审计具体准则——审计报告
2107	内部审计具体准则——后续审计
2108	内部审计具体准则——审计抽样
2109	内部审计具体准则——分析程序
2201	内部审计具体准则——内部控制审计
2202	内部审计具体准则——绩效审计
2203	内部审计具体准则——信息系统审计
2204	内部审计具体准则——对舞弊行为进行检查和报告
2301	内部审计具体准则——内部审计机构的管理
2302	内部审计具体准则——与董事会或者最高管理层的关系
2303	内部审计具体准则——内部审计与外部审计的协调
2304	内部审计具体准则——利用外部专家服务
2305	内部审计具体准则——人际关系
2306	内部审计具体准则——内部审计质量控制
2307	内部审计具体准则——评价外部审计工作质量

2.4.2 中国内部审计准则基本准则结构

新准则基本准则含六章三十三条。第一章为总则，说明本准则的目的及依据、内部审计定义及本准则适用范围。第二章为一般准则，要求组织应当设置与其目标、性质、规模、治理结构等相适应的内部审计机构，配备具有相应资格的内部审计人员，并规定内部审计人员应有职业审慎性、胜任能力以及有关保密规定。第三章为作业准则，是进行内部审计工作时遵循的基本要求，描述该怎样进行审计工作。第四章为报告准则，确定了审计报告出具要求，以及怎样对审计结果出具审计报告。第五章为内部管理准则，共两条，阐明内部审计的报告对象应有的组织结构以及管理模式。第六章为附则，表明准则的发布、解释者及实施的日期。

2.4.3 中国内部审计准则基本准则主要内容

1. 内部审计定义

我国新准则对内部审计的定义是：一种独立、客观的确认和咨询活动，它通过运用系统、规范的方法审查和评价组织的业务活动、内部控制和风险管理的适当性和有效性，以促进组织完善治理、增加价值和实现目标。

2. 准则适用范围

新准则适用于各类组织的内部审计机构、人员及其从事的内部审计活动。其他组织或个人接受委托、聘用，承办或者遵守本准则参与内部审计业务。

3. 目的、权力和责任

新准则中对内部审计的目的规定是"促进组织完善治理、增加价值和实现目标"；关于责任，基本准则的"一般准则"规定："内部审计的目标、职责和权限等内容应当在组织的内部审计章程中明确规定。"

4. 独立性与客观性

一般准则指出：内部审计机构和内部审计人员应当保持独立性和客观性，不得负责被审计单位的业务活动、内部控制和风险管理的决策与执行。新准则也说明了内部审计师保持独立性以及客观性的方式和措施。

5. 专业胜任能力与职业关注

新准则指出，内部审计人员应当具备以下所需的专业知识、职业技能和实践经验：一是审计、会计、财务、税务、经济、金融、统计、管理、内部控制、风险管理、法律和信息技术等专业知识，以及与组织业务活动相关的专业知识；二是语言文字表达、问题分析、审计技术应用、人际沟通、组织管理等职业技能；三是必要的实践经验及相关职业经历。可见，准则对专业胜任能力的要求主要有：第一，必要知识。必须具有会计、审计和有关专业知识，这是内部审计人员最基本的素质。第二，业务能力。是指为很好地完成任务，内部审计工作者需具备必要的业务能力。业务能力随审计工作的不断实践逐渐提高。第三，熟悉情况。内部审计工作者应熟悉本单位经营活动及内部控制，因为对本单位的情况比较熟悉，使内部审计人员在对本单位实施审计时优于外部审计。第四，专业训练。随着审计理论不断更新，审计环境更加复杂，运用的方法也不断进步，因此，要求内部审计工作者接受后续教育，不断参与实践和学习，从而保证专业素养逐步提高。第五，交际能力。包括语言文字表达、问题分析、审计技术应用、人际沟通、组织管理等技能。

新准则提到应有的职业关注，是指内部审计从业者应遵守职业道德规范，以应有的职业谨慎实施内部审计业务，而且在实施业务时，应保持职业谨慎，合理运用职业判断。职业谨慎指内部审计人员开展业务时应具备兢兢业业的责任感，并时刻保持应有的慎重态度。

与此同时，在专业胜任能力要求中，新准则提出了审计工作人员应具有较好的人际交往能力，更加重视内部审计部门与其他部门的联系，更加注重与董事会、管理层关系的协调。

审计证据与审计工作底稿

任务 3.1　认知审计证据

学习本任务之前，我们先来了解一个案例：银广夏公司案例。

1987 年 4 月，陈川创立"深圳广夏录像器材有限公司"，1993 年 11 月，陈川在宁夏合资成立"广夏（银川）股份有限公司"，1994 年 6 月公司股票在深圳证券交易所上市。旗下设有天津广夏、芜湖广夏、上海广夏、天然物产、贺兰山酿酒等子公司。此后银广夏投资牙膏、水泥、白酒、牛黄、活性炭、葡萄酒、房地产，但收效并不显著。1996 年公司开始治沙种草，创建闻名于世的银广夏麻黄种植基地，银广夏从此踏上发迹的征程。1998 年 10 月 20 日，天津广夏（集团）有限公司与德国诚信贸易公司签订了蛋黄卵磷脂和桂皮、生姜精油、含油树脂等萃取产品出口供货协议，供货金额 5 600 万马克。1999 年银广夏股价从 13.97 元飞涨到 35.83 元；2000 年天津广夏再立新功，当年实现出口 1.8 亿马克，使银广夏成为深沪两市屈指可数的蓝筹牛股。

但在 2001 年 8 月，《财经》杂志发表封面文章《银广夏陷阱》，揭露深圳股票交易所上市公司银广夏 1999 年度、2000 年度业绩绝大部分来自造假。天津子公司通过伪造购销合同、伪造出口报关单、虚开增值税发票等手段，虚构主营业务利润 7.45 亿元。业内专家普遍认为：第一，以天津广夏萃取设备的产能，即使通宵达旦运作，也生产不出其所宣称的数量；第二，天津广夏萃取产品出口价格高到近乎荒谬；第三，银广夏对德出口合同中的某些产品，根本不能用二氧化碳超临界萃取设备提取。此外，银广夏的同行也指出，如果天津广夏真有如此大的出口量，按照现行税法，影响有关部门办理至少几千万元的出口退税的条目。《财经》杂志也从天津进出口退税分局查实：天津广夏从未办理过出口退税。

对于这个业绩绝大部分造假的银广夏，深圳中天勤会计师事务所却出具了严重失实的审计报告。负责审计工作的注册会计师在审计过程中不仅没有认真追查审计证据的真实性，也没有仔细研究公司业绩的可能性，更没有执行必要的审计程序，导致审计工作出现重大过失。

请思考：针对银广夏公司的情况，注册会计师可以采用哪些审计程序收集哪些审计证据？

3.1.1　审计证据的定义

证据是指能够证明某事物的真实性的有关事实或材料。在现实生活中有很多领域都需要证据，如医生判断病人的病情需要充分且准确的证据；法官和律师在面对法律案件时，需要有足够的证据；在科学研究工作中，科学家或研究工作者也需要有严谨的学术证据。在审计工作中，注册会计师也需要搜集相关的证据才能得出最后的审计结论。因此，审计证据是指注册会计师为了得出审计结论和形成审计意见而使用的信息。

3.1.2 审计证据的分类

为了能够得出客观、准确的审计结论，审计工作者通常要搜集大量有效的审计证据。筛选出合适的审计证据可以提高审计人员的工作效率，而且可以帮助审计人员得出恰当的审计意见。随着现代科技水平的发展，审计证据的形式也越来越多样化。审计证据包括构成财务报表基础的会计记录所含有的信息和其他信息。

1. 从形式上分类

审计证据从形式上分类，主要可以分为三大类：书面证据、实物证据和口头证据。

1）书面证据

书面形式的审计证据主要是指以书面形式存在的会计记录或文件等证据，是最常见也是审计人员接触最多的审计证据，也被称为基本证据。书面证据主要包括原始凭证、记账凭证、总分类账和明细分类账、成本计算分析表、对账单、销售合同及协议、会议记录等。

2）实物证据

实物证据指审计人员通过实地观察和参加清查盘点所获得的、能具体反映实物形态、特征、数量等方面的证据。因此，当审计人员对库存现金、存货、固定资产等项目进行审计时，主要采取获取实物证据的方式。

3）口头证据

口头证据是指审计人员所询问的被审计单位有关人员或其他人员的口头答复所形成的证据。由于在审计工作过程中有许多情况需要审计工作人员和被审计单位的工作人员或其他工作人员进行沟通、询问，因此审计人员可以将这些口头回复形成审计证据。需要注意的是，由于一些工作人员可能会故意隐瞒或者不能完全表达出事实的全貌，因此口头证据的可靠性可能较低，因此口头证据一般只能作为其他证据的佐证和补充。

2. 从证据取得的渠道分类

1）从被审计单位内部获得的证据

从被审计单位内部获得的证据主要包括被审计单位内部的会计记录，如记账凭证、销售发运单、发票、员工工资单、合同记录、账户余额调节表等。

2）从被审计单位外部获得的证据

在审计过程中，审计人员除了检查被审计单位内部的一些会计资料以外，还需要从外部获取一些信息，以证实被审计单位数据信息的真实性。如从银行或有关债权债务单位及商务交易往来单位取得的询证函回函、重大谈判会议记录等。

3）审计人员对相关数据计算和分析获得的证据

注册会计师在获得审计数据资料后，为了能够更有效地得出审计结论，通常会对部分信息数据进行加工整理，比如编制计算表、调节表、分析表等，这一类型的证据称为对相关数据计算和分析获得的证据。

3.1.3 审计证据的特征

审计证据的特征主要有两个：一是充分性；二是适当性。两者都是审计证据非常重要的特征，不能相互替代。审计人员在搜集审计证据时，既不能只看重充分性，也不能只看重适当性。也就是说，审计人员不能通过搜集非常多的证据来弥补证据质量不高的缺陷，也不能只搜集少量的质量高的审计证据。在审计工作中，注册会计师要查找足够量的质量高的审计证据。

1. 充分性

审计证据的充分性是审计工作人员在审计工作过程中能找到足够的审计证据来形成审计意见。简单来说，就是看审计证据的数量，这主要和注册会计师确定的样本量有关。通常，对同一项目开展实施审计程序，样本量越大，搜集到的审计证据越充分；反之，样本量越小，搜集到的审计证据越不充足，审计人员得出审计结论的准确性越低，审计风险也会增高。但由于审计人员数量、审计工作时间有限，审计人员也无法确定无限量大的样本量，在确定样本数的时候还需要考虑以下几个因素。

1) 重大错报风险评估

重大错报风险是指会计处理过程、编制财务报表过程以及内部会计控制系统不能发现和改正的重大错误的风险。评估的重大风险越高，注册会计师需要进行的测试工作越多，需要的审计证据也就越多。

2) 审计证据的质量

审计证据质量的高低主要取决于四个方面：客观性、相关性、合法性和充分性。客观性，指审计证据反映审计事项客观现实的程度，也可称证据的可靠性。相关性，指审计证据与审计目标之间或其他审计证据之间的内在联系程度。合法性，指审计证据必须符合法定种类并依照法定程序取得。充分性，指审计证据的数量要足以证明审计事项的真相和支持审计意见和审计决定。由此可以看出，审计证据的质量可以直接影响审计人员的专业判断。因此，可以看出审计证据的质量越高，所需要的审计证据越少，若审计证据质量不高，审计人员则需要搜集更多的审计证据。此外，若审计证据质量很低，即便审计证据数量再多，对审计人员的判断也是有影响的。

【例 3-1】 天发股份有限公司 2016 年 7 月 1 日销售一批货物给新天地股份有限公司，2016 年 12 月 31 日未取得销售款，公司计提了 10% 的坏账准备，为获取与坏账准备计价有关的审计证据，采用（   ）措施最有效。

A. 检查出库单　　　B. 检查销售发票　　　C. 检查日后收款情况

答案：C

解析：因为截至 2016 年 12 月 31 日还未取得销售款，该公司计提了 10% 的坏账准备，为了审查坏账准备的计价，就要审查该笔销售款是否已到账，因此需要再检查资产负债表日后的收款情况。

3) 成本——效益原则

由于注册会计师的时间和精力有限，在短时间内他们既需要搜集审计证据，又需要进行分析判断，因此，注册会计师需要在有限的时间内花费最低的成本搜集到高质量的审计证据，以便有利于作出专业判断。如果在增加了时间和其他成本的条件下，仍不能得到有效的审计证据，则注册会计师就需要采取其他的替代方法和程序来完成搜集证据工作。

4）审计经验

审计经验的多少与审计工作人员参加的审计工作时间长短以及参与的审计工作的内容有关。经验丰富的审计师由于在执行审计工作过程中不断累积方法，运用更多的技巧，因此在执行审计工作时遇到类似的案例或情况能够高效率地判断被审计单位适合采用的审计程序、较为合理地选择样本数量和样本范围，因此，搜集的审计证据质量通常较高。但是，对于审计经验缺乏的注册会计师来说，为了更准确地判断，往往会选择较多的样本量。

2. 适当性

适当性主要是指审计证据在支持审计意见所依据的结论方面具有的相关性和可靠性，相关性和可靠性的高低直接决定了审计证据质量的高低。

从相关性来看，搜集到的审计证据要能帮助审计人员达到审计程序的目的并形成审计结论。如果是要审计程序是为了测试被审计单位是否存在应付账款的计价高估，则可以测试已经记录的应付账款相关记录，但是，如果测试的是是否存在应付账款的计价低估，则只检查已经记录在案的数据就不足以说明是否存在应付账款计价低估情况，因为可能还存在有未支付发票或发票未到等情况。

从可靠性来看，审计证据的可靠性主要指的是审计证据的可信程度。根据审计证据的分类不同、取得渠道不同，审计证据的可靠性也不尽相同。可靠性越高的审计证据对于审计师来说作用越大，越有利于形成正确的审计意见。审计人员在判断审计证据可靠性时，通常可以考虑以下几点。

（1）从被审计单位外部独立来源获取的审计证据比从其他来源获取的审计证据更可靠。由于被审计单位的工作人员出于美化自身企业的会计信息数据的目的考虑可能会伪造、篡改会计记录，因而在搜集审计证据时，外部来源尤其是外部独立来源搜集到的审计证据的可靠性更强。比如银行的对账单、询证函回函、其他交易往来企业的询证函回函等。

（2）相关控制有效时内部生成的审计证据比控制薄弱时内部生成的审计证据更可靠。被审计单位的内部控制越健全，实施越有效，审计证据的可靠性越强，这主要是因为在健全的内部控制情况下，会计信息数据的记录才能更完整、更准确。试想在一个缺乏严格管理，员工消极怠工、工作任命混乱的企业，很难呈现井然有序、一丝不苟的工作景象，更不要谈工作资料、会计记录的准确性了。因此，通过一个单位的会计记录及资料数据的分析，也能对该公司的内部控制有一定的了解。

（3）直接获取的审计证据比间接获取或推论得出的审计证据更可靠。由审计人员直接观察或搜集到的证据的真实性强，比如亲自监盘、盘点的数据信息。而间接获得的审计证据因为经过了一人或多人之手，有被篡改的可能。而只是经过推论的证据更有可能是主观臆断推测出的结论，不足以准确地证明审计事实。

以文件记录形式（包括纸质、电子或其他介质）存在的审计证据比口头形式的审计证据更可靠。因为口头证据只是某些工作人员对某些审计事实的口头阐述，可能会存在虚假或不实不完整的情况，而以文件记录形式形成的证据由于记载了更详细的数据或信息，因此可靠性更高。

（4）从原件获取的审计证据比从复印、传真或通过拍摄、数字化或其他方式转化成电子形式的文件获取的审计证据更可靠。由于复印机和传真机的特点，复印件或传真件的某些重要信息很容易被修改或遮挡住，因此，审计人员在查看审计证据时要以原件为主。

【例 3-2】 以下是 M 股份有限公司的两个单据，通常情况下（　　）更为可靠。

A. 保险业专用发票　　　　　B. 差旅费报销单

答案：A

解析： 从外部独立来源获取的审计证据未经被审计单位有关职员之手，从而减少了伪造、更改凭证或业务记录的可能性，因而其证明力最强。A 选项为外部独立来源的原始凭证，B 选项为企业内部自制的原始凭证，所以答案为 A 选项。

3.1.4 审计证据与审计目标的关系

注册会计师在了解认定（主要有存在性、完整性、准确性、截止、权利和义务、计价和分摊）之后设定具体的审计目标，随后进行重大错报风险评估以及进行审计程序测试，在这个过程中，注册会计师需要搜集到合适的审计证据对进行测试的项目发表审计结论。比如，如果审计目标是检查销售收入包括所有已发货的交易，那么注册会计师可以检查发货单和销售发票的编号以及销售明细账的结果作为审计证据；如果审计目标是判断应收账款反映的销售业务是否用正确的价格和数量计算得出，那么注册会计师可以比较价格清单与发票上的价格、发货单与销售订单上的数量是否一致，重新计算发票上的金额并以此作为审计证据。

【例 3-3】 注册会计师王林在对广海公司 2016 年度的会计报表进行审计时，从有关记录审查至"已付款"支票。请指出该审计程序获取的审计证据类型，并指出获取了什么审计证据？

解析： 审计目标是"发生"，获取的审计证据是支票存根及付款凭证，属于书面证据。

【例 3-4】 注册会计师王林在对广海公司 2015 年度的会计报表进行审计时，抽查报表日后销售收入、退货记录、发运单和货运凭证等。请指出该审计程序获取了什么审计证据，与哪些具体目标相关？

解析： 获取的审计证据属于书面证据，对应的审计目标是截止。

任务 3.2　认知审计程序

审计程序是指审计师在审计工作中可能采用的，用以获取充分、适当的审计证据以发表恰当的审计意见的程序。简单来说，就是审计人员为了完成审计工作，搜集审计证据时所采取的步骤和方法。为了达审计目标，审计人员可以单独或综合使用以下最常用的审计程序。

3.2.1 检查

检查是指注册会计师对被审计单位内部或外部的实物形态的记录、文件或实物资产进行审查，通常通过审阅原始凭证、单据、文件、记账凭证、报表等会计资料对被审计单位的会计情况进行分析判断。

1. 审查原始凭证

以发票为例，注册会计师将主要抽取一些发票检查以下内容。

(1) 编号是否连续，日期是否填写正确。

(2) 购货单位是否填写正确、完整。

(3) 货物或劳务名称、数量、单价、税额是否计算准确。

(4) 书写格式、数字大小写是否规范、正确。

(5) 发票专用章、人名章是否加盖齐全等。

2. 审阅记账凭证

(1) 被审计单位的记账凭证（包括收款、付款及转账凭证）是否按顺序编号装订整齐。

(2) 记账凭证上日期、摘要、科目、金额等项目是否填写齐全，无修改痕迹。

(3) 相关负责人是否盖好人名章或签字。

(4) 会计分录是否记载准确无误，书写格式是否规范。

(5) 是否都附上相应的原始凭证，有无虚假凭证等。

3. 审阅各种文件、记录之间的钩稽关系是否正确

(1) 检查记账凭证是否和相关原始凭证内容相符，且附在记账凭证后的准确位置。

(2) 检查记账凭证上的内容是否与明细账、总账信息相符，是否存在遗漏或错记情况。

(3) 检查总账科目余额是否能与财务报表项目进行核对，对于某些财务报表上的项目，需要将总账某些科目余额进行汇总计算的，审计师要重新计算核对，比如财务报表上最常见的"货币资金"项目，就需要将总账中的"库存现金""银行存款""其他货币资金"项目等进行汇总。

(4) 检查财务报表中某些需要进行进一步计算而得出的数据的计算结果是否准确。比如涉及"固定资产"项目，要与"累计折旧""固定资产减值准备"项目相结合，计算"应收账款"项目时，要结合"坏账准备"项目等。

(5) 检查实物资产。如现金、固定资产、存货、其他有形资产等。对于这些有形的实物资产，审计人员通常采取突击盘点、亲自检查的方法，主要目的是确保这些有形实物资产是真实存在的，防止被审计单位临时造假，虚报资产。

(6) 检查其他相关文件、记录等。

3.2.2 观察

观察主要是指注册会计师通过查看被审计单位的环境及工作人员的工作情况来获取审

计证据。这是审计小组进入被审计单位后最常用的方法之一，比较简单易行，但通常可靠性欠佳，这是因为当审计小组进驻被审计单位后，被审计单位的工作人员通常会变得谨慎小心，审计人员观察到的可能并非是该单位的日常情况。

3.2.3 询问

询问是指审计人员通过向被审计单位内部或外部的相关负责或工作人员通过口头询问的方式获取审计证据的一种审计方法。这种方式比较有利于审计人员搜集口头证据，但由于被询问人员可能有理解或表达上的失误，或者被询问人员可能会给出虚假的信息回复，因此口头证据比较具有局限性，所以询问的结果比较适合作为佐证的辅助证据，主要的证据还应该以书面证据为主。

3.2.4 函证

1. 函证的定义

函证是指注册会计师直接从独立的第三方（被询证者）处获得书面答复作为审计证据的过程。书面答复可以采用纸质、电子或其他介质等形式。当审计师需要对被审计单位的某些账户余额（如记录的某单位的应收账款账户余额或银行存款余额等）情况进行调查时，通常采用给第三方发询证函的方式，当然询证函还可以被用来审查其他很多方面的内容，比如交易性金融资产、应收票据、重大或交易等。通常注册会计师通过函证的方式搜集到的审计证据比从被审计单位内部直接生成的审计证据可靠性更强。

2. 函证的特点

1）函证的称谓

询证函的称谓应当是想要询证的第三方的全称，如××股份有限公司等。

2）询证函回函的收件人

由于是注册会计师想要从第三方处获取的书面答复作为审计证据，因此询证函的回函应该由注册会计师亲自收启。这样主要可以避免被审计单位或其他人员篡改询证函回函内容。在询证函中需要列明被审计单位的详细地址、电话、收信的注册会计师人员姓名等信息，以便于第三方成功寄回询证函回函。

3）询证函落款

虽然是注册会计师要得到询证函回函，但是询证函的发函人是被审计单位，也就是说，询证函是以被审计单位的名义发出，因此在询证函的落款处应该盖上被审计单位的公章。

3. 函证的形式

函证主要有积极式函证和消极式函证两种形式。

1）积极式函证

积极式函证要求被询证者对询证内容给予回复。积极式函证分为两种形式：一种是询证函内写明与相关公司的账务余额情况，由对方回函确实是否属实，无论是否属实都需要在回函中表明。另一种是被审计单位在询证函中不列明相关账户的余额情况，而由第三方来填列相关信息。由于积极式询证函要求第三方回函，而此项工作会占用被询证者的时间和资源，通常并不是所有的积极式函证都能收到回函。积极式询证函的格式见图 3-1。

积极式询证函格式

_____（公司）：

　　本公司聘任的××××会计师事务所正在对本公司××年度财务报表进行审计，按照中国注册会计师独立准则的要求，应当询证本公司与贵公司的往来款项等事项。下列数据出自本公司账簿记录，如与贵公司相符，请在本函下端"信息证明无误"处签章证明；如有不符，请在"信息不符及需说明事项"处列明不符金额详加指正。回函请传真并将原件寄至××××会计师事务所有关审计人员处：

　　地址：××××××××××××××××

　　收件人：××××会计师事务所×××

　　电话：×××××××××

　　邮政编码：×××××××××

　　传真：×××××××××

本公司与贵公司的往来款项列示如下：

截止日期：××年 12 月 31 日

截止日期	贵公司欠	欠贵公司	备注

本函仅为复核账目时用，若款项在上述日期之后已经结清，仍请及时函复为盼。

××××公司

谨　启

20　年　月　日

信息证明无误　　　　　　　　　　　　信息不符及需说明事项

签章：_____　　　　　　　　签章：_____

日期：_____　　　　　　　　日期：_____

图 3-1　积极式询证函格式

2）消极式函证

　　消极式函证与积极式函证不同，它不要求被询证者对所发出的所有函证都进行回函，只有对列明相关账户余额情况有异议的情况下才需要回函注明。此种方式能够给被询证者提供便利，但同时也存在一定的风险，比如第三方没有收到询证函等情况或第三方没能及时回复这些情况，这些情况可能会误导注册会计师得出错误的审计结论。因此，在实际审计工作中，注册会计师通常会结合积极式和消极式两种函证一起使用，对于重要的、数据较大的往来款项信息一般采用积极式函证，对于金额较小的则可采取消极式函证进行审查。

　　消极式询证函的格式见图 3-2。

_____（公司）：

本公司聘任的××××会计师事务所正在对本公司××年度财务报表进行审计，按照中国注册会计师独立准则的要求，应当询证本公司与贵公司的往来款项等事项。下列数据出自本公司账簿记录，如与贵公司相符，则无须回复；如有不符，请直接通知会计师事务所，并请在空白处列明贵公司认为是正确的信息。回函请直接寄至××××会计师事务所。

地址：××××××××××××××

收件人：××××会计师事务所×××

电话：××××××××

邮政编码：××××××××

传真：××××××××××

本公司与贵公司的往来款项列示如下：

截止日期：××年 12 月 31 日

截止日期	贵公司欠	欠贵公司	备注

本函仅为复核账目时用，若款项在上述日期之后已经结清，仍请及时函复为盼。

××××公司

（盖章）

20　年　月　日

××××会计师事务所：

上面信息不正确，差异如下：

××××公司

（盖章）

20　年　月　日

经办人：

图 3-2　消极式询证函格式

在进行函证之后，注册会计师通常会对函证的结果进行整理汇总，以方便整理审计证据，最后形成审计意见。对于未能收到函证回函的，需要再次发询证函，实在无法收到回函的，需采用替代程序。表 3-1 为注册会计师要进行整理的函证程序实施情况及函证控制记录表。

3.2.5　重新计算

重新计算是指注册会计师运用人工或计算机对记录或文件中的数据计算的准确性进行核对。计算的基础数据都是由被审计单位提供的，注册会计师将某些需要计算的部分数据（比如累计折旧）应用会计准则根据企业自身情况重新进行计算汇总，与被审计单位所计算的数据进行对比复核。

表 3-1 函证程序实施情况及函证控制记录表

被审计单位名称：
（备选科目：银行存款、银行借款、应收账款、其他应收款、预付账款、应付账款、预收账款、其他应付款、预收账款）
函证余额截止日期：　　　年　　月　　日　　　　　　　编制人：　　　　　　复核人：

序号	被询证单位名称	被询证单位地址	回函地址	余额	发函日期	发函人	发函方式					回函日期	收到回函日期	回函确认金额	实施替代程序金额	未能实施替代程序金额	底稿索引	备注
							邮寄快递	跟函传真	邮件	直接访问网站	委托客户							
合计																		

1. 发函、回函情况：（1）报表余额：_____元、发函金额合计：_____元、发函金额占报表余额_____%；（2）回函金额：_____元、回函金额占发函金额_____%；未回函金额_____元、未回函金额占报表余额_____%。

2. 未回函的进一步审计程序：（1）未实施替代程序金额：_____元；（2）实施替代程序金额：_____元、各种发函方式的回函金额百分比：_____；（3）不能实施替代程序金额：_____元、实施替代程序金额、比例、回函金额占报表余额百分比：_____元，应对措施：_____。

3. 函证程序实施结果的总体评价：通过对发函金额、回函金额、未能实施替代程序金额及应对措施的分析，对实施函证程序结果是否达到预期目标进行总体评价。

· 53 ·

3.2.6 重新执行

重新执行主要是指注册会计师通过独立执行部分程序或控制来验证被审计单位的内部控制是否得到了有效的执行。比如，注册会计师可以通过重新编制银行存款余额调节表来检验被审计单位内部控制的执行情况。

3.2.7 分析程序

分析程序是指注册会计师通过分析不同财务数据之间以及财务数据与非财务数据之间的内在关系，对财务信息作出评价。

分析程序还包括在必要时对识别出的、与其他相关信息不一致或与预期值差异重大的波动或关系进行调查。为了便于注册会计师形成审计意见，在调查重大波动或与预期值差异时，可以询问被审计单位管理层的意见，必要时还可以采用其他审计程序。

任务 3.3　认知审计工作底稿

3.3.1 审计工作底稿的定义

审计工作底稿是指注册会计师对制订的审计计划、实施的审计程序、获取的相关审计证据，以及得出的审计结论作出的记录。简单来说，注册会计师会将审计工作的具体完成情况及细节记录在审计工作底稿上，以便随时调整审计工作，汇总完成情况，便于查阅审计工作的进度，最终得出合理的审计结论。因此，对于注册会计师来说，审计工作底稿是整个审计工作的重要工具和文件。

3.3.2 编制审计工作底稿的目的

（1）提供充分、适当的记录，作为出具审计报告的基础。

（2）提供证据，证明注册会计师已按照审计准则和相关法律法规的规定计划和执行了审计工作。

3.3.3 审计工作底稿的内容和格式

1. 审计工作底稿涵盖的内容

审计工作底稿作为注册会计师必须记录的文件，它的格式和内容都有一定的要求，完成的审计工作底稿应涵盖以下的内容。

（1）按照审计准则和相关法律法规的规定实施的审计程序的性质、时间安排和范围。在记录已实施审计程序的性质、时间安排和范围时，注册会计师应当记录以下内容。

① 测试的具体项目或事项的识别特征。

② 审计工作的执行人员及完成审计工作的日期。

③ 审计工作的复核人员及复核的日期和范围。

（2）实施审计程序的结果和获取的审计证据。

（3）审计中遇到的重大事项和得出的结论，以及在得出结论时作出的重大职业判断。

（4）注册会计师与管理层、治理层和其他人员对重大事项的讨论，包括所讨论的重大事项的性质以及讨论的时间、地点和参加人员。

（5）对识别出的信息与针对某重大事项得出的最终结论不一致的情况。

（6）实施的替代审计程序如何实现相关要求的目的以及偏离某项审计准则的相关要求的原因。

（7）对在审计报告日后实施了新的或追加的审计程序，或者得出新的结论，注册会计师应当记录遇到的例外情况及实施的新的或追加的审计程序，获取的审计证据和得出的结论以及对审计报告的影响；对审计工作底稿作出相应变动的时间和人员，以及复核的时间和人员。

2. 审计工作底稿组成

根据被审计单位的性质不同，审计过程中的审查项目也不尽相同。因此，对于不同单位，注册会计师的审计工作底稿组成的项目也不完全一样。以下是审计工作底稿的组成部分。

（1）封皮。包括会计师事务所的名称、审计的会计期间、客户名称等。

（2）审计工作底稿目录。此部分内容是将本次审计工作所填制的工作底稿内容按编号排好顺序，便于注册会计师按索引号查找相关的工作底稿。

（3）审计策略、审计计划及在审计过程中对总体审计策略或具体审计计划作出的任何重大修改及其理由。

（4）与治理层、管理层的沟通记录汇总表。对重大的审计事项，注册会计师在与被审计单位的管理层、治理层沟通之后都要留好相应的沟通记录。

（5）被审计单位基本情况表。反映的是被审计单位公司基本概况，包括公司名称、成立时间、注册资本、地址、法人等基本信息。

（6）试算平衡表。注册会计师在对被审计单位会计信息进行分析时会编制试算平衡表来核算一些会计数据，其中包括资产试算平衡表、负债试算平衡表、损益试算平衡表、未更正错报汇总表、账项调整分录汇总表、重分类调整分录汇总表等。

（7）审计程序及测试结果。通过执行审计程序及对被审计单位进行审计测试，注册会计师对不同的科目、项目会得出一些结论，形成各式各样的审定表。如货币资金审定表、库存现金盘点核对表、银行存款余额调节表、银行存款余额明细核对表、应付账款审定表、预收账款审定表、应付职工薪酬审定表、财务费用审定表等。

（8）询证函的审计结果。如银行询证函、应收账款函证结果汇总表等。

（9）注册会计师在审计过程中会采用抽样的方法，对被审计单位的相关文件或凭证等进行检查，因此也会填制相关抽样检查结果的审计工作底稿。如短期投资凭证抽查表、债权（债务）凭证抽查表、存货盘点抽查情况表、货币资金收入（支出）凭证抽查表等。

（10）审计标识一览表。为了便于审计工作人员记录审计结果，在填写审计工作底稿时可以用简单的审计符号来表达审计结果的含义（见表3-2）。

表 3-2　审计标识表

序号	标识	标 识 含 义	说　　明
1	∧	纵加核对	表示纵向合计已加总核对无误
2	<	横加核对	表示横向合计已加总核对无误
3	B	与上年结转数核对一致	
4	T	与原始凭证核对一致	
5	G	与总分类核对一致	
6	S	与明细分类账核对一致	
7	T/B	与试算平衡核对一致	
8	C	已发询证函	表示对需要询证的账项已发询证函
9	C-	已收回询证函	表示收回的询证函有误
10	○	表示已收回的询证函无误	
11	*	备注一	
12	＊＊	备注二	
13	C/C	交叉加总核对	
14	（　）	表示数值负值	
15	√	是/执行/已建立	用于肯定式的表述
16	×	否/未执行/未建立	用于非定式的表述
17	F/S	与未审报表核对一致	
18	？	核对的资料或数据可能有问题，待审	
19	？√	疑点已消除	
20	/	乘除法计算核对	
21	！	数据有待调整	
22	＼	数据有待详查	

（11）审计差异事项调整表。其中包含对资产负债表和利润表借方和贷方的调整金额、调整说明以及被审计单位意见等内容。

（12）审计工作总结。此部分内容包含审计小组、注册会计师对本次审计工作的内容总结以及对相关事项的说明。

（13）审计报告。即最终会计师事务所为被审计单位出具的审计意见的文件。主要有四种意见类型：无保留意见审计报告、保留意见审计报告、否定意见审计报告和无法表示意见的审计报告。

3.3.4 审计工作底稿示例

1. 审计工作底稿目录

审计工作底稿目录见表 3-3。

表 3-3 审计工作底稿目录

客户：ABC 有限责任公司　　　　　　　　　会计期间：＿＿＿＿＿＿＿＿

编制：＿＿＿＿＿＿＿＿　　　　　　　　　复　核：＿＿＿＿＿＿＿＿

编　号	档 案 内 容	具备（√）	不适用（×）
	一、沟通和报告相关工作底稿		
Z1-1	审计报告书		
Z1-2	审计业务约定书		
Z1-3	与治理层、管理层沟通记录汇总表		
……	……		
	二、审计完成阶段工作底稿		
Z2-1	审计程序完成情况表		
Z2-2	审计工作总结		
Z2-3	管理层声明		
Z2-4	审计差异汇总表——调整（重分类）分录汇总表		
Z2-5-1	试算平衡表——资产负债表		
……	……		
	三、审计计划阶段工作底稿		
X1	初步业务活动		
X2	基本概况表		
X3	经营环境及状况调查表		
……	……		
Y	四、控制测试工作底稿		
Y1	现金和银行存款控制测试		
Y2	采购与付款循环控制测试		
Y3	存货与仓储循环控制测试		
Y4	销售与收款循环控制测试		
Y5	筹资与投资循环符合性测试		
	五、实质性程序工作底稿		
A-D	1. 资产类工作底稿		
……	……		

编 号	档 案 内 容	具备（√）	不适用（×）
E-F	2. 负债类工作底稿		
……	……		
G	3. 所有者权益类工作底稿		
……	……		
H	4. 损益类工作底稿		
……	……		
I	5. 重要事项类工作底稿		
I1	关联交易		
……	……		
J	六、备查资料工作底稿		
J1	组织机构及管理人员结构资料		
J2	营业执照		
J3	政府批文		
J4	公司成立合同、协议、章程		
……	……		

2. 客户提供相关资料情况表

客户提供相关资料情况表见表 3-4。

表 3-4　客户提供相关资料情况

项 目	是	否	不适用
一、企业基本情况 [老客户只提供（1）]			
（1）公司营业执照			
（2）公司章程			
（3）批准公司成立的批文			
（4）公司成立签订的合同或协议			
（5）地（国）税登记证			
（6）公司代码证书			
（7）公司的验资报告			
（8）公司上年度会计报表的审计报告			
二、本年度财务会计报告及有关资料			
（9）资产负债表			
（10）利润及利润分配表			
（11）现金流量表			

项 目	是	否	不适用
(12) 财务情况说明书或财务会计分析报告（小公司可以不用）			
(13) 年末库存现金盘点表			
(14) 年末存货盘点表			
(15) 年末银行存款对账单及银行存款余额调节表			
(16) 年末大额债权、债务经双方确认的询证函			
(17) 长期投资合同和验资报告及被投资公司的章程			
(18) 年末固定资产盘点表			
(19) 本年度新增固定资产的会计凭证、发票等资料			
(20) 房产证、汽车行驶证等固定资产产权证件			
(21) 银行借款合同或银行借款通知单及会计凭证			
(22) 贷款证（卡）			
(23) 应交税金年初、年末及本年增减数			
(24) 全年企业所得税、增值税纳税申报表			
(25) 本年度公司享受税收优惠或税务处罚的有关文件			
(26) 最近一次验资的会计凭证及银行进账单等资料			
(27) 营业收入、营业成本明细账及全年累计发生额			
(28) 营业费用、管理费用、财务费用明细账及全年累计发生额			
三、本年度外汇报表及有关资料			
(29) 本年度收汇、付汇核销单			
(30) 本年度外汇基本存款账户卡			
(31) 外管部门发的外汇资本金账户通知单			
(32) 外管部门发的外汇结算账户通知单、外汇情况表			

3. 审计程序完成情况表

审计程序完成情况见表 3-5。

表 3-5 审计程序完成情况

被审计单位：＿＿＿＿＿＿＿＿＿＿   索引号：＿＿＿＿＿＿＿＿＿＿

项目：＿＿＿＿＿＿＿＿＿＿＿   财务报表截止日/日期：＿＿＿＿＿＿

编制：＿＿＿＿＿＿＿＿＿＿＿   复核：＿＿＿＿＿＿＿＿＿＿＿

日期：＿＿＿＿＿＿＿＿＿＿＿   日期：＿＿＿＿＿＿＿＿＿＿＿

序号	问卷内容	是	否	不适用
一	审计标准执行情况			
1	本所规定审计程序是否完全执行			

序号	问 卷 内 容	是	否	不适用
2	审计范围是否受到限制			
……	……			
二	会计原则遵守情况			
1	经济活动是否完全符合我国法律法规的规定			
2	会计方法与上年是否保持一致			
……	……			
三	期后事项与或有负债的了解			
1	销售收入（应收账款）采购支出截止期是否作过测试			
2	报告日与审计日之间的会计记录是否审阅			
……	……			
四	现金及存货审计			
1	库存现金是否全面清点核对			
2	银行存款余额是否全面核对清楚			
……	……			
五	长期投资审计			
1	长期投资增减的法律性文件是否审阅			
……	……			
六	成本核实情况			
1	各类价格或成本差异调整是否合理			
2	应处理的待摊、预提费用是否全部处理			
3	当年应计折旧是否计算正确			
……	……			
七	负债核对			
1	短期借款余额是否与银行对账单核对清楚			
……	……			
八	所有者（股东）权益核实			
……	……			
九	税项			
……	……			
十	报表合并			
……	……			
十一	审计档案			

序号	问卷内容	是	否	不适用
1	所有工作底稿编制、复核人员是否全部签章			
……	……			
十二	审计报告			
1	上年审计报告中所提问题是否合理解决			
2	本年年初数能否确认			
……	……			
说明				

4. 试算平衡表

以资产试算平衡表为例，见表3-6。

表 3-6 资产试算平衡表

被审计单位：_____   索引号：_____
项目：_____   财务报表截止日/日期：_____
编制：_____   复核：_____
日期：_____   日期：_____

资产科目	期末未审数	账项调整		重分类调整		期末审定数
		借方	贷方	借方	贷方	
货币资金						
短期投资						
应收票据						
应收股利						
应收利息						
应收账款						
预付账款						
其他应付款						
应收补贴款						
存货						
待摊费用						
一年以内到期长期投资						
其他流动资产						
流动资产合计						

资产科目	期末未审数	账项调整		重分类调整		期末审定数
		借方	贷方	借方	贷方	
长期股权投资						
长期债权投资						
长期投资合计						
固定资产原价						
减：累计折旧						
固定资产净值						
减：固定资产减值准备						
固定资产净额						
工程物资						
在建工程						
固定资产合计						
无形资产						
长期待摊费用						
其他长期资产						
无形资产合计						
递延税项资产借项						
资产总计						

5. 重分类调整分录汇总表

重分类调整分录汇总见表 3-7。

表 3-7　重分类调整分录汇总表

被审计单位：_____　　　索引号：_____

项目：_____　　　财务报表截止日/日期：_____

编制：_____　　　复核：_____

日期：_____　　　日期：_____

序号	内容及说明	索引号	未调整内容				影响利润表＋（一）	影响资产负债表＋（一）
			借方项目	借方金额	贷方项目	贷方金额		

与被审计单位的沟通：

参加人员：_____

被审计单位：_____

审计项目组：_____

被审计单位的意见：_____

_____

_____

结论：

是否同意上述审计调整：_____

被审计单位授权代表签字：_____   日期：_____

3.3.5　审计工作底稿归档

注册会计师在完成审计工作底稿后，需要及时将审计底稿归档保存。注册会计师应当在审计报告日后及时将审计工作底稿归整为审计档案，并完成归整最终审计档案过程中的事务性工作。

1. 归档时间

审计工作底稿的归档期限为审计报告日后六十天内。如果注册会计师未能完成审计业务，审计工作底稿的归档期限为审计业务中止后的六十天内。在完成最终审计档案的归整工作后，注册会计师不应在规定的保存期限届满前删除或废弃任何性质的审计工作底稿。

2. 审计底稿保存期限

会计师事务所应当自审计报告日起，对审计工作底稿至少保存十年。如果注册会计师未能完成审计业务，会计师事务所应当自审计业务中止日起，对审计工作底稿至少保存十年。

3. 审计底稿的修改

一般情况下，在完成最终审计档案归整工作后，如果注册会计师发现有必要修改现有审计工作底稿或增加新的审计工作底稿，无论修改或增加的性质如何，注册会计师均应当记录修改或增加审计工作底稿的理由和修改或增加审计工作底稿的时间和人员，以及复核的时间和人员。

计划审计工作

做好某一项工作或者完成一件事情，如果有一套完整、有条理的计划的话，会让整个过程进展得更加顺利。审计工作也是如此，注册会计师在正式开展审计工作之前，通常会制订非常详细且周密的审计计划，有助于注册会计师协调时间、人力，掌握审计工作的进度。

对注册会计师来说，审计计划是审计工作中非常重要的步骤。为了更有效地完成审计目标，项目合伙人和项目组其他关键成员应当参与计划审计工作，包括参与项目组成员的讨论。

任务 4.1 初步业务活动

4.1.1 初步业务活动内容

初步业务活动是指注册会计师为了确保本次审计工作顺利进行而展开的一系列业务活动，主要包括以下几个方面。

(1) 按照《中国注册会计师审计准则第 1121 号——对财务报表审计实施的质量控制》的规定，针对保持客户关系和具体审计业务，实施相应的质量控制程序。

(2) 按照《中国注册会计师审计准则第 1121 号——对财务报表审计实施的质量控制》的规定，评价遵守相关职业道德要求（包括独立性要求）的情况。

(3) 按照《中国注册会计师审计准则第 1111 号——就审计业务约定条款达成一致意见》的规定，就审计业务约定条款与被审计单位达成一致意见。

4.1.2 审计的前提条件

审计的前提条件是指管理层在编制财务报表时采用可接受的财务报告编制基础，以及管理层对注册会计师执行审计工作的前提的认同。

注册会计师的目标是，只有通过实施下列工作就执行审计工作的基础达成一致意见后，才承接或保持审计业务。

1. 确定审计的前提条件存在

为了确定审计的前提条件是否存在，注册会计师应当：①确定管理层在编制财务报表时采用的财务报告编制基础是否是可接受的；②就管理层认可并理解其责任与管理层达成一致意见。

管理层的责任包括：①按照适用的财务报告编制基础编制财务报表，并使其实现公允反映（如适用）；②设计、执行和维护必要的内部控制，以使财务报表不存在由于舞弊或错误导致的重大错报；③向注册会计师提供必要的工作条件，包括允许注册会计师接触与编制财务报表相关的所有信息（如记录、文件和其他事项），向注册会计师提供审计所需要的其他信息，允许注册会计师在获取审计证据时不受限制地接触其认为必要的内部人员和其他相关人员。

如果审计的前提条件不存在，注册会计师应当就此与管理层沟通。在下列情况下，除非法律法规另有规定，注册会计师不应承接拟议的审计业务。

(1) 除《中国注册会计师审计准则第 1111 号——就审计业务约定条款达成一致意见》的第十九条规定的情形外，注册会计师确定被审计单位在编制财务报表时采用的财务报告编制基础不可接受。

(2) 注册会计师未能与管理层达成《中国注册会计师审计准则第 1111 号——就审计业务约定条款达成一致意见》第六条第一款第（二）项提及的一致意见。

2. 确认注册会计师和管理层已就审计业务约定条款达成一致意见

注册会计师应当将达成一致意见的审计业务约定条款记录于审计业务约定书或其他适当形式的书面协议中。审计业务约定条款应当包括下列主要内容：①财务报表审计的目标与范围；②注册会计师的责任；③管理层的责任；④指出用于编制财务报表所适用的财务报告编制基础；⑤提及注册会计师拟出具的审计报告的预期形式和内容，以及对在特定情况下出具的审计报告可能不同于预期形式和内容的说明。

4.1.3 审计业务约定书

1. 审计业务约定书的含义

在进行正式的审计工作之前，注册会计师应当就审计业务约定条款与管理层或治理层（如适用）达成一致意见，进而将达成一致意见的审计意见记录于审计业务约定书中。审计业务约定书就相当于被审计单位与委托人之间签订的合同约定，用来记录合约双方的责任和义务。一旦出现违约事项，可以按照法律程序提出诉讼或仲裁。因此，无论对会计师事务所还是被审计单位来说，审计业务约定书都是非常重要的文件。

2. 审计业务约定书的构成

审计业务约定书中一般需要包含以下的几个方面的内容。

(1) 双方的名称。一般主要是甲方和乙方。一方是被审计单位的全称，比如××股份有限公司；另一方是会计师事务所，如××会计师事务所。

(2) 委托事项（业务范围及目的）。这一部分主要是将会计师事务所要进行审计的工作内容进行具体描述，比如包含的财务报表的内容，需要在哪些方面发表审计意见等。

(3) 被审计单位的责任与义务。

① 被审计单位的责任。

作为被审计单位，在编制财务报表和保证其真实性上责无旁贷，不仅需要选择合适的会计政策，作出适当的会计估计，更要维持会计报表的内部控制的有效。

② 被审计单位的义务。

为了让审计工作更顺利地展开进行，被审计单位需要提供相关的会计记录等文件资料，配合审计人员展开工作。这部分内容中还需要列明提供相关资料的截止日期以及支付审计费用的事项。

（4）会计师事务所的责任和义务。

① 会计师事务所的责任。

会计师事务所的责任包括按照中国注册会计师审计准则的规定执行审计工作，在实施审计工作的基础上对财务报表发表审计意见。注册会计师应该合理计划和实施审计工作，以获取充分、适当的审计证据，为被审计单位财务报表是否不存在重大错报获取合理保证。

② 会计师事务所的义务。

会计师事务所的义务包括会计师事务所应当按照约定完成审计业务，在某具体日期前出具审计报告并在审计过程中对被审计单位的会计信息数据进行严格保密。

（5）审计收费。这部分内容中列示出审计费用的计费标准、审计金额及支付的具体情况。如因审计工作遇到重大问题，致使会计师事务所实际花费审计工作时间有较大幅度的增加，被审计单位应在了解实情后，酌情调增审计费用。

（6）审计报告的使用责任。会计师事务所应当向被审计单位出具约定好份数的审计报告。

（7）约定书的有效时间。

（8）约定事项的变更。

（9）违约责任。双方按照《中华人民共和国经济合同法》的规定承担违约责任。

（10）双方签章及日期。

3. 审计业务约定书的格式

审计业务约定书的格式见图 4-1。

业务约定书

甲方：＿＿＿＿＿＿＿＿＿＿＿

乙方：＿＿＿＿＿＿＿＿＿＿＿

兹由甲方委托乙方对甲方＿＿＿＿年年度财务报表进行审计，经双方协商，达成以下约定：

一、业务范围及目的

乙方接受甲方委托：对甲方按照企业会计准则编制的＿＿＿＿年＿＿月＿＿日的资产负债表以及截至＿＿＿＿年度的利润表、股东权益变动表和现金流量表以及财务报表附注（以下统称财务报表）进行审计。

乙方将根据《中国注册会计师审计准则》，通过执行审计工作，对财务报表的下列方面发表审计意见。

（1）财务报表是否按照企业会计准则和相关会计制度的规定编制。

（2）财务报表是否在所有重大方面公允反映甲方的财务状况、经营成果和现金流量。

二、甲方的责任与义务

（一）甲方的责任

1. 根据《中华人民共和国会计法》及《企业财务会计报告条例》，甲方及甲方负责人保证会计资料的真实性和完整性。因此，甲方管理层有责任妥善保存和提供会计记录，这些记录必须真实、完整地反映甲方的财务状况、经营成果和现金流量。

图 4-1　审计业务约定书的格式

2. 按照企业会计准则和《××会计制度》的规定编制财务报表是 ABC 公司管理层的责任，这种责任包括：①设计、实施和维护与财务报表编制相关的内部控制，以使财务报表不存在由于舞弊或错误而导致的重大错报；②选择和运用恰当的会计政策；③作出合理的会计估计。

（二）甲方的义务

1. 及时为乙方的审计提供其所要求的全部会计资料和其他有关资料。

2. 为乙方派出的有关人员提供必要的工作条件及合作，具体事项将由乙方审计工作人员于工作开始前提供清单。

3. 确保乙方不受限制地接触任何与审计有关的记录、文件和所需的其他信息。

4. 按本约定书之规定及时足额支付审计费用。

5. 在_____年____月____日之前提供审计所需的全部资料。

三、乙方的责任和义务

（一）乙方的责任

1. 乙方的责任是在实施审计工作的基础上对财务报表发表审计意见。乙方按照中国注册会计师审计准则的规定执行审计工作。中国注册会计师审计准则要求注册会计师遵守职业道德规范，计划和实施审计工作，以对财务报表是否不存在重大错报获取合理保证。

2. 审计工作涉及实施审计程序，以获取有关财务报表金额和披露的审计证据。选择的审计程序取决于注册会计师的判断，包括对由于舞弊或错误导致的财务报表重大错报风险的评估。在进行风险评估时，乙方考虑与财务报表编制相关的内部控制，以设计恰当的审计程序，但目的并非对内部控制的有效性发表意见。审计工作还包括评价管理层选用会计政策的恰当性和作出会计估计的合理性，以及评价财务报表的总体列报。

3. 乙方应合理计划和实施审计工作，以获取充分、适当的审计证据，为甲方财务报表是否不存在重大错报获取合理保证。

4. 由于测试的性质和审计的其他固定限制，以及内部控制的固有局限性，不可避免地存在着某些重大错报在审计后可能仍然未被乙方发现的风险。

5. 乙方的审计责任不能减轻甲方及甲方管理层的责任。

（二）乙方的义务

1. 按照约定完成审计业务，出具审计报告。乙方应于_____年____月____日前出具审计报告。

2. 除下列情形外，乙方应对执行业务过程中知悉的甲方商业秘密严加保密。

（1）取得甲方的授权。

（2）根据法律法规的规定，为法律诉讼准备文件或提供证据，以及向监管机构报告发现的违反法规行为。

（3）接受行业协会和监管机构依法进行的质量检查。

（4）在法律诉讼程序中维护自身的职业利益。

四、审计收费

乙方应收本次审计约定事项的费用，按照乙方实际参加本项审计业务的各级职别工作人员所花费时间及有关收费规定的计费标准确定，预计为人民币××元。

甲方应在乙方提交审计报告时向乙方支付全部约定费用。

如因审计工作遇到重大问题，致使乙方实际花费审计工作时间有较大幅度的增加，甲方应在了解实情后，酌情调增审计费用。

五、审计报告的使用责任

乙方向甲方出具的审计报告一式____份，这些报告由甲方分发、派送，使用不当的责任与乙方及签发报告的注册会计师无关。

六、约定书的有效时间

本约定书一式两份，甲乙方各执一份，并具有同等法律效力。

本约定书自双方签章之日起生效，并在本约定事项全部完成之日前有效。

七、约定事项的变更

由于出现不可预见的情况，影响审计工作如期完成，或需提前出具审计报告，甲乙双方可要求变更约定事项，但应及时通知对方，并由双方协商解决。

图 4-1（续 1）

八、违约责任

甲乙双方按照《中华人民共和国经济合同法》的规定承担违约责任。

甲方：	乙方：
（签章）	（签章）
授权代表：	授权代表：
日期：　　年　月　　日	日期：　　年　月　　日

图　4-1（续2）

任务 4.2　编制总体审计策略和具体审计计划

4.2.1　审计计划的重要性

计划审计工作有利于注册会计师执行财务报表审计工作，其重要性具体体现在以下几个方面。

（1）有助于注册会计师适当关注重要的审计领域。

（2）有助于注册会计师及时发现和解决潜在的问题。

（3）有助于注册会计师恰当地组织和管理审计业务，以有效的方式执行审计业务。

（4）有助于选择具备必要的专业素质和胜任能力的项目组成员应对预期的风险，并有助于向项目组成员分派适当的工作。

（5）有助于指导和监督项目组成员并复核其工作。

（6）在适用的情况下，有助于协调组成部分注册会计师和专家的工作。

4.2.2　审计计划的分类

计划审计工作包括针对审计业务确定总体审计策略和具体审计计划。

1. 总体审计策略

注册会计师应当制定总体审计策略，以确定审计工作的范围、时间安排和方向，指导具体审计计划的制订。

在制定总体审计策略时，注册会计师应当做好以下五个方面的工作。

（1）确定审计业务的特征，以界定审计范围。

（2）明确审计业务的报告目标，以计划审计的时间安排和所需沟通的性质。

（3）根据职业判断，考虑用以指导项目组工作方向的重要因素。

（4）考虑初步业务活动的结果，并考虑项目合伙人对被审计单位执行其他业务时获得的经验是否与审计业务相关（如适用）。

（5）确定执行业务所需资源的性质、时间安排和范围。

总体审计策略范例见表 4-1。

表 4-1　总体审计策略

被审计单位：新天地股份有限公司 项目：总体审计策略 编制：刘宏 日期：2016.01.21	索引号：BE-02-01 财务报表截止日/期间：2016.12.31/2016 复核：张海 日期：2016.01.21
一、审计范围和报告要求	财务报告审计
适用的会计准则和相关会计制度	《企业会计准则》《企业会计制度》
适用的审计准则	《中国注册会计师执业准则》
与财务报告相关的行业特别规定	无
需审计的集团内组成部分的数量及所在地点	2 家，新天地传媒/新世纪，上海市/北京市
需要阅读的含有已审计财务报表的文件中的其他信息	新天地传媒股份有限公司年报
制定审计策略需考虑的其他事项	需单独出具报告的新世纪股份有限公司年报

二、审计业务时间安排

（一）对外报告时间安排：2016.03.30

（二）执行审计时间安排

执行审计时间安排	时　间
1. 期中审计	
（1）制定总体审计策略	2016.01.21
（2）制订具体审计计划	2016.01.21
2. 期末审计	
（1）存货监盘	2016.01.25
（2）应收账款函证	2016.01.31
（3）现金监盘	2016.01.31

（三）沟通的时间安排

所需沟通	时　间
与管理层及治理层的会议	2016.02.01
项目组会议（包括预备会和总结会）	2016.02.03
与专家或有关人士的沟通	2016.02.05
与其他注册会计师沟通	2016.02.07
与前任注册会计师沟通	2016.02.09

三、影响审计业务的重要因素

（一）重要性

确定的重要性水平	索引号
500 万元	BA-05-01

（二）可能存在较高重大错报风险的领域

可能存在较高重大错报风险的领域	索引号
应收账款	BA-05-02
存货	C1-02-09
营业收入	E23-02-41

（三）重要的组成部分和账户余额

填写说明：

1. 记录所审计的集团内重要的组成部分；

2. 记录重要的账户余额，包括本身具有重要性的账户余额（如存货），以及评估出存在重大错报风险的账户余额

重要的组成部分和账户余额	索引号
1. 重要的组成部分	BA-05-03
新天地传媒股份有限公司	
2. 重要的账户余额	BA-05-04
应收账款	
存货	

四、人员安排

（一）项目组主要成员的责任

职位	姓名	主要职责
初级审计员	李清	确认资料的准确性，针对一些基本资料进行整理和分析，就审计过程中需要关注的情况，查询必要的原始证据
中级审计员	王美	负责审阅其他同事的工作底稿
高级审计员	张达海	负责小组的审计工作的计划和安排，负责与客户在较重要问题方面的沟通，就审计问题与项目经理进行沟通
项目经理	高博	复核，对项目整体的一些评估和分析报告

注：在分配职责时可以根据被审计单位的不同情况按会计科目划分，或按交易类别划分。

（二）与项目质量控制复核人员的沟通（如适用）

复核的范围：已审计财务报表的编制符合《企业会计准则》的规定，在所有重大方面公允反映了被审计单位的财务状况、经营成果和现金流量

沟通内容	负责沟通的项目组成员	计划沟通时间
复核已完成的审计计划，以及导致对审计计划作出重大修改的事项	李清	2016.02.20
复核重要会计政策、会计估计的变更	王美	2016.02.21
复核重大事项概要	张达海	2016.02.23
复核审计小结	高博	2016.02.25
复核重要财务报表项目	高博	2016.02.27

复核建议调整事项	高博	2016.02.29

五、对专家或有关人士工作的利用（如适用）

注：如果项目组计划利用专家或有关人士的工作，需要记录其工作的范围和涉及的主要会计科目等。另外，项目组还应按照相关审计准则的要求对专家或有关人士的能力、客观性及其工作等进行考虑及评估。

（一）对内部审计工作的利用

主要报表项目	拟利用的内部审计工作	索引号
存货	内部审计部门对各仓库的存货每半年至少盘点一次。在中期审计时，项目组已经对内部审计部门盘点步骤进行观察，其结果满意，因此项目组将审阅其年底的盘点结果，并缩小存货监盘的范围	AZ-02-01

（二）对其他注册会计师工作的利用

其他注册会计师名称	利用其工作范围及程度	索引号
王建国	对于跨国经营涉及的报表折算（该CPA有丰富的跨国公司审计经验）	ZS-001
张波	对于内部控制完善性的参考	ZS-002

（三）对专家工作的利用

主要报表项目	专家名称	主要职责及工作范围	利用专家工作的原因	索引号
存货	程斌	对于一批化学产品存货的测验	测验需相关专业知识	ZJ-001
营业收入	马想	对于信息系统完善性的参考	马想是信息系统方面的专家	ZJ-002

（四）对被审计单位使用服务机构的考虑

主要报表项目	服务机构名称	服务机构提供的相关服务及注册会计师出具的审计报告意见及日期	索引号
实收资本	容天会计师事务所	实收资本验资，2004.01.30	FW-001

2. 具体审计计划

具体审计计划应当包括下列内容。

（1）按照《中国注册会计师审计准则第1211号——通过了解被审计单位及其环境识别和评估重大错报风险》的规定，计划实施的风险评估程序的性质、时间安排和范围。

（2）按照《中国注册会计师审计准则第1231号——针对评估的重大错报风险采取的应对措施》的规定，在认定层次计划实施的进一步审计程序的性质、时间安排和范围。

（3）根据审计准则的规定，计划应当实施的其他审计程序。

4.2.3 审计计划的实施

在审计过程中，注册会计师应当在必要时对总体审计策略和具体审计计划作出更新和修改。

注册会计师应当制订计划，确定对项目组成员的指导、监督以及对其工作进行复核的性质、时间安排和范围。

4.2.4 首次审计业务的补充考虑

首次审计业务开始前，注册会计师应当开展下列活动。

（1）按照《中国注册会计师审计准则第 1121 号——对财务报表审计实施的质量控制》的规定，针对接受客户关系和具体审计业务，实施相应的质量控制程序。

（2）如果被审计单位变更了会计师事务所，按照相关审计准则和职业道德要求的规定，与前任注册会计师进行沟通。

具体审计计划范例见表 4-2。

表 4-2 具体审计计划

编制人：	日期：
复核人：	日期：
项目质量控制复核人（如适用）：	日期：

目　录

（下面以其中第一部分风险评估程序为例进行说明）

1. 风险评估程序

1.1　一般风险评估程序

（项目组需记录为了解被审计单位及其环境所执行的风险评估程序。该程序可能包括询问、观察、检查及分析程序等。所记录的内容需包括项目组工作的性质及范围。）

风险评估程序	执行人及日期	工作底稿索引号
［向管理层询问有关被审计单位业务、经营环境及内部控制的变化情况］		

[出于计划的目的，对自 20×1 年×月×日至 20×2 年×月×日止年度（期间）财务报表的财务信息进行分析程序]		
[分析中期审阅的结果（如有）]		
[……]		

1.2 针对特定项目的程序
确定特定项目

确定特定项目	执行人及日期	工作底稿索引号
[根据拟定的针对特定项目的审计程序（注）所进行的审计工作： （特定项目可能包括：对舞弊的考虑、持续经营、对法律法规的考虑及关联方等）]		
[……]		

（注：相关审计准则要求注册会计师在计划审计工作时，对某些项目（本计划称为特定项目）予以特别考虑并执行相应审计程序。除以上所列举的项目外，特定项目可能还包括诉讼及赔偿、环境事项、电子商务等。为便于安排及协调审计计划，本计划将针对特定项目需要执行询问程序的时间及参加人员计划列示于下表）

询问程序的时间安排

[以上面所提及的特定项目为例，项目组可能需按照相关准则的要求对下列人员进行访问：]

受访者（姓名及职位）	计划参加沟通的项目组成员	访问时间	工作底稿索引号
[对舞弊的考虑： —董事长 —财务总监 —……]	[项目负责人及审计经理]	[××年×月×日]	[×××]
[持续经营：]			
[对法律法规的考虑：]			
[关联方：]			
[……]			

4.2.5 审计计划的更改

在审计工作执行的过程中，有可能会发生执行情况与审计计划不相符的情况。比如在搜集审计证据过程中出现问题，审计程序无法顺利执行等，发现更多重大错报，重要性水平需进行修改等，这些情况均会导致原有的审计计划失效，因此审计工作人员应该在审计工作过程中根据审计执行情况不断修改、更新及调整审计计划，适当调整审计方案及审计人员工作时间安排等事项。

任务 4.3　认知审计重要性

4.3.1　审计重要性的概念

1. 错报的概念

错报是指某一财务报表项目的金额、分类、列报或披露，与按照适用的财务报告编制基础应当列示的金额、分类、列报或披露之间存在的差异；或根据注册会计师的判断，为使财务报表在所有重大方面实现公允反映，需要对金额、分类、列报或披露作出的必要调整。由于错报可能是由于错误或舞弊导致的，因此注册会计师在对被审计单位进行审计的过程中的主要工作内容就是找到该单位是否存在错报，如果存在的话，评价和判断错报对财务报表的影响。

在审计过程中，注册会计师要不断累积识别出的错报，并与管理层就这些错报进行及时的沟通，并要求将这些错报进行更正。

注册会计师应当确定未更正错报单独或汇总起来是否重大。在确定时，注册会计师应当考虑以下两个方面。

（1）相对特定类别的交易、账户余额或披露以及财务报表整体而言，错报的金额和性质以及错报发生的特定环境。

（2）与以前期间相关的未更正错报对相关类别的交易、账户余额或披露以及财务报表整体的影响。

2. 重要性概念的理解

（1）如果合理预期错报（包括漏报）单独或汇总起来可能影响财务报表使用者依据财务报表作出的经济决策，则通常认为错报是重大的。

（2）对重要性的判断是根据具体环境作出的，并受错报的金额或性质的影响，或受两者共同作用的影响。

（3）判断某事项对财务报表使用者是否重大，是在考虑财务报表使用者整体共同的财务信息需求的基础上作出的。

在对重要性概念的理解上，不仅需要考虑错报在金额上是否重大，也要考虑到错报的性质是否是重大的。即使某些错报低于重要性，与这些错报相关的具体情形可能使注册会计师将其评价为重大。所以，注册会计师不仅要考虑错报金额的大小，还要考虑错报的性质以及错报发生的特定环境。

在审计计划阶段和执行审计工作时，注册会计师都要正确地运用重要性的概念，不仅体现在要确定财务报表整体的重要性，还表现在要确定交易、账户余额或披露的重要性水平（即确定的某一金额）。在形成审计结论阶段，要使用整体重要性水平和为了特定交易类别、账户余额和披露而确定的较低金额的重要性水平来评价已识别的错报对财务报表的影响和对审计报告中审计意见的影响。

3. 重要性水平的确定

注册会计师需要运用自己的职业判断来确定重要性。通常，注册会计师会从以下两个方面来确定重要性：财务报表整体的重要性水平和特定类别的交易、账户余额或披露的重要性水平。

1) 财务报表整体的重要性水平

$$财务报表整体的重要性水平＝基准×百分比$$

为了确定财务报表层次的重要性水平，注册会计师通常会选取一个基准，比如被审计单位的总资产、净资产、营业收入、利润总额等。在决定选取基准时，注册会计师通常会考虑以下几种情况。

（1）财务报表要素（如资产、负债、所有者权益、收入和费用）。

（2）是否存在特定会计主体的财务报表使用者特别关注的项目（利润、收入或净资产等）。

（3）被审计单位的性质、所处的生命周期阶段以及所处行业和经济环境。

（4）被审计单位的所有权结构和融资方式。

（5）基准的相对波动性。主要指如果被审计单位本期与上期的财务数据出现重大变化，注册会计师会考虑对选定的基准进行适当的调整。

对于百分比的选择，通常与基准之间有一定的联系。对于不同的基准，注册会计师可能会给出不同的百分比（见表4-3）。

表4-3　基准及百分比表

被审计单位类型	基　　准	百分比/%
以营利为目的的制造行业实体	税前利润	5
非营利性组织	总收入或费用总额	1
共同基金公司	净资产	0.5

【例4-1】　据了解，长宁电器有限公司首先按照净资产的0.5%、营业收入的0.5%、利润总额的1%和最小值原则确定其财务报表层次的重要性水平。以下是该公司资产负债表（见表4-4）和利润表（见表4-5）的部分信息。

表4-4　资产负债表（部分）　　　　　　　　　　　　　　　单位：元

资产	本年金额	上年金额	负债和所有者权益	本年金额	上年金额
……	……	……	……	……	……
递延所得税资产			未分配利润	156 800.00	187 800.00
其他非流动资产			所有者权益合计	4 384 800.00	4 287 800.00
非流动资产合计	4 499 000.00	4 500 000.00			
资产总计	7 483 800.00	7 377 800.00	负债和所有者权益合计	7 483 800.00	7 377 800.00

表 4-5　利润表（部分）　　　　　　　　　　　　　　　　　　　单位：元

	本 年 金 额	上 年 金 额
一、营业收入	3 750 000.00	
减：营业成本	2 250 000.00	
税金及附加	6 000.00	
销售费用	210 000.00	
管理费用	324 000.00	
财务费用	124 500.00	
资产减值损失		
加：公允价值变动收益（损失以"－"填列）		
投资收益（损失以"－"填列）	154 500.00	
其中：对联营企业和合营企业的投资收益		
二、营业利润（损失以"－"填列）	990 000.00	
加：营业外收入	150 000.00	
减：营业外支出	60 000.00	
其中：非流动资产处置损失		
三、利润总额（亏损总额以"－"填列）	1 080 000.00	
减：所得税费用	306 900.00	
四、净利润（净亏损以"－"填列）	773 100.00	

请根据以上信息计算填写表 4-6。

表 4-6　重要性水平

项　　目	重要性水平
（1）净资产确定的重要性水平	
（2）收入确定的重要性水平	
（3）利润总额确定的重要性水平	
（4）最小值原则确定的重要性水平	

　　解析：根据题意，为了计算财务报表层次的重要性水平，需运用下列公式：

财务报表层次的重要性水平＝基准×百分比

　　从资产负债表和利润表中分别找到被审计单位的净资产（即本年度的所有者权益合计）、营业收入及利润总额，对于这三个基准计算相应的重要性水平。

净资产确定的重要性水平＝4 384 800×0.5％＝21 924.00（元）

收入确定的重要性水平＝3 750 000×0.5％＝18 750.00（元）

利润总额确定的重要性水平＝1 080 000×1％＝10 800.00（元）

　　由于采用最小值原则确定重要性水平，所以从以上计算的三个结果中选出最小值，即最小值原则确定的重要性水平为 10 800.00 元。

　　2) 特定类别的交易、账户余额或披露的重要性水平

　　被审计单位如果存在一个或多个特定类别的交易、账户余额或披露，其发生的错报金额虽然低于财务报表整体的重要性，但合理预期可能影响财务报表使用者依据财务报表作出的经济决策，注册会计师还应当确定适用于这些交易、账户余额或披露的一个或多个重要性水平。比如，如果认为被审计单位某些重大交易举措的预期或被审计单位行业发展等方面的预期将会影响财务报表使用者所作出的经济决策，则注册会计师需要对这些交易、账户余额或披露的重要性水平进行确定。

　　【例 4-2】　恒信会计师事务所某注册会计师在审计海天有限责任公司时，往年重要性确定的原则为利润的 5％，这一年由于受到金融危机的影响，财务报表重大错报风险增加，所以，该注册会计师决定将公司的重要性水平改为利润的 3％，公司的本年利润为 500 万元。存货作为该公司最重要的资产，容易发生偷盗，错报可能性较大，所以可容忍错报定为财务报表层次重要性水平的 10％。

　　(1) 注册会计师修改重要性水平比率是否合理？

　　(2) 财务报表层次的重要性水平为多少？

　　(3) 确定存货项目的可容忍错报为多少？

　　解析：(1) 注册会计师修改重要性水平比率是比较合理的。因为该公司因为受到金融危机的影响，重大错报风险增加，所以，决定降低百分比来计算该公司的财务报表层次的重要性水平是有必要的。

　　(2) 财务报表层次的重要性水平＝5 000 000×3％＝150 000（元）。

　　(3) 确定存货项目的可容忍错报为财务报表层次重要性水平的 10％，所以确定存货项目的可容忍错报＝150 000×10％＝15 000（元）。

任务 4.4　认知审计风险

4.4.1　审计风险的概念

　　审计风险是指财务报表存在重大错报时注册会计师发表不恰当审计意见的可能性。简单来说，就是注册会计师在执行审计工作时没有准确识别出财务报表的重大错报或对财务报表的重大错报的判断失误的风险。对于注册会计师来说，如果审计失效，将会对整个会计师事务所及个人的声誉产生重大不良影响，因此，审计工作人员需要对审计工作秉承非常审慎的态度，尽量降低审计风险。

4.4.2　审计风险的决定要素

　　审计风险主要取决于两大要素：一个是重大错报风险；另一个是检查风险。

1. 重大错报风险

　　重大错报风险是指财务报表在审计前存在重大错报的可能性。简单来说，就是被审计单位编制完成的财务报表中可能存在错报，这些错报可能是出于工作人员汇总计算失误的

原因，也可能是出于舞弊的原因，与审计人员是否对该单位进行审计无关。注册会计师通常会在以下两个层次识别和评估重大错报风险。

1）财务报表层次

财务报表层次重大错报风险是指与财务报表整体广泛相关，并潜在影响多项认定的风险。财务报表层次重大错报风险的出现可能是由于管理层疏于管理或管理能力有限、被审计单位的内部控制无法有效进行、管理层出现舞弊或造假等情况。因此，财务报表层次重大错报风险对于审计风险的影响是非常大的。注册会计师识别的报表层次的重大错报风险汇总表样式见表4-7。

表 4-7　识别的报表层次的重大错报风险汇总表

单位名称：_____ 会计期间：_____	编制人：_____ 复核人：_____	日期：_____ 日期：_____	索引号：_____ 页次：_____
索引号	风险描述		
财务报表层次的重大错报风险对审计工作的影响			
确定的总体应对措施：			
对计划的进一步审计程序总体方案的影响：			

2）各类交易、账户余额和披露的认定层次

认定是指管理层在财务报表中作出的明确或隐含的表达，注册会计师将其用于考虑可能发生的不同类型的潜在错报。注册会计师在考虑各类交易、账户余额和披露的认定层次的重大错报风险时，通常分为以下三类。

（1）关于所审计期间各类交易和事项的认定

① 发生。记录的交易或事项已发生，且与被审计单位有关。

② 完整性。所有应当记录的交易和事项均已记录。

③ 准确性。与交易和事项有关的金额及其他数据已恰当记录。

④ 截止。交易和事项已记录于正确的会计期间。

⑤ 分类。交易和事项已记录于恰当的账户。

（2）关于期末账户余额的认定

① 存在。记录的资产、负债和所有者权益是存在的。

② 权利和义务。记录的资产由被审计单位拥有或控制，记录的负债是被审计单位应当履行的偿还义务。

③ 完整性。所有应当记录的资产、负债和所有者权益均已记录。

④ 计价和分摊。资产、负债和所有者权益以恰当的金额包括在财务报表中，与之相关的计价或分摊调整已恰当记录。

（3）与列报和披露相关的认定

① 发生以及权利和义务。披露的交易、事项和其他情况已发生，且与被审计单位有关。

② 完整性。所有应当包括在财务报表中的披露均已包括。

③ 分类和可理解性。财务信息已被恰当地列报和描述，且披露内容表述清楚。

④ 准确性和计价。财务信息和其他信息已公允披露，且金额恰当。

认定层次的重大错报风险又可分为固定风险和控制风险。固有风险是指在考虑有关的内部控制之前，某类交易、账户余额或披露的某一认定易于发生错报的可能性。比如某些项目的余额需要复杂的计算过程，在会计核算过程中，某些账户容易出现计价高估（低估）等。控制风险是指某类交易、账户余额或披露的某一认定发生错报，该错报单独或连同其他错报是重大的，但没有被内部控制及时防止或发现并纠正的可能性。控制风险的高低与被审计单位控制过程的执行情况有关，被审计单位内部控制设计和运行效果越好，控制风险越低；反之，控制风险越高。

评估的认定层次的重大错报风险汇总表格式见表 4-8。

表 4-8 评估的认定层次的重大错报风险汇总表

单位名称：＿＿＿＿＿＿　　编制人：＿＿＿＿＿＿　　日期：＿＿＿＿＿＿　　索引号：＿＿＿＿＿＿

会计期间：＿＿＿＿＿＿　　复核人：＿＿＿＿＿＿　　日期：＿＿＿＿＿＿　　页次：＿＿＿＿＿＿

重大账户	认定	识别的重大错报风险	风险评估结果
列示重大账户。例如，应收账款	列示相关的认定。例如，存在、完整、计价或分摊等	汇总实施审计程序识别出的与该重大账户的某项认定相关的重大错报风险	评估该项认定的重大错报风险水平（应考虑控制设计是否合理，是否得到执行）

【例 4-3】　请指出以下哪些底稿对应的是评估财务报表层次重大错报风险，哪些对应的是评估认定层次重大错报风险？

A. 了解被审计单位的治理结构

B. 了解被审计单位所处的法律环境及监管环境

C. 存货与生产循环内部控制初步评价表

D. 采购与付款循环内部控制初步评价表

E. 投资循环内部控制初步评价表

F. 销售与收款循环内部控制初步评价表

G. 筹资循环内部控制初步评价表

H. 控制环境调查明细表

答案：评估财务报表层次重大错报风险有 A、B、H 选项，评估认定层次重大错报风险有 C、D、E、F、G 选项。

解析：财务报表层次重大错报风险的出现可能是由于管理层疏于管理或管理能力有限、被审计单位的内部控制无法有效进行、管理层出现舞弊或造假等情况。A、B、H 三个选项都是与被审计单位的治理结构、所处环境相关，因此选择这三个选项。而评估认定层次重大错报风险主要是在检测各个经济业务循环过程中进行，因此选 C、D、E、F、G 选项。

2. 检查风险

检查风险是指如果存在某一错报，该错报单独或连同其他错报可能是重大的，注册会计师为将审计风险降至可接受的低水平而实施程序后没有发现这种错报的风险。基于注册会计师的执业水平、能力、经验等限制，在选择审计方法、审计程序及分析审计证据上可能会有偏差和失误，结果导致无法识别某些重大错报，进而发现被审计单位的舞弊、造假等行为。与固有风险不同，检查风险可以通过注册会计师的努力来降低，因此，注册会计师的工作能力和水平需要不断地提升。

4.4.3 审计风险模型

审计风险的大小和重大错报风险与检查风险有关，其模型公式为

$$审计风险＝重大错报风险×检查风险$$

从模型来看，注册会计师可接受的审计风险水平分别和重大错报风险及检查风险成正相关关系，而重大错报风险和检查风险之间是负相关的关系。如果注册会计师可接受的审计风险水平为 5%，重大错报风险评估为 20%，则可以计算出检查风险为 25%。可见，在一定的可接受的审计风险水平下，重大错报风险越高，检查风险越低；反之，重大错报风险越低，检查风险越高。

4.4.4 审计风险与重要性水平、审计证据的关系

审计风险与重要性水平是负相关关系，也就是说，重要性水平越高，审计风险越低；重要性水平越低，审计风险越高。

重要性水平是注册会计师站在财务报表使用者角度来判断的某一金额。比如以下两种情况。

(1) 如果重要性水平是 10 000 元，意味着超过 10 000 元的错报都是重大的，会影响财务报表使用者的经济决策，注册会计师要合理保证能找出超过 10 000 元的错报。

(2) 如果重要性水平是 50 000 元，那么意味着超过 50 000 元的错报才是重大的，超过 50 000 元的错报才会影响财务报表使用者的经济决策，注册会计师要合理保证能找出超过 50 000 元的错报。

从这两种情况可以看出，如果现在有 30 000 元的错报，注册会计师没有发现，在第一种情况下，注册会计师因为无法找出这 30 000 元（已经大于 10 000 元）的错报即出现了审计风险。而在第二种情况下，只有当注册会计师没有找到 50 000 元以上的错报时才出现审计风险。可见，重要性水平越高，审计风险越低；重要性水平越低，审计风险越高。

审计风险与审计证据之间是正向变动关系。审计风险越高，越需要更多的审计证据来分析证明，由于重要性水平与审计风险是反向关系，因此重要性水平与审计证据之间也是反向变动关系，重要性水平越低，所需要的审计证据越多。

进行风险评估与风险应对

任务 5.1　认识风险评估

风险导向审计是当今主流的审计方法，它要求审计人员评估财务报表重大错报风险，设计和实施进一步审计程序，以应对评估的错报风险，根据审计结果出具恰当的审计报告。

5.1.1　风险评估程序的含义

为了解被审计单位及其环境而实施的程序称为风险评估程序。注册会计师了解被审计单位及其环境，目的是识别和评估财务报表重大错报风险。注册会计师应当依据风险评估程序所获取的信息，评估被审计单位的重大错报风险。理解这一含义应当把握以下三点。

第一，了解被审计单位及其环境是必要程序。

第二，了解的目的是识别和评估财务报表重大错报风险，设计和实施进一步审计程序。

第三，了解的程度应当足够实现了解的目的。

5.1.2　风险评估程序的基本方法

根据《中国注册会计师审计准则第 1211 号——了解被审计单位并评估重大错误风险》的规定，注册会计师应当实施下列风险评估程序，以了解被审计单位及其环境。

1. 询问被审计单位管理层和内部其他相关人员

询问被审计单位管理层和内部其他相关人员是注册会计师了解被审计单位及其环境的一个重要信息来源。例如，注册会计师可以考虑向管理层和财务负责人询问下列事项。

（1）管理层所关注的主要问题。如新的竞争对手、主要客户和供应商的流失、新的税收法规的实施，以及经营目标或战略的变化等。

（2）被审计单位的财务状况和最近的经营成果、现金流量。

（3）可能影响财务报告的交易和事项，或者目前发生的重大会计处理问题。如重大的购并事宜等。

（4）被审计单位发生的其他重要变化。如所有权结构、组织结构的变化，以及内部控制的变化等。

尽管注册会计师通过询问管理层和财务负责人可获取大部分信息，但是询问被审计单位内部的其他人士可能为注册会计师提供多角度的信息，有助于评估重大错报风险。因此，注册会计师除了询问管理层和对财务报告负有责任的人员外，还应当考虑询问内部审计人员、采购人员、生产人员、销售人员等其他人员，并考虑询问不同级别的员工，以获取对识别重大错报风险有用的信息。在确定向被审计单位的哪些人员进行询问以及询问哪些问题时，注册会计师应当考虑何种信息有助于其识别和评估重大错报风险。

【例 5-1】 审计人员询问茂盛有限责任公司关联方情况形成的审计工作底稿见图 5-1。

针对关联方问题询问管理层记录

单位名称：<u>茂盛有限责任公司</u>　编制人：<u>杨致远</u>　日期：<u>2017.1.9</u>　索引号：<u>E-01-02</u>
会计期间：<u>2016.1.1—2016.12.31</u>　复核人：<u>王茂春</u>　日期：<u>2017.1.10</u>　页次：<u>P45</u>

注册会计师应当复核由治理层和管理层提供的所有已知关联方名称的信息，并针对信息的完整性询问治理层和关键管理人员是否与其他单位存在隶属关系。

姓名	本公司职位	关联方名称	关联关系	在关联公司职位
杨开基	财务经理	旺达有限责任公司	母子公司	总经理
肖琼洁	业务总监	盛世长城有限公司	控股公司	董事
白晓琳	董事	合众有限责任公司	母子公司	总经理
柏建群	总账会计	蓝色火焰集团	控股公司	财务总监

审计说明：审计程序主要采用向茂盛有限责任公司及其关联公司索取公司职员表，并向关键管理人员询问其主要亲属所在行业和相关企业的信息资料。

审计结论：茂盛有限责任公司高级管理人员未在关联企业和政府有关部门任主要职位，也没有亲属在关联公司任关键职位，公司治理层人员超然独立。从这方面看，公司风险较小。

图 5-1　审计工作底稿（关联方问题询问）

2. 分析程序

分析程序是指注册会计师通过研究不同财务数据之间以及财务数据与非财务数据之间的内在关系，对财务信息作出评价。分析程序还包括调查识别出的与其他相关信息不一致或与预期数据严重偏离的波动和关系。

分析程序可用作风险评估程序和实质性程序，也可用来对财务报表进行总体复核。注册会计师实施分析程序有助于识别异常的交易或事项，以及对财务报表和审计产生影响的金额、比率和趋势。例如：①将被审计单位的关键业绩指标与同行业平均数据或同行业中规模相近的其他单位的数据相比较，可以了解被审计单位在市场中的相对表现，并识别存在重大错报风险的迹象；②利用从外部获取的市场份额变化趋势信息，可以识别被审计单位竞争能力的重大变化；③按业务分部或地区分部分类计算的销售和毛利变动趋势，可以揭示经营业绩随时间推移而发生的变化，将这一业绩与前年度比较，可以获得对经营业绩趋势的了解。

在实施分析程序时，注册会计师应当预期可能存在的合理关系，并与被审计单位记录的金额、依据记录金额计算的比率或趋势相比较；如果发现异常或未预期到的关系，注册会计师应当在识别重大错报风险时考虑这些比较结果。

例如，注册会计师通过分析程序发现，两个会计期间的毛利率相当。但是，注册会计师通过对被审计单位性质的了解，获知在生产成本中占较大比例的原材料成本在相关期间内上升，注册会计师预期销售成本也应相应上升，而毛利率应相应下降。上述分析可能使注册会计师得出结论：销售成本可能存在重大错报风险，应对其给予足够的重视。

【例 5-2】 审计人员对大华有限责任公司 2016 年财务报表中各项财务指标及比率趋势实施分析性程序形成的审计工作底稿见表 5-1。

表 5-1 比率趋势分析（审计工作底稿）

单位名称：大华有限责任公司　编制人：王红　　日期：2017.1.9　索引号：B-03-01
会计期间：2016.1.1—2016.12.31　复核人：刘新　　日期：2017.1.10　页次：P21

序号	会计报表项目	2013	2014	2015	2016	说明
1	一、流动性					
2	流动比率＝流动资产÷流动负债	1.5	1.78	2	1.4	
3	速动比率＝（流动资产－存货）÷流动负债	1	1.23	1.7	1.3	
4	现金比率＝现金÷流动负债	0.8	0.9	1.5	1	
5	已获利息倍数＝息税前利润÷利息费用	2	3	2	3	
6	二、资产管理比率					
7	存货周转率＝（主营业务成本÷存货平均余额）×100％	1.8	3	4	4.5	
8	应收账款周转率＝（主营业务收入净额÷应收账款平均余额）×100％	3	4	2	3	
9	营运资金周转率＝［主营业务收入净额÷（流动资产－流动负债）］×100％	4	5	5	4	
10	总资产周转率＝（主营业务收入净额÷平均资产总额）×100％	2	3	2	2	
11	三、盈利能力比率					
12	销售毛利率＝［（销售收入－销售成本）÷销售收入］×100％	20％	23％	24％	27％	
13	权益回报率＝［息税前利润÷所有者（股东）权益总额］×100％	10％	12％	15％	10％	
14	四、生产能力比率					
15	原材料成本占收入比例＝（销售成本中的原材料成本÷相应的销售收入）×100％	23％	24％	27％	25％	
16	营业费用和管理费用占收入比例＝［（营业费用＋管理费用）÷销售收入］×100％	13％	14％	17％	14％	

3. 观察和检查

观察和检查程序可以印证对管理层和其他相关人员的询问结果，并可提供有关被审计单位及其环境的信息，注册会计师应当实施下列观察和检查程序。

（1）观察被审计单位的生产经营活动。例如，观察被审计单位人员正在从事的生产活动和内部控制活动。

（2）检查文件、记录和内部控制手册。例如，检查被审计单位的章程，与其他单位签订的合同、协议，股东大会、董事会会议、高级管理层会议的会议记录或纪要，各业务流程操作指引和内部控制手册，各种会计资料、内部凭证和单据等。

（3）阅读由管理层和治理层编制的报告。例如，阅读被审计单位年度和中期财务报告、管理层的讨论和分析资料、经营计划和战略、对重要经营环节和外部因素的评价、被审计单位内部管理报告以及其他特殊目的的报告（如新投资项目的可行性分析报告）。

（4）实地察看被审计单位的生产经营场所和设备。在实地察看被审计单位的厂房和办公场所的过程中，注册会计师有机会与被审计单位的管理层和担任不同职责的员工进行交流，以增强注册会计师对被审计单位的经营活动及其重大影响因素的了解。

（5）追踪交易在财务报告信息系统中的处理过程（穿行测试）。这是注册会计师了解被审计单位业务流程及其内部控制时经常使用的审计程序。通过追踪某笔或某几笔交易在业务流程中如何生成、记录、处理和报告，以及相关内部控制如何执行，注册会计师可以确定被审计单位的交易流程和内部控制是否与之前通过其他程序所获得的了解一致，并确定内部控制是否得到执行。

【例5-3】 审计人员观察腾达有限责任公司经营场所形成的审计工作底稿见图5-2。

参观被审计单位经营场所的记录

单位名称：腾达有限责任公司　编制人：王红　日期：2017.1.15　索引号：H-34
会计期间：2016.1.1—2016.12.31　复核人：刘新　日期：2017.1.17　页次：P245

审计目标：
了解腾达有限责任公司的基本情况，从而对内部控制风险有一个基本的了解和大致的评价。

审计结果记录：
1. 参观场所
腾达有限责任公司第二条生产流水线及关键技术环节生产车间。
2. 概况
生产有条不紊，每台机器都由一个机长和两个操作员负责，机长定期检查设备使用情况以及对设备性能作出评价。固定资产使用、停用和报废由专人负责。
3. 生产情况
流水线操作，每个工段由一个段长进行质量控制，上工前都要阅读操作指南，下班时由专人负责设备检修和定期保养。
4. 员工情况
员工分为两类：技术指导人员和车间操作人员。技术指导员是重点院校研究员，技术精湛，车间操作人员定期学习业务知识。
5. 设备情况
设备保养很好，80%的都在折旧年限内，10%已经提足折旧但是仍在继续使用，10%的设备正在安装期间。
审计说明：
腾达有限责任公司有三条生产线，本次审计只选取了第二条生产流水线现场观察，因为前两条生产线去年也是本所审计，本所做的现场观察，且两条生产线本年无变化。
审计结论：
腾达有限责任公司设备保养方面内部控制严格，为固定资产的计价测试提供初步审计证据，流水线操作规范，存货质量良好，为存货的减值测试提供初步审计证据。

图 5-2　审计工作底稿（观察经营场所）

4. 其他审计程序

除了采用上述程序从被审计单位内部获得信息之外，注册会计师如果根据职业判断认为，从被审计单位外部获取的信息有助于了解被审计单位及其环境并识别重大错报风险，应当实施其他审计程序以获取这些信息。例如，询问被审计单位聘请的外部法律顾问、专业评估师、投资顾问和财务顾问等。

阅读外部信息也可有助于注册会计师了解被审计单位及其环境。外部信息包括证券分析师、银行、评级机构出具的有关被审计单位及其所处行业的经济或市场环境等状况的报告，贸易与经济方面的报纸期刊，法规或金融出版物，以及政府部门或民间组织发布的行业报告和统计数据等。

【例 5-4】 扬帆会计师事务所在审计天津滨海机械股份有限公司时实施了下列审计程序，其中属于风险评估程序的有（　　　）。

A. 向其常年客户涌泉有限责任公司函证应收账款

B. 询问保管科的员工固定资产维修保养情况

C. 观察公司经营场所和检查公司章程

D. 对 1～12 月各月营业收入额实施分析性程序

答案：B、C、D

解析：本题考查风险评估程序。根据审计准则规定，风险评估程序包括：询问被审计单位管理层和内部其他相关人员；分析程序（必须执行）；观察和检查等。具体包括：查阅以前年度的审计工作底稿、询问被审计单位管理层和员工、查阅内部与外部的信息资料、与项目组成员或熟悉被审计单位所处行业的其他人员讨论、实地察看被审计单位的主要生产经营场所以及运用分析程序等。A 选项为实质性审计程序，不属于风险评估程序；B 选项为实地察看被审计单位的主要生产经营场所；C 选项为查阅内部与外部的信息资料；D 选项为运用分析程序。

风险评估程序各步骤的内容及要求见表 5-2。

表 5-2　风险评估程序及其具体内容和要求

风险评估程序	具体内容		要　　求
	询问对象	作用	
	治理层	有助于注册会计师理解财务报表编制的环境	
（1）询问被审计单位管理层和内部其他相关人员	内部审计人员	有助于注册会计师了解其针对被审计单位内部控制设计和运行有效性而实施的工作，以及管理层对内部审计发现的问题是否采取适当的行动	
	参与生成、处理或记录复杂或异常交易的员工	参与生成、处理或记录复杂或异常交易的员工	必要程序

风险评估程序		具 体 内 容	要　　求
（1）询问被审计单位管理层和内部其他相关人员	内部法律顾问	有助于注册会计师了解有关诉讼、法律法规的遵循情况，影响被审计单位的舞弊或涉嫌舞弊，产品保证和售后责任，与业务合作伙伴的安排（如合营企业），以及合同条款的含义	以获取对识别重大错报风险有用的信息
	营销或销售人员	有助于注册会计师了解被审计单位的营销策略及其变化、销售趋势或与其客户的合同安排	
	采购人员和生产人员	有助于注册会计师了解被审计单位的原材料采购和产品生产等情况	
	仓库人员	有助于注册会计师了解原材料、产成品等存货的进出、保管和盘点等情况	
（2）分析程序		（1）应当预期可能存在的合理关系，并与被审计单位记录的金额、依据记录金额计算的比率或趋势相比较 （2）如果发现异常或未预期到的关系，注册会计师应当在识别重大错报风险时考虑这些比较结果 （3）如果使用了高度汇总的数据，实施分析程序的结果仅可能初步显示财务报表存在重大错报风险，注册会计师应当将分析结果连同识别重大错报风险时获取的其他信息一并考虑	在了解被审计单位及其环境并评估重大错报风险时使用
（3）观察和检查	观察被审计单位的生产经营活动	可以增加注册会计师对被审计单位人员如何进行生产经营活动及实施内部控制的了解	可以印证对管理层和其他相关人员的询问结果，并可提供有关被审计单位及其环境的信息
	检查文件、记录和内部控制手册	了解被审计单位组织结构和内部控制制度的建立健全情况	
	阅读由管理层和治理层编制的报告	了解自上一期审计结束至本期审计期间被审计单位发生的重大事项	
	实地查看被审计单位的生产经营场所和设备	可以帮助注册会计师了解被审计单位的性质及其经营活动	
	追踪交易在财务报告信息系统中的处理过程（穿行测试）	通过追踪某笔或某几笔交易在业务流程中如何生成、记录、处理和报告，以及相关内部控制如何执行，注册会计师可以确定被审计单位的交易流程和内部控制是否与之前通过其他程序所获得的了解一致，并确定内部控制是否得到执行	

　　注册会计师在实施风险评估时还要注意：第一，在了解被审计单位及其环境过程中，往往将上述程序结合在一起；第二，并非在了解被审计单位及其环境的每个方面均实施上述风险评估程序。

5.1.3 了解被审计单位及其环境

1. 了解的必要性

职业判断贯穿于注册会计师审计的全过程。职业判断只有建立在对被审计单位及其环境了解的基础上，才是恰当的和符合实际的。因此，了解被审计单位及其环境是必要程序，特别是为注册会计师在下列关键环节作出职业判断提供重要基础：①确定重要性水平，并随着审计工作的进程评估对重要性水平的判断是否仍然适当；②考虑会计政策的选择和运用是否恰当，以及财务报表的列报（包括披露，下同）是否适当；③识别需要特别考虑的领域，包括关联方交易、管理层运用持续经营假设的合理性，或交易是否具有合理的商业目的等；④确定在实施分析程序时所使用的预期值；⑤设计和实施进一步审计程序，以将审计风险降至可接受的低水平；⑥评价所获取审计证据的充分性和适当性。

2. 了解的程度

了解被审计单位及其环境是一个连续和动态地搜集、更新与分析信息的过程，贯穿于整个审计过程的始终。注册会计师应当运用职业判断确定需要了解被审计单位及其环境的程度。

对被审计单位及其环境了解的程度，是指注册会计师对被审计单位及其环境的了解是否足以评估财务报表的重大错报风险。如果了解被审计单位及其环境获得的信息足以识别和评估财务报表重大错报风险，设计和实施进一步审计程序，那么了解的程度就是恰当的。当然，要求注册会计师对被审计单位了解的程度，要低于管理层管理企业时对被审计单位的了解程度。

3. 了解的主要内容

1）行业状况、法律环境与监管环境以及其他外部因素

行业状况、法律环境与监管环境以及其他外部因素的主要内容见表5-3。

2）被审计单位的性质

了解被审计单位的性质有助于注册会计师理解预期在财务报表中反映的各类交易、账户余额和列表。注册会计师应当主要从下列方面了解被审计单位的性质。

（1）所有权结构。对被审计单位所有权结构的了解有助于注册会计师识别关联方关系并了解被审计单位的决策过程。了解的内容主要包括：①所有权结构以及所有者与其他人员或单位之间的关系；②考虑关联方关系是否已经得到识别，以及关联方交易是否得到恰当核算。例如，注册会计师应当了解被审计单位是属于国有企业、外商投资企业、民营企业，还是属于其他类型的企业，还应当了解其直接控股母公司、间接控股母公司、最终控股母公司和其他股东的构成，以及所有者与其他人员或单位（如控股母公司控制的其他企业）之间的关系。

（2）治理结构。良好的治理结构可以对被审计单位的经营和财务运作实施有效的监督，从而降低财务报表发生重大错报的风险。了解的内容主要包括：①董事会的构成情况、董事会内部是否有独立董事；②治理结构中是否设有审计委员会或监事会及其运作情况。注册会计师应当考虑治理层是否能够在独立于管理层的情况下对被审计单位事务作出客观判断。

表 5-3　行业状况、法律环境与监管环境以及其他外部因素的主要内容

因素	了解的主要内容	了解的具体情况
（一）行业状况	(1) 所处行业的市场供求与竞争：如果钢铁行业供求发生很大变化，随之，价格也会发生很大变化，进而判断该钢铁企业的报表是否合理（收入、存货、利润等） (2) 生产经营的季节性和周期性：房地产行业整体价格上涨时，存货跌价准备的风险不大；相反，就应引起注意 (3) 产品生产技术的变化：机械制造业生产技术发生了变化，产品的加工能力和加工精度大幅度提高，营业成本就会有所下降 (4) 能源供应与成本： ① 能源供应，如果企业所处城市供电能力不足，不能保证每周开工七天，生产量和销售量就要引起关注；但是企业表示有自备的发电机，注册会计师应调查发电机是否属实，是否正常运转 ② 能源成本，钢铁行业的矿石和焦炭供应情况对成本、利润的影响，毛利率是否合理 (5) 行业的关键指标和统计数据：企业与整个行业的净资产收益率、成本费用利润率、存货周转率、销售增长率等的变化；主要产品毛利率与行业相比是否合理	(1) 被审计单位所处行业的总体发展趋势是什么 (2) 处于哪一发展阶段，如起步、快速成长、成熟或衰退阶段 (3) 所处市场的需求、市场容量和价格竞争如何 (4) 该行业是否受经济周期波动的影响，以及采取了什么行动使波动产生的影响最小化 (5) 该行业受技术发展影响的程度如何 (6) 是否开发了新的技术 (7) 谁是被审计单位最重要的竞争者，它们所占的市场份额是多少 (8) 被审计单位及其竞争者主要的竞争优势是什么 (9) 被审计单位业务的增长率和总体的财务业绩与行业的平均水平及主要竞争者相比如何，存在重大差异的原因是什么 (10) 竞争者是否采取了某些行动，如购并活动、降低销售价格、开发新技术等，从而对被审计单位的经营活动产生影响
（二）法律环境及监管环境	(1) 适用的会计准则、会计制度和行业特定惯例：如审计商业银行的财务报表，注册会计师是否了解银行业的特定惯例和特定要求，银监会的监管要求，新出台的规定、文件等 (2) 对经营活动产生重大影响的法律法规及监管活动 (3) 对开展业务产生重大影响的政府政策，包括货币、财政、税收和贸易等政策 (4) 与被审计单位所处行业和所从事经营活动相关的环保要求：如审计汽车行业时，就要清楚环保的要求，如果企业生产的汽车达不到某些大城市的环保要求，就会影响收入、利润等	(1) 国家对于某些行业的企业是否有特殊的监管要求（如对银行、保险等行业的特殊监管要求） (2) 是否存在新出台的法律法规（如新出台的有关产品责任、劳动安全或环境保护的法律法规等），对被审计单位有何影响 (3) 国家货币、财政、税收和贸易等方面政策的变化是否会对被审计单位的经营活动产生影响 (4) 与被审计单位相关的税务法规是否发生变化
（三）其他外部因素	(1) 宏观经济的景气度 (2) 利率和资金供求状况 (3) 通货膨胀水平及币值变动 (4) 国际经济环境和汇率变动	(1) 当前的宏观经济状况以及未来的发展趋势如何 (2) 目前国内或本地区的经济状况（如增长率、通货膨胀率、失业率、利率等）怎样影响被审计单位的经营活动 (3) 被审计单位的经营活动是否受到外币汇率波动或全球市场力量的影响
（四）了解的重点和程度	对于不同企业，了解的重点可能不同。例如，对从事计算机硬件制造的被审计单位，注册会计师可能更关心其市场和竞争以及技术进步的情况；对金融机构，注册会计师可能更关心宏观经济走势以及货币、财政等方面的宏观经济政策；对化工等产生污染的行业，注册会计师可能更关心相关环保法规	

（3）组织结构。复杂的组织结构可能导致某些特定的重大错报风险。注册会计师应当了解被审计单位的组织结构，考虑复杂组织结构可能导致的重大错报风险，包括财务报表合并、剩余摊销和减值、长期股权投资核算以及特殊目的实体核算等问题。

（4）经营活动。了解被审计单位经营活动有助于注册会计师识别预期将在财务报表中反映的主要交易类别、重要账户余额和列报。了解的内容主要包括：①主营业务的性质；②与生产产品或提供劳务相关的市场信息；③业务的开展情况；④联盟、合营与外包情况；⑤从事电子商务的情况；⑥地区与行业分布；⑦生产设施、仓库的地理位置及办公地点；⑧关键客户；⑨重要供应商；⑩劳动用工情况；⑪研究与开发活动及其支出；⑫关联方交易。

（5）投资活动。了解被审计单位投资活动有助于注册会计师关注被审计单位在经营策略和方向上的重大变化。了解的内容主要包括：①近期拟实施或已实施的并购活动与资产处置情况，包括业务重组或某些业务的终止；②证券投资、委托贷款的发生与处置；③资本性投资活动；④不纳入合并范围的投资。

（6）筹资活动。了解被审计单位筹资活动有助于注册会计师评估被审计单位在融资方面的压力，并进一步考虑被审计单位在可预见未来的持续经营能力。了解的内容主要包括：①债务结构和相关条约，包括担保情况及表外融资；②固定资产的融资租赁；③关联方融资；④实际受益股东；⑤衍生金融工具的运用。

3）被审计单位对会计政策的选择和运用

（1）重要项目的会计政策和行业惯例。重要的会计政策主要包括：收入确认、存货的计价方法、投资的核算、固定资产的折旧方法、坏账准备、存货跌价准备和其他资产减值准备的确定、借款费用资本化方法、合并财务报表的编制方法等。除会计政策以外，某些行业可能还存在一些行业惯例，注册会计师应当熟悉这些行业惯例。当被审计单位采用与行业惯例不同的会计处理方法时，注册会计师应当对此予以重点关注。

（2）重大和异常交易的会计处理方法。例如，本期发生的企业合并的会计处理方法。某些行业可能存在与其所处行业相关的重大交易，例如，银行向客户发放贷款、证券公司对外投资、医药企业的研究与开发活动等。

（3）在新领域和缺乏权威性标准或共识的领域，采用重要会计政策产生的影响。例如，对于互联网上的收入确认问题，在有关会计处理缺乏权威性的标准或共识时，注册会计师应当关注被审计单位选用了哪些会计政策，为什么选用这些会计政策以及选用这些会计政策产生的影响。

（4）会计政策的变更。注册会计师应当考虑：①会计政策的变更是否符合法律、行政法规或使用的会计准则和相关会计制度的规定；②会计政策的变更能否提供更可靠、更相关的会计信息。除此之外，注册会计师还应当关注会计政策的变更是否得到恰当披露。

（5）被审计单位何时采用以及如何采用新颁布的会计准则和相关会计制度。例如，新的企业会计准则自 2007 年 1 月 1 日起在上市公司施行，并鼓励其他企业执行。注册会计师还应当考虑被审计的上市公司是否已按照新会计准则的要求，做好衔接调整工作，并收集执行新会计准则需要的信息资料。

除上述与会计政策的选择和运用相关的事项外，注册会计师还应对本审计单位下列与会计政策运用相关的情况予以关注：①是否采用激进的会计政策、方法、估计和判断；②财会人员是否拥有足够的运用会计准则的知识、经验和能力；③是否拥有足够的资源支持会计政策的运用，如人力资源及培训、内部系统、信息技术的采用、数据和信息的采集等。

注册会计师应当考虑被审计单位是否按照适用的会计准则和相关会计制度的规定恰当地进行了列报，并披露了重要事项。财务报表及其附注的格式、结构安排、内容、财务报表项目使用的术语、披露信息的明细程度、项目在财务报表中的分类以及列报信息的来源等，构成了列报和披露的主要内容。注册会计师应当考虑被审计单位是否已对特定事项作了适当的列报和披露。

4）被审计单位的目标、战略以及相关经营风险

（1）目标、战略与经营风险。目标是企业经营活动的指针。企业管理层或治理层一般会根据企业经营面临的外部环境和内部各种因素，制定合理可行的经营目标。战略是企业管理层为实现经营目标采用的总体层面的策略和方法。为了实现某一既定的经营目标，企业可能有多个可行战略。例如，如果目标是在某一特定期间内进入一个新的市场，那么可行的战略可能包括收购该市场内的现有企业、与该市场内的其他企业合资经营、自行开发进入该市场。随着外部环境的变化，企业的目标和战略应作出适应性的调整和变化。

注册会计师应当了解被审计单位是否存在与下列方面有关的目标和战略，并考虑相应的经营风险：①行业发展及其可能导致的被审计单位不具备足以应对行业变化的人力资源和业务专长等风险；②开发新产品或提供新服务及其可能导致的被审计单位产品责任增加等风险；③业务扩张及其可能导致的被审计单位对市场需求的估计不准确等风险；④新颁布的会计法规及其可能导致的被审计单位执行法规不当或不完整，或会计处理成本增加等风险；⑤监管要求及其可能导致的被审计单位法律责任增加等风险；⑥本期及未来的融资条件及其可能导致的本审计单位由于无法满足融资条件而失去融资机会等风险；⑦信息技术的运用及其可能导致的被审计单位信息系统与业务流程难以融合等风险。

（2）经营风险对重大错报风险的影响。经营风险与财务报表重大错报风险是既有联系又互相区别的两个概念。前者比后者范围更广。注册会计师了解被审计单位的经营风险有助于其识别财务报表重大错报风险。然而，注册会计师没有责任识别或评估所有经营风险。

多数经营风险最终都会产生财务后果，从而影响财务报表，但并非所有经营风险都会导致重大错报风险。经营风险可能对各类交易、账户余额以及列报认定层次或财务报表整体层次带来直接影响。例如，企业合并导致客户群的减少，可能使信贷风险集中，由此产生的经营风险可能增加与应收账款计价认定有关的重大错报风险。同样的风险，尤其是在经济紧缩时，可能具有更为长期的后果，注册会计师在评估持续经营假设的适当性时需要考虑这一问题。

（3）被审计单位的风险评估过程。管理层通常制定识别和应对经营风险的策略，注册会计师应当了解被审计单位的风险评估过程。

5）被审计单位财务业绩的衡量和评价

被审计单位主要管理人员经常复核关键业绩指标（包括财务和非财务的）、预算及差

异分析、分部信息和分支机构、部门或其他层次的业绩报告以及与竞争对手的业绩比较。此外，外部机构也会衡量和评价被审计单位的财务业绩，如分析师的报告和信用评级机构的报告。

被审计单位内部或外部对财务业绩的衡量和评价可能对被审计单位管理层产生压力，调动其积极性，促使其采取行动改善财务业绩或歪曲财务报表。因此，注册会计师应当了解被审计单位财务业绩的衡量和评价情况，考虑这种压力是否可能导致管理层采取行动，以致增加财务报表发生重大错报风险。

【例5-5】 指出以下各种底稿分别属于了解被审计单位及其环境的哪个方面？将正确答案填写在表5-4中。

A. 了解被审计单位行业状况、法律环境及其他外部因素
B. 了解被审计单位的性质
C. 了解被审计单位会计政策的选择和运用
D. 了解被审计单位的目标、战略以及相关经营风险
E. 了解被审计单位财务业绩的衡量和评价

表5-4 答案填写表

项　　目	答　　案
（1）了解被审计单位分部信息与不同层次部门的业绩报告底稿	
（2）了解开发新产品或提供服务的情况底稿	
（3）了解对被审计单位会计政策、会计估计变更的调查底稿	
（4）了解被审单位的筹资活动底稿	
（5）了解被审单位经营活动的其他外部因素底稿	

（1）了解被审单位分部信息与不同层次部门的业绩报告底稿（见图5-3）。

了解被审计单位分部信息与不同层次部门的业绩报告
单位名称：新华有限责任公司　　编制人：王红　　日期：2017.1.9　　索引号：B-01-03-05
会计期间：2016.1.1—2016.12.31　　复核人：刘新　　日期：2017.1.10　　页次：P28
审计程序：
一、了解被审计单位分部信息的业绩报告
业绩报告符合企业会计准则和《企业会计制度》的要求。

二、了解被审计单位不同层次部门的业绩报告
业绩报告符合企业会计准则和《企业会计制度》的要求。

审计说明：审计结论来源于阅读单位分部信息和不同层次部门的业绩报告。

审计结论：新华有限责任公司在这方面的风险为低水平。

图5-3 了解被审单位分部信息与不同层次部门的业绩报告底稿

（2）了解开发新产品或提供服务的情况底稿（见图 5-4）。

了解开发新产品或提供新服务的情况

单位名称：<u>新华有限责任公司</u>　编制人：<u>王红</u>　日期：<u>2017.1.9</u>　索引号：<u>B-01-03-02</u>

会计期间：<u>2016.1.1—2016.12.31</u>　复核人：<u>刘新</u>　日期：<u>2017.1.10</u>　页次：<u>P17</u>

审计程序：

一、了解被审计单位所属行业的前五年开发新产品或提供新服务的情况

新华有限责任公司自 2005 年以来，投资 3 000 万元人民币新建起无公害原料生产基地，从荷兰进口波士顿生菜种子，采用了"深池浮板水栽培技术"，科学施加营养液，并利用全封闭温控系统及水循环系统对生菜的成长过程进行全程监控。在饮料加工环节，该公司全套引进来加拿大 HY-DRDNOV 公司设备，采用超高温瞬时灭菌、热灌装工艺，且不添加任何合成物质，每瓶 350 毫升的纯菜汁含有 100 克的生菜汁，产品口味新颖宜人。专家认为，这种新型产品顺利了当今消费者的追求无公害、纯天然、富营养、求新求异的消费心理。

二、了解被审计单位所属行业的未来 5 年开发新产品或提供新服务的发展计划和目标

近 5 年内，新华有限责任公司将开发一种以普通红薯为主要原料，以引进种植的日本紫甘薯为辅助原料，并以紫甘薯中的营养成分——花青素为市场卖点，采用生物工程技术和现代饮料工业技术制作的，并以"口服第一、外观第二、健康理念第三"为产品开发理念的新型果蔬汁类饮料产品。

产品的口感：其 90％部分以市场流行饮料的口味为基准，酸甜清爽适口，并带有 10％的红薯滋味，体现其产品的特色。

产品外观：澄清透明，允许有少量沉淀物，色泽淡黄呈稍红（体现紫甘薯原料特色）。

产品包装：容量 500 毫升的热灌状 PET 瓶。

目标：开发后要被 20 岁左右的饮料市场消费人群接受和在市场中快速进行推广，使公司在果蔬市场的市场份额突破 50％。

三、了解开发新产品或新服务对于被审计单位战略目标实现的重要性

饮料行业产品同质化，价格大战一直不断，技术创新和新产品开发是行业发展的瓶颈，所以新华有限责任公司的新产品将对其战略目标的实现举足轻重。

四、了解被审计单位已经开始研发但尚未投入市场的新产品或新服务的情况

新华有限责任公司不存在已经开始研发但尚未投入市场的新产品或新服务。

审计说明：上述材料来源于《新华有限责任公司企业文化价值理念要点》《新华有限责任公司新产品开发策划书》和中国健康产品网。

审计结论：新华有限责任公司新产品开发计划明确，技术可行，产品理念明确、有充分的融资支持，初步认定在这方面公司风险为低风险。

图 5-4　了解开发新产品或提供服务的情况底稿

· 92 ·

（3）对被审计单位会计政策、会计估计变更的调查底稿（见图5-5）。

对被审计单位会计政策、会计估计变更的调查

单位名称：新华有限责任公司　　编制人：　王红　　日期：2017.1.9　索引号：B-01-03-02

会计期间：2016.1.1—2016.12.31　　复核人：刘新　　日期：2017.1.10　　页次：P14

审计目标：了解会计政策、会计估计变更，评估变更的合理性。

审计方法：询问、调查。

审计程序：

审计程序	执行情况	执行人	索引号
（1）了解被审计单位的会计政策变更	已执行	王红	B-01-03-02-01
（2）了解被审计单位的会计估计变更	已执行	王红	B-01-03-02-02

　　审计说明：审计程序主要是询问公司管理层和财务会计部门的有关人员，并检查相关的日记账、总账和明细账，进行进一步确认。

　　审计结论：新华有限责任公司本年度内发生的重大会计政策变更和会计估计变更都是因为国家法律法规的变化而引起的，而且在会计报表附注中做了相关披露。鉴于新华有限责任公司的会计政策变更和会计估计变更都是合理的，公司在这方面的风险较小。

图5-5　对被审计单位会计政策、会计估计变更的调查底稿

（4）了解被审单位的筹资活动底稿（见图 5-6）。

了解被审计单位的筹资活动

单位名称：<u>新华有限责任公司</u>　编制人：<u>王红</u>　日期：<u>2017.1.9</u>　索引号：B-01-02-06
会计期间：<u>2016.1.1—2016.12.31</u>　复核人：刘新　日期：<u>2017.1.10</u>　页次：P10
审计目标：了解被审计单位筹资活动，评估重大错报风险。
审计方法：检查、询问。
审计程序：

审计程序	执行情况	执行人	索引号
（1）了解债务结构和相关条款（包括担保情况及表外融资。获得的信贷额度是否可以满足营运需要；得到的融资条件及利率是否与竞争对手相似，如不相似，原因何在？是否存在违反借款合同中限制性条款的情况；是否承受重大的汇率与利率风险）	已执行	王红	B-01-02-06-01
（2）了解固定资产的租赁（包括通过融资租赁方式进行的筹资活动）	已执行	王红	B-01-02-06-02
（3）关联方融资（例如关联方融资的特殊条款）	已执行	王红	B-01-02-06-03
（4）实际受益股东（例如：实际受益股东是国内的，还是国外的，其商业声誉和经验可能对被审计单位产生的影响）	已执行	王红	B-01-02-06-04
（5）衍生金融工具的运用（例如，衍生金融工具是用于交易目的还是套期目的，以及运用的种类、范围和交易对手等）	已执行	王红	B-01-02-06-05

审计说明：审计程序主要采用检查公司的借款合同、资产租赁合同等融资合同，向往来银行询问、向财务部门询问贷款的还本付息情况。

审计理论：新华有限责任公司融资状况符合相关规定，能够及时还本付息，银行的信贷限额较高，无关联方融资。固定资产租赁处理流程规范。初步认定不存在由筹资活动引起的重大错报风险。

图 5-6　了解被审单位的筹资活动底稿

(5) 了解被审单位经营活动的其他外部因素底稿（见图 5-7）。

了解被审计单位经营活动的其他外部因素

单位名称：新华有限责任公司　　编制人：王红　　日期：2017.1.9　　索引号：B-01-03
会计期间：2016.1.1—2016.12.31　　复核人：刘新　　日期：2017.1.10　　页次：P03
审计目标：了解影响被审计单位经营活动的其他外部因素（宏观经济等），为风险评估提供依据。

审计方法：询问。

审计程序：

审计程序	执行情况	执行人	索引号
(1) 了解当初的宏观经济状况及未来的发展趋势	已执行	王红	B-01-03-01
(2) 了解目前国内或本地区的经济状况（如增长率、通货膨胀、失业率、利率等）对被审计单位的经营活动的影响	已执行	王红	B-01-03-02
(3) 了解被审计单位的经营活动受到外币汇率波动或全球市场力量影响的情况 ……	已执行	王红	B-01-03-03

审计说明：审计程序主要是询问公司管理层以及销售部门的有关责任人。

审计结论：新华有限责任公司由于目标市场是省内及周边县市，外汇波动和全球市场力量影响较小，当前的局域市场相当乐观，估计未来两三年内不会发生较大变化，从这一角度讲，公司风险较小。

图 5-7　了解被审计单位经营活动的其他外部因素底稿

答案：见表 5-5。

表 5-5　答案

项　目	答　案
(1) 了解被审计单位分部信息与不同层次部门的业绩报告底稿	E. 了解被审计单位财务业绩的衡量和评价
(2) 了解开发新产品或提供服务的情况底稿	D. 了解被审计单位的目标、战略以及相关经营风险
(3) 对被审计单位会计政策、会计估计变更的调查底稿	C. 了解被审计单位会计政策的选择和运用
(4) 了解被审计单位的筹资活动底稿	B. 了解被审计单位的性质
(5) 了解被审计单位经营活动的其他外部因素底稿	A. 了解被审计单位行业状况、法律环境及其他外部因素

解析：本题考查了解被审计单位及其环境的内容。依据审计准则中了解被审计单位及其环境（不包含内部控制）的内容，A 选项底稿属于了解被审计单位财务业绩的衡量和评价内容中的"分部信息和分支机构、部门或其他层次的业绩报告"内容；B 选项底稿属于了解被审计单位的目标、战略以及相关经营风险内容中的"开发新产品或提供新服务"内容；C 选项底稿属于了解被审计单位会计政策的选择和运用内容中的"会计政策的变更"

内容；D 选项底稿属于了解被审计单位的性质内容中的"筹资活动"内容；E 选项底稿属于了解被审计单位行业状况、法律环境及其他外部因素中的"了解其他外部因素"内容。

任务 5.2　了解被审计单位的内部控制

了解被审计单位的内部控制是识别和评估重大错报风险、设计和实施进一步审计程序的基础。注册会计师应当了解与审计相关的内部控制以识别潜在错报的类型，考虑导致重大错报风险的因素，以及设计和实施进一步审计程序的性质、时间和范围。

5.2.1　内部控制概述

1. 内部控制的内涵

内部控制是指被审计单位为了合理保证财务报告的可靠性、经营的效率和效果以及对法律法规的遵守，由治理层、管理层和其他人员设计和执行的政策和程序。

（1）内部控制的目标是合理保证，具体包括：①合理保证财务报告的可靠性，这一目标与治理层和管理层履行财务报告编制责任密切相关；②合理保证经营的效率和效果，即经济有效地使用企业资源，以最优方式实现企业的目标；③合理保证在经营活动中不违反法律法规的要求，即在法律法规的框架下经营。

内部控制的目标之所以是合理保证，而不是绝对保证，这是由内部控制的局限性决定的。

（2）设计和实施内部控制的责任主体是治理层、管理层和其他人员，组织中的每一个人都对内部控制负有责任。

（3）实现内部控制目标的手段是设计和执行控制政策和程序。

2. 与审计相关的控制

为了加强和规范企业内部控制，提高企业经营管理水平和风险防范能力，促进企业可持续发展，维护社会主义市场经济秩序和社会公众利益，根据国家有关法律法规，财政部会同证监会、审计署、银监会、保监会制定了《企业内部控制基本规范》，自 2009 年 7 月 1 日起在上市公司范围内施行，鼓励非上市的大中型企业执行。执行本规范的上市公司，应当对本公司内部控制的有效性进行自我评价，披露年度自我评价报告，并可聘请具有证券、期货业务资格的会计师事务所对内部控制的有效性进行审计。

内部控制的目标旨在合理保证财务报告的可靠性、经营的效率和效果以及对法律法规的遵守。注册会计师审计的目标是对财务报表是否不存在重大错报发表审计意见，注册会计师考虑与财务报表编制相关的内部控制，但目的并非对被审计单位内部控制的有效性发表意见。注册会计师需要了解和评价的内部控制只是与财务报表审计相关的内部控制，与审计相关的控制，主要包括被审计单位为实现财务报告可靠性目标设计和实施的控制及其他相关控制。

1）为实现财务报告可靠性目标设计和实施的控制

注册会计师应当运用职业判断，考虑一项控制单独或连同其他控制是否与评估重大错报风险以及针对评估的风险设计和实施进一步审计程序有关。在运用职业判断时，注册会计师应当考虑下列因素：

（1）注册会计师确定的重要性水平。

（2）被审计单位的性质。

（3）被审计单位的规模。

（4）被审计单位经营的多样性和复杂性。

（5）法律法规和监管要求。

（6）作为内部控制组成部分的系统的性质和复杂性。

2）其他与审计相关的控制

（1）如果在设计和实施进一步审计程序时拟利用被审计单位内部生成的信息，注册会计师应当考虑用以保证该信息完整性和准确性的控制可能与审计相关。注册会计师以前的经验以及在了解被审计单位及其环境过程中获得的信息，可以帮助注册会计师识别与审计相关的控制。

（2）如果用以保证经营效率、效果的控制以及对法律法规遵守的控制与实施审计程序时评价或使用的数据相关，注册会计师应当考虑这些控制可能与审计相关。例如，对于某些非财务数据（如生产统计数据）的控制，如果注册会计师在实施分析程序时使用这些数据，这些控制就可能与审计相关。又如，某些法规（如税法）对财务报表存在直接和重大的影响（决定应交税金和所得税费用）。为了遵守这些法规，被审计单位可能设计和执行相应的控制，这些控制也与注册会计师的审计相关。被审计单位通常有一些与审计无关的控制，注册会计师无须对其加以考虑。例如，被审计单位可能依靠某一复杂的自动控制系统提高经营活动的效率和效果（如航空公司用于维护航班时间表的自动控制系统），但这些控制通常与审计无关。

（3）用以保护资产的内部控制可能包括与实现财务报告可靠性和经营效率、效果目标相关的控制。注册会计师在了解保护资产的内部控制各项要素时，可仅考虑其中与财务报告可靠性目标相关的控制。例如，保护存货安全的控制可能与审计相关，但在生产中防止材料浪费的控制通常就与审计不相关。材料是否经济有效地使用与审计目标并不直接相关，只有所用材料的成本没有在财务报表中如实反映，才会影响财务报表的可靠性。

3. 对内部控制了解的深度

对内部控制了解的深度，是指在了解被审计单位及其环境时对内部控制了解的程度，包括评价控制的设计，并确定其是否得到执行，但不包括对控制是否得到一贯执行的测试。

1）评价控制的设计

评价控制的设计是指考虑一项控制单独或连同其他控制是否能够有效防止或发现并纠正重大错报。控制得到执行是指某项控制存在且被审计单位正在使用。设计不当的控制可能表明内部控制存在重大缺陷。注册会计师在确定是否考虑控制得到执行时，应当首先考虑控制的设计。如果控制设计不当，不需要再考虑控制是否得到执行。

2）获取控制设计和执行的审计证据

注册会计师通常实施下列风险评估程序，以获取有关控制设计和执行的审计证据。

（1）询问被审计单位的人员。

（2）观察特定控制的运用。

（3）检查文件和报告。

（4）追踪交易在财务报告信息系统中的处理过程（穿行测试）。

需要说明的是，询问本身并不足以评价控制的设计以及确定其是否得到执行，注册会计师应当将询问与其他风险评估程序结合使用。

3）了解内部控制与测试控制运行有效性的关系

审计准则指出，除非存在某些可以使控制得到一贯运行的自动化控制，注册会计师对控制的了解并不能够代替对控制运行有效性的测试。例如，获取某一人工控制在某一时点得到执行的审计证据，并不能证明该控制在所审计期间内的其他时点也有效运行。但是，信息技术可以使被审计单位持续一贯地对大量数据进行处理，提高了被审计单位监督控制活动运行情况的能力，信息技术还可以通过对应用软件、数据库、操作系统设置安全控制来实现有效的职责划分。由于信息技术处理流程的内在一贯性，实施审计程序确定某项目自动控制是否得到执行，也可能实现对控制运行有效性测试的目标。对控制运行是否有效的测试称为控制测试，将在后面阐述。

4）内部控制的局限性

内部控制存在着固有局限性，无论如何设计和执行，只能对财务报告的可靠性提供合理的保证。内部控制存在的固有局限性包括以下几个方面。

（1）在决策时认为判断可能出现错误和由于人为失误而导致内部控制失效。例如，被审计单位的信息技术工作人员没有完全理解系统如何处理销售交易，为使系统能够处理新型产品的销售，可能错误地对系统进行更改。

（2）可能由于两个或更多的人员进行串通或管理层凌驾于内部控制之上而被规避。例如，管理层可能与客户签订背后协议，对标准的销售合同作出变动，从而导致确认收入发生错误。再如，软件中的编辑控制旨在发现和报告超过赊销信用额度的交易，但这一控制可能被逾越或规避。

（3）如果被审计单位执行控制职能的人员素质不适应岗位要求，也会影响内部控制功能的正常发挥。

（4）被审计单位实施内部控制的成本收益问题也会影响其使用，当实施某项控制成本大于控制效果而发生损失时，就没有必要设置控制环节或控制措施。

（5）内部控制一般都是针对经常而重复发生的业务而设置的，如果出现不经常发生或预计到的业务，原有的控制就可能不适用。

5.2.2 内部控制的因素

《中国注册会计师审计准则第 1211 号——了解被审计单位及其环境并评估重大错报风险》第 47 条指出，内部控制包括下列因素：①控制环境；②风险评估过程；③信息系统与沟通；④控制活动；⑤对控制的监督。

需要指出的是，中国审计准则采用的是美国"反对虚假财务报告委员会"所属的内部控制专门研究委员会发起机构委员会（COSO 委员会）1992 年发布的内部控制框架，被审计单位可能并不一定采用这种分类方式来设计和执行内部控制。无论对内部控制要素如何进行分类，注册会计师都应当重点考虑被审计单位的某项控制，是否能够以及如何防止或发现并纠正各类交易、账户余额、列报存在的重大错报。也就是说，在了解和评价内部控制时，采用的具体分析框架及控制要素的分类可能并不唯一，重要的是控制能否实现控制目标。注册会计师可以使用不同的框架和术语描述内部控制的不同方面，但必须涵盖上述内部控制 5 个要素所涉及的各个方面。

5.2.3 了解和评估控制环境

1. 控制环境的含义

控制环境包括治理职能和管理职能，以及治理层和管理层对内部控制及其重要性的态度、认识和措施。控制环境设定了被审计单位的内部控制基调，影响员工对内部控制的认识和态度。良好的控制环境是实施有效内部控制的基础。

防止或发现并纠正舞弊和错误是被审计单位治理层和管理层的责任。在评价控制环境的设计和实施情况时，注册会计师应当了解管理层在治理层的监督下，是否营造并保持了诚实守信和合乎道德的文化，以及是否建立了防止或发现并纠正舞弊和错误的恰当控制。实际上，在审计业务承接阶段，注册会计师就需要对控制环境作出初步了解和评价。了解和评估控制环境相关工作底稿举例见表 5-6。

表 5-6 控制环境调查表

单位名称：新华有限责任公司 编制人：王红 日期：2017.1.6 索引号：B-06-03-01-01
会计期间：2016.1.1—2016.12.31 复核人：刘新 日期：2017.1.10 页次：P110

	需要考虑的事项	结 论	索 引
1	诚信和道德价值观念的沟通与落实		B-06-03-01-01a
	是否有本企业的价值、规范和可接受行为的书面文件（如管理守则、董事会及其他重要的管理委员会的章程、其他人力资源的政策）	否	
	管理层是否身体力行，高级管理人员是否起表率作用	是	
	管理层将其期望的道德行为和可接受的行为在组织中有效进行沟通	是	
	员工接受关于道德行为和可接受行为标准的培训	是	
	对违反有关政策和行为规范的情况，管理层是否采取适当的惩罚措施	是	
	员工是否知道并确信违反了相关制度后将受到惩罚	是	
	员工是否知晓遵守公司的行为准则会被管理层赏识	是	
2	对胜任能力的重视程度		B-06-03-01-01b
	财会人员以及信息管理人员是否具备与企业业务性质和复杂程度相称的足够的胜任能力和培训	是	
	在员工发生错误时，是否通过调整人员或系统来加以处理	是	
	管理层是否配备足够的财会人员以适应业务发展和有关方面的需要	是	
	财会人员是否具备理解和运用会计准则所需的技能	是	
	是否通过必要的从事政策（雇用、薪酬、绩效考核）以确保员工拥有与其职责相适应的工作能力	否	

	需要考虑的事项	结　论	索　引
3	治理层的参与程度		B-06-03-01-01c
	董事会是否建立了审计委员会或类似机构	否	
	董事会成员是否具备适当的经验和资历	是	
	董事会成员是否保持相对的稳定性	否	
	董事会是否独立于管理层	是	
	董事会能否有效地监督会计报告的形成过程	是	
	联系和沟通的性质以及频率是否与被审计单位的规模和业务复杂程度相匹配	是	
	董事会/审计委员会积极地参与监控所有重大内部控制的有效性	是	
4	管理层的理念和经营风格		B-06-03-01-01d
	管理层对内部控制是否给予了适当的关注	是	
	管理层在承担和监控经营风险方面是风险偏好者还是风险规避者	风险规避	
	管理人员遇到内部控制的缺陷是否采取了适当的措施	是	
	管理人员遇到过度冒险采取了适当的措施	是	
	员工相信公司是合乎商业道德的，并且管理层的行为是诚信的	是	
	管理层在选择会计政策和作出会计估计时是倾向于激进还是保守	保守	
	管理人员遇到低质量的会计政策采取了适当的措施	是	
	对于重大的内部控制和会计事项，管理层是否征询注册会计师的意见，或者经常在这些方面与注册会计师存在不同意见	是	
	高级管理人员识别可能引起员工道德行为的能力	是	
5	组织结构		B-06-03-01-01e
	现有组织结构能促进控制政策和控制程序全面有效地被履行	是	
	在制定组织结构时，管理当局适当地考虑了内部控制和财务报告的风险	是	
	员工清楚知晓哪些与控制相关的活动需要他们执行，并知晓如何履行	是	
6	职权与责任的分配		B-06-03-01-01f
	有适当的授权体系	是	
	是否已针对授权交易建立适当的政策和程序	是	
	公司在信息、培训、资金、预算、人员等方面为员工履行职责提供必要的资源支持	是	

	需要考虑的事项	结　　论	索　　引
	人力资源政策与实务		B-06-03-01-01g
	在招聘、培训、考核、晋升、薪酬、调动和辞退员工方面是否都有适当的政策和程序	是	
7	是否有书面的员工岗位职责手册	是	
	人力资源政策与程序是否清晰，并且定期发布和更新	是	
	是否设定适当的程序，对分散在各地区和海外的经营人员建立和沟通人力资源政策与程序	否	

2. 控制环境的构成要素

在评价控制环境的设计时，注册会计师应当考虑构成控制环境的下列要素，以及这些要素是如何被纳入被审计单位业务流程的。

1）对诚信和道德价值观念的沟通与落实

诚信和道德价值观念是控制环境的重要组成部分，影响到重要业务流程的设计和运行。内部控制的有效性直接依赖于负责创建、管理和监控内部控制的人员的诚信和道德价值观念。被审计单位是否存在于道德行为准则，以及这些准则如何在被审计单位内部沟通和得到落实，决定了是否能产生诚信和道德的行为。对诚信和道德价值观念的沟通与落实既包括管理层如何处理不诚实、非法或不道德行为，也包括在被审计单位内部，通过行为规范以及高层管理人员的身体力行，对诚信和道德价值观念的营造和保持。

例如，管理层在行为规范中指出，员工不允许从供货商那里获得超过一定金额的礼品，超过部分都须报告和退回。尽管行为规范本身并不能绝对保证员工都照此执行，但至少意味着管理层已对此进行明示，它连同其他程序可能构成一个有效的预防机制。

注册会计师在了解和评估被审计单位诚信和道德价值观念的沟通与落实时，考虑的主要因素可能包括：①被审计单位是否有书面的行为规范并向所有员工传达；②被审计单位的企业文化是否强调诚信和道德价值观念的重要性，如有违反，是否会受到惩罚；③管理层是否身体力行，高级管理人员是否起表率作用；④对违反有关政策和行为规范的情况，管理层是否采取适当的行动。

2）对胜任能力的重视

胜任能力是指具备完成某一职位的工作所应有的知识和能力。管理层对胜任能力的重视包括对于特定工作所需要胜任能力水平的设定，以及对达到该水平所需的知识能力的要求。注册会计师应当考虑主要管理人员和其他相关人员是否能够胜任承担的工作和职责。例如，财会人员是否对编报财务报表所使用的会计准则和相关会计制度有足够的了解并能正确使用。

注册会计师在就被审计单位对胜任能力的重视情况进行了解和评估时，考虑的主要因素可能包括：①财会人员以及信息管理人员是否具备与被审计单位业务性质和复杂程度相称的足够的胜任能力和培训，在发生错误时，是否通过调整人员或系统来加以处理；②管理层是否配备足够的财会人员以适应业务发展和有关方面的需要；③财会人员是否具备理解和运用会计准则所需的技能。

3）治理层的参与程度

被会计单位的控制环境在很大程度上受治理层的影响。治理层的职业应在被审计单位的章程和政策中予以规定。董事会通常通过其自身的活动，并在审计委员会或类似机构应关注被审计单位的财务报告，监督被审计单位的会计政策以及内部、外部的审计工作的结果。

注册会计师在对审计单位治理层的参与程度进行了解和评估时，考虑的主要因素可能包括：①董事会是否建立了审计委员会或类似机构；②董事会、审计委员会或类似机构是否与内部审计人员以及注册会计师有联系和沟通，联系和沟通的性质以及频率是否与被审计单位的规模和业务复杂程度相匹配；③董事会、审计委员会或类似机构的成员是否具备适当的经验和资历；④董事会、审计委员会或类似机构是否独立于管理层；⑤审计委员会或类似机构会议的数量和时间是否与被审计单位的规模和业务复杂程度相匹配；⑥董事会、审计委员会或类似机构是否充分地参与了财务报告的过程；⑦董事会、审计委员会或类似机构是否对经营风险的监控有足够的关注，进而影响被审计单位和管理层的风险评估进程；⑧董事会成员是否有很高的流动性。

4）管理层的理念和经营风格

管理层负责企业运作的管理和经营策略，以及程序的制定、执行与监督。控制环境中的每个方面在很大程度上都受管理层采取的措施和作出决策的影响程度，或在某些情况下受管理层不采取有些措施或不作出某种决策的影响。在有效的控制环境中，管理层的理念和经营风格可以创造一个积极的氛围，促进业务流程和内部控制的有效进程，同时创造一个减少错误发生可能性的环境。

管理层的理念包括管理层对内部控制的理念。即管理层对内部控制以及对具体控制实施环境的重视程度。管理层对内部控制的重视，将有效控制内部执行，并减少特定控制被忽视或规避的可能性。控制理念反映在管理层制定的政策、程序及所采取的措施中，而不是反映在形式上。因此，要使控制理念成为控制环境的一个重要的特质，管理层必须告知员工内部控制的重要性。同时，只有建立适当的管理层控制机制，控制理念才能产生预期的效果。

衡量管理层对内部控制重视程度的重要标准，是管理层收到的有关内部控制弱点及违规事件的报告时作出的任何反应。管理层及时地下达纠弊措施，表明他们对内部控制的重视，也有利于加强企业内部的控制意识。此外，了解管理层的经营风格也很有必要，有助于注册会计师判断哪些因素影响管理层对待内部控制的态度，哪些因素影响他们在编制财务报表时所作的判断，特别是在作出会计估计以及选用会计政策时。这种了解也有助于注册会计师进一步认识管理层的能力和经营动机。注册会计师对管理层的能力和诚信越有信心，就越有理由依赖管理层提供的信息和作出的解释及声明。相反，如果对管理层经营风格的了解加强了注册会计师对他们的怀疑，注册会计师就会加大职业怀疑的程度，从而导致对管理层各种声明产生怀疑。因此，了解管理层的经营风格对注册会计师评估、重大错误、风险有着重要的意义。

注册会计师在了解和评估被审计单位管理层的理念和经营风格时，考虑的主要因素可能包括：①管理层是否对内部控制包括信息技术的控制给予了适当的关注；②管理层是否由一个或几个人所控制，而董事会审计委员会或类似机构对其是否实施有效监督；③管理层在承担和监控经营风险方面是风险偏好者还有风险规避者；④管理层在选择会计政策和作出会计估计时是倾向于激进还是保守；⑤管理层对于信息流程以及科技职能部门和人员是否给予了适当的关注；⑥对于重大的内部控制和会计事项，管理层是否征询注册会计师的意见，或者经常在这些方面与注册会计师存在不同意见。

5）组织结构及职权与责任的分配

被审计单位的组织结构为计划用作控制及监督经营活动提供了一个整体框架。通过集权和分权决策，可在不同部门间进行适当的职责划分，建立适当层次的报告体系。组织结构将影响权利责任和工作任务在组织成员中的分配。被审计单位组织结构的合理性在一定程度上取决于被审计单位的规模和经营活动的性质。

注册会计师应当考虑被审计单位组织结构中是否采用可向个人或小组分配控制的人和事的方法，是否建立了执行特定技能的授权机制，是否确保每个人都清楚地了解报告关系和责任。注册会计师还需审查对分散经营活动的监督是否充分，有效的权责分配制度有助于形成整体的控制意识。

注册会计师应当关注组织结构集权者分配方法的实质，而不是仅仅关注其形式。相应的注册会计师应当考虑相关人员对政策与程序的整体认识水平和遵守程度。以及管理层对其实施监督的程度。

注册会计师对组织结构的审查，有助于其确定被审计单位的职责划分应该达到何种程度，有助于其评价审计单位在这方面的不足会对整体审计策略产生的影响。

信息系统处理环境是注册会计师对组织结构及权责分配方法进行审查的一个重要方面。注册会计师应当考虑信息系统职能部门的结构安排是否明确了责任分配，授权和批准系统的变化的职责分配，以及是否明确程序的开发、运行及使用者之间的职责划分。

注册会计师在对审计单位组织结构和职权与责任的分配进行了解和评估时，考虑的主要因素包括：①在审计单位内部是否有明确的职责划分，是否将业务授权、业务记录、资产保管和维护，以及业务执行的责任尽可能地分离；②是否有适当的结构来划分数据的所有权；③是否已针对授权交易建立适当的政策和程序。

6）人力资源政策与实务

人力资源政策与实务涉及招聘、培训、考核、晋升和薪酬等方面。政策与程序的有效性通常取决于执行人，因此被审计单位给员工的能力与诚信是控制环境中不可缺少的因素。反过来，被审计单位是否有能力招聘并保留一定数量既又有能力又有责任心的员工，在很大程度上也取决于其人事政策与实务。例如，如果招聘录用标准要求录用最合适的员工，同时强调员工的学历、经验、诚信和道德，这表明被审计单位希望录用有能力并值得信赖的人员。有关培训方面的政策显示员工应达到的工作表现和业绩水准。通过定期考核的晋升政策表明，被审计单位希望具有相应资格人员承担更多责任。

注册会计师在对被审计单位人力资源政策与实务进行了解和评估时，考虑的主要因素包括：①被审计单位是否在招聘、培训、考核、晋升、薪酬、调动和辞退员工方面都有适当的程序和政策；②是否有书面的员工岗位职责手册，或者在没有书面文件的情况下，对于工作职责和期望是否做了适当的沟通和交流；③人力资源政策与程序是否清晰，并且定期发布和更新；④是否设定适当的程序对分散在各个地区和海外的经营人员建立沟通人力资源政策和程序。

3. 了解控制环境的程序

了解控制环境的程序主要有询问、观察和检查等。注册会计师应当考虑将询问、观察和检查等进行综合运用以获取审计证据。例如，通过询问管理层的员工，注册会计师可能了解管理层如何就业务规程和道德价值观念与员工进行沟通；通过检查文件，可以了解管理层是否建立了诚实的行为守则；通过询问和观察，可以了解行为守则在日常工作中是否得到遵守，以及管理层如何处理违反行为守则的情形。

4. 考虑控制环境的总体优势与缺陷

控制环境对重大错误风险的评估具有广泛影响，注册会计师应当考虑控制环境的总体优势是否为内部控制的其他要素提供了适当基础，并且未被控制环境中存在的缺陷所削弱。

注册会计师在评估重大错报风险时，存在令人满意的控制环境是一个积极的因素。虽然令人满意的控制环境并不能绝对防止舞弊，但却有助于降低舞弊的风险，有效的控制环境还为注册会计师相信在以前年度和其中所测试的控制将继续有效进行提供一定的基础。相反，控制环境中存在弱点可能削弱控制的有效性。例如，注册会计师在进行风险评估时，如果认为审计单位控制环境薄弱，则很难认定某一流程的控制是有效的。

5. 考虑控制环境与其他控制要素的综合作用

控制环境本身并不能防止或发现并纠正认定层次的重大错报，注册会计师在评估重大错报风险时，应当将控制环境连同其他内部控制要素产生的影响一并考虑。例如，控制环境与对控制的监督和具体控制活动一并考虑。

5.2.4 了解与评估被审计单位的风险评估过程

被审计单位的风险评估过程包括识别与财务报告相关的经营风险，以及针对这些风险所采取的措施，注册会计师应当了解被审计单位的风险评估过程和结果。

1. 被审计单位面临的风险及风险评估过程

任何经济组织在经营活动中都会面临各种各样的风险，并对其生存和竞争能力产生影响。很多风险的产生并不为经济组织所控制，但管理层应当确定可以承受的风险水平，识别这些风险并采取一定的应对措施。可能产生风险的事项和情形包括以下几个方面。

（1）监管及经营环境的变化。监管和经营环境的变化会导致竞争压力的变化以及重大的相关风险。

（2）新员工的加入。新员工可能对内部控制有不同的认识和关注点。

（3）新信息系统或对原系统进行升级。信息系统的重大变化会改变与内部控制相关的风险。

（4）业务快速发展。快速的业务扩展可能使内部控制难以应对，从而影响内部控制的时效性。

（5）新技术。将新技术运用于生产过程和信息系统可能改变与内部控制的相关风险。

（6）新生产型号、产品和业务活动。进入新的业务领域和发生新的交易可能带来新的内部控制相关的风险。

（7）企业重组。重组可能带来裁员以及管理职责的重新划分，将影响与内部控制相关的风险。

（8）发展海外经营。海外扩张或收购会带来新的并且往往是特别的风险，进而可能影响内部控制，如外币交易的风险。

（9）新的会计准则。采用新的会计准则可能会增大财务报告发生重大错报的风险。

风险评估过程的目的是识别、评估和管理影响其经营目标实现能力的各种风险。而针对财务报告目标的风险评估过程则包括识别与财务报告相关的经营风险，估计风险的重大性和发生的可能性，以及如何采取措施管理这些风险。例如，风险评估可能会涉及被审计单位如何考虑对某些交易未予记录的可能性，或者识别和分析财务报告中的重大会计估计发生错报的可能性。与财务报告相关的风险也可能与特定事项和交易有关。

2. 评价风险评估过程的设计与执行

在评价被审计单位风险评估过程的设计和执行时，注册会计师应当确定管理层如何识别与财务报告相关的经营风险，如何评估该风险的重要性，如何评估风险发生的可能性，以及如何采取措施管理这些风险。如果被审计单位的风险评估过程符合其具体情况，有助于注册会计师识别重大错报的风险。

3. 向管理者询问识别出的经营风险

注册会计师应当询问管理层识别出的经营风险，并考虑这些风险是否可能导致重大错报。在审计过程中，如果发现与财务报表有关的风险因素，注册会计师可通过向管理层询问和检查有关文件确定被审计单位的风险评估过程是否也发现了该风险。如果识别出管理层未能识别的重大错报风险，注册会计师应当考虑被审计单位的风险评估过程为何没有识别出这些风险，以及评估过程是否适合于具体环境。例如，在销售循环中，如果发现了销售的截止性错报的风险，注册会计师应当考虑管理层是否也识别了该错报风险，以及管理层如何应对该风险。了解与评估被审计单位的风险评估过程中使用的工作底稿范例见表 5-7。

表 5-7 风险评估调查明细表

单位名称：<u>新华有限责任公司</u> 编制人：<u>王红</u> 日期：<u>2017.1.8</u> 索引号：B-06-03-01-02
会计期间：<u>2016.1.1—2016.12.31</u> 复核人：<u>刘新</u> 日期：<u>2017.1.10</u> 页次：P113

	需要考虑的事项	结　论	索　引
1	企业是否已建立并沟通其整体目标，并辅以具体策略和业务流程层面的计划	是	B-06-03-01-02a
2	被审单位是否已建立风险评估过程，包括识别风险，估计风险的重大性，评估风险发生的可能性以及确定需要采取的应对措施	是	B-06-03-01-02b
3	管理层识别影响公司发布可靠财务报告的风险的能力	是	B-06-03-01-02c
4	确定与财务报告相关的风险已被分析并评价	是	B-06-03-01-02d

	需要考虑的事项	结　　论	索　　引
5	管理层适当识别因变化而新产生的与发表可靠报告相关的风险，该等变化包括：	是	B-06-03-01-02e
	监管及经营环境的变化	（无变化）	
	新晋升高管人员	（有变化）	
	新采用的或升级后的 IT 系统	运行良好	
	业务快速发展	是	
	新技术	不适用	
	新的生产线的启用、新产品（业务）的投产	不适用	
	发展海外经营	不适用	
	新的会计政策或其他财务报告要求	不适用	
	企业重组	不适用	

5.2.5　了解被审计单位的信息系统与沟通

信息系统与沟通是收集与交换被审计单位执行、管理和控制业务活动所需信息的过程，包括收集和提供信息给适当人员，使之能够履行职业。信息系统与沟通的质量直接影响到管理层对经营活动作出正确决策和编制可靠的财务报告的能力。

1. 与财务报告相关的信息系统的含义

与财务报告相关的信息系统，包括用以生成、记录、处理和报告交易、事项和情况，对相关资产、负债和所有者权益履行经营管理责任的记录和程序。

交易可能通过人工和自动化程序生成。记录包括识别和收集与交易、事项有关的信息。处理包括编辑、核对、计量、估价、汇总和调节活动，可能由人工或自动化程序来执行。报告是指用电子或书面形式编制财务报告和其他信息，供被审计单位用于衡量和考核财务及其他方面的业绩。

与财务报告相关的信息系统应当与业务流程相适应。业务流程是指被审计单位开发、采购、生产、销售、发送产品和提供服务、保证遵守法律法规、记录信息等一系列活动。与财务报告相关的信息系统通常包括下列职能：①识别与记录所有的有效交易；②及时、详细的描述交易，以便在财务报告中对交易作出恰当分类；③恰当计量交易，以便在财务报告中对交易的金额作出准确记录；④恰当确定交易生成的会计期间；⑤在财务报表中恰当列报交易。

2. 了解与财务报告相关的信息系统

注册会计师应当从下列方面了解与财务报告相关的信息系统。

（1）在被审计单位经营过程中，对财务报表具有重大影响的各类交易。

（2）在信息技术和人工系统中，对交易生成、记录、处理和报告的程序。在了解这些程序时，注册会计师应当同时考虑被审计单位用以将交易处理系统中的数据过入总分类账和财务报告的程序。

（3）与交易生成、记录、处理和报告有关的会计记录，支持性信息和财务报表中的特定项目。一个典型的企业信息系统包括使用标准的会计记录，以记录销售、购货和现金付款等重复发生的交易。或记录管理层定期作出的会计估计，如应收账款可回收金额的变化。企业信息系统同时包括使用非标准的分录，以记录不重复发生的、异常的交易或调整事项，如企业合并、资产减值等。

（4）信息系统如何获取除各类交易之外的对账务报表具有重大影响的事项和情况。例如，固定资产和长期资产的计提折旧或摊销，应收账款计提坏账准备等。

（5）被审计单位编制财务报告的过程，包括作出重大会计估计和披露。编制财务报告的程序应当同时确保适用的会计准则和相关会计制度要求披露的信息得以收集、记录、整理和汇总，并在财务报告中适当披露。

（6）管理层凌驾于账户记录之上的风险。在了解与财务报告相关的信息系统时，注册会计师应当特别关注由于管理层凌驾于账户记录控制之上，或规避控制行为而产生的重大错报风险，并考虑被审计单位如何纠正不正确的交易处理。自动化程序和控制可能降低了发生无意错误的风险，但是并没有消除个人凌驾控制之上的风险。如某些高级管理人员可能篡改自动过入总分类账和财务报告系统的数据金额。当被审计单位运用信息技术进行数据的传递时，篡改可能不会留下痕迹和证据。

了解与财务报告相关的信息系统使用的工作底稿范例见表5-8。

表5-8 与财务报表有关的信息系统调查明细表

单位名称：**新华有限责任公司**　编制人：**王红**　日期：2017.1.10　索引号：B-06-03-01-03

会计期间：2016.1.1—2016.12.31　复核人：刘新　日期：2017.1.12　页次：P133

	需要考虑的事项	结　　论	索　　引
1	通用信息技术控制	较为完善	B-06-03-01-03a
	企业制定并推行一个全面的信息技术的战略计划	是	
	企业制定并推行的信息体系、信息技术结构的政策和程序	是	
	企业制定并推行的该等政策和程序需要确保与外部的财务报告的要求相一致	是	
	信息技术部门制定并维持信息系统的风险评估政策和程序，包括的风险	是	
	——技术的可靠性		
	——信息的完整性		
	——信息技术人员的能力		
	——对于所有重要系统和区域的安全性评价		
	信息技术部门制订了下列政策，以确保信息质量	是	
	——信息系统的记录标准统一		
	——数据、交易的完整性		
	——数据的所有权		
	——数据、交易的可靠性		

	需要考虑的事项	结　论	索　引
2	信息系统是否能够向管理层提供有关企业的业绩报告，包括相关的外部和内部信息	是	B-06-03-01-03b
3	向适当人员提供的信息是否充分、具体和及时，使其能够有效的履行职责	是	B-06-03-01-03c
4	信息系统的开发及变更在多大程度上与企业的战略计划相适应，以及如何与企业整体层面和业务流程层面的目标相适应	是	B-06-03-01-03d

3. 与财务报告相关的沟通

与财务报告相关的沟通，包括使员工了解各自在与财务报告有关的内部控制方面的角色和职业、员工之间的工作联系，以及向适当级别的管理层报告例外事项的方式。

公开的沟通渠道有助于确保例外情况得到报告和处理。沟通可以采用政策手册、会计和财务报告手册和备忘录等形式进行，也可以通过发送电子邮件、口头沟通和管理层的行动来进行。

注册会计师应当了解被审计单位内部如何对财务报告的岗位职责，以及与财务报告相关的重大事项进行沟通。注册会计师还应当了解管理层与治理层（特别是审计委员会）之间的沟通，以及被审计单位与外部（包括与监管部门）的沟通。

5.2.6　了解控制活动

1. 控制活动的含义

控制活动是指有助于确保管理层的指令得以执行的政策和程序。其主要包括与授权、业绩评价、信息处理、实物控制和职责分离等相关的活动。

1）授权

授权的目的在于保证交易在管理层授权范围内进行。授权包括一般授权和特别授权。一般授权是指管理层制定的要求组织内部遵守的普遍适用于某类交易或活动的政策。特别授权是指管理层针对特定类别的交易或活动逐一设置的授权，如重大资本支出和股票发行等。特别授权也可能用于超过一般授权限制的常规交易。例如，同意因某些特别原因，对某个不符合一般信用条件的客户赊购商品。

2）业绩评价

与业绩评价有关的控制活动，主要包括被审计单位分析评价实际业绩与预算（或预测、前期业绩）的差异，综合分析财务数据与经营数据的内在关系，将内部数据与外部信息来源相比较，评价职能部门、分支机构或项目活动的业绩（如银行客户信贷经理复核各分行、地区和各种贷款类型的审批和收回），以及对发现的异常差异或关系采取必要的调查与纠正措施。

通过调查非预期的结果和非正常的趋势，管理层可以识别可能影响经营目标实现的情形。管理层对业绩信息的使用（如将这些信息用于经营决策，还是同时用于对财务报告系统报告的非预期结果进行追踪），决定了业绩指标的分析是只用于经营目的，还是同时用于财务报告目的。

3）信息处理

被审计单位通常执行各种措施，检查各种类型信息处理环境下交易的准确性、完整性和授权。信息处理控制可以是人工的、自动化的，或是基于自动流程的人工控制。信息处理控制分为两类，即信息技术的一般控制和应用控制。

信息技术一般控制是指与多个应用系统有关的政策和程序，有助于保证信息系统持续恰当的运行，支持应用控制数据的控制、作用的有效发挥，通常包括数据中心和网络运行控制，系统软件的购置、修改及维护控制，接触或访问权限控制，应用系统的购置、开发及维护控制。例如，程序改变的控制、限制接触程序和数据的控制，与新版应用软件包实施有关的控制等都属于信息系统一般控制。

信息系统应用控制是指主要在业务流程层次运行的人工或自动化程序，与用于生成、记录、处理、报告交易或其他财物数据的程序相关，通常包括检查数据计算的准确性，审核账户和试算平衡表，设置对输入数据和数字序号的自动检查，以及对例外报告进行人工干预。

4）实物控制

实物控制主要包括：对资产和记录采取适当的安全保护措施，对访问计算机程序和数据文件设置授权，以及定期盘点并将盘点记录与会议记录相核对。例如，现金、有价证券和存货的定期盘点控制。实物控制的效果影响资产的安全，从而对财务报表的可靠性及审计产生影响。

5）职责分离

对职责分离的了解主要包括：被审计单位如何将交易授权、交易记录以及资产保管等职责分配给不同的员工，以防范同一员工在履行多项职责时可能发生的舞弊或错误。其核心是将不相容职务进行分离。当信息技术在信息系统中运用时，职责分离可以通过设置安全控制来实现。

根据《内部会计控制规范》，所谓"不相容职务"，是指那些如果由一个人担任，既可能发生错误和舞弊行为，又可能掩盖其错误和弊端行为的职务。不相容职务分离的核心是"内部牵制"，它要求每项经济业务都要经过两个或两个以上的部门或人员的处理，使得单个人或部门的工作必须与其他人或部门的工作相一致或相联系，并受其监督和制约。内部控制制度的建立和实施必须贯彻不相容职务分工的原则，其内容包括：①对每一项业务不能完全由一人经办；②钱、账、物分管，例如，仓库保管员负责原材料的收、发、存和管理工作，并负责登记原材料的数量，而相关的账务处理则由会计人员负责；③有健全严格的凭证制度。

一般情况下，单位的经济业务活动通常可以划分为授权、签发、核准、执行和记录五个步骤。如果上述每一步都有相对独立的人员或部门分别实施或执行，就能够保证不相容职务的分离，从而便于内部控制作用的发挥。概括而言，在单位内部应加以分离的主要不相容职务有：①授权进行某项经济业务和执行该项业务的职务要分离，如有权决定或审批材料采购的人员不能同时兼任采购员职务；②执行某些经济业务和审核这些经济业务的职务要分离，如填写销货发票的人员不能兼任审核人员；③执行某项经济业务和记录该项业务的职务要分离，如销货人员不能同时兼任会计记账工作；④保管某些财产物资和对其进行记录的职务要分离，如会计部门的出纳员与记账员要分离，不能兼任；⑤保管某些财产物资和核对实存数与账存数的职务要分离；⑥记录明细账和记录总账的职务要分离；⑦登记日记账和登记总账的职务要分离。

【例 5-6】 下列选项中，属于不相容职务分离控制的活动包括（   ）。

A. 董事长与总经理分别由不同人担任

B. 比较总账的现金金额与银行对账单的现金余额

C. 每日经营现金收入尽快存入银行

D. 采购合同的订立不负责审批

答案： A、D

解析： 根据不相容职务分离的概念与原则，董事长与总经理属于不相容职务，所以 A 选项正确；采购合同的订立与审批属于不相容职务，所以 D 选项正确。比较总账的现金金额与银行对账单的现金余额属于同一个人的职责，每日的经营现金收入存入银行是出纳的职责，所以 B、C 选项不是不相容职务。

【例 5-7】 天津滨海机械股份有限公司的李红、刘丽、王芳三位员工必须分担下列工作。

A. 记录并保管总账

B. 记录并保管应付账款明细账

C. 记录并保管应收账款明细账

D. 记录并保管现金、银行存款日记账

E. 保管、开具支票，以便主管人员签章

F. 保管并送存所收入的现金

G. 开具销货退回及折让的贷项通知单

H. 编制银行存款余额调节表

要求： 假如这三位员工都具备相当的能力，而且只需要他们做上述所列的工作。请说明应如何将这七项工作分配给三位员工，才能达到内部控制制度的要求。

答案： 李红负责 A、D、G 工作，刘丽负责 B、C、H 工作，王芳负责 E、F 工作。

解析：（1）会计岗位的设置必须遵循"不相容职务相分离"的原则。《会计基础工作规范》规定，会计工作岗位，可以一人一岗、一人多岗或者一岗多人。但出纳人员不得兼管稽核、会计档案保管和收入、费用、债权债务账目的登记工作。

（2）按照有关规定和制度，出纳负责办理本单位的现金收付、银行结算及有关账务，保管库存现金、有价证券、财务印章及有关票据等，不能负责应收、应付款明细账的登记。出纳负责登记银行存款日记账，因此不能从事"编制银行存款余额调节表"的工作。

（3）不相容职务包括执行某项经济业务的职务与记录该项业务的职务要分离，因此"开具销售退回及折让的贷项通知单"与"记录并保管应收账款明细账"的工作不能由同一人担任。

2. 对控制活动的了解

在了解控制活动时，注册会计师应当重点考虑一项控制活动单独或连同其他控制活动，是否能够以及如何防止或发现并纠正各类交易、账户余额、列报存在的重大错报。注册会计师的工作重点是识别和了解针对重大错报可能发生的领域的控制活动。如果多项控制活动能够实现统一目标，注册会计师不必了解与该目标相关的每项控制活动。

注册会计师对被审计单位整体层面的控制活动进行的了解和评估。主要是针对被审计单位的一般控制活动，特别是信息技术的一般控制。在了解和评估一般控制活动时考虑的主要因素可能包括：①对被审计单位的主要经营活动是否都有必要的控制政策和程序；②管理层对预算、利润和其他财务和经营业绩方面是否都有清晰的目标，被审计单位内部，是否对这些目标加以精细的记录和沟通，并且积极的对其进行控制；③是否存在计划和报告系统，已识别与目标业绩的差异，并向适当层次的管理层报告该差异；④是否由适当层次的管理层对差异进行调查，并及时采取适当的纠正措施；⑤不同人员的职责应在何种程度上相分离，以降低舞弊和不当行为发生的风险；⑥会计系统中的数据是否与实物资产定期核对；⑦是否建立了适当的保护措施，以防止未经授权接触文件、记录和资产；⑧是否存在信息安全职能部门负责监控信息安全政策和程序。

5.2.7　了解对控制的监督

1. 对控制的监督的含义

管理层的重要职责之一就是建立和维护控制并保证其持续有效运行，对控制的监督可以实现这一目标。对控制的监督是指被审计单位评价内部控制在一段时间内运行有效性能的过程。该过程包括计时评价控制的设计和运行，以及根据情况的变化采取必要的纠正措施。例如，管理层对是否定期编制银行存款余额调节表进行复核，内部审计人员评价销售人员是否遵守公司关于销售合同条款的政策，法律部门定期监控公司的道德规范和商务行为准则是否得以遵循等。监督对于控制的持续有效运行是十分重要的。例如，如果没有对银行存款余额调节表是否得到及时和准确的编制进行监督，该项控制可能无法得到持续的执行。

通常，被审计单位通过持续的监督活动、专门的评价活动或两项相结合，来实现对控制的监督。

持续的监督活动通常贯穿于被审计单位的日常经营活动与常规管理工作中。例如，销售经理、采购经理和车间主任对经营活动十分了解，会对有重大差异的报告提出疑问，并作必要的追踪调查和处理。

被审计单位可能使用内部审计人员或具有类似职能的人员对内部控制的设计和执行进行专门的评价，以找出内部控制的优点和不足，并提出改进建议。注册会计师在了解对控制的持续监督和专门评价时，可以考虑内部审计工作。

2. 了解对控制的持续监督和专门评价

注册会计师在对被审计单位整体层面的监督进行了解和评估时，考虑的主要因素可能包括：①被审计单位是否定期评价内部控制；②被审计单位人员在履行正常职责时，能够在最大程度上获得内部控制是否有效运行的证据；③与外部的沟通能够在多大程度上证实内部产生的信息或者指出存在的问题；④管理层是否采纳内部审计人员和注册会计师有关内部控制的建议；⑤管理层是否及时纠正控制运行中的偏差；⑥管理层根据监管机构的报告及建议是否及时采取纠正措施；⑦是否存在协助管理层监督内部控制的职能部门（如内部审计部门）及其作用的发挥。

需要指出的是，内部控制的某些要素（如控制环境）更多地对被审计单位整体层面产生影响，而其他要素（如信息系统和沟通、控制活动）则可能更多地与特定业务流程相关。在实务中，注册会计师往往从被审计单位整体层面和业务流程层面分别了解和评价被审计单位的内部控制。具体内容参见后面各章有关业务循环审计。

5.2.8　就内部控制重大缺陷与治理层和管理层沟通

被审计单位管理层有责任在治理层的监督下，建立、执行和维护有效的内部控制，以合理保证企业经营目标的实现。注册会计师在了解和测试内部控制的过程中可能会注意到内部控制存在的重大缺陷。注册会计师将其告知适当层次的管理层或治理层，将有助于管理层和治理层履行其在内部控制方面的职责。因此，准则规定，注册会计师应当及时将注意到的内部控制设计或执行方面的重大缺陷告知适当层次的管理层或治理层。

1. 职业判断时应该考虑的因素

内部控制的重大缺陷是指内部控制设计或执行存在的严重不足，使被审计单位管理层或员工无法在正常行使职能的过程中，及时发现和纠正错误或舞弊引起的财务报表重大错报。内部控制的 5 个要素中都可能存在控制缺陷。在了解和测试内部控制的过程中发现的偏差是否构成重大缺陷，取决于偏差的性质、频率和后果。在作出职业判断时，注册会计师通常考虑以下因素。

（1）偏差的性质和原因。

（2）偏差数量和控制执行频率的比例。

（3）涉及的账户、披露和认定的性质。

（4）缺陷可能影响到那些财务报表金额或交易事项。

（5）相关资产或负债是否容易遭受损失或产生舞弊。

（6）控制的目的。

（7）该控制对数据可靠性的影响程度。

（8）控制的影响是否具有广泛性（例如，该控制属于控制 5 个要素中的哪项，影响力如何）。

（9）所测试的信息处理目标的重要程度。

（10）控制是预防性的还是检查性的。

（11）控制设计或控制运行的文件记录是否足够。

（12）是否存在行业性或法规所要求的控制实施标准。

（13）是否存在针对同一风险或认定的补偿性的控制或程序。

（14）谁来完成控制程序。

（15）偏差是否导致财务报表的重大错报。

（16）如果存在因错误或舞弊导致的重大错报，是否尚未得到更正。

2. 表明内部控制存在重大缺陷的情形

下列情况通常表明内部控制存在重大缺陷。

（1）注册会计师在审计工作中发现了重大错报，而被审计单位的内部控制没有发现这些重大错报。

（2）控制环境薄弱。

（3）存在高层管理人员舞弊迹象（无论涉及金额大小）。

任务 5.3 识别与评估重大错报风险

5.3.1 评估财务报表层次和认定层次的重大错报风险

1. 可能表明被审计单位存在重大错报风险的事项和情况

按照审计准则规定，注册会计师应当识别和评估两个层次的重大错报风险，包括财务报表层次和各类交易、账户余额、列报认定层次。下列事项和情况可能表明被审计单位存在重大错报风险。

（1）开展业务在经济不稳定的国家或地区。

（2）开展业务在高度波动的市场。

（3）持续经营和资产流动性出现问题。

（4）融资能力受到限制。

（5）行业环境发生变化。

（6）开发新产品或提供新服务，或进入新的业务领域。

（7）开辟新的经营场所。

（8）发生重大收购、重组或其他非经常性事项。

（9）重大的关联方交易。

（10）不具备胜任能力的会计人员。

（11）关键人员变动。

（12）内部控制薄弱。

（13）信息技术环境发生变化。

（14）经营活动或财务报告受到监管机构的调查。

（15）以往存在重大错报或本期期末出现重大会计调整。

（16）发生重大的非常规交易。

（17）按照管理层特定意图记录交易。

（18）应用新颁布的会计准则或相关会计制度。

（19）会计计量过程复杂。

（20）存在未决诉讼和或有负债。

注册会计师应当充分关注可能表明被审计单位存在重大错报风险的上述事项和情况，并考虑由于上述事项和情况导致的风险是否重大，以及该风险导致财务报表发生重大错报的可能性。

2. 识别和评估重大错报风险的审计程序

在识别和评估重大错报风险时，注册会计师应当实施下列审计程序。

1）识别风险并将其与各类交易、账户余额和列报相联系

注册会计师应当在了解被审计单位及其环境的整个过程中识别风险，并将识别的风险与各类交易、账户余额和列报相联系。例如，被审计单位因相关环境法规的实施需要更新

设备，将导致对原有设备提取减值准备；宏观经济的低迷可能预示应收账款的回收存在问题；竞争者开发的新产品上市，可能导致被审计单位的主要产品在短期内过时，预示将出现存货跌价和长期资产（如固定资产等）的减值。

2）将识别的风险与认定层次可能发生错报的领域相联系

注册会计师应当将识别的风险与认定层次可能发生错报的领域相联系。例如，销售困难使产品的市场价格下降，可能导致年末存货减值而需要计提存货跌价准备，这显示存货的计价认定可能发生错报。

3）考虑识别的风险是否重大

风险是否重大是指风险造成后果的严重程度。上例中，除考虑产品市场价格下降因素外，注册会计师还应当考虑产品市场价格下降的幅度、该产品在被审计单位产品中的比重，以确定识别的风险对财务报表的影响是否重大。如果产品市场价格下降幅度较大，导致产品销售收入不能抵偿成本，毛利率为负，那么年末存货跌价问题严重，存货计价认定发生错报的风险重大；如果价格下降的产品在被审计单位销售收入中所占比例很小，被审计单位其他产品销售毛利率很高，尽管该产品的毛利率为负，但可能不会使年末存货发生重大跌价问题。

4）考虑识别的风险导致财务报表发生重大错报的可能性

注册会计师还需要考虑上述识别的风险是否会导致财务报表发生重大错报。例如，考虑存货的账面余额是否重大，是否已适当计提存货跌价准备等。在某些情况下，尽管是别的风险重大，但仍不至于导致财务报表发生重大错报风险。如期末财务报表中存货的余额较低，尽管识别的风险重大，但不至于发生导致存货的计价认定发生重大错报风险。再如，被审计单位对于存货跌价准备的计提实施了比较有效的内部控制，管理层已根据存货的可变现净值，计提了相应的跌价准备。在这种情况下，财务报表发生重大错报的可能性将相应降低。

注册会计师应当利用实施风险评估程序获取的信息，包括在评价控制设计和确定其是否得到执行时获取的审计证据，作为支持风险评估结果的审计证据。注册会计师应当根据风险评估结果，确定实施进一步审计程序的性质、时间和范围。

【例 5-8】 审计人员王红和刘新负责审计天津滨海机械股份有限公司 2015 年度财务报表。在了解内部控制时，王红和刘新遇到下列事项，请代为作出正确的专业判断。在识别和评估重大错报风险时，王红和刘新可能实施的审计程序有（ ）。

A. 识别天津滨海机械股份有限公司的所有经营风险

B. 考虑识别的错报风险导致财务报表发生重大错报的可能性

C. 考虑识别的错报风险是否重大

D. 将识别的错报风险与认定层次可能发生错报的领域相联系

答案：B、C、D

解析：本题考查评估重大错报风险审计程序。注册会计师评估重大错报风险时的审计程序有：①在了解被审计单位及其环境的整个过程中，结合对财务报表中各类交易、账户余额和披露的考虑，识别风险；②结合对拟测试的相关控制的考虑，将识别出的风险与认定层次可能发生错报的领域相联系；③评估识别出的风险，并评价其是否更广泛地与财务报表整体相关，进而潜在地影响多项认定；④考虑发生错报的可能性以及潜在错报的重大程度是否足以导致重大错报。A 选项不恰当，注册会计师没有必要也不可能识别甲公司的所有经营风险。

3. 识别两个层次的重大错报风险

在对重大错报风险进行识别和评估后，应当确定识别的重大错报风险是与特定的某类交易、账户余额和披露的认定相关还是与财务报表整体广泛相关，进而影响多项认定。

某些重大错报风险可能与特定的交易账户余额和披露的认定相关。例如，被审计单位存在复杂的联营或合资，这一事项表明长期股权投资账户的认定可能存在重大错报风险。又如，被审计单位存在重大的关联方交易，该事项表明关联方及关联方交易的披露认定可能存在重大错报风险。

某些重大错报风险可能与财务报表整体广泛相关，进而影响多项认定。例如，在经济不稳定的国家和地区开展业务、资产的流动性出现问题、重要客户流失、融资能力受到限制等，可能导致注册会计师对被审计单位的持续经营能力产生重大疑虑。又如，管理层缺乏诚信或承受异常的压力可能引发舞弊风险，这些风险与财务报表整体相关。

4. 控制环境对评估财务报表层次重大错报风险的影响

财务报表层次的重大错报风险很可能源于薄弱的控制环境。薄弱的控制环境带来的风险可能对财务报表产生广泛影响，难以限于某类交易、账户余额、列报，注册会计师应当采取总体应对措施。

5. 控制对评估认定层次重大错报风险的影响

在评估重大错报风险时，注册会计师应当将所了解的控制与特定认定相联系。这是由于控制有助于防止或发现并纠正认定层次的重大错报。在评估重大错报发生的可能性时，除了考虑可能的风险外，还要考虑控制对风险的抵消和遏制作用。

控制可能与某一认定直接相关，也可能与某一认定间接相关。关系越间接，控制在防止或发现并纠正认定中错报的作用越小。

注册会计师可能识别出有助于防止或发现并纠正特定认定发生重大错报的控制。在确定这些控制是否能够实现上述目标时，注册会计师应当将控制活动和其他要素综合考虑。因为单个的控制活动（如将发货单与销售发票相核对）本身并不足以控制重大错报风险。只有多种控制活动和内部控制的其他要素综合作用才足以控制重大错报风险。

当然，也有某些控制活动可能专门针对某类交易或账户余额的个别认定。注册会计师应当考虑对识别的各类交易、账户余额和列报认定层次的重大错报风险予以汇总和评估，以确定进一步审计程序的性质、时间和范围。表 5-9 给出了汇总认定层次的重大错报风险的工作底稿示例。

表 5-9 评估认定层次的重大错报风险——工作底稿示例

重大账户	认定	识别的重大错报风险	风险评估结果
列示重大账户。例如：应收账款	列示相关的认定。例如：存在、完整、计价或分摊等	汇总实施审计程序识别出的与该重大账户的某项认定相关的重大错报风险	评估该项认定的重大错报风险水平（应考虑控制设计是否合理、是否得到执行）

注：注册会计师也可以在该工作底稿中记录针对评估的认定层次重大错报风险制定相应的审计方案。

6. 考虑财务报表的可审计性

注册会计师在了解被审计单位内部控制后，可能对被审计单位财务报表的可审计性产生怀疑。如果通过对内部控制的了解发现下列情况，并对财务报表局部或整体的可审计性产生疑问，注册会计师应当考虑出具保留意见或无法表示意见的审计报告。

(1) 被审计单位会计记录的状况和可靠性存在重大问题，不能获取充分、适当的审计证据以发表无保留意见。

(2) 对管理层的诚信存在严重疑虑。

必要时，注册会计师应当考虑解除业务约定。

在审计实务中，注册会计师可以用一张表汇总（见表 5-10）识别重大错报风险。

表 5-10　识别重大错报风险汇总表

识别的重大错报风险	对财务报表的影响	相关的交易类别、账户余额和列报认定	是否与财务报表整体广泛相关	是否属于特别风险	是否属于仅通过实质性程序无法应对的重大错报风险
记录识别的重大错报风险	描述对财务报表的影响和导致财务报表发生重大错报的可能性	列示相关的交易、账户余额、列报及其认定	考虑是否属于财务报表层次的重大错报风险	考虑是否属于特别风险	考虑是否属于仅通过实质性程序无法应对的重大错报风险

5.3.2　特别风险的识别与评估

作为风险评估的一部分，注册会计师应当运用职业判断，确定识别的风险中哪些是需要特别考虑的重大错报风险（以下简称特别风险）。

1. 确定特别风险时应考虑的事项

在确定哪些风险是特别风险时，注册会计师应当在考虑识别出的控制对相关风险的抵消效果前，根据风险的性质、潜在错报的重要程度（该风险是否可能导致多项错报）和发生的可能性，判断风险是否属于特别风险。在确定风险的性质时，注册会计师应考虑下列事项：①风险是否属于舞弊风险；②风险是否与近期经济环境、会计处理方法和其他方面的重大变化有关；③交易的复杂程度；④风险是否涉及重大的关联方交易；⑤财务信息计量的主观程度，特别是对不确定事项的计量存在较大区间；⑥风险是否涉及异常或超出正常经营过程的重大交易。

2. 非常规交易和判断事项导致的特别风险

日常的、不复杂的、经正规处理的交易不太可能产生特别风险。特别风险通常与重大的非常规交易和判断事项有关。非常规交易是指由于金额或性质异常而不经常发生的交易，例如，企业购并、债务重组、重大或有事项等。由于非常规交易具有下列特征，与重大非常规交易相关的特别风险可能导致更高的重大错报风险：①管理层更多地介入会计处理；②数据收集和处理涉及更多的人工成分；③复杂的计算或会计处理方法；④非常规交易的性质可能使被审计单位难以对由此产生的特别风险实施有效控制。

判断事项通常包括作出的会计估计。例如，资产减值准备金额的估计、需要运用复杂估值技术确定的公允价值计量等。通常，由于下列原因，与重大判断事项相关的特别风险可能导致更高的重大错报风险：①对涉及会计估计、收入确认等方面的会计原则存在不同的理解；②所要求的判断可能是主观和复杂的，或需要对未来事项作出假设。

3. 考虑与特别风险相关的控制

对特别风险，注册会计师应当评价相关控制的设计情况，并确定其是否已经得到执行。由于与重大非常规交易或判断事项相关的风险很少受到日常控制的约束，注册会计师应当了解被审计单位是否针对该特别风险设计和实施了控制。

如果管理层未能实施控制以恰当应对特别风险，注册会计师应当认为内部控制存在重大缺陷，并考虑其对风险评估的影响。在此情况下，注册会计师应当考虑就此类事项与治理层沟通。

5.3.3 对仅通过实质性程序无法应对的重大错报风险的考虑

依据审计准则，作为风险评估的一部分，如果认为仅通过实质性程序获取的审计证据无法将认定层次的重大错报风险降至可接受的低水平，注册会计师应当评价被审计单位针对这些风险设计的控制，并确定其执行情况。

在被审计单位对日常交易采取高度自动化处理的情况下，审计证据可能仅以电子形式存在，其充分性和适当性通常取决于自动化信息系统相关控制的有效性，注册会计师应当考虑仅通过实施实质性程序不能获取充分、适当审计证据的可能性。例如，某企业通过高度自动化的系统确定采购品种和数量，生成采购订单，并通过系统中设定的收货确认和付款条件进行付款。除了系统中的相关信息以外，该企业没有其他有关订单和收货的记录。在这种情况下，如果认为仅通过实质性程序不能获取充分、适当的审计证据，注册会计师应当考虑依赖的相关控制的有效性，并对其进行了解、评估和测试。

【例 5-9】 审计人员王红和刘新负责审计天津滨海机械股份有限公司 2015 年度财务报表。在了解内部控制时，王红和刘新遇到下列事项，请代为作出正确的专业判断。在应对仅通过实质性程序无法应对的重大错报风险时，王红和刘新应当考虑的主要因素有（   ）。

A. 甲公司是否针对这些风险设计了控制

B. 相关控制是否可以信赖

C. 相关交易是否采用高度自动化的处理

D. 会计政策是否发生变更

答案：A、B、C

解析：本题考查如何应对"仅通过实质性程序无法应对的重大错报风险"。注册会计师应对"仅通过实质性程序无法应对的重大错报风险"时，应当评价被审计单位是否针对这些风险设计了相关控制活动并确定其执行情况，故 A、B、C 选项正确；D 选项需要通过实质性程序获取审计证据予以确认。

5.3.4　对风险评估的修正

评估重大错报风险与了解被审计单位及其环境一样，也是一个连续和动态地收集、更新与分析信息的过程，贯穿于整个审计过程的始终。注册会计师对认定层次重大错报风险的评估应以获取的审计证据为基础，并可能随着不断获取审计证据而作出相应的变化。

例如，注册会计师对重大错报风险的评估可能基于预期控制运行有效这一判断，即相关控制可以防止或发现并纠正认定层次的重大错报。但在测试控制运行的有效性时，注册会计师获取的证据可能表明相关控制在被审计期间并未有效运行。同样，在实施实质性程序后，注册会计师可能发现错报的金额和频率比在风险评估时预计的金额和频率要高。因此准则规定，如果通过实施进一步审计程序获取的审计证据与初始评估重大错报风险时获取的审计证据相矛盾，注册会计师应当修正风险评估结果，并相应修改原计划实施的进一步审计程序。

重大错报风险识别与评估的工作底稿范例见表5-11。

表5-11　风险评估结果汇总表

被审计单位：＿＿＿＿＿＿	索引号：＿＿BD＿＿
项目：＿＿＿＿＿＿＿＿	财务报表截止日/期间：＿＿＿
编制：＿＿＿＿＿＿＿＿	复核：＿＿＿＿＿＿＿＿
日期：＿＿＿＿＿＿＿＿	日期：＿＿＿＿＿＿＿＿

编制说明：

本工作底稿用于了解被审计单位及其环境中识别的重大错误风险及应对方案，由以下四张表格组成：

（一）识别的重大错误风险汇总表

（二）财务报表层次风险应对方案表

（三）特别风险应对措施及结果汇总表

（四）对重要账户和交易采取的进一步审计程序方案（计划矩阵）

一、识别的重大错误风险汇总表

识别的重大错报风险	索引号	属于财务报表层次还是认定层次	是否属于特别风险	是否属于仅通过实质性程序无法应对的重大错误风险	受影响的交易类别、账户余额和列报认定

二、财务报表层次风险应对方案表

财务报表层次重大错报风险	索引号	总体应对措施

三、特别风险应对措施及结果汇总表

项目	经营目标	经营风险	特别风险	管理层应对或控制措施	财务报表项目及认定	审计措施	向被审计单位报告的事项
举例	被审计单位通过发展中小城市的新客户和放宽授信额度争取销售收入比上一年度增长25%	不严格执行对新客户的信用记录调查和筛选、放宽授信额度会增加坏账风险	应收账款坏账准备的计提可能不足	1. 财务部每月编制账龄分析报告 2. 对超过一年未收回的账款由销售人员与客户签订还款协议，其条款须经区域销售经理和销售经理批准 3. 销售部每月编制逾期应收账款还款协议签订及执行情况报告，经销售总监审阅并决定是否降低授信额度或暂停供货 4. 财务经理根据该报告并结合账龄分析报告，对有可能难以收回的应收账款计提坏账准备	应收账款（相关认定；计价和分析）	1. 与销售经理讨论所执行的坏账风险评估程序 2. 与财务经理讨论坏账准备的计提 3. 审阅账龄分析报告和还款协议及执行报告 4. 抽查还款协议和贷款收回情况	无或详见与管理层或治理层沟通函

填写说明：

1. "经营目标"一栏填写对当期审计影响的经营目标；

2. "经营风险"一栏填写那些对当期审计有影响的经营风险，或注册会计师认定对未来审计产生影响有必要向被审计单位报告的经营风险；

3. "特别风险"一栏填写源自经营风险特别风险，或在审计过程中发现的并非由经营目标和经营风险导致的特别风险；

4. "管理层应对或控制措施"一栏填写管理层认为有助于降低特别风险控制及其评价。如果评价结果显示注册会计师不能依赖这些内部控制，应相应调整；

5. "财务报表项目及认定"一栏填写受特别风险影响的财务报表项目和认定；

6. "审计措施"一栏填写应对特别风险的审计措施，即综合性方案或实质性方案。根据控制测试和实质性程序的结果对本栏内容予以更新。

四、对重要账户和交易采取的进一步审计程序方案（计划矩阵）

业务循环涉及的重要账户或报表	识别的重大错报风险								拟实施的总体方案			
	重大错报风险水平	是否为特别风险	相关或认定（注）						相关控制预期是否有效	总体方案	控制测试	实质性程序
			存在/发生	完整性	权利和业务	计价和分摊/准确性	截止	分类	列报		控制测试索引号	实质性程序索引号
采购与付款循环												

销售与收款循环								
......								

注：根据账户余额、各类交易和列报选择适用的认定。

任务 5.4　进行风险应对——进一步审计程序

进一步审计程序是相对风险评估程序而言的，是指注册会计师针对评估的各类交易、账户余额、列报（包括披露，下同）认定层次重大错报风险实施的审计程序，包括控制测试和实质性程序。

5.4.1　针对财务报表层次重大错报风险的总体应对措施及实施方案

《中国注册会计师审计准则第 1211 号——了解被审计单位及其环境并评估重大错报风险》规定，在财务报表重大错报风险的评估过程中，注册会计师应当确定，识别的重大错报风险是与特定的某类交易、账户余额、列报的认定相关，还是与财务报表整体广泛相关，进而影响多项认定。如果是后者，则属于财务报表层次的重大错报风险。注册会计师应当采取总体应对措施。

1. 总体应对措施

注册会计师应当针对评估的财务报表层次重大错报风险确定下列总体应对措施。

（1）向项目组强调在收集和评价审计证据过程中保持职业怀疑态度的必要性。所谓职业怀疑态度，是指注册会计师以质疑的思维方式评价所获取审计证据的有效性，并对相互矛盾的审计证据，以及引起对文件记录或管理层和治理层提供的消息的可靠性产生怀疑的审计证据保持警觉。

（2）指派更有经验或具有特殊技能的审计人员，或利用专家的工作。由于各行业在经营业务、经营风险、财务报告、法规要求等方面具有特殊性，审计人员的专业分工细化成为一种趋势。审计项目组成员中应有一定比例的人员曾经参与过被审计单位以前年度的审计，或具有被审计单位所处特定行业的相关审计经验。必要时，要考虑利用信息技术、税务、评估、精算等方面的专家的工作。

（3）提供更多的指导。对于财务报表层次重大错报风险较高的审计项目，审计项目组的高级别成员，如项目合伙人、项目经理等经验较丰富的人员，要对其他成员提供更详细、更经常、更及时的指导和监督并加强项目质量复核。

（4）选择拟实施的进一步审计程序时融入更多的不可预见的因素。被审计单位人员，尤其是管理层，如果熟悉注册会计师的审计套路，就可能采取种种规避手段，掩盖财务报告中的舞弊行为。因此，在设计拟实施审计程序的性质、时间安排和范围时，为了避免既定思维对审计方案的限制，避免对审计效果的人为干涉，从而使得针对重大错报风险的进一步审计程序更加有效，注册会计师要考虑使某些程序不被被审计单位管理层预见或事先了解。

在实务中，注册会计师可以通过以下方式提高审计程序的不可预见性：①对某些未测试过的低于设定的重要性水平或风险较小的账户余额和认定实施实质性程序；②调整实施审计程序的时间，使被审计单位不可预期；③采取不同的审计抽样方法，使当期抽取的测试样本与以前有所不同；④选取不同的地点实施审计程序，或预先不告知被审计单位所选定的测试地点。

【例 5-10】 扬帆会计师事务所对盛大有限责任公司进行 2016 年度财务报表审计时，确定应收账款账户的重要性水平为 25 000 元，请根据控制环境调查明细表（见表 5-12）指出企业询证函（见图 5-8）是否可在一定程度上增强不可预见性？

表 5-12 控制环境调查明细表

单位名称：盛大有限责任公司　编制人：陈开宇　日期：2017.1.10　索引号：B-06-03-01-01

会计期间：2016.1.1—2016.12.31　复核人：王茂春　日期：2017.1.12　页次：P133

	需要考虑的事项	结　论	索　引
1	诚信和道德价值观念的沟通与落实		B-06-03-01-01a
	是否有本企业的价值、规范和可接受行为的书面文件（如：管理守则、董事会及其他重要的管理委员会的章程、其他人力资源的政策）	否	
	管理层是否身体力行，高级管理人员是否起表率作用	否	
	管理层将其期望的道德行为和可接受的行为在组织中有效进行沟通	否	
	员工接受关于道德行为和可接受行为标准的培训	否	
	对违反有关政策和行为规范的情况，管理层是否采用适当的惩罚措施	否	
	员工是否知道并确信违反了相关制度后将受到惩罚	否	
	员工是否知道遵守公司的行为准则会被管理层赏识	否	
2	对胜任能力的重视程度		B-06-03-01-01b
	财会人员以及信息管理人员是否具备与企业业务性质和复杂程度相称的足够的胜任能力和培训	否	
	在员工发生错误时，是否通过调整人员或系统来加以处理	否	
	管理层是否配备足够的财会人员以适应业务发展和有关方面的需要	否	
	财会人员是否具备理解和运用会计准则所需的技能	否	
	是否通过必要的从事政策（雇用、薪酬、绩效考核）以确保员工拥有与其职责相适应的工作能力	否	

	需要考虑的事项	结　论	索　引
3	治理层的参与程度		B-06-03-01-01c
	董事会是否建立了审计委员会或类似机构	否	
	董事会成员是否具备适当的经验和资历	否	
	董事会成员是否保持相对的稳定性	否	
	董事会是否独立于管理层	否	
	董事会能有效地监督会计报告的形成过程	否	
	董事会/审计委员会积极地参与监督会计报告的形成过程	否	
	董事会/审计委员会积极地参与管理层的风险评估进程	否	
	董事会是否与内部审计人员以及注册会计师有联系和沟通	否	
	联系和沟通的性质以及频率是否与被审计单位的规模和业务复杂程度相匹配	否	
	董事会/审计委员会积极地参与监控所有内部控制的有效性	否	
4	管理层的理念和经营风格		B-06-03-01-01d
	管理层对内部控制是否给予了适当的关注	否	
	管理层在承担和监控经营风险方面是风险偏好者还是风险规避者	风险爱好	
	管理人员遇到内部控制的缺陷采取了适当的措施	否	
	管理人员遇到过度冒险采取了适当的措施	否	
	员工相信公司是合乎商业道德的，并且管理层的行为是诚信的	否	
	管理层在选择会计政策和作出会计估计时是倾向于激进还是保守	激进	
	管理人员遇到低质量的会计政策采取了适当的措施	否	
	对于重大的内部控制和会计事项，管理层是否征询注册会计师的意见，或者经常在这些方面与注册会计师存在不同意见	否	
	高级管理人员识别可能引起员工道德行为的能力	否	
5	组织结构		B-06-03-01-01e
	现有组织结构能促进控制政策和控制程序全面有效的被履行	否	
	在制定组织结构时，管理当局适当的考虑了内部控制和财务报告的风险	否	
	员工清楚知晓哪些与控制相关的活动需要他们执行，并知晓如何履行	否	
6	职权与责任的分配		B-06-03-01-01f
	有适当的授权体系	否	
	是否已针对授权交易建立适当的政策和程序	否	
	公司在信息支付、培训、资金、预算、人员等方面为员工履行职责提供必要的资源支付	否	

需要考虑的事项	结　论	索　引
人力资源政策与实务		B-06-03-01-01g
在招聘、培训、考核、晋升、薪酬、调动和辞退员工方面是否都有适当的政策和程序	否	
7 是否有书面的员工岗位职责手册	否	
人力资源政策与程序是否清晰，并且定期发布和更新	否	
是否设定适当的程序，对分散在各地区和海外的经营人员建立和沟通人力资源政策与程序	否	

企业询证函

编号：0342

南京林恒机械制造有限公司（公司）：

　　本公司聘请的正则会计事务所正在对本公司 2016 年度财务报表进行审计，按照中国注册会计师审计准则的要求，应当询证本公司与贵公司的往来账项等事项。下列数据出自本公司账簿记录，如与贵公司记录相符，请在本函下端"信息证明无误"处签章证明；如有不符，请在"信息不符"处列明不符金额。回函请直接寄至正则会计师事务所。

　　回函地址：北京市海淀区吉祥路 24 号福兴大厦六楼正则会计师事务所

　　邮编：100026　　电话：01065674867　　传真：01065686435　　联系人：张亚和

　　1. 本公司与贵公司的往来账项列示如下：

单位：元

截止日期	贵公司欠	欠贵公司	备注
2016.12.31	20 000.00		

　　2. 其他事项

本函仅为复核账目之用，并非催款结算。若款项在上述日期之后已经付清，仍请及时函复为盼。

（公司盖章）
2017 年　2 月 4 日

结论：1. 信息证明无误

（公司盖章）
年　月　日
经办人：

　　2. 信息不符，请列明不符的详细情况：
　　欠贵公司账款为￥10 000.00 元。

（公司盖章）
2017 年 2 月 9 日
经办人：张志强

图 5-8　企业询证函

答案：可以。

解析：实务中，注册会计师可以通过以下方式提高审计程序的不可预见性：①对某些未测试过的低于设定的重要性水平或风险较小的账户余额和认定实施实质性程序；②调整实施审计程序的时间，使被审计单位不可预期；③采取不同的审计抽样方法，使当期抽取的测试样本与以前有所不同；④选取不同的地点实施审计程序，或预先不告知被审计单位所选定的测试地点。本题被审计单位出现的问题属于第一种情况，因此企业询证函可以在一定程度上增强不可预见性。

（5）对拟实施审计程序的性质、时间和范围作出总体修改。财务报表层次的重大错报风险很可能源于薄弱的控制环境。薄弱的控制环境带来的风险可能对财务报表产生广泛影响，难以限于某类交易、账户余额和披露，注册会计师应当采取总体应对措施。相应地，注册会计师对控制环境的了解也影响其对财务报表层次重大错报风险的评估。有效的控制环境可以使注册会计师增强对内部控制和被审计单位内部产生的证据的信赖程度。如果控制环境存在缺陷，注册会计师在对拟实施审计程序的性质、时间安排和范围作出总体修改时应当考虑以下因素。

① 在期末而非期中实施更多的审计程序。控制环境的缺陷通常会削弱期中获得的审计证据的可信赖程度。

② 通过实施实质性程序获取更广泛的审计证据。良好的控制环境是其他控制要素发挥作用的基础。控制环境存在缺陷通常会削弱其他控制要素的作用，导致注册会计师可能无法信赖内部控制，而主要依赖实施实质性程序获取审计证据。

③ 增加拟纳入审计范围的经营地点的数量。

④ 扩大审计程序的范围。例如，扩大样本规模，或采用更详细的数据实施分析程序。

2. 设计进一步审计程序时应考虑的因素

在设计进一步审计程序时，注册会计师应当考虑下列因素。

（1）风险的重要性。风险的重要性是指风险造成的后果的严重程度。风险的后果越严重，就越需要注册会计师关注和重视，越需要精心设计有针对性的进一步审计程序。

（2）重大错报发生的可能性。重大错报发生的可能性越大，同样越需要注册会计师精心设计进一步审计程序。

（3）涉及的各类交易、账户余额和列报的特征。不同的交易、账户余额和列报产生的认定层次的重大错报风险也会存在差异，适用的审计程序也会有差别，需要注册会计师区别对待，并设计有针对性的进一步审计程序予以应对。

（4）被审计单位采用的特定控制的性质。不同性质的控制（尤其是人工控制还是自动化控制）对注册会计师设计进一步的审计程序具有重要影响。

（5）注册会计师是否拟获取审计证据，以确定内部控制在防止或发现并纠正重大错报方面的有效性。如果注册会计师拟在风险评估时预期内部控制运行有效，随后拟实施的进一步审计程序必须包括控制测试，实质性程序自然会受到之前控制测试结果的影响。

【例5-11】 在对应收账款进行函证时需确定函证的数量，下列（   ）情况下需函证的数量较多。

A. 销售部经理新上任，应收账款的可容忍错报变小

B. 控制环境较为薄弱，评估的重大错报风险较高

C. 计划获取的保证程度较高

D. 今年发生的应收账款金额和数量变少

答案：A、B、C

解析：本题考查在确定进一步审计程序的范围时注册会计师应当考虑的因素。A 选项属于确定的重要性水平因素。确定的重要性水平越低，注册会计师实施进一步审计程序的范围越广。B 选项属于评估的重大错报风险因素。评估的重大错报风险越高，对拟获取审计证据的相关性、可靠性的要求越高，因此，注册会计师实施的进一步审计程序的范围越广。C 选项属于计划获取的保证程度。计划获取的保证程度，是指注册会计师计划通过所实施的审计程序对测试结果可靠性所获取的信心。计划获取的保证程度越高，对测试结果可靠性要求越高，注册会计师实施的进一步审计程序的范围越广。D 选项根据重要性原则，可以适当减少函证的数量。

3. 拟实施进一步审计程序的总体方案

拟实施的进一步审计程序的总体方案包括实质性方案和综合性方案。其中，实质性方案是指注册会计师实施的进一步审计程序以实质性程序为主；综合性方案是指注册会计师在实施进一步审计程序时，将控制测试与实质性程序结合使用。

通常情况下，注册会计师出于成本效益的考虑可以采用综合性方案设计进一步审计程序，即将测试控制运行的有效性与实质性程序结合使用。但在某些情况下（如仅通过实质性程序无法应对的重大错报风险），注册会计师必须通过实施控制测试，才可能有效应对评估出的某一认定的重大错报风险；而在另一些情况下（如注册会计师的风险评估程序未能识别出与认定相关的任何控制，或注册会计师认为控制测试很可能不符合成本效益原则），注册会计师可能认为仅实施实质性程序就是适当的。

另外，小型被审计单位可能不存在能够被注册会计师识别的控制活动，注册会计师实施的进一步审计程序可能主要是实质性程序。无论选择何种方案，注册会计师都应当对所有重大的各类交易、账户余额和披露设计和实施实质性程序。

5.4.2 控制测试

1. 控制测试的含义

控制测试指的是测试控制运行的有效性，这一概念需要与《中国注册会计师审计准则第 1211 号——了解被审计单位及其环境并评估重大错报风险》中提及的"了解内部控制"进行区分。"了解内部控制"包含两层含义：一是评估控制的设计；二是确定控制是否得到执行。因此，在概念上容易引起混淆的是："测试控制运行的有效性"与"确定控制是否得到执行"。

依据设计规则，测试控制运行的有效性与确定控制是否得到执行所需获取的审计证据是不同的。其主要表现在以下两点。

（1）在实施风险评估程序以获取控制是否得到执行的审计证据时，注册会计师应当确定某项控制是否存在、被审计单位是否正在使用。

（2）在测试控制运行的有效性时，注册会计师应当从下列方面获取关于控制是否有效运行的审计证据：①控制在所审计期间的不同时点是如何运行的；②控制是否得到一贯执行；③控制由谁执行；④控制以何种方式运行（例如人工控制或自动化控制）。从这四个方面来看，控制运行有效性强调的是控制能够在各个不同时点按照既定设计得以一贯执行。因此，在了解控制是否得以执行时，支撑会计师只需抽取少量的交易进行检查或观察某几个时点。但在测试控制运行的有效性时，注册会计师需要抽取足够数量的交易进行检查或对多个不同时点进行观察。

下面举例说明两者之间的区别。某被审计单位针对销售收入和销售费用的业绩评价控制如下：财务经理每月审核实际销售收入（按产品细分）和销售费用（按费用项目细分），并与预算数和上年同期数比较，对于差异金额超过5%的项目进行分析并编制分析报告，销售经理审阅该报告并采取适当跟进措施（相关认定：发生、准确性和完整性）。注册会计师抽查3个月的分析报告，并看到上述管理人员在报告上签字确认，证明该控制已经得到执行。然而，注册会计师在与销售经理的讨论中，发现他对分析报告中明显异常的数据不了解其原因，也无法作出合理解释，从而显示该控制并未得到有效运行。

测试控制运行的有效性与确定控制是否得到执行所需获取的审计证据虽然存在差异，但两者也有关系。为评价控制设计和确定控制是否得到执行而实施的某些风险评估程序并非专为控制测试而设计，但可能提供有关控制运行有效性的审计证据，注册会计师可以考虑在评价控制设计和获取其得到执行的审计证据的同时测试控制运行有效性，以提高审计效率。同时，注册会计师应当考虑这些审计证据是否足以实现控制测试的目的。例如，被审计单位可能采用预算管理制度，以防止或发现并纠正与费用有关的重大错报风险。通过询问管理层是否编制预算，观察管理层对每月度预算费用与实际发生费用的比较，并坚持预算金额与实际金额之间的差异报告，注册会计师可能获取有关被审计单位费用预算管理制度的设计及其是否得到执行的审计证据，同时也可能获取相关制度运行有效性的审计证据。当然，注册会计师需要考虑所实施的风险评估程序获取的审计证据是否能够充分、适当地反映被审计单位费用预算管理制度在各个不同时点按照既定时间得到了一贯执行。

2. 控制测试的要求

作为进一步审计程序的类型之一，控制测试并非在任何情况下都需要实施。审计准则规定，当存在下列情形之一时，注册会计师应当实施控制测试：①在评估认定层次重大错报风险时，预期控制的运行是有效的；②仅实施实质性程序不足以提供认定层次充分、适当的审计证据。

对于第一种情形，如果在评估认定层次重大错报风险时预期控制的运行是有效的，注册会计师应当实施控制测试，就控制在相关期间或时点的运行有效性获取充分、适当的审计证据。注册会计师通过实施风险评估程序，可能发现某项控制的设计是存在的，也是合理的，同时得到了执行。在这种情况下，出于成本效益的考虑，注册会计师可能预期，如果相关控制在不同时点都得到了一个执行，与该项控制有关的财务报表认定发生重大错报的可能性就不会很大，也就不需要实施很多的实质性程序。为此，注册会计师可能会认为值得对相关控制的不同时点是否得到了一贯执行进行测试，即实施控制测试。这种测试主要是由于成本效益的考虑，其前提是注册会计师通过了解内部控制以后，认为某项控制存在着被信赖和利用的可能。可见，只有认为控制设计合理，能够防止或发现和纠结认定层次的重大错报，注册会计师才有必要对控制运行的有效性实施测试。

对于第二种情形，例如，在被审计单位对日常交易或与财务报表有关的其他数据（包括信息的生成、记录、处理、报告）采用高度自动化处理的情况下，审计证据可能仅以电子形式存在，此时审计证据是否充分和适当通常取决于自动化信息系统相关控制的有效性。如果信息的生成、记录、处理和报告均通过电子格式进行而没有适当有效的控制，则生成不正确信息或信息被不恰当修改的可能性就会大大增加。在此种情况下，注册会计师必须实施控制测试，且这种测试已经不再是单纯出于成本效益的考虑，而是必须获取的一类审计证据。

需要说明的是，被审计单位在所审计期间内可能由于技术更新或组织管理变更而更换了消息系统，从而导致在不同时期使用了不同的控制。因此，审计准则规定，如果被审计单位在所审计期间内的不同时期使用了不同的控制，注册会计师应当考虑不同时期控制运行的有效性。

3. 控制测试的性质

控制测试的性质是指控制测试所使用的审计程序的类型及其组合。计划从控制测试中获取的保证水平是决定控制测试性质的主要因素之一。审计准则规定，注册会计师应当选择适当类型的审计程序以获取有关控制运行有效性的保证。计划的保证水平越高，对有关控制运行有效性的审计证据的可靠性要求越高。当拟实施的进一步审计程序主要以控制测试为主，尤其是仅实施实质性程序获取的审计证据无法将认定层次重大错报风险降至可接受的低水平时，注册会计师应当获取有关控制运行有效性的更高的保证水平。

1) 控制测试的类型

虽然控制测试与了解内部控制的目的不同，但两者采用审计程序的类型基本相同，包括询问、观察、检查和穿行测试。此外，控制测试的程序还包括重新执行。

（1）询问。注册会计师可以向被审计单位的适当员工进行询问，以获取与内部控制运作情况有关的信息。例如，询问信息系统管理人员有无未经授权的接触计算机硬件和软件，向负责复核银行存款余额调节表的人员询问如何进行复核，包括复核的要点是什么、发现不符事项如何处理等。然而，仅仅通过询问不能为控制运行的有效性提供充分的证据，注册会计师通常需要印证被询问者的答复，如向其他人员询问和检查执行控制时所使用的报告、手册或其他文件等。因此，虽然询问是一种有用的手段，它必须和其他测试手段结合使用才能发挥作用。在询问过程中，注册会计师应当保持职业怀疑态度。

（2）观察。观察是测试不留下书面记录的控制（如职责分离）的运行情况的有效方法。例如，观察存货盘点控制的执行情况。观察也可运用于实物控制，如查看仓库门是否锁好，或空白支票是否妥善保管。通常情况下，注册会计师通过观察直接获取的证据比间接获取的证据更可靠。但是，注册会计师还要考虑其所观察到的控制在注册会计师不在场时可能未被执行的情况。

（3）检查。对运行情况留有书面证据的控制，检查非常适用。书面说明、复核时留下的记号，或其他记录在偏差报告中的标志都可以被当作控制运行情况的证据。例如，检查销售发票是否有复核人员签字，检查销售发票是否附有客户订购单和出库单等。

（4）重新执行。通常，只有当询问、观察和检查程序结合在一起仍无法获得充分的证据时，注册会计师才考虑通过重新执行来证实控制是否有效运行。例如，为了合理保证计价认定的准确性，被审计单位的一项控制是由复核人员核对销售发票上的价格与统一价格单上的价格是否一致。但是，要检查复核人员有没有人在执行核对，仅仅检查复核人员是否在相关文件上签字是不够的，注册会计师还需要自己选取一部分销售发票进行核对，这就是重新执行程序。但是，如果需要进行大量的重新执行，注册会计师就要考虑通过实施控制测试以缩小实质性程序的范围是否有效率。

（5）穿行测试。除了上述 4 类常用的审计程序以外，实施穿行测试也是控制测试中一种重要的审计程序。值得注意的是，穿行测试不是单独的一种程序，而是将多种程序按特定审计需要进行结合运用的方法，穿行测试是通过追踪交易在财务报告信息系统中的处理过程，来证实注册会计师对控制的了解、评价控制设计的有效性以及确定控制是否得到执行。可见，穿行测试更多地在了解内部控制时运用。但在执行穿行测试时，注册会计师可能获取部分控制运行有效性的审计数据。

需要强调的是，询问本身并不足以测试控制运行的有效性，注册会计师应当将询问与其他审计程序结合使用，以获取有关控制运行有效性的审计证据。观察提供的证据仅限于观察发生的时点，本身也不足以测试控制运行的有效性。将询问与检查或重新执行结合使用，通常能够比仅实施询问和观察获取更高的保证。例如，被审计单位针对处理收到的邮政汇款单位设计和执行了相关的内部控制，注册会计师通过询问和观察程序往往不足以测试此类控制的运行有效性，还需要检查能够证明此类控制在所审计期间的其他时段有效运行的文件和凭证，以获取充分、适当的审计证据。

2）确定控制测试的性质时的要求

（1）考虑特定控制的性质。注册会计师应当根据特定控制的性质选择所需实施审计程序的类型。例如，某些控制可能存在反映控制运行有效性的文件记录，在这种情况下，注册会计师可以检查这些文件记录以获取控制运行有效的审计证据；某些控制可能不存在文件记录（如一项自动化的控制活动），或文件记录与能否证实控制运行有效性不相关，注册会计师应当考虑实施检查以外的其他审计程序（如询问和观察）或借助计算机辅助审计技术，以获取有关控制运行有效性的审计证据。

（2）考虑测试与认定直接相关和间接相关的控制。在设计控制测试时，注册会计师不仅应当考虑与认定直接相关的控制，还应当考虑这些控制所依赖的与认定间接相关的控制，以获取支持控制运行有效性的审计证据。例如，被审计单位可能针对超出信用额度的例外赊销交易设置报告和审核制度（与认定直接相关的控制），在测试该项制度的运行有效性时，注册会计师不仅应当考虑审计的有效性，还应当考虑与例外赊销报告中信息准确性有关的控制（与认定间接相关的控制）是否有效运行。

（3）针对自动化应用控制实施的测试。对于一项自动化的应用控制，由于信息技术处理过程的内在一贯性，注册会计师可以利用该项控制得以执行的审计证据和信息技术一般控制（特别是对系统变化的控制）运行有效性的审计证据，作为支持该项控制在相关期间运行有效性的重要审计证据。

（4）实施控制测试时对双重目的的实现。控制测试的目的是评价控制是否有效运行，细节测试的目的是发现层次的重大错报。尽管两者目的不同，但注册会计师可以考虑针对同一交易同时实施控制测试和细节测试，以实现双重目的。例如，注册会计师通过检查某笔交易的发票可以确定其是否经过适当的授权，也可以获取关于该交易的金额、发生时间等细节证据。当然，如果拟实施双重目的测试，注册会计师应当仔细设计和评价测试程序。

（5）实质性程序的结果对控制测试结果的影响。如果通过实施实质性程序未发现某项认定存在错报，这本身并不能说明与该认定有关的控制是有效运行的；但如果通过实施实质性程序发现某项认定存在错报，注册会计师应当在评价相关控制的运行有效性时予以考虑。因此，审计准则规定，注册会计师应当考虑实施实质性程序发现的错报对评价相关控制运行有效性的影响（如降低对相关控制的信赖程度、调整实质性程序的性质、扩大实质性程序的范围等）。如果实施实质性程序发现被审计单位没有识别出的重大错报，通常表明内部控制存在重大缺陷，注册会计师应当就这些缺陷与管理层和治理层进行沟通。

4. 控制测试的时间

控制测试的时间包含两层含义：一是何时实施控制测试；二是测试所针对的控制适用的时点或期间。

1）确定控制测试时间的基本原理

注册会计师应当根据控制测试的目的确定控制测试的时间，并确定拟信赖的相关控制的时点或期间。确定控制测试时间的基本原理是：如果测试特定时点的控制，注册会计师仅得到该时点控制运行有效性的审计证据；如果需要获取控制在某一期间有效运行的审计证据，仅获取与时点相关的审计证据是不充分的，而应当辅以其他控制测试，包括测试被审计单位对控制的监督。也就是说，关于控制在多个不同时点的运行有效性的审计证据的简单累加并不能构成控制在某期间的运行有效性的充分、适当的审计证据。所谓其他控制测试，应当具备的功能是，能提供相关控制在所有相关时点都运行有效的审计证据。被审计单位对控制的监督起到的就是一种检验相关控制在所有相关时点是否有效运行的作用。因此注册会计师测试这类活动能够强化控制在某期间运行有效性的审计证据效力。

2）如何考虑期中审计证据

前已述及，注册会计师可能在期中实施进一步审计程序。对于控制测试，注册会计师在期中实施此类程序具有更积极的作用。但需说明的是，即使注册会计师已获取有关控制在期中运行有效性的审计证据，仍然需要考虑如何能够将控制在期中运行有效性的审计证据合理延伸至期末，一个基本的考虑是针对期中至期末这段剩余期间获取充分、适当的审计证据。因此审计准则规定，如果已获取有关控制在期中运行有效性的审计证据，并拟利用该证据，注册会计师应当实施下列审计程序。

（1）获取这些控制在剩余期间变化情况的审计证据。如果这些控制在剩余期间没有发生变化，注册会计师可能决定信赖期中获取的审计证据；如果这些控制在剩余期间发生了变化（如信息系统、业务流程或人事管理等方面发生变动），注册会计师需要了解并测试控制的变化对期中审计证据的影响。

（2）确定针对剩余期间还需要获取的补充审计证据。在执行此项时，注册会计师应当考虑下列因素：①评估的认定层次重大错报风险的重大程度。评估的重大错报风险对财务报表的影响越大，需要获取的剩余期间的补充证据越多。②在期中测试的特定控制。例如，对自动化运行的控制，注册会计师更可能测试信息系统统一控制的运行有效性，以收取控制在剩余期间运行有效性的审计证据。③在期中对有关的控制运行有效性获取的审计证据的程度。如果注册会计师都在期中对有关控制运行有效性获取的审计证据比较充分，可以考虑适当减少需要获取的剩余期间的补充证据。④剩余期间的长度。剩余期间越长，需要获取的剩余期间的补充证据越多。⑤在信赖控制的基础上拟减少进一步实质性程序的范围。注册会计师对相关控制的信赖程度越高，通常在信赖控制的基础上拟减少进一步实质性程序的范围就越大，在这种情况下，注册会计师需要获取的剩余时间的补充证据越多。⑥控制环境。在注册会计师总体上拟信赖控制的前提下，控制环境越薄弱（或把握程度越低），需要获取的剩余期间的补充证据越多。

除了上述的测试剩余期间控制的运行有效性，测试被审计单位对控制的监督也能够作为一项有益的补充证据，以便更有把握地将控制在期中运行有效性的审计证据延伸至期末。

3）如何考虑前期获取的审计证据

关于如何考虑以前审计获取的有关控制运行有效性的审计证据，基本思路是考虑拟信赖的以前审计中测试的控制在本期是否发生变化，因为考虑与控制变化有关的审计证据有助于注册会计师决定合理调整拟在本期获取的有关控制运行有效性的审计证据。注册会计师应当通过实施询问并结合观察或检查程序，获取这些控制是否已经发生变化的审计证据。例如，在以前审计中，注册会计师可能确定被审计单位某项自动控制能够发挥预期作用。那么在本期审计中，注册会计师需要获取审计证据以确定是否发生了影响该自动控制持续有效发挥作用的变化。例如，注册会计师可以通过询问管理层或检查日志，确定哪些控制已经发生变化。

如果控制在本期间发生变化，注册会计师应当考虑以前期审计获取的有关控制运行有效性的审计证据是否与本期审计相关。例如，如果系统的变化仅仅使被审计单位从中获取新的报告，这种变化通常不影响以前审计所获取证据的有效性；如果系统的变化引起数据累积或计算发生改变，这种变化可能影响以前审计所获取证据的相关性。如果拟信赖的控制自上次测试后已发生变化（这里暗含的前提是，这种变化可能影响以前审计所获取证据的相关性），注册会计师应当在本期审计中测试这些控制的运行有效性。

如果拟信赖的控制自上次测试后未发生变化，而且不属于旨在减轻特别风险的控制，注册会计师应当运用职业判断确定是否在本期审计中测试其运行有效性，以及本次测试与上次测试的时间间隔，但两次测试的时间间隔不得超过两年。在确定利用以前审计获取的有关控制运行有效性的审计证据是否适当以及再次测试控制的时间间隔时，注册会计师应当考虑的因素或情况包括以下几个方面。

（1）内部控制其他要素的有效性。包括控制环境、对控制的监督以及被审计单位的风险评估过程。例如，当被审计单位控制环境薄弱或对控制的监督薄弱时，注册会计师应当缩短再次测试控制的时间间隔或完全不信赖以前审计获取的审计证据。

（2）控制特征（人工控制还是自动化控制）产生的风险。当相关控制中人工控制的成分较大时，考虑到人工控制一般稳定性较差，注册会计师可能决定在本期审计中继续测试该控制的运行有效性。

（3）信息技术一般控制的有效性。当信息技术一般控制薄弱时，注册会计师可能更少地依赖以前审计获取的审计证据。

（4）控制设计及其运行的有效性。包括在以前审计中测试控制运行有效性时发现的控制运行偏差的性质和程度。例如，当所审计期间发生了对控制运行产生重大影响的人事变动时，注册会计师可能决定在本期审计中不依赖以前审计获取的审计证据。

（5）由于环境发生变化而特定控制缺乏相应变化导致的风险。当环境的变化表明需要对控制作出相应的变动但控制却没有作出相应变动时，注册会计师应当充分意识到控制不再有效，从而导致本期财务报表发生重大错误的可能性，此时不应再依赖以前审计获取的有关控制运行有效性的审计证据。

（6）重大错误的风险和对控制的拟信赖程度。如果重大错误风险较大或对控制的拟信赖程度较高，注册会计师应当缩短再次测试控制的时间间隔或完全不信赖以前审计获取的审计证据。

4）不得依赖以前审计所获取证据的情形

鉴于特别风险的特殊性，对于旨在减轻特别风险的控制，不论该控制在本期是否发生变化，注册会计师都不应依赖以前审计所获取的证据，而应在本期审计中测试这些控制的运行有效性。也就是说，如果注册会计师拟信赖针对特别风险的控制，那么所有关于该控制运行有效性的审计证据必须来自当年的控制测试。相应地，注册会计师应当在每次审计中都测试这类控制。

图 5-9 概括了注册会计师是否需要在本期测试某项控制的决策过程。

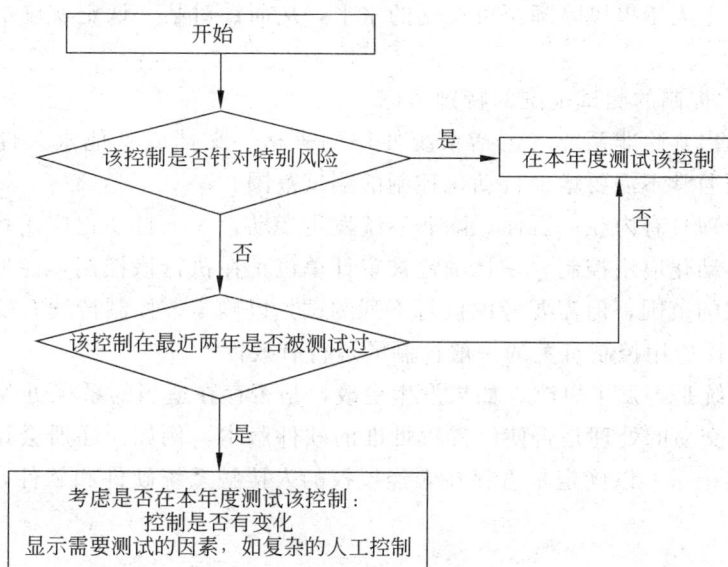

图 5-9 本审计期间测试某项控制的决策

5. 控制测试的范围

控制测试的范围，主要是指某项控制活动的测试次数。注册会计师应当设计控制测试，以获取控制在整个拟信赖的期间有效运行的充分、适当的审计证据。

1）确定控制测试范围的一般考虑因素

注册会计师在确定某项控制的测试范围时通常应考虑以下因素。

（1）在整个拟信赖的期间，被审计单位执行控制的频率。控制执行的频率越高，控制测试的范围越大。

（2）在所审计期间，注册会计师应控制拟信赖控制运行有效性的时间长度。拟信赖控制运行有效性的时间长度不同，在该时间长度内发生的控制活动次数也不同。注册会计师需要根据拟信赖控制的时间长度确定控制测试的范围。拟信赖期间越长，控制测试的范围越大。

（3）为证实控制能够防止或发现并纠正认定层次重大错误，所需获取审计证据的相关性和可靠性。对审计证据的相关性和可靠性要求越高，控制测试的范围越大。

（4）通过测试与认定相关的其他控制获取的审计证据的范围。针对同一认定，可能存在不同的控制。当针对其他控制获取审计证据的充分性和适当性较高，测试该控制的范围可适当缩小。

（5）在风险评估时拟信赖控制运行有效性的程度。注册会计师在风险评估时对控制运行有效性的拟信赖程度越高，需要实施控制测试的范围越大。

（6）控制的预期偏差。预期偏差可以用控制未得到执行的预期次数占控制应当得到执行次数的比率加以衡量（也可称作预期偏差率）。考虑该因素，是因为在考虑测试结果是否可以得出控制运行有效性的结论时，不可能只要出现任何控制执行偏差就认定控制运行无效，所以需要确定一个合理水平的预期偏差率。通常，控制的预期偏差率越高，需要实施控制测试的范围越大。如果控制的预期偏差率过高，注册会计师应当考虑控制可能不足以将认定层次的重大错报风险降至可接受的水平，从而针对某一认定实施的控制测试可能是无效的。

2）对自动化控制的测试范围的特别考虑

审计准则指出，除非系统（包括系统使用的表格、文档或其他永久性数据）发生变动，注册会计师通常不需要增加自动化控制的测试范围。

信息技术处理具有内在一贯性，除非系统发生变动，一项自动化应用控制应当一贯运行。对于一项自动化应用控制，一旦确定被审计单位正在执行该控制，注册会计师通常无须扩大控制测试的范围，但需要考虑执行下列测试，以确定该控制持续有效运行。

（1）测试与该应用控制有关的一般控制的运行有效性。

（2）确定系统是否发生更改，如果发生更改，是否存在适当的系统更改控制。

（3）确定对交易的处理是否使用授权批准的软件版本。例如，注册会计师可以检查信息系统安全控制记录，以确定是否存在未经授权的人接触系统硬件和软件，以及系统是否发生变动。

5.4.3 实质性程序

1. 实质性程序的含义

实质性程序是指注册会计师针对评估的重大错报风险实施的直接用以发现认定层次重大错报的审计程序，包括对各类交易、账户余额、列报的细节测试以及实质性分析程序。由于注册会计师对重大错报风险的评估是一种判断，可能无法充分识别所有的重大错报风险，并且由于内部控制存在固有局限性，无论评估的重大错报风险结果如何，注册会计师都应当针对所有重大的各类交易、账户余额、列报实施实质性程序。

2. 实施实质性程序的总体要求

依据审计准则规定，注册会计师实施的实质性程序应当包括下列与财务报表编制完成阶段相关的审计程序：①将财务报表与其所依据的会计记录相核对；②检查财务报表编制过程中作出的重大会计分录金额其他会计调整。注册会计师对会计分录和其他会计调整检查的性质和范围,取决于被审计单位财务报表过程的性质和复杂程度,以及由此产生的重大错报风险。

如果认为评估的认定层次重大错报风险是特别风险,注册会计师应当专门针对该风险实施实质性程序,注册会计师应当使用细节测试,或者将细节测试和实质性分析程序结合使用,以获取充分、适当的审计证据。

3. 实质性程序的性质

实质性程序的性质,是指实质性程序的类型及其组合。实质性程序包括细节测试和实质性分析程序两种基本类型。由于细节测试和实质性分析程序的目的和技术手段存在一定差异,因此各自有不同的适用领域。注册会计师应当根据各类交易、账户余额、列报的性质选择实质性程序的类型。

1) 细节测试

细节测试是对各类交易、账户余额、列报的具体细节进行测试,目的在于直接识别财务报表认定是否存在错报。

通常,细节测试适用于对各类交易、账户余额、列报认定的测试,尤其是对存在或发生、计价认定的测试。

审计准则规定,注册会计师应当针对评估的风险设计细节测试,获取充分、适当的审计证据,已达到认定层次所计划的保证水平。该规定的含义是,注册会计师需要根据不同的认定层次的重大错报风险设计有针对性的细节测试。例如,在针对存在或发生认定细节测试时,注册会计师应当选择包含在财务报表金额中的项目,并获取相关审计证据。又如,在针对完整性认定设计细节测试时,注册会计师应当选择有证据表明应包含在财务报表金额中的项目,并调查这些项目是否确实包括在内。如为应对被审计单位漏记本期应付账款的风险,注册会计师可以检查其后付款记录。

2) 实质性分析程序

实质性分析程序从技术特征上看仍然是分析程序,主要是通过研究数据间关系评价信息,只是将该技术方法用作实质性程序,即用以识别各类交易、账户余额、列报及相关认定是否存在错报。

通常,对在一段时期内存在可预期关系的大量交易,注册会计师可以考虑实施实质性分析程序。注册会计师在设计实质性分析程序时应当考虑下列因素。

(1) 对特定认定使用实质性分析程序的适当性。

(2) 对已记录的金额或比率作出预期时,所依据的内部或外部数据的可靠性。

(3) 作出预期的准确程度是否足以在计划的保证水平上识别重大错报。

(4) 已记录金额与预期值之间可接受的差异额。

考虑到数据及分析的可靠性,审计准则特别强调了实施实质性分析程序时对所使用信息来源的考虑,即当实施实质性分析程序时,如果使用被审计单位编制的信息,注册会计师应当考虑测试与信息编制相关的控制,以及这些信息是否在本期或前期经过审计。

4. 实施实质性程序的时间

实施实质性程序的时间选择与控制测试的时间选择有共同点,也有很大差异。共同点在于:两类程序都面临着对期中审计证据和对以前审计获取的审计证据的考虑。两者的差异在于：第一，在控制测试中，期中实施控制测试并获取其中关于控制运行有效性审计证据的做法更具有"常态"，而由于实质性程序的目的在于更直接地发现重大错报，在其中实施实质性程序时更需要考虑其成本效益的权衡。第二，在本期控制测试中拟信赖以前审计获取的有关控制运行有效性的审计证据，已经受到了很大的限制，而对于以前审计中通过实质性程序获取的审计证据，审计准则采取了更加慎重的态度和更加严格的限制。

1) 如何考虑是否在期中实施实质性程序

必须指出，在期中实施实质性程序，一方面消耗了审计资源，另一方面期中实施实质性程序获取的审计证据又不能直接作为期末财务报表认定的审计证据，注册会计师仍然需要消耗进一步的审计资源，使期中审计证据能够合理延伸至期末。于是，这两部分审计资源的总和是否能够显著小于完全在期末实施实质性程序所消耗的审计资源是注册会计师需要权衡的。通常，注册会计师在选择是否在期中实施实质性程序时应当考虑下列因素。

(1) 控制环境和其他相关的控制。控制环境和其他相关的控制越薄弱，注册会计师越不宜依赖期中实施的实质性程序。

(2) 实施审计程序所需信息在期中之后的可获得性。如果实施实质性程序所需信息在期中之后可能难以获取（如系统变动导致某类交易记录难以获取），注册会计师应考虑在期中实施实质性程序；如果实施实质性程序所需信息在期中之后的可获得性并不存在明显困难，该因素不应成为注册会计师在期中实施实质性程序的重要影响因素。

(3) 实质性程序的目标。如果针对某项认定实施实质性程序的目标就包括获取该认定的期中审计证据（从而与期末比较），注册会计师应在期中实施实质性程序。

(4) 评估的重大错报风险。注册会计师评估的某项认定的重大错报风险越高，针对该认定所需获取的审计证据的相关性和可靠性要求也就越高，注册会计师越应当考虑将实质性程序集中于期末（或接近期末）实施。

(5) 各类交易或账户余额以及相关认定的性质。例如，某些交易或账户余额以及相关认定的特殊性质（如收入截止认定、未决诉讼）决定了注册会计师必须在期末（或接近期末）实施实质性程序。

(6) 针对剩余期间，能否通过实施实质性程序或将实质性程序与控制测试相结合，降低期末存在错报而未被发现的风险。如果针对剩余期间注册会计师可以通过实施实质性程序或将实质性程序与控制测试相结合，较有把握地降低期末存在错报而未被发现的风险，注册会计师可以考虑在期中实施实质性程序；如果针对剩余期间注册会计师认为还需要消耗大量审计资源才有可能降低期末存在错报而未被发现的风险，甚至没有把握通过适当的进一步审计程序降低期末存在错报而未被发现的风险（如被审计单位于8月发生管理层变更，注册会计师接受后任管理层邀请实施预审时，考虑是否使用一些审计资源实施实质性程序），注册会计师就不宜在期中实施实质性程序。

2) 如何考虑期中审计证据

审计准则规定，如果在期中实施了实质性程序，注册会计师应当针对剩余期间实施进一步的实质性程序，或将实质性程序和控制测试结合使用，以将期中测试得出的结论合理延伸至期末。该规定指出在如何将期中实施的实质性程序得出的结论合理延伸至期末时，注册会计师有两种选择：其一是针对剩余期间实施进一步的实质性程序；其二是将实质性程序和控制测试结合使用。

如果拟将期中测试得出的结论延伸至期末，注册会计师应当考虑针对剩余期间仅实施实质性程序是否足够。如果认为实施实质性程序本身不充分，注册会计师还应测试剩余期间相关控制运行的有效性或针对期末实施实质程序，对于舞弊导致的重大错报风险，被审计单位存在故意错报或操纵的可能性，那么，注册会计师更应慎重考虑能否将期中测试得出的结论延伸至期末。

如果已在其中实施了实质性程序，或将控制测试与实质性程序相结合，并拟信赖期中测试得出的结论，注册会计师应当将期末信息和期中的信息进行比较、调节、识别和调查出现的异常金额，并针对剩余期间实施实质性分析程序或细节测试。如果在期中检查出某类交易或账户余额存在错报，注册会计师应当考虑修改与该类交易或账户余额相关的风险评估以及针对剩余期间拟实施实质性程序的性质、时间和范围，或考虑在期末扩大实质性程序的范围或重新实施实质性程序。

3）如何考虑以前审计获取的审计证据

前已述及，对于以前审计中通过实质性程序获取的审计证据，审计准则采取了十分慎重的态度和严格的限制。审计准则明确指出，在以前审计中实施实质性程序获取的审计证据，通常对本期只有很弱的证据效力或没有证据效力，不足以应对本期的重大错报风险。只有当前获取的审计证据及其相关事项未发生重大变动时，以前获取的审计证据才可能用作本期的有效审计证据。但即便如此，审计准则仍规定，如果拟利用以前审计中实施实质性程序获取的审计证据，注册会计师应当在本期实施审计程序，以确定这些审计证据是否具有持续相关性。

5. 实质性程序的范围

评估的认定层次重大错报风险和实施控制测试的结果是注册会计师在确定实质性程序的范围时考虑的重要因素。因此，注册会计师在确定实质性程序的范围是，应当考虑评估的认定层次重大错报风险和实施控制测试的结果。注册会计师评估的认定层次的重大错报风险越高，需要实施实质性程序的范围越广。如果对控制测试的结果不满意，应当考虑扩大实质性程序的范围。

设计细节测试时，注册会计师除了从样本量的角度考虑测试范围外，还要考虑选样方法的有效性等因素。例如，从总体中选取大额或异常项目，而不是进行代表性抽样或分层抽样。

实质性分析程序的范围有两层含义。

（1）对什么层次上的数据进行分析，注册会计师可以选择在高度汇总的财务数据层次进行分析，也可以根据重大错报风险的性质和水平调整分析层次，例如，按照不同产品线、不同季节或月份、不同经营地点或存货存放地点等实施实质性分析程序。

（2）需要对什么幅度或性质的偏差展开进一步调查。实施分析程度可能发现偏差，但并非所有的偏差都值得展开进一步的调查。如果可容忍或可接受的偏差（即预期偏差）越大，作为实质性分析程序一部分的进一步调查的范围就越小。于是，确定适当的预期偏差幅度同样属于实质性分析程序的范畴。因此，审计准则规定，在设计实质性分析程序时，注册会计师应当确定已记录金额与预期值之间可接受的差异额。在确定该差异额时，注册会计师应当主要考虑各类交易、账户余额、列报及相关认定的重要性和计划的保证水平。

【例 5-12】 简要描述控制测试和实质性程序有什么不同？

解析：控制测试与实质性程序的最大区分在于：前者属于定性分析，后者属于定量分析。控制测试是测试内部控制有效性，是否得到有效执行，得到的结论是"是"或"否"，被审计单位的内部控制通常是一些程序、制度等，通常不涉及金额。控制测试的结果是偏差率，用比率作定性分析。实质性程序包括细节测试和实质性分析程序，是指用以发现认定层次重大错报的审计程序。实质性程序得出的结果是错报，用数量作定量分析。控制测试并非在任何情况下都需要实施。但是，当存在下列情形之一时，注册会计师应当实施控制测试：①在评估认定层次重大错报风险时，预期控制的运行是有效的；②仅实施实质性程序不足以提供认定层次充分、适当的审计证据。

审 计 抽 样

任务 6.1　认知审计抽样的基本原理和步骤

在审计工作中，注册会计师需要运用各种审计程序和方法搜集数据信息，找到相关的审计证据。根据被审计单位的规模、性质不同，注册会计师搜集到的信息数据量也有所不同。对于注册会计师来说，要想在有限的时间内完成审计工作，不能将搜集到的所有数据都进行应用。因此，在审计工作过程中，注册会计师需要运用合适的方法选取测试项目，审计抽样就是其中一种。

6.1.1　审计抽样的基本原理

1. 审计抽样概念

审计抽样（即抽样）是指注册会计师对具有审计相关性的总体中低于百分之百的项目实施审计程序，使所有抽样单元都有被选取的机会，为注册会计师针对整个总体得出结论提供合理基础。其中的总体，可以理解成为注册会计师搜集的整个数据的集合，抽样单位即构成总体的个体项目。

2. 审计抽样的特征

审计抽样应当具备以下三个基本特征。

（1）对某类交易或账户余额低于百分之百的项目实施审计程序。

（2）所有抽样单元都有被选取的机会。

（3）审计测试的目的是为了评价该账户余额或交易类型的某一特征。

3. 审计抽样的应用范围

虽然审计抽样是非常科学的一种抽样方法，但是并不是所有的审计程序都适宜采用审计抽样。审计工作涉及的风险评估程序、控制测试和实质性程序（包括细节测试和实质性分析程序）中，一般风险评估程序和实质性分析程序不涉及审计抽样，而控制测试和细节测试中可以采用审计抽样。

风险评估程序一般不涉及审计抽样，是因为风险评估程序是为了了解被审计单位及其环境而实施的程序，主要由观察和检查、询问管理和内部其他人员及分析程序构成。除此以外，注册会计师在实施实质性分析程序时，也不需使用审计抽样，因为实质性分析程序主要是注册会计师通过研究被审计单位的会计数据间的关系来做评价判断。

控制测试是指用于评价内部控制在防止或发现并纠正认定层次重大错报方面的运行有效性的审计程序。在控制的运行留下轨迹时，注册会计师可以采用审计抽样方法。比如注册会计师对被审计单位采购与付款循环控制的运行有效性进行测试的时候，可以采用审计抽样检查其中请购单、采购单等单据。细节测试中也可以采用审计抽样的方法，因为细节测试是对各类交易、账户余额和披露的具体细节进行测试，目的在于直接识别财务报表认定是否存在错报，通过运用审计抽样的方法可以搜集到审计证据进行合理判断，比如判断应收账款的存在性。

【例 6-1】 天和会计师事务所在编制下列工作底稿过程中不会涉及审计抽样的是（   ）。

A. 应收账款函证　　　　　　　　　　B. 存货盘点
C. 参观被审计单位经营场所的记录　　D. 银行询证函（存根联）

答案： C

解析： C 选项属于风险评估程序底稿。审计抽样应当具备三个基本特征：①对某类交易或账户余额中低于百分之百的项目实施审计程序；②所有抽样单元都有被选取的机会；③审计测试的目的是评价该账户余额或交易类型的某一特征。

4. 抽样风险和非抽样风险

在实行审计抽样时，需要考虑到抽样风险和非抽样风险两种风险，这两种风险都可能会影响审计风险。

1）抽样风险

抽样风险是指注册会计师根据样本得出的结论，可能不同于如果对整个总体实施与样本相同的审计程序得出的结论的风险。简单来说，由于样本数小于总体数，样本的差异可能导致抽到的样本与总体有偏差，即根据样本得到的结论不同于根据真正总体得到的结论。

抽样风险可能导致两种类型的错误结论。

（1）在实施控制测试时，注册会计师推断的控制有效性高于其实际有效性；或在实施细节测试时，注册会计师推断某一重大错报不存在而实际上存在，这两种情况分别被称为信赖过度风险和误受风险。从词义上来看，信赖过度风险是指注册会计师过度相信控制有效性较高，而误受风险是指注册会计师错误地接受了某一重大错报不存在的结论。注册会计师主要关注这两种错误结论，原因是其影响审计效果，非常有可能导致发表不恰当的审计意见。

（2）在实施控制测试时，注册会计师推断的控制有效性低于其实际有效性；或在实施细节测试时，注册会计师推断某一重大错报存在而实际上不存在。这两种情况分别被称为信赖不足风险和误拒风险。从词义来看，信赖不足风险是指注册会计师对被审计单位的控制有效性持谨慎态度，没有给予足够的认可度，而误拒风险是指注册会计师错误地认为实际不存在的重大错报是存在的。这两种错误的结论主要影响的是审计效率，原因是为了保障审计结论的合理性和准确性，注册会计师通常会实施额外的工作，耗费更多的人力物力以证实初始结论是错误的。

抽样风险的详细分类见表 6-1。

表 6-1 抽样风险分类

审计程序	风险种类	影响审计效果	影响审计效率
控制测试	信赖过度风险	√	
	信赖不足风险		√
细节测试	误受风险	√	
	误拒风险		√

【例 6-2】 某会计师事务所对奇强股份有限公司的存货监盘采用抽样方式，取到北京仓库的存货，刚好北京仓库的存货数量错误，由此推断整体存在重大错报，但其实奇强公司的存货可能不存在重大风险。这种风险属于抽样风险中的（　　）。

A. 信赖不足风险　　　　　　　　B. 信赖过度风险

C. 误拒风险　　　　　　　　　　D. 误受风险

答案：C

解析：误拒风险主要指的是在实施细节测试时，注册会计师推断某一重大错报存在而实际上不存在。题中注册会计师因为北京仓库的存货数量错误，由此推断整体存在重大错报，但其实奇强公司的存货可能不存在重大风险，符合误拒风险的定义。

2）非抽样风险

非抽样风险是指注册会计师由于任何与抽样风险无关的原因而得出错误结论的风险。也就是说，即使注册会计师对某项目实施了审计程序，也有可能得出错误的审计结论。以下几种情况可能会导致非抽样风险。

（1）注册会计师选择的总体不适合于测试目标。

（2）注册会计师未能适当地定义误差（包括控制偏差或错报），导致注册会计师未能发现样本中存在的偏差或错报。

（3）注册会计师选择了不适于实现特定目标的审计程序。

（4）注册会计师未能适当地评价审计发现的情况。

（5）其他原因。

非抽样风险是不能量化的，但是注册会计师可以采取适当的方法和谨慎的态度尽量降低和防范非抽样风险。

5. 统计抽样和非统计抽样

审计抽样主要有两种抽样方法，即统计抽样和非统计抽样。

统计抽样是指同时具备下列特征的抽样方法：①随机选取样本项目；②运用概率论评价样本结果，包括计量抽样风险。这是一种非常高效的抽样方法，能够客观地计量抽样风险，通过调整样本规模精确地控制风险，但是需要注册会计师有较丰富且专业的统计计量知识，由于注册会计师个人水平不同，并不是每一个注册会计师都能将统计抽样运用自如。

非统计抽样是不同时具备前款提及的两个特征的抽样方法，这种抽样方法如果运用得当也能取得非常好的抽样效果，只是该方法无法精确衡量抽样风险。在审计工作中，注册会计师具体选择哪种方法取决于注册会计师的执业判断。

【例 6-3】 长发股份有限公司本年业务量较小，只发生 3 笔应收账款业务，现发出询证函，其选择测试项目的方法应该为（　　　）。

A. 选取全部项目　　　　　　　　　　B. 选取特定项目

C. 统计抽样　　　　　　　　　　　　D. 非统计抽样

答案： A

解析： 由于该公司的业务量较小，只发生了 3 笔应收账款业务，为了有效、准确地作出审计判断，应该选取全部项目进行测试。

【例 6-4】 腾达有限责任公司 2016 年发生 10 笔应收账款业务，有 3 笔是 100 万元以上，7 笔是 10 万元以下的，现企业发出询证函，其选择测试项目的方法应该为（　　　）。

A. 选取全部项目　　　　　　　　　　B. 选取特定项目

C. 统计抽样　　　　　　　　　　　　D. 非统计抽样

答案： B

解析： 因为其中有 3 笔是 100 万元以上的应收账款业务，金额较大，在审计中应重点审查，因此，应该选出其中大于 100 万元的 3 笔发出询证函。

6.1.2　审计抽样的步骤

审计抽样的步骤主要分三个阶段，分别是样本设计阶段、选取样本阶段和评价样本结果阶段。为了完成有效的控制测试和细节测试，注册会计师会设定一定的审计目标和抽样总体，运用合适的方法选取相关的样本进行检查，最后对样本检查的结果进行整理分析。

1. 样本设计阶段

在设计审计样本时，注册会计师应当考虑审计程序的目的和抽样总体的特征。只有确定足够的样本规模，才能将抽样风险降至可接受的低水平。注册会计师在选取样本项目时，应当使总体中的每个抽样单元都有被选取的机会。样本设计阶段主要有以下几个工作。

1）确定测试目标

确定测试目标是为了让注册会计师能更有效地选取样本。通常，对控制测试来说，测试目标是检验内部控制的有效性；对细节测试来说，测试目标是确定某类交易或账户余额的金额是否正确，是否存在错报。

2）定义总体与抽样单元

（1）总体。总体是指注册会计师从中选取样本并期望据此得出结论的整个数据集合。具体来说，可以是某个科目余额的所有项目，也可以是部分项目。例如，如果注册会计师将总体定义为特定日期的所有应付账款余额，那么代表总体的实物就是该日期的应付账款余额明细表。注册会计师定义的总体要具备两个特点：适当性和完整性。适当性主要是指该总体的选择是符合审计程序测试目标的，假如注册会计师想要检查未入账的应收账款，那么如果注册会计师将总体定为账簿上记录的应收账款金额是没有意义的。此外，注册会计师还要从总体项目的内容和时间等方面来确定总体的完整性，以确保没有遗漏项目影响审计结果的判断。

【例 6-5】 企业为测试是否所有已发运的都已开出销售发票，则定义的总体应为（　　）。

A. 记账凭证　　　　B. 出库单　　　　C. 销售发票　　　　D. 应收账款明细账

答案：B

解析：注册会计师应当确保总体的适当性和完整性。也就是说，注册会计师所定义的总体应具备下列两个特征：①适当性，注册会计师应确定总体适合与特定的审计目标，包括适合与测试的方向；②完整性，在实施审计抽样时，注册会计师需要实施审计程序，以获取有关总体的完整性的审计证据。注册会计师应当从总体项目内容和涉及时间等方面确定总体的完整性。

（2）抽样单元。抽样单元是指构成总体的个体项目，可能是实体项目（比如销售发票），也可能是货币单元。

（3）分层。分层是指将总体划分为多个子总体的过程，每个子总体由一组具有相同特征（通常为货币金额）的抽样单元组成。分层主要是用于项目有较大变异性的总体，比如一个被审计单位的应收账款金额并不是在一个稳定的区间内变动，而是波动性很大，这种情况就可以采用分层的方法。比如，将应收账款分为四层，金额在 100 000 元以上的为一层；金额在 50 000～100 000 元的为一层；金额在 10 000～50 000 元的为一层；金额为 10 000 元以下的为一层，然后对每一层分别进行抽样检查。

3）定义误差的构成条件

在审计中由于使用抽样方法可能会造成误差，即样本与总体间的偏差。因此注册会计师应当确定足够的样本规模，以将抽样风险降至可接受的低水平。在使用审计抽样时，注册会计师的目标是，为得出有关抽样总体的结论提供合理的基础。审计人员在执行审计程序之前要定义误差的构成条件。误差在控制测试中表现为控制偏差，注册会计师要仔细定义所要测试的控制极可能出现偏差的情况；在细节测试中，误差是指错报，注册会计师要确定哪些情况构成错报。

【例 6-6】 若要测试是否出库的商品均已开具销售发票，则下列应定义为误差的是（　　）。

A. 记账凭证（后附出库单和增值税专用发票，单据时间相符）

B. 出库单（无后附的相关单据）

C. 出库单（后附增值税专用发票业务联，但发票联时间与出库单时间不符）

答案：B

解析：注册会计师定义误差构成条件时要考虑审计程序的目标。清楚地了解误差构成条件，对于确保在推断误差时将且仅将所有与审计目标相关的条件包括在内至关重要。本题中对于要测试的内容"是否出库的商品均已开具销售发票"，属于控制测试中的误差，即不具备销售发票。

4）确定审计程序

在样本设计阶段，注册会计师应该就所选的样本挑选适合的审计程序。比如，对于要测试应收账款的余额，可以采取函证程序，如果需要检查授权的有效性，则要检查相关文件的授权签名等。

2. 选取样本阶段

1) 确定样本规模

样本规模是指从总体中选取样本项目的数量。由于采用抽样方法会出现抽样风险和抽样误差，因此，在样本规模的选择上，注册会计师既要考虑到合理保证抽样结果降低抽样风险，又要考虑到审计成本和效率。

注册会计师可以运用职业判断和统计方法来确定样本规模，其中影响样本规模的因素有以下几种。

（1）可接受的抽样风险。可接受的抽样风险与样本规模成反比，即注册会计师可接受的抽样风险越大，样本规模越小；反之，注册会计师可接受的抽样风险越小，样本规模则越大。

（2）可容忍误差。可容忍误差在控制测试和细节测试中表现不同，在控制测试中表现为可容忍偏差率，是指注册会计师设定的偏离规定的内部控制程序的比率，注册会计师试图对总体中的实际偏差率不超过该比率获取适当水平的保证。可容忍偏差率是注册会计师能接受的最大偏差数量，如果超过这一数量，则减少或取消对内部控制程序的信赖。在细节测试中表现为可容忍错报，是指注册会计师设定的货币金额，注册会计师试图对总体中的实际错报不超过该货币金额获取适当水平的保证。可容忍错报越小，注册会计师选择的样本规模应越大。

（3）预计总体误差。预计总体误差是指注册会计师根据以前对被审计单位的经验或实施风险评估程序的结果而估计总体中可能存在的误差。预计总体误差越大，所选的样本规模则应越大，但预计总体误差不能超过可容忍误差。

（4）总体变异性。总体变异性是指总体的某一特征（如金额）在各项目之间的差异程度。一般在控制测试中不考虑总体变异性，因为在控制测试中主要表现为控制有效或无效两种情况，而在细节测试中需要考虑总体变异性，如果总体内项目数值变动幅度很大，即总体变异性越大，则越需要增加样本规模；反之，总体变异性小，则样本规模可以适当减少。

（5）总体规模。一般而言，对于大规模的总体，通常才会采用抽样方法，而总体规模对于样本规模几乎没有影响。如果总体规模非常小，一般选择总体作为测试目标，而不单独采取抽样方法。

表 6-2 为影响样本规模的因素，表 6-3 为控制测试中影响样本规模的因素，表 6-4 为细节测试中影响样本规模的因素。

表 6-2 影响样本规模的因素

影响因素	控制测试	细节测试	与样本规模的关系
可接受的抽样风险	可接受的信赖过度风险	可接受的误受风险	反向变动
可容忍误差	可容忍偏差率	可容忍错报	反向变动
预计总体误差	预计总体偏差率	预计总体错报	同向变动
总体变异性	—	总体变异性	同向变动
总体规模	总体规模	总体规模	影响很小

表 6-3　控制测试中影响样本规模的因素

因　素	对样本规模的影响	说　明
注册会计师在评估风险时考虑相关控制的范围扩大，注册会计师在评估风险时对相关控制的依赖程度增加	增大	注册会计师拟从控制运行有效性中获取的保证程度越高，注册会计师评估的重大错报风险越低，样本规模就越大。当评估认定层次重大错报风险时预期控制的运行是有效的，注册会计师需要实时控制测试。当其他情况相同时，注册会计师在风险评估中对控制运行有效性的依赖程度越高，注册会计师实施控制测试的范围越大（因此样本规模增大）
可容忍偏差率增加	减少	可容忍偏差率越低，所需的样本规模越大
拟测试总体的预期偏差率增加	增大	预期偏差率越高，所需的样本规模越大，以使注册会计师能够对实际偏差率作出合理的估计。注册会计师确定预期偏差率时应考虑的因素包括：注册会计师对经营情况的了解（特别是用来了解内部控制的风险评估程序）、人员或内部控制的变化、前期实施审计程序的结果和其他审计程序的结果。如果预期控制偏差率很高，注册会计师通常不降低评估的重大错报风险
注册会计师对于总体实际偏差率未超出可容忍偏差率的期望保证程度增加	增大	注册会计师对样本结果能够真正表明总体中实际发生的偏差的保证程度期望越高，所需的样本规模越大
总体中抽样单元的数量增加	影响可忽略	对于大规模总体而言，总体的实际规模对样本规模几乎没有影响。然而，对于小规模总体而言，审计抽样可能不比其他替代方法更能有效地获取充分、适当的审计证据

表 6-4　细节测试中影响样本规模的因素

因　素	对样本规模的影响	说　明
注册会计师评估的重大错报风险增加	增大	注册会计师评估的重大错报风险越高，所需的样本规模越大。注册会计师对重大错报风险的评估受固有风险和控制风险的影响。例如，如果不实施控制措施，注册会计师不能因为与某特定认定有关的内部控制有效运行而降低评估的重大错报风险。因此，为了将审计风险降至可接受的低水平，注册会计师需要较低的检查风险，并更多地依赖实质性程序。从细节测试中获取的审计证据越多（即检查风险越低），所需的样本规模越大
针对同一认定更多地使用其他实质性程序	减少	为了将与特定总体有关的检查风险降至可接受的低水平，注册会计师依赖其他实质性程序（细节测试或实质性分析程序），从抽样中获取的保证程度越低，因此样本规模可以越小
注册会计师对总体实际错报未超出可容忍错报的期望保证程度增加	增加	注册会计师对样本结果能够真正表明总体中实际错报金额所要求的保证程度越高，所需的样本规模越大

因　　素	对样本规模的影响	说　　明
可容忍错报增加	减少	可容忍错报越低，所需的样本规模越大
注册会计师预期在总体中发现的错报金额增加	增大	注册会计师预期在总体中发现的错报金额越大，为了对总体中的实际错报金额作出合理估计所需的样本规模越大。与注册会计师考虑预期错报金额相关的因素包括：确定吸纳规模金额的主观性程度、风险评估程序的结果、控制测试的结果、以前期间实施审计程序的结果和其他实质性程序的结果
对总体分层（如适当）	减少	如果总体中项目的金额差异（变异性）很大，对总体分层可能有用。当总体被适当分层时，各层样本规模的汇总数通常小于在对整个总体选取样本的情况下注册会计师实现既定的抽样风险水平所需的样本规模

2）选取样本的方法

（1）随机选样。随机选样主要是采用随机数生成工具，如随机数表法。随机数表是由随机生成的从 0～9 共 10 个数字所组成的数表，每个数字在表中出现的次数是大致相同的，它们出现在表上的顺序是随机的，因此，可以保证抽出的样本的随机性。

【例 6-7】　运用随机数表（见表 6-5）进行选样。由 40 页、每页 50 行组成的应收账款明细表，采用四位数字编号，前两位由 01 到 40 的整数组成，表示该记录在明细表中的页数；后两位数字由 01 到 50 的整数组成，表示该记录的行次。要求从第一行第一列开始，使用前四位随机数，逐行向右寻找，请写出选中的 10 个样本编号。

表 6-5　随机数表

行＼列	1	2	3	4	5	6	7	8	9	10
1	32044	69037	29677	92114	81034	40582	01584	77184	85762	46505
2	23821	96070	82592	81642	08971	07411	09037	81530	56195	98425
3	82383	94987	66441	28677	95961	78346	37916	09416	42438	48432
4	68310	21792	71635	86089	38157	95620	96718	79554	50209	17705
5	94856	76940	22165	01414	01413	37231	05509	37489	56459	52983
6	95000	61958	83430	98250	70030	05436	74814	45978	09277	13827
7	20764	64638	11359	32556	89822	02713	81293	52970	25080	33555
8	71401	17964	50940	95753	34905	93566	36318	79530	51105	26952
9	38464	75707	16750	61371	01523	69205	32122	03436	14489	02086
10	59442	59247	74955	82835	98378	85513	47870	20795	01352	89906

答案：选中的 10 个样本编号按顺序依次是 3204、0741、0903、0941、3815、2216、0141、3723、0550 和 3748。

解析：运用随机数表的方法包括以下几个步骤。

（1）确定选取的样本位数。即所需要的样本是几位数的。

（2）确定所选样本编号的要求。本题中的应收账款明细表是由40页、每页50行组成，采用四位数字编号，前两位由01到40的整数组成，表示该记录在明细表中的页数；后两位数字由01到50的整数组成，表示该记录的行次。因此，所选样本编号的前两位应该小于或等于40，而后两位数字应该小于或等于50。

（3）确定所选的样本数字是由随机数表中哪几位数字组成。比如是前四位还是后四位，本题中要求使用前四位随机数。因此，比如第一行第一列的32044，只用看3204是否符合选择要求即可。

（4）确定随机数表的查找起点。本题中要求从第一行第一列开始，在实际应用随机数表的过程中还可以在表中随意指定起点。

（5）确定查找样本编号的方向。本题要求逐行向右寻找，是从左往右逐行查找的意思。在实际应用随机数表的过程中，还可使用从上往下逐列或从右往左逐行查找等查找方式。

（6）根据以上所有要求从随机数表中开始选数，选出的结果见表6-6。

表 6-6　随机数表（抽样结果）

行＼列	1	2	3	4	5	6	7	8	9	10
1	32044	69037	29677	92114	81034	40582	01584	77184	85762	46505
2	23821	96070	82592	81642	08971	07411	09037	81530	56195	98425
3	82383	94987	66441	28677	95961	78346	37916	09416	42438	48432
4	68310	21792	71635	86089	38157	95620	96718	79554	50209	17705
5	94856	76940	22165	01414	01413	37231	05509	37489	56459	52983
6	95000	61958	83430	98250	70030	05436	74814	45978	09277	13827
7	20764	64638	11359	32556	89822	02713	81293	52970	25080	33555
8	71401	17964	50940	95753	34905	93566	36318	79530	51105	26952
9	38464	75707	16750	61371	01523	69205	32122	03436	14489	02086
10	59442	59247	74955	82835	98378	85513	47870	20795	01352	89906

注：在本题选择样本编号过程中，第5行第5列的数字为01413，根据选择要求前四位数0141也满足前两位小于或等于40，后两位小于或等于50，但是，由于这个数字与第5行第4列的数字01414的前4位0141相同，即选择了同一个样本，都是应收账款明细表第1页第41行的数字，所以放弃这个数字，从后面的随机数表中继续选取。

【例 6-8】　审计 X 公司 2016 年度主营业务收入时，M 注册会计师拟从 X 公司 2016 年开具的销售发票的存根中选取若干张，核对销售合同和发运单，并检查会计处理是否符合规定。X 公司 2016 年共开具连续编号的销售发票 4 000 张，销售发票号码为第 1001 号至第 5000 号，M 注册会计师计划从中选取 10 张销售发票样本。

要求：针对资料（见表6-7），假定 M 注册会计师以随机数表所列数字的后 4 位数与销售发票号码一一对应，确定第 2 列第 4 行为起点，选号路线为自上而下、自左而右。请代 M 注册会计师确定选取的 10 张销售发票样本的发票号码分别为多少。

表 6-7　随机数表（部分）

列　号 随 机 数 行　号	(1)	(2)	(3)	(4)	(5)
(1)	10480	15011	01536	02011	81647
(2)	22368	46573	25595	85313	30995
(3)	24130	48360	22527	97265	76393
(4)	42167	93093	06243	61680	07856
(5)	37570	39975	81837	16656	06121
(6)	77921	06907	11008	42751	27756
(7)	99562	72905	56420	69994	98872
(8)	96301	91977	05463	07972	18876
(9)	89759	14342	63661	10281	17453
(10)	85475	36857	53342	53988	53060

答案：根据随机数表的选择方法，可以看到选取的 10 张销售发票样本的发票号码分别为 3093、2905、1977、4342、1536、2527、1837、1008、3661、3342（见表 6-8）。

表 6-8　随机数表（抽样结果）

列　号 随 机 数 行　号	(1)	(2)	(3)	(4)	(5)
(1)	10480	15011	⟨01536⟩	02011	81647
(2)	22368	46573	25595	85313	30995
(3)	24130	48360	⟨22527⟩	97265	76393
(4)	42167	⟨93093⟩	06243	61680	07856
(5)	37570	39975	⟨81837⟩	16656	06121
(6)	77921	06907	⟨11008⟩	42751	27756
(7)	99562	⟨72905⟩	56420	69994	98872
(8)	96301	⟨91977⟩	05463	07972	18876
(9)	89759	⟨14342⟩	⟨63661⟩	10281	17453
(10)	85475	36857	⟨53342⟩	53988	53060

（2）系统选样。系统选样也称等距选样，是指按照相同的间隔从审计对象总体中等距离地选取样本的一种选样方法。采用系统选样法，首先要计算选样间距，确定选样起点，然后再根据间距顺序地选取样本。选样间距的计算公式为

$$选样间距 = \frac{总体规模}{样本规模}$$

【例6-9】 被审计单位会计年度的出库单的总体范围为95～3714号，现采用系统抽样的方法进行抽样，若设定的样本量为181，则选样间距为多少？

答案： 由于总体范围为95～3714号，则总体的数量为3 620（3 714－95＋1）个。现在已知设定的样本规模为181个，则根据公式可知：

$$选样间距 = \frac{总体规模}{样本规模} = 3\ 620 \div 181 = 20$$

（3）货币单元抽样。货币单元抽样是一种金额加权选样方法，在这种方法中，样本的规模、选取和评价产生了以货币金额表示的结论。比如从总体（如应收账款余额）中选取了具体的货币单元后，注册会计师可以对包含这些货币单元的特定项目（如明细账余额）进行检查。在这种方法下，金额较大项目比金额较小项目有更大的被选作样本的机会。

（4）随意选样。随意选样是指注册会计师选取样本不采用结构化的方法。虽然不使用结构化的方法，注册会计师要尽量避免任何有意识的偏向或可预见性（如回避难以找到的项目，或总是选择或回避每页的第一个或最后一个项目），注册会计师要试图保证总体中的所有项目都有被选中的机会。

3）对样本实施审计程序

注册会计师选取样本后，要选择合适的审计程序对样本进行测试，如果选择的审计程序不适用于选取的项目，可以考虑采用替代程序。比如，如果未收到询证函回函，可以检查期后的现金收款以及有关其来源和对应项目的证据。

3. 评价样本结果阶段

注册会计师应当对下列方面进行评价：其一是样本结果；其二是使用审计抽样是否已为注册会计师针对所测试的总体得出的结论提供合理基础。

1）分析样本误差

注册会计师应当调查识别出的所有偏差或错报的性质和原因，并评价其对审计程序的目的和审计的其他方面可能产生的影响。因此，在评价过程中，既要注重对量的衡量，也要注重对偏差和错报性质的分析。

如果注册会计师发现一些误差具有相同的特征，如交易类型、地点等，则应考虑该特征是否是引起误差的原因，并且进一步对具有该特征的项目进行检测，以确认是否还有该类型的误差。如果是异常误差，即指对总体中的错报或偏差明显不具有代表性的错报或偏差，注册会计师应实施适当的审计程序，搜集足够的审计证据以证明其不影响总体。

2）推断总体误差

抽样的目的是用部分来推断总体，注册会计师在实施控制测试和细节测试时，应根据样本中发现的偏差率和错报金额来推断总体的偏差率和错报金额，并考虑这一结果对特定审计目标及审计的其他方面的影响。

3）形成审计结论

（1）控制测试中的样本结果评价。在控制测试中，注册会计师可以采用将总体偏差率和可容忍偏差率进行比较的方法来评价样本结果，与此同时，在统计抽样中，还需要考虑抽样风险。在这里总体偏差率主要是通过样本偏差率估计出来的。而可容忍偏差率是指注册会计师设定的偏离规定的内部控制程序的比率，注册会计师试图对总体中的实际偏差率不超过该比率获取适当水平的保证。

① 统计抽样。在统计抽样中，注册会计师通常使用表格或计算机程序计算抽样风险，计算在注册会计师确定的信赖过度风险条件下可能发生的偏差率上限的估计值，及总体偏差率与抽样风险允许限度之和。

如果估计的总体偏差率上限低于可容忍偏差率，则总体可以接受。如果估计的总体偏差率上限高于或等于可容忍偏差率，则总体不能接受。这意味着样本的结果不支持控制测试的有效性。如果估计的总体偏差率上限低于但接近可容忍偏差率，出于谨慎性考虑，注册会计师需要考虑是否扩大测试范围，以进一步对有效性进行测试。

② 非统计抽样。非统计抽样中，抽样风险无法直接计量。因此，注册会计师通常只是将估计的总体偏差率上限与可容忍偏差率进行比较。如果估计的总体偏差率上限高于可容忍偏差率，则总体不能接受，如果估计的总体偏差率上限大大低于可容忍偏差率，则总体可以接受，如果估计的总体偏差率上限低于但是接近可容忍偏差率，则注册会计师可以认为总体实际偏差率可能高于可容忍偏差率的抽样风险很高，所以总体不能接受。如果二者的差额不大也不小，则注册会计师要考虑是否扩大测试范围。

（2）细节测试中的样本结果评价。细节测试中，注册会计师是通过样本的错报来推断总体的错报金额。注册会计师首先必须根据样本中发现的实际错报要求被审计单位调整账面记录金额，注册会计师将被审计单位已更正的错报从推断的总体错报金额中减掉后，再将调整后的推断总体错报与可容忍错报相比较，同时还需要考虑抽样风险。

① 统计抽样。注册会计师用计算出的总体错报上限［等于推断的总体错报（调整后）与抽样风险允许限度之和］与可容忍错报相比较，如果计算出的总体错报上限低于可容忍错报，则总体可以接受，说明测试的总体不存在重大错报。但如果计算出的总体错报上限大于或等于可容忍错报，则总体不能接受，这意味着所测试的交易或账户余额存在重大错报。

② 非统计抽样。在非统计抽样中，注册会计师通常运用其工作经验和职业判断来评价抽样结果。出于谨慎性考虑，如果调整后的总体错报大于或等于或小于但很接近可容忍错报，总体一般都不可以接受，即总体存在重大错报。如果调整后的总体错报远远小于但很接近可容忍错报，则总体可以接受。如果调整后的总体错报小于可容忍错报，但差距既不小也不大，那么注册会计师需要进一步扩大测试范围，搜集更多的审计证据。

任务 6.2 审计抽样在控制测试中的应用

在控制测试中，审计抽样主要有两种方法：一种是发现抽样；另一种是属性估计抽样。

发现抽样指的是注册会计师在检查样本的控制有效性时，预计总体偏差率为 0，即没有偏差。因此，检查过程中一旦发现一个偏差就立即停止抽样，注册会计师需要扩大样本量继续进一步审查。

属性估计抽样主要是用来估计被测试控制的总体的偏差发生率。

6.2.1 样本设计阶段

样本设计阶段主要分为四个步骤：确定测试目标；定义总体和抽样单元；定义偏差；定义测试期间。

1. 确定测试目标

注册会计师需要了解被审计单位的基本内部控制的制度和政策，根据审计目标确定控制测试目标。

2. 定义总体和抽样单元

（1）定义总体。注册会计师在定义总体时，主要考虑总体应具有同质性，及总体内的所有项目具有相同的特征。比如，注册会计师可以将业务处理方式相同的控制情况作为一个总体，也可以考虑将一个分支机构作为一个独立的总体。

注册会计师选定的总体应具有适当性和完整性。适当性主要是指对该总体进行测试能够达到审计目的，完成审计目标。例如，为了审查采购是否经过适当审批，被审计单位的控制活动是：金额在人民币 50 万元以下的请购单由生产副总负责审批；金额在人民币 50 万~100 万元的请购单由总经理负责审批；金额超过人民币 100 万元的请购单需经董事会审批，控制测试程序就是抽取请购单并检查是否得到适当审批。那么，此时如果选择出库单作为测试的总体则是不合适的。完整性指的是代表总体的实物的完整性，比如一段时期内的所有现金支付，那么这段时间内所有的现金支付单据都属于代表总体的实物。

（2）定义抽样单元。定义抽样单元应与审计目标相适应。抽样单元可以是一份文件资料，也可以是一个记录或其中一行。比如，为了确认付款是否得到授权，可以将需要授权的文件作为抽样单元。

3. 定义偏差

控制测试中的偏差主要指的是与注册会计师定义的控制有效性不符的情况。比如测试授权的有效性，需要相关部门负责人在文件上授权签字，那么，如果在检测过程中发现没有授权签字，或者并非相关的负责人的签字，这些情况就会被认定是出现了偏差。

4. 定义测试期间

在进行控制测试时，注册会计师通常选取期中测试来进行检测。期中测试是指在被审计单位审计期间，选取特定的一段时间进行审计测试。因此，注册会计师可能定义总体是整个被审计期间的交易，但是注册会计师在期中实施初始测试。如果注册会计师将总体定义为从年初到期中测试日为止的交易，还需要考虑是否需要针对剩余期间获取额外证据及获取哪些证据。

6.2.2 选取样本阶段

选取样本阶段主要分为三个步骤：确定样本规模；选取样本；实施审计程序。

1. 确定样本规模

注册会计师在实施控制测试时，可能采取统计抽样，也可能采取非统计抽样，此处主要分析统计抽样的情况。在统计抽样中，审计人员可以使用样本量表确定样本规模。表 6-9 提供的是在信赖过度风险为 10% 条件时所使用的样本量表。

表 6-9　控制测试统计抽样样本规模——信赖过度风险 10%

预计总体偏差率/%	可容忍偏差率/%										
	2	3	4	5	6	7	8	9	10	15	20
0.00	114 (0)	76 (0)	57 (0)	45 (0)	38 (0)	32 (0)	28 (0)	25 (0)	22 (0)	15 (0)	11 (0)
0.25	194 (1)	129 (1)	96 (1)	77 (1)	64 (1)	55 (1)	48 (1)	42 (1)	38 (1)	25 (1)	18 (1)
0.50	194 (1)	129 (1)	96 (2)	77 (1)	64 (1)	55 (1)	48 (1)	42 (1)	38 (1)	25 (1)	18 (1)
0.75	265 (2)	129 (1)	96 (3)	77 (1)	64 (1)	55 (1)	48 (1)	42 (1)	38 (1)	25 (1)	18 (1)
1.00	*	176 (2)	96 (4)	77 (1)	64 (1)	55 (1)	48 (1)	42 (1)	38 (1)	25 (1)	18 (1)
1.25	*	221 (3)	132 (2)	77 (1)	64 (1)	55 (1)	48 (1)	42 (1)	38 (1)	25 (1)	18 (1)
1.50	*	*	132 (2)	105 (2)	64 (1)	55 (1)	48 (1)	42 (1)	38 (1)	25 (1)	18 (1)
1.75	*	*	166 (3)	105 (2)	88 (2)	55 (1)	48 (1)	42 (1)	38 (1)	25 (1)	18 (1)
2.00	*	*	198 (4)	132 (3)	88 (2)	75 (2)	48 (1)	42 (1)	38 (1)	25 (1)	18 (1)
2.25	*	*	*	132 (3)	88 (2)	75 (2)	65 (2)	42 (1)	38 (1)	25 (1)	18 (1)
2.50	*	*	*	158 (4)	110 (3)	75 (2)	65 (2)	58 (2)	38 (1)	25 (1)	18 (1)
2.75	*	*	*	209 (6)	132 (4)	94 (3)	65 (2)	58 (2)	52 (2)	25 (1)	18 (1)
3.00	*	*	*	*	132 (4)	94 (3)	65 (2)	58 (2)	52 (2)	25 (1)	18 (1)
3.25	*	*	*	*	153 (5)	113 (4)	82 (3)	58 (2)	52 (2)	25 (1)	18 (1)
3.50	*	*	*	*	194 (7)	113 (4)	82 (3)	73 (3)	52 (2)	25 (1)	18 (1)
3.75	*	*	*	*	*	131 (5)	98 (4)	73 (3)	52 (2)	25 (1)	18 (1)
4.00	*	*	*	*	*	149 (6)	98 (4)	73 (3)	65 (3)	25 (1)	18 (1)
5.00	*	*	*	*	*	*	160 (8)	115 (6)	78 (4)	34 (2)	18 (1)
6.00	*	*	*	*	*	*	*	182 (11)	116 (7)	43 (3)	25 (2)
7.00	*	*	*	*	*	*	*	*	199 (14)	52 (4)	25 (2)

注：括号内是可接受的偏差数。

表 6-9 表示的就是注册会计师在一定可接受的信赖过度风险下相应的样本规模。比如，在 10% 的信赖过度风险下，注册会计师的可容忍偏差率如果是 5%，预计总体偏差率为 1.75%，使用表 6-9 找到的样本规模就是 105，可接受的偏差数是 2。

【例 6-10】　在测试已发货商品是否均已开具增值税发票时，若信赖过度风险为 5%，可容忍偏差率为 5%，预计总体偏差率为 2%，则选取的样本数量应为多少？

答案：181。

解析：从表 6-10 可以看出，在预计总体偏差率为 2% 的那一行和可容忍偏差率为 5% 那一列的交叉点上的数字是 181 (4)。意思是：样本规模为 181，可接受的偏差数为 4 个。

表 6-10　控制测试中统计抽样样本规模——信赖过度风险 5%

预计总体偏差率/%	可容忍偏差率/%										
	2	3	4	5	6	7	8	9	10	15	20
0.00	149 (0)	99 (0)	74 (0)	59 (0)	49 (0)	42 (0)	36 (0)	32 (0)	29 (0)	19 (0)	14 (0)
0.25	236 (1)	157 (1)	117 (1)	93 (1)	78 (1)	66 (1)	58 (1)	51 (1)	46 (1)	30 (1)	22 (1)
0.50	*	157 (1)	117 (1)	93 (1)	78 (1)	66 (1)	58 (1)	51 (1)	46 (1)	30 (1)	22 (1)
0.75	*	208 (2)	117 (1)	93 (1)	78 (1)	66 (1)	58 (1)	51 (1)	46 (1)	30 (1)	22 (1)
1.00	*	*	156 (2)	93 (1)	78 (1)	66 (1)	58 (1)	51 (1)	46 (1)	30 (1)	22 (1)
1.25	*	*	156 (2)	124 (2)	78 (1)	66 (1)	58 (1)	51 (1)	46 (1)	30 (1)	22 (1)
1.50	*	*	192 (3)	124 (2)	103 (2)	66 (1)	58 (1)	51 (1)	46 (1)	30 (1)	22 (1)
1.75	*	*	227 (4)	153 (3)	103 (2)	88 (2)	77 (2)	51 (1)	46 (1)	30 (1)	22 (1)
2.00	*	*	*	181 (4)	127 (3)	88 (2)	77 (2)	68 (2)	46 (1)	30 (1)	22 (1)
2.25	*	*	*	208 (5)	127 (3)	88 (2)	77 (2)	68 (2)	61 (2)	30 (1)	22 (1)
2.50	*	*	*	*	150 (4)	109 (3)	77 (2)	68 (2)	61 (2)	30 (1)	22 (1)
2.75	*	*	*	*	173 (5)	109 (3)	95 (3)	68 (2)	61 (2)	30 (1)	22 (1)
3.00	*	*	*	*	195 (6)	129 (4)	95 (3)	84 (3)	61 (2)	30 (1)	22 (1)
3.25	*	*	*	*	*	148 (5)	112 (4)	61 (2)	30 (1)	22 (1)	22 (1)

注：括号内是可接受的偏差数。

2. 选取样本

注册会计师可以采用随机数表和系统选样中的一种方法进行样本选取，这样选取出来的样本比较随机，比较客观。

3. 实施审计程序

在实施审计程序过程中，可能抽样抽到的样本是无效的或不适用的，注册会计师需要找到一个新的样本来进行替换。如果在执行过程中部分样本无法有效实施审计程序，则注册会计师要考虑是否出现控制偏差。

6.2.3　评价样本结果阶段

评价样本结果阶段主要有三个步骤：分析偏差的性质和原因；计算总体偏差率；得出总体结论。

1. 分析偏差的性质和原因

在检查过程中，如果出现了偏差，审计人员应该对该偏差出现的原因和性质进行分析，必要时还可对其是否导致报表错报进行综合分析来判断偏差的严重性。

2. 计算总体偏差率

在控制测试中，样本偏差率就是注册会计师对总体偏差率的估计，因此可以计算样本偏差率。计算公式为

$$样本偏差率 = \frac{样本中发现的偏差数量}{样本规模}$$

3. 得出总体结论

注册会计师在使用统计抽样方法时主要有两种方法来评价样本结果：一种是使用统计公式评价样本结果；另一种是使用样本结果评价表。

1）使用统计公式评价样本结果

这种评价方法主要需要采用控制测试中常用的风险系数表（见表 6-11），根据样本中发现的偏差的数量及可接受的信赖过度风险算出风险系数，进而计算出总体偏差率上限（Maximum Deviation Rate，MDR）。计算公式为

$$总体偏差率上限（MDR）= \frac{R}{n} = \frac{风险系数}{样本量} \times 100\%$$

表 6-11　控制测试中常用的风险系数

样本中发现偏差的数量	信赖过度风险	
	5%	10%
0	3.0	2.3
1	4.8	3.9
2	6.3	5.3
3	7.8	6.7
4	9.2	8.0
5	10.5	9.3
6	11.9	10.6
7	13.2	11.8
8	14.5	13.0
9	15.7	14.2
10	17.0	15.4

比如，在 60 个样本中，如果发现了 1 个偏差，在既定 10% 的可接受的信赖过度风险下，风险系数为 3.9，运用公式可以得出：

$$总体偏差率上限（MDR）= \frac{R}{n} = \frac{风险系数}{样本量} \times 100\% = \frac{3.9}{60} \times 100\% = 6.5\%$$

这说明有 90% 的把握保证总体实际偏差率不超过 6.5%，总体实际偏差率超过 6.5% 的风险为 10%。如果注册会计师设定的可容忍偏差为 5%，则总体实际偏差率超过可容忍偏差率，即不能接受总体。如果发现了 0 个偏差，则风险系数为 2.3，通过计算可知：

$$总体偏差率上限（MDR）= \frac{R}{n} = \frac{风险系数}{样本量} \times 100\% = \frac{2.3}{60} \times 100\% = 3.83\%$$

这种情况下，总体实际偏差率超过 3.83% 的风险为 10%，总体实际偏差率低于可容忍偏差率，总体可以接受。

2）使用样本结果评价表

直接使用样本结果评价表（见表 6-12）更为直观和简便，省去了计算总体偏差率上限的步骤，且结果是相近的。使用样本结果评价表的方法也很简单：先找到近似的样本规模数，对应着发现的偏差数，找到交叉点的偏差率上限即可。以刚才的例子来看，60个样本规模中发现 0 偏差对应的偏差率上限为 3.8%，与之前使用公式计算出来的 3.83% 近似，发现 1 个偏差对应的偏差率上限为 6.4%，与之前使用公式计算出来的 6.5% 近似。

表 6-12　控制测试中统计抽样结果评价——信赖过度风险 10% 时的偏差率上限

样本规模	实际发现的偏差数										
	0	1	2	3	4	5	6	7	8	9	10
20	10.9	18.1	*	*	*	*	*	*	*	*	*
25	8.8	14.7	19.9	*	*	*	*	*	*	*	*
30	7.4	12.4	16.8	*	*	*	*	*	*	*	*
35	6.4	10.7	14.5	18.1	*	*	*	*	*	*	*
40	5.6	9.4	12.8	16.0	19.0	*	*	*	*	*	*
45	5.0	8.4	11.4	14.3	17.0	19.7	*	*	*	*	*
50	4.6	7.6	10.3	12.9	15.4	17.8	*	*	*	*	*
55	4.1	6.9	9.4	11.8	14.1	16.3	18.4	*	*	*	*
60	3.8	6.4	8.7	10.8	12.9	15.0	16.9	18.9	*	*	*
70	3.3	5.5	7.5	9.3	11.1	12.9	14.6	16.3	17.9	19.6	*
80	2.9	4.8	6.6	8.2	9.8	11.3	12.8	14.3	15.8	17.2	18.6
90	2.6	4.3	5.9	7.3	8.7	10.1	11.5	12.8	14.1	15.4	16.6
100	2.3	3.9	5.3	6.6	7.9	9.1	10.3	11.5	12.7	13.9	15.0
120	2.0	3.3	4.4	5.5	6.6	7.6	8.7	9.7	10.7	11.6	12.6
160	1.5	2.5	3.3	4.2	5.0	5.8	6.5	7.3	8.0	8.8	9.5
200	1.2	2.0	2.7	3.4	4.0	4.6	5.3	5.9	6.5	7.1	7.6

注：① * 表示超过 20%。
　　② 本表以百分比表示偏差率上限；本表假设总体足够大。

任务 6.3　审计抽样在细节测试中的运用

在细节测试中，注册会计师通常也会使用统计抽样或非统计抽样两种方法，此处主要介绍统计抽样的应用。统计抽样方法主要包括传统变量抽样和概率比率规模抽样法。

6.3.1 传统变量抽样

传统变量抽样在确定样本规模时需要量化可接受的抽样风险、可容忍错报、预计总体错报等影响因素，并利用统计公式来计算样本数量。根据推断总体的方法不同，传统变量抽样又可分为三种具体的方法：均值估计抽样、差额估计抽样和比率估计抽样。

1. 均值估计抽样

均值估计抽样主要是通过计算样本的平均值来推断总体的平均值和总值。用审定出来的样本平均金额乘以总体数量得到估计的总体金额，然后与总体规模的金额进行对比，其差额即为推断的总体错报。

【例 6-11】 某公司本期发生 20 笔，账面金额 300 万元，注册会计师先抽样出 3 笔，账面金额分别为 459 896.00 元、345 690.00 元和 345 600.00 元，合计为 1 151 186.00 元。观察询证函回函结果却分别为 40 000.00 元、30 045.00 元和 340 000.00 元。请运用均值法推断总体误差（结果保留 2 位小数）。

答案：推断的总体错报为 266 366.60 元。

解析：

第一笔的审定金额＝40 000.00（元）

第二笔的审定金额＝30 045.00（元）

第三笔的审定金额＝340 000.00（元）

样本平均审定金额＝（40 000.00＋30 045.00＋340 000.00）÷3≈136 681.67（元）

推断的总体金额＝136 681.67×20＝2 733 633.40（元）

推断的总体错报＝3 000 000－2 733 633.40＝266 366.60（元）

2. 差额估计抽样

差额估计抽样是用样本实际金额与账面金额的平均差额来估计总体的实际金额与账面金额的平均差额，然后用这个平均差额乘以总体规模，从而求出总体的实际金额与账面金额的差值（即总体错报）。计算公式为

$$平均错报＝\frac{样本实际金额与账面金额的差额}{样本规模}$$

$$推断的总体错报＝平均错报×总体规模$$

【例 6-12】 某公司应收账款发生 60 笔，账面金额总共 1 000 万元，先抽取其中的 6 笔，账面金额分别为 450 000.00 元、345 623.00 元、567 800.00 元、560 000.00 元、785 600.00 元和 560 000.00 元，总和为 3 269 023.00 元。6 笔询证函均回函，回函结果分别为 400 000.00 元、320 000.00 元、500 000.00 元、400 000.00 元、45 000.00 元和 450 000.00 元。请采用差额法推断总体错报金额（结果保留 2 位小数）。

答案：推断出的总体错报为 11 540 230 元。

解析：

错报金额＝450 000－400 000＝50 000（元）

错报金额＝345 623－320 000＝25 623（元）

错报金额＝567 800－500 000＝67 800（元）

错报金额＝560 000－400 000＝160 000（元）

错报金额＝785 600－45 000＝740 600（元）

错报金额＝560 000－450 000＝110 000（元）

样本总体错误＝50 000＋25 623＋67 800＋160 000＋740 600＋110 000＝1 154 023（元）

推断出的总体错报＝1 154 023÷6×60＝11 540 230（元）

3. 比率估计抽样

比率估计抽样是指以样本的实际金额与账面金额之间的比率关系来估计总体实际金额与账面金额之间的比率关系，然后再以这个比率去乘总体的账面金额，进而来估计总体实际金额的一种方法。计算公式为

$$比率 = \frac{样本审定金额}{样本账面金额}$$

估计的总体实际金额 ＝ 总体账面金额×比率

推断的总体错报 ＝ 估计的总体实际金额 － 总体账面金额

【例6-13】 某公司本期发生60笔应收账款，总金额为360万元，现从中抽取3笔，金额分别为240 000.00元、120 000.00元和360 00.00元。总金额为39.6万元，询证函回函金额分别为200 000.00元、100 000.00元和30 000.00元。请运用比率法推断总体错报（结果保留整数）。

答案：推断的总体错报金额为600 120元。

解析：

比率＝样本审定金额÷样本账面金额＝（200 000＋100 000＋30 000）÷396 000
　　　×100%≈83.33%

估计的总体实际金额＝总体账面金额×比率＝3 600 000×83.33%＝2 999 880（元）

推断的总体错报＝估计的总体实际金额－总体账面金额＝2 999 880－3 600 000
　　　　　　　＝－600 120（元）

6.3.2 概率比率规模抽样

1. PPS抽样的概念

概率比率规模抽样（Probability Proportional to Size Sampling，PPS抽样）是一种运用属性抽样原理对货币金额而不是对发生率得出结论的统计抽样方法。这种方法以货币单元作为抽样单元，也被称为金额加权选样。在该种方法下，总体中的每个货币单元被选中的机会相同，即总体中某一项目被选中的概率等于该项目的金额与总体金额的比率。比如每1元作为一个货币单元，如果一个项目金额是5 000元，总体金额是100 000元，那么该项目被抽到的概率就为5%，即5 000÷100 000×100%＝5%。因此，在此总体中，金额越大的项目，被抽到的概率越大，注册会计师抽到较大金额的项目检测的概率就越大。

2. PPS抽样必须满足的条件

（1）总体的错报率很低（低于10%），且总体规模在2 000以上。

（2）总体中任一项目的错报不能超过该项目的账面金额。

3. PPS 抽样的优缺点

1）PPS 抽样的优点

（1）PPS 抽样一般比传统抽样更易于使用。

（2）PPS 抽样有利于发现大额错报。

（3）PPS 抽样在确定所需的样本规模时，不需要考虑货币金额的标准差。

（4）PPS 抽样中项目被选取的概率预期货币金额大小成比例，因而生成的样本自动分层。

（5）如果注册会计师预计错报不存在或很小，PPS 抽样的样本规模通常比传统变量抽样方法更小。

（6）PPS 抽样的样本更容易设计。

2）PPS 抽样的缺点

（1）PPS 抽样要求总体每一实物单元的错报金额不能超出其账面金额。

（2）在 PPS 抽样中，被低估的实物单元被选取的概率更低。

（3）对零余额或负余额的选取需要在设计时特别考虑，可以将这些项目剔除出去单独进行测试。

（4）当总体中错报数量增加时，PPS 抽样所需的样本规模也会增加。

（5）当发现错报时，如果风险水平一定，PPS 抽样在评价样本时可能高估抽样风险的影响，从而导致注册会计师更可能拒绝一个可接受的账面金额。

（6）在 PPS 抽样中注册会计师通常需要逐个累计总体金额。

销售与收款循环审计

从项目 7 至项目 11，我们将以执行企业会计准则的企业的财务报表审计为例，介绍主要业务循环审计的具体内容，以及这些业务循环中重要的财务报表项目如何进行审计测试。

企业财务报表审计的组织方式大致有两种：一是对财务报表的每个账户余额单独进行审计，这种方法称为账户法（account approach）；二是将财务报表分成几个循环进行审计，即把紧密联系的交易种类和账户余额归入同一循环中，按业务循环组织实施审计，这种方法称为循环法（cycle approach）。相比之下，循环法更符合被审计单位的业务流程和内部控制设计的实际情况，不仅可加深审计人员对被审计单位经济业务的理解，而且由于将特定业务循环所涉及的财务报表项目分配给一个或数个审计人员，增强了审计人员分工的合理性，有助于提高审计工作的效率与效果。

控制测试是在了解被审计单位内部控制、实施风险评估程序基础上进行的，与被审计单位的业务流程关系密切，因此，对控制测试通常应采用循环法。在本教材中，我们将交易和账户余额划分为销售与收款循环、采购与付款循环、生产与存货循环、人力资源与工薪循环、投资与筹资循环，并以销售与收款循环、采购与付款循环、生产与存货循环、投资与筹资循环为例，阐述各业务循环的审计。由于货币资金与上述多个业务循环均密切相关，并且货币资金的业务和内部控制又有着不同于其他业务循环和其他财务报表项目的鲜明特征，因此，将货币资金审计单独安排在项目 11。

对交易和账户余额的实质性程序，既可采用账户法实施，也可采用循环法实施。但由于控制测试通常按循环法实施，为有利于实质性程序与控制测试的衔接，提倡采用循环法。

任务 7.1 销售与收款循环的特点

7.1.1 不同行业类型的收入来源

企业的收入主要来自销售商品、提供服务等，企业具体的收入来源会因所处行业不同而有所不同。一些常见的行业的主要收入来源见表 7-1。

表 7-1　不同行业类型的主要收入来源

行业类型	收 入 来 源
贸易业	作为零售商向普通大众（最终消费者）零售商品；作为批发商向零售商供应商品
一般制造业	通过采购原材料并将其用于生产流程制造成品卖给客户取得收入
专业服务业	律师、会计师、商业咨询师等主要通过提供专业服务取得服务费收入；医疗服务机构通过提供医疗服务取得收入。包括给住院病人看病和医护设备，为病人提供精细护理、手术和药品等取得收入
金融服务业	向客户提供金融服务取得手续费；向客户发放贷款取得利息收入；通过协助客户对其资金进行投资取得相关理财费用
建筑业	通过提供建筑服务完成建筑合同取得收入

从表 7-1 可知，一个企业所处的行业和经营性质决定了该企业的收入来源，以及为获得收入而相应产生的各项费用支出。注册会计师需要对被审计单位的相关行业活动和经营性质有比较全面的了解，才能胜任被审计单位收入、支出的审计工作。

7.1.2　涉及的主要业务活动

销售与收款循环是企业向客户提供商品或劳务，直到收回货款的有关活动所组成的业务循环（见图 7-1）。

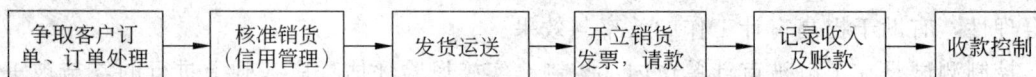

图 7-1　销售与收款循环

1. 接受客户订购单

客户提出订货要求是整个销售与收款循环的起点，是购买某种货物或接受某种劳务的一项申请。

客户订购单只有在符合企业管理层的授权标准时才能被接受。例如，管理层一般设有已批准销售的客户名单。销售单管理部门在决定是否同意接受某客户的订购单时，应追查该客户是否被列入这张名单。如果该客户未被列入，则通常需要由销售管理部门的主管来决定是否同意销售。

很多企业在批准了客户订购单之后，下一步就应编制一式多联的销售单。销售单是证明销售交易的"发生"认定的凭据之一，也是此笔销售交易轨迹的起点之一。此外，由于客户订购单是来自外部的引发销售交易的文件之一，有时也能为有关销售交易的"发生"认定提供补充证据。

2. 批准赊账信用

对于赊销业务的批准是由信用管理部门根据管理层的赊销政策在每个客户的已授权的信用额度内进行的。信用管理部门的职员在收到销售管理部门的销售单后，应将销售单与该客户已被授权的赊销信用额度以及至今尚欠的账款余额加以比较。执行人工赊销信用检查时，还应合理划分工作职责，以避免销售人员为扩大销售而使企业承受不适当的信用风险。

企业的信用管理部门通常应对每个新客户进行信用调查，包括获得信用评审机构对客户信用等级的评定报告。无论是否批准赊销，都要求被授权的信用管理部门人员在销售单上签署意见，然后再将已签署意见的销售单送回销售单管理部门。

设计信用批准控制的目的是降低坏账风险，因此，这些控制与应收账款账面余额的"计价和分摊"认定有关。

3. 按销售单供货

企业管理层通常要求商品仓库只有收到经过批准的销售单时才能发货。设立这项控制程序的目的是防止仓库在未经授权的情况下擅自发货。因此，已批准销售单的一联通常应送达仓库，作为仓库销售单供货和发货给装运部门的授权依据。

4. 按销售单装运货物

将按经批准的销售单供货与按销售单装运货物职责相分离，有助于避免负责装运货物的职员在未经授权情况下装运产品。此外，转运部门职员在装运之前，还必须进行独立验证，以确定从仓库提取的商品都附有经批准的销售单，并且，所提取商品的内容与销售单一致。

5. 向客户开具账单

开具账单是指开具并向客户寄送事先连续编号的销售发票。这项功能所针对的主要问题是：①是否对所有装运的货物都开具了账单（即"完整性"认定问题）；②是否只对实际装运的货物才开具账单，有无重复开具账单或虚构交易（即"发生"认定问题）；③是否按已授权批准的商品价目表所列价格计价开具账单（即"准确性"认定问题）。

为了降低开具账单过程中出现遗漏、重复、错误计价或其他差错的风险，应设以下控制程序。

（1）开具账单部门职员在开具每张销售发票之前，独立检查是否存在装运凭证和相应的经批准的销售单。

（2）依据已授批准的商品价目表开具销售发票。

（3）独立检查销售发票计价和计算的正确性。

（4）将装运凭证上的商品总数与相对应的销售发票上的商品总数进行比较。

上述控制程序有助于保证用于记录销售交易的总数发票的正确性。因此，这些控制与销售交易的"发生""完整性"以及"正确性"认定有关。销售发票副联通常由开具账单部门保管。

6. 记录销售

在手工会计系统中，记录销售的过程包括区分赊销、现销，按销售发票编制转账凭证或现金、银行存款收款凭证，再据以登记销售明细账和应收账款明细账或库存现金、银行存款日记账。

记录销售的控制程序包括以下内容。

（1）只依据附有有效装运凭证和销售单的销售发票记录销售。这些装运凭证和销售单应能证明销售交易的发生及其发生的日期。

（2）控制所有事先连续编号的销售发票。

（3）独立检查已处理销售发票上的销售金额与会计记录金额的一致性。

（4）记录销售的职责应与处理销售交易的其他功能相分离。

（5）对记录过程中所涉及的有关记录的接触予以限制，以减少未经授权批准的记录发生。

（6）定期独立检查应收账款的明细账与总账的一致性。

（7）定期向客户寄送对账单，并要求客户将任何例外情况直接向指定的未执行或记录销售交易的会计主管报告。

以上这些控制与"发生""完整性""准确性"以及"计价和分摊"认定有关。

对这项职能，注册会计师主要关心的问题是销售是否记录正确，并归属适当的会计期间。

7. 办理和记录现金、银行存款收入

这项功能涉及的是有关贷款收回，现金、银行存款增加以及应收账款减少的活动。在办理和记录现金、银行存款收入时，最应关心的是货币资金失窃的可能性。货币资金失窃可能发生在货币资金收入登记入账之前或登记入账之后。处理货币资金收入时最重要的是要保证全部货币资金都必须如数、及时地计入库存现金、银行存款日记账或应收账款明细账，并如数、及时地将现金存入银行。在这方面，汇款通知书起着很重要的作用。

8. 办理和记录销售退回、销售折扣与折让

如果客户对商品不满意，销售企业一般都会同意接受退货，或予以一定的销售折让；如果客户提前支付，销售企业则可能会予以一定的销售折扣。发生此类事项时，必须经授权批准，并应确保与办理此事有关部门和职员各司其职，分别控制实物流和会计处理。在这一方面，严格使用贷项通知单无疑会起到关键的作用。

9. 注销坏账

不管赊销部门的工作如何主动，因客户经营不善、宣告破产、死亡等而不支付货款的事仍可能发生。销售企业若认为某项货款再也无法收回，就必须注销这笔货款。对这些坏账，正确的处理方法应该是获得货款无法收回的确凿证据，经适当审批后及时作会计调整。

10. 提取坏账准备

坏账准备提取的数额必须能够抵补企业以后无法收回的销售款。

7.1.3 涉及的主要凭证与会计记录

在内部控制比较健全的企业，处理销售与收款业务通常需要使用很多凭证与会计记录。典型的销售与收款循环所涉及的主要凭证与会计记录有以下几种。

1. 客户订购单

客户订购单即客户提出的书面购货要求。企业可以通过销售人员或其他途径（如电话、信函和向现有的及潜在的客户发送订购单等方式）接受订货，取得客户订购单。表7-2所示的商品订单卡就是客户订购单的一种。

表 7-2　商品订单卡　　　　　　　　　　　　　　　　订单编号：KA002

订货市场	南京	订货日期	2016 年 11 月 28 日
客户名称	新途商贸公司	产品名称	经济型童车
产品数量	600 辆	产品单价	710 元
交货日期	2016 年 12 月 28 日	收款日期	2017 年 1 月 28 日
总价款	426 000 元	资质认证	3C
备注			

2. 销售单

销售单（见表 7-3）是列示客户所订商品名称、规格、数量以及其他与客户订购单有关信息的凭据。作为销售方内部处理客户订购单的凭证，销售单一般由销售部门根据客户订购单编制，分别传递至信用部门、仓储部门、运输部门、财会部门。

表 7-3　销售订单明细表

订单号	客户名称	产品名称	市场	数量/辆	单价/元	合同约定交货期	合同约定收款期	货款额/元
LJ110002	华晨商贸城	经济童车	北京	3 000	655.20	2016.10.28	2016.11.28	1 965 600
LJ110003	旭日贸易公司	经济童车	北京	1 000	655.20	2016.10.28	2016.11.28	655 200
LJ110004	旭日贸易公司	经济童车	北京	5 000	655.20	2016.11.28	2016.12.28	3 276 000
LJ110005	华晨商贸城	经济童车	北京	4 000	655.20	2016.12.28	2017.1.28	2 620 800
LJ110006	旭日贸易公司	经济童车	北京	2 000	655.20	2016.12.28	2017.1.28	1 310 400

编制人：刘思羽　　　　　　　　　　　　　　　　编制日期：2016 年 10 月

3. 发运凭证

发运凭证（见表 7-4）是在发运货物时编制的，用以反映发出商品的规格、数量和其他有关内容的凭据。发运凭证的一联留给客户，其余联（一联或数联）由企业保留。该凭证可用作向客户开具账单的依据。

表 7-4　发货单

单据编号：0001　　　　　　　日期：2016.10.28　　　　　　交货日期：2016.10.28
销售订单号：LJ110001　　　　客户名称：华晨商贸城　　　　仓库：成品库
业务员：刘思羽　　　　　　　运输方式：陆运　　　　　　客户联系人：甲

产品名称	产品型号	发货数量	备注
经济童车	——	3 000	
合计		3 000	

营销部经理：杨笑笑　　　财务部经理：钱坤　　　　　　　　　客户确认：甲

4. 销售发票

销售发票（见图 7-2）是一种用来表明已销售商品的名称、规格、数量、价格、销售金额、运费和保险费、开票日期、付款条件等内容的凭证。以增值税发票为例，销售发票的两联（抵扣联和发票联）寄送给客户，记账联由企业保留。销售发票也是在会计账簿中登记销售交易的基本凭据之一，一般由会计部门开具。会计人员在核对订货单、销货通知单、提货单一致后，开具连续编号的销售发票。

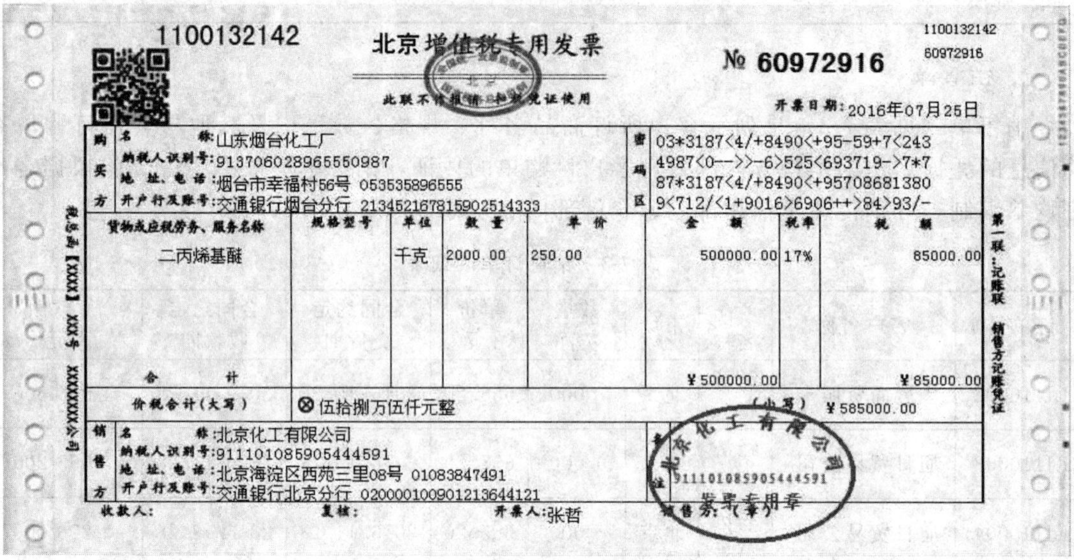
1100132142 北京增值税专用发票 № 60972916
1100132142
60972916
此联不作报销、扣税凭证使用
开票日期：2016年07月25日
购买方 名称：山东烟台化工厂
纳税人识别号：913706028965550987
地址、电话：烟台市幸福村56号 053535896555
开户行及账号：交通银行烟台分行 213452167815902514333
密码区 03*3187<4/+8490<+95-59+7<243
4987<0-->>-6>525<693719->7*7
87*3187<4/+8490<+95708681380
9<712/<1+9016>6906++>84>93/-

货物或应税劳务、服务名称	规格型号	单位	数量	单价	金额	税率	税额
二丙烯基醚		千克	2000.00	250.00	500000.00	17%	85000.00
合计					¥500000.00		¥85000.00
价税合计（大写）	⊗伍拾捌万伍仟元整				（小写）¥585000.00		

销售方 名称：北京化工有限公司
纳税人识别号：911101085905444591
地址、电话：北京海淀区西苑三里08号 01083847491
开户行及账号：交通银行北京分行 020000100901213644121
收款人： 复核： 开票人：张哲 销售方：（章）
第一联：记账联 销售方记账凭证

图 7-2 增值税专用发票

5. 商品价目表

商品价目表是列示已经授权标准的、可供销售的各种商品的价格清单。

6. 贷项通知单

贷项通知单（见图 7-3）是一种用来表示由于销售退回或经批准的折让而引起的应收销货款减少的凭证。这种凭证的格式通常与销售发票的格式相同，只不过它不是用来证明应收账款的增加，而是用来证明应收账款的减少。

编号：4584

贷项通知单

三源电力控制设备有限公司

客户：城西电力开发工程公司　　日期：2016 年 12 月 15 日

客户编号：01960　　销售发票编号：7598597

验收报告编号：不适用

摘要	金额
不合格产品的转让	550.00

授权人：马宏宇

图 7-3 贷项通知单

7. 应收账款账龄分析表

通常，应收账款账龄分析表按月编制，反映月末尚未收回的应收账款总额的账龄，并详细反映每个客户月末未偿还的应收账款数额和账龄。

8. 应收账款明细账

应收账款明细账（见图7-4）是用来记录每个客户各项赊账、还款、销售退回及折让的明细账。各应收账款明细账的余额合计数应与应收账款总账的余额相等。

分页：　　　总页：

应收账款明细账

一级科目：**应收账款**　　　　二级科目：**大光公司**

2016年 月 日	凭证 种类	凭证 号数	摘　要	日页	借方	贷方	借或贷	余额
04 01			承前页		56000000	53600000	借	7000000
04 12	转	12	销售二丙烯基醛产品		4680000		借	11680000
04 15	收	13	收到上月欠款			4000000	借	7680000
04 16	转	17	销售二丙烯基醛产品		2340000		借	10020000
04 30			本月合计		7020000	4000000	借	10020000
04 30			本年累计		63020000	57600000	借	10020000

图 7-4　应收账款明细账

9. 主营业务收入明细账

主营业务收入明细账（见图7-5）是一种用来记录销售交易的明细账。它通常记载和反映不同类别商品或服务的营业收入的明细账发生情况和总额。

10. 折扣与折让明细账

折扣与折让明细账是一种用来核算企业销售商品时，按销售合同规定为了及早收回货款而给予客户的销售折扣和因商品品种、质量等原因给予客户的销售折让情况的明细账。当然，企业也可以不设置折扣与折让明细账，而将该类业务直接记录主营业务收入明细账。

11. 汇款通知书

汇款通知书是一种与销售发票一起寄给客户，由客户在付款时再寄回销售单位的凭证。这种凭证注明了客户的姓名、销售发票号码、销售单位开户银行账号以及金额等内容。

12. 库存现金日记账和银行存款日记账

库存现金日记账和银行存款日记账是用来记录应收账款的收回或现销收入以及其他各种现金、银行存款收入和支出的日记账。

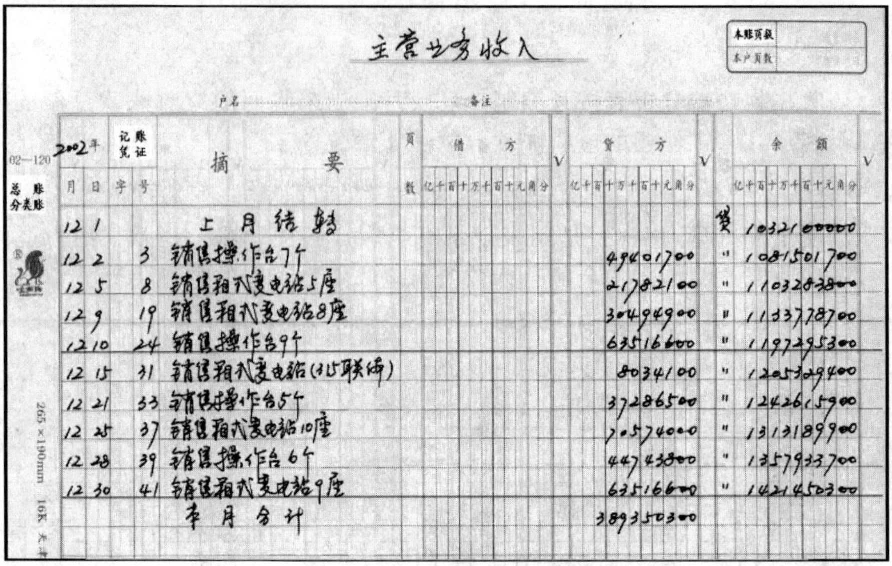

主营业务收入

2002年		记账凭证		摘要	页数	借方	√	贷方	√	余额
月	日	字	号							
12	1			上月结转					贷	1032100000
12	2		3	销售操作台7个				49401700	"	1081501700
12	5		8	销售箱式变电站5座				21782100	"	1103283800
12	9		19	销售箱式变电站8座				30494900	"	1133778700
12	10		24	销售操作台9个				63516600	"	1197295300
12	15		31	销售箱式变电站(北京联讯)				8034100	"	1205329400
12	21		33	销售操作台5个				37286500	"	1242615900
12	25		37	销售箱式变电站10座				70574000	"	1313189900
12	28		39	销售操作台6个				44743800	"	1357933700
12	30		41	销售箱式变电站9座				63516600	"	1421450300
				本月合计				389350300		

图 7-5　主营业务收入明细账

13. 坏账审批表

坏账审批表是一种用来批准经某些应收款项注销为坏账，仅在企业内部使用的凭证。

14. 客户月末对账单

客户月末对账单是一种按月定期寄送给客户的用于购销双方定期核对账目的凭证。客户月末对账单上应注明应收账款的月初余额、本月各项销售交易的金额、本月已收到的货款、各贷项通知单的数额以及月末余额等内容。

15. 转账凭证

转账凭证是记录转账业务的记账凭证，它根据有关转账业务（即不涉及现金、银行存款收付的各项业务）的原始凭证编制。图 7-6 为记录销售业务的记账凭证。

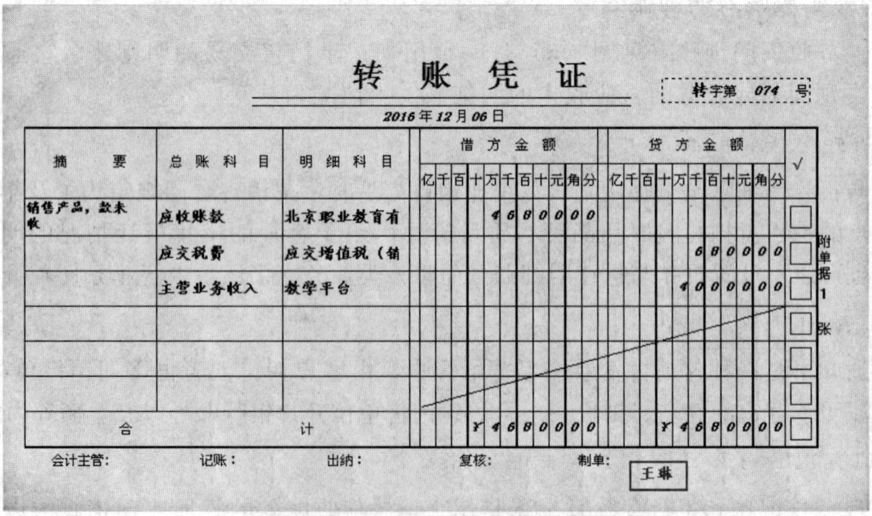

转账凭证

转字第 074 号

2016年12月06日

摘要	总账科目	明细科目	借方金额	贷方金额	√
销售产品，款未收	应收账款	北京职业教育有	4680000		
	应交税费	应交增值税（销		680000	
	主营业务收入	教学平台		4000000	
合计			￥4680000	￥4680000	

附单据 1 张

会计主管：　记账：　出纳：　复核：　制单：王琳

图 7-6　记账凭证

16. 收款凭证

收款凭证是指用来记录现金和银行存款收入业务的记账凭证。

任务 7.2　销售与收款循环的内部控制和控制测试

7.2.1　销售交易的内部控制

1. 适当的职责分离

适当的职责分离有助于防止各种有意或无意的错误。例如，如果主营业务收入账是由记录应收账款之外的职员独立登记，并由另一位不负责账簿记录的职员定期调节总账与明细账，就构成了一项交互牵制；规定负债主营业务收入和应收账款记账的职员不得经手货币资金，也是防止舞弊的一项重要控制。另外，销售人员通常有一种追求更大销售数量的自然倾向，而不问它是否将以巨额坏账损失为代价，赊销的审批则在一定程度上可以抑制这种倾向。因此，赊销批准职能与销售职能的分离，也是一种理想的控制。

为确保办理销售与收款业务的不相容岗位相互分离、制约和监督，一个企业销售与收款业务相关职责适当分离的基本要求通常包括：企业应当分别设立办理销售、发货、收款三项业务的部门（或岗位）；企业在销售合同订立前，应当指定专门人员就销售价格、信用政策、发货及收款方式等具体事项与客户进行谈判。谈判应至少有两人参加，并与订立合同的人员相分离；编制销售发票通知单的人员与开具销售发票的人员应相互分离；销售人员应当避免接触销货现款；企业应收票据的取得和贴现必须经由保管票据以外的主管人员的书面批准。

2. 恰当的授权审批

对于授权审批问题，注册会计师应当关注以下四个关键点上的审批程序：其一，在销售发生之前，赊销已经正确审批；其二，非经正当审批，不得发出货物；其三，销售价格、销售条件、运费、折扣等必须经过审批；其四，审批人应当根据销售与收款授权批准制度的规定，在授权范围内进行审批，不得超越审批权限。对于超过企业既定销售政策和信用政策规定范围的特殊销售交易，需要经过适当的授权。当前两项控制的目的在于防止企业因向虚构的或者无力支付货款的客户发货而蒙受损失；价格审批控制的目的在于保证销售交易按照企业定价政策规定的价格开票收款；对授权审批设定权限的目的则在于防止因审批人决策失误而造成严重损失。

3. 充分的凭证和记录

只有具备充分的记录手续，才有可能实现各项控制目标。例如，企业在收到客户订购单后，就立即编制一份预先编号的一式多联的销售单，分别用于批准赊销、审批发货、记录发货数量以及向客户开具账单和销售发票等。在这种制度下，只要定期清点销售单和销售发票，漏开账单的情形几乎就不太会发生。相反的情况是，有的企业只在发货以后才开具账单，如果没有其他控制措施，这种制度下漏开账单的情况就很可能会发生。

4. 凭证的预先编号

对凭证预先进行编号，旨在防止销售以后遗漏向客户开具账单或登记入账，也可防止重复开具账单或重复记账。当然，如果对凭证的编号不做清点，预先编号就失去其控制意义。由收款员对每笔销售开具账单后，将发运凭证按顺序归档，而由另一位职员定期检查全部凭证的编号，并调查凭证缺号的原因，就是实施这项控制的一种方法。

5. 按月寄出对账清单

由不负责现金出纳和销售及应收账款记账的人员按月向客户寄发对账清单，能促使客户在发现应付账款余额不正确后及时反馈有关信息。为了使这项控制更加有效，最好将客户余额中出现的所有核对不符的账项，指定一位既不掌管货币资金也不记录主营业务收入和应收账款账目的主管人员处理，然后由独立人员按月编制对账情况汇总报告并交管理层审阅。

6. 内部核查程序

由内部审计人员或其他独立人员核查销售交易的处理和记录，是实现内部控制目标必不可少的一项控制措施。表 7-5 列示了针对相应控制目标的典型的内部核查程序。

表 7-5　内部核查程序

内部控制目标	内部核查程序举例
登记入账的销售交易是真实的	检查登记入账的销售交易所附的佐证凭证，例如发运凭证等
销售交易均经适当审批	了解客户的信用情况，确定是否符合企业的赊销政策
所有销售交易均已登记入账	检查发运凭证的连续性，并将其与主营业务收入明细账核对
登记入账的销售交易金额准确	检查会计记录中的数据，以验证其正确性
登记入账的销售交易分类恰当	比较核对登记入账的销售交易的原始凭证与会计科目表
销售交易的记录及时	检查开票员所保管的未开票发运凭证，确定是否存在未在恰当期间及时开票的发运凭证

第一列"内部控制目标"，列示了企业设立销售交易内部控制的目标，也就是注册会计师实施相应控制测试和实质性程序所要达到的审计目标。这些目标是由项目 5 所建立的基本结构而来的，各种业务的基本目标是相同的，但其具体目标则有所不同。

销售与收款内部控制检查的主要内容包括以下几个方面。

（1）销售与收款交易相关岗位及人员的设置情况。重点检查是否存在销售与收款交易不相容职务混岗的现象。

（2）销售与收款交易授权批准制度的执行情况。重点检查授权批准手续是否健全，是否存在越权审批行为。

（3）销售的管理情况。重点检查信用政策、销售政策的执行是否符合规定。

（4）收款的管理情况。重点检查销售收入是否及时入账，应收账款的催收是否有效，坏账核销和应收票据的管理是否符合规定。

（5）销售退回的管理情况。重点检查销售退回手续是否齐全，退回货物是否及时入库。

在确定被审计单位的内部控制中可能存在的薄弱环节，并且对其控制风险作出评价后，注册会计师应当判断继续实施控制测试的成本是否会低于因此而减少对交易、账户余额实施实质性程序所需的成本。如果被审计单位的相关内部控制不存在，则注册会计师不应再继续实施控制测试，而应直接实施实质性程序。

这说明，作为进一步审计程序的类型之一，控制测试并非在任何情况下都需要实施。但当存在下列情形之一时，注册会计师应当实施控制测试：①在评估认定层次重大错报风险时，预期控制的运行是有效的；②仅实施实质性程序不足以提供认定层次充分、适当的审计证据。

7.2.2 收款交易的内部控制

尽管由于每个企业的性质、所处行业、规模以及内部控制健全程度等不同，而使得其与收款交易相关的内部控制内容有所不同，但以下与收款交易相关的内部控制内容是通常应当共同遵守的。

（1）企业应当按照《现金管理暂行条例》《支付结算办法》等规定，及时办理销售收款业务。

（2）企业应将销售首日及时入账，不得账外设账，不得擅自坐支现金。销售人员应当避免解除销售现款。

（3）企业应当建立应收账款账龄分析制度和逾期应收账款催收制度。销售部门应当负责应收账款的催收，财会部门应当督促销售部门加紧催收。对催收无效的逾期应收款可通过法律程序予以解决。

（4）企业应当按客户设置应收账款台账，及时登记每一客户应收账款余额增减变动情况和信用额度使用情况。对长期往来客户应当建立起完善的客户资料，并对客户资料实施动态管理，及时更新。

（5）企业对于可能成为坏账的应收账款应当报告有关决策机构，由其进行审查，确定是否确认为坏账。企业发生的各项坏账，应查明原因：明确责任，并在履行规定的审批程序后作出会计处理。

（6）企业注销的坏账应当进行备查登记，做到账销案存。已注销的坏账又收回时应当及时入账，防止形成账外资金。

（7）企业应收票据的取得和贴现必须经由保管票据以外的主管人员的书面批准。应由专人保管应收票据，对于即将到期的应收票据，应及时向付款人提示付款；已贴现票据应在备查簿中登记，以便日后追踪管理；并应制定逾期票据的冲销管理程序和逾期票据追踪监控制度。

（8）企业应当定期与往来客户通过函证等方式核对应收账款、应收票据、预收款项等往来款项。如有不符，应查明原因，及时处理。

7.2.3 评估重大错报风险

被审计单位可能有各种各样的收入来源，处于不同的控制环境，存在复杂的合同安排，这些情况对收入交易的会计核算可能存在诸多影响，比如不同交易安排下的收入确认的时间和依据可能不尽相同。

注册会计师应当考虑影响收入交易的重大错报风险，并对被审计单位经营活动中可能发生的重大错报风险保持警觉。收入交易和余额存在的固有风险主要包括以下几个方面。

（1）收入的舞弊风险。收入是利润的来源，直接关系到企业的财务状况和经营成果。有些企业往往为了达到粉饰财务报表的目的而采用虚增或隐瞒收入等方式实施舞弊。在财务报表舞弊案中，涉及收入确认的舞弊占有很大比例，收入确认已成为注册会计师审计的高风险领域。中国注册会计师审计准则要求注册会计师基于收入确认存在舞弊风险的假定，评价哪些类型的收入、收入交易或认定导致舞弊风险。

（2）收入的复杂性导致的错误。例如，被审计单位可能针对一些特定的产品或者服务提供一些特殊的交易安排（例如特殊的退货约定、特殊的服务期限安排等），但管理层可能对这些不同安排下所涉及的交易风险的判断缺乏经验，收入确认上就容易发生错误。

（3）期末收入交易和收款交易的截止错误。

（4）收款未及时入账或记入不正确的账户。

（5）应收账款坏账准备的计提不准确。

某些重大错报风险可能与财务报表整体广泛相关，进而影响多项认定。比如舞弊风险；某些重大错报风险可能与特定的某类交易、账户余额和披露的认定相关。比如会计期末的收入交易和收款交易的截止错误（截止），或应收账款坏账准备的计提（计价）。

通常表明被审计单位在收入确认方面可能存在舞弊风险的迹象有以下几点。

（1）注册会计师发现，被审计单位的客户是否付款取决于下列情况：①能否从第三方取得融资；②能否转售给第三方（如经销商）；③销售方能否满足特定的条件。

（2）未取得客户的同意，而在预定的发货期之前发送商品。

（3）未取得客户的同意，而将商品运送到其他地点。

（4）被审计单位的销售记录表明，已将商品发往仓库或货运代理人，却未指明任何客户。

（5）在实际发货之前开具销售发票，或实际未发货而开具销售发票。

（6）对于期末之后的发货，提前在本期确认相关收入。

（7）实际销售请款与订单不符，或者根据已取消的订单发货或重复发货。

（8）存放在货运代理人处的商品，在期后有大量退回。

（9）销售合同或发运单上的日期被更改，或者销售合同上加盖的公章并不属于合同所指定的客户。

（10）接近期末时发生了大量或大额的交易。

（11）交易之后长期不进行结算。

下面重点说明如何评估与收入确认相关的重大错报风险，尤其是舞弊风险。

1. 在识别和评估收入与确认相关的重大错报风险时考虑舞弊风险

注册会计师在识别和评估收入确认相关的重大错报风险时，应当基于收入确认存在舞弊风险的假定，评价哪些类型的收入、收入交易或认定导致舞弊风险。

假定收入确认存在舞弊风险，并不意味着注册会计师应当将与收入确认相关的所有认定都假定为存在舞弊风险。注册会计师需要结合对被审计单位及其环境的具体了解，考虑收入确认舞弊可能如何发生，被审计单位不同，管理层实施舞弊的动机或压力不同，其舞弊风险所涉及的具体认定不同，注册会计师需要作出具体分析。例如，如果管理层难以实现预期的利润目标，则可能有高估收入的动机或压力（如提前确认收入或记录虚假的收入）。因此，收入的发生认定存在舞弊风险的可能性较大，而完整性认定则通常不存在舞弊风险；相反，如果管理层有隐瞒收入而降低税负的动机，则注册会计师需要更加关注与收入完整性认定相关的舞弊风险。再如，如果被审计单位预期难以达到下一年度的销售目标，而已经超额实现了本年度的销售目标，就可能倾向于将本期的收入推迟至下一年度确认。

如果注册会计师认为收入确认存在舞弊风险的假定不适用于业务的具体情况，从而未将收入确认作为由于舞弊导致的重大错报风险领域，注册会计师应当在审计工作底稿中记录得出该结论的理由。

【例 7-1】 针对以下公司的情况，指出是否存在舞弊风险因素，并简要说明理由和注册会计师的应对措施。

（1）A 公司属于水产养殖行业，主要产品销售到各水产品批发市场，销售结算方式 68% 以现金销售为主；同时 A 公司董事会要求每年销售业绩增长 25% 以上。

（2）B 公司拥有 3 家子公司，分别生产不同的饮料产品。B 公司所处行业整体竞争激励，市场处于饱和状态，同行业公司的主营业务收入年增长率低于 5%，但 B 公司董事会仍要求管理层将 2015 年度主营业务收入增长率确定为 8%。管理层编制的 B 公司 2015 年度财务报表显示，已按计划实现收入。另外，B 公司管理层除领取固定工资外，其奖金金额与当年完成主营业务收入的情况挂钩。

解析：事项（1）存在舞弊"动机或压力"风险因素。原因是 A 公司董事会要求每年销售业绩增长 25% 以上，依据收入的逐年增长来衡量业绩；同时 68% 销售业务是以现金结算方式，财务报表存在舞弊风险的可能性高。根据收入确认舞弊假设，注册会计师可以直接假定收入确认存在舞弊风险。

事项（2）存在舞弊"动机或压力"风险因素。原因是 B 公司所在行业整体竞争激烈，市场处于饱和状态，董事会对管理层制定了过高的盈利能力指标，另外，管理层个人报酬中有相当一部分（如奖金）取决于公司能否实现激进的目标（经营成果）。根据收入确认舞弊假设，注册会计师可以直接假定收入确认存在舞弊风险。

2. 通过实施风险评估程序识别与收入确认相关的舞弊风险

风险评估程序是注册会计师为了解被审计单位及其环境，以识别和评估重大错报风险而实施的审计程序。风险评估程序应当包括询问管理层以及被审计内部其他人员、分析程序、观察和检查程序。

实施风险评估程序，对注册会计师识别与收入确认相关的舞弊风险至关重要，例如，注册会计师通过了解被审计单位生产经营的基本情况、销售模式和业务流程、与收入相关的生产技术条件、收入的来源和构成、收入交易的特性、收入确认的具体原则、所在行业的特殊事项、重大异常交易的商业理由、被审计单位的业绩衡量等，有助于其考虑收入虚假错报可能采取的方式，从而设计恰当的审计程序以发现此类错报。

注册会计师应当评价通过实施风险评估程序和执行其他相关活动获取的信息是否表明存在舞弊风险因素。例如，如果注册会计师通过实施风险评估程序了解到，被审计单位所处行业竞争激烈并伴随着利润率的下降，而管理层过于强调提高被审计单位利润水平的目标，则注册会计师需要警惕管理层通过实施舞弊高估收入，从而高估利润的风险。

3. 常用的收入确认舞弊手段

了解被审计单位通常采用的收入确认舞弊手段，有助于注册会计师更加有针对性地实施审计程序。被审计单位通常采用的收入确认舞弊手段举例如下。

1）为了达到粉饰财务报表的目的而虚增收入或提前确认收入

（1）利用与未披露关联方之间的资金循环虚构交易。

（2）通过未披露的关联方进行显失公允的交易。例如，以明显高于其他客户的价格向未披露的关联方销售商品。

（3）通过出售关联方的股权，使之从形式上不再构成关联方，但仍与之进行显失公允的交易，或与未来或潜在的关联方进行显失公允的交易。

（4）通过虚开商品销售发票虚增收入，而将货款挂在应收账款中，并可能在以后期间计提坏账准备，或在期后冲销。

（5）为了虚增销售收入，将商品从某一地点移送至另一地点，凭出库单和运输单据为依据记录销售收入。

（6）在与商品相关的风险和报酬尚未全部转移给客户之前确认销售收入。例如，销售合同中约定被审计单位的客户在一定时间内有权无条件退货，而被审计单位隐瞒退货条款，在发货时全额确认销售收入。

（7）通过隐瞒售后回购和售后租回协议，而将以售后回购或售后租回方式发出的商品作为销售商品确认收入。

（8）采用完工百分比法确认劳务收入时，故意低估预计总成本或多计实际发生的成本，以通过高估完工百分比的方法实现当期多确认收入。

（9）在采用代理商的销售模式时，在代理商仅向购销双方提供帮助接洽、磋商等中介代理服务的情况下，按照相关购销交易的总额而非净额（扣除佣金和代理费等）确认收入。

（10）当存在多种可供选择的收入确认会计政策或会计估计方法时，随意变更所选择的会计政策或会计估计方法。

2）为了达到报告期内降低税负或转移利润等目的而少计收入或延后确认收入

（1）被审计单位将商品发出，收到货款并满足收入确认条件后，不确认收入，而将收到的货款作为负债挂账，或转入本单位以外的其他账户。

（2）被审计单位采用以旧换新的方式销售商品时，以新旧商品的差价确认收入。

（3）在提供劳务或建造合同的结果能够可靠估计的情况下，不在资产负债表日按完工百分比法确认收入，而推迟到劳务结束或工程完工时确认收入。

4. 对收入确认实施分析程序

分析程序是一种识别收入确认舞弊风险的较为有效的方法，注册会计师需要重视并充分利用分析程序，发挥其在识别收入确认舞弊中的作用。

在收入确认领域，注册会计师可以实施的分析程序包括以下几个方面。

（1）将本期销售收入金额与以前可比期间的对应数据或预算数进行比较。

（2）分析月度或季度销售量变动趋势。

（3）将销售收入变动幅度与销售商品及提供劳务收到的现金、应收账款、存货、税金等项目的变动幅度进行比较。

（4）将销售毛利率、应收账款周转率、存货周转率等关键财务指标与可比期间数据、预算数或同行其他企业数据进行比较。

（5）分析销售收入等财务信息与投入产出率、劳动生产率、产能、水电能耗、运输数量等非财务信息之间的关系。

（6）分析销售收入与销售费用之间的关系，包括销售人员的人均业绩指标、销售人员薪酬、差旅费用、运费，以及销售机构的设置、规模数量、分布等。

注册会计师通过实施分析程序，可能识别出未注意到的异常关系，或难以发现的变动趋势，从而有目的、有针对性地关注可能发生重大错报风险的领域，有助于评估重大错报风险，为设计和实施应对措施提供基础。例如，如果注册会计师发现被审计单位不断地为完成销售目标而增加销售量，或者大量的销售因不能收现而导致应收账款大量增加，需要对销售收入的真实性予以额外关注；如果注册会计师发现被审计单位临近期末销售量大幅增加，需要警惕将下期收入提前确认的可能性；如果注册会计师发现单笔大额收入能够减轻被审计单位盈利方面的压力，或使被审计单位完成销售目标，需要警惕被审计的虚构收入的可能性。

如果发现异常或偏离预期的趋势或关系，注册会计师需要认真调查其原因，评价是否表明可能存在由于舞弊导致的重大错报风险。涉及期末收入和利润的异常关系尤其值得关注，例如，在报告期的最后几周内记录了不寻常的大额收入或异常交易。注册会计师可能采取的调查方法有以下几种。

（1）如果注册会计师发现被审计单位的毛利率变动较大或与所在行业的平均毛利率差异较大，注册会计师可以采用定性分析与定量分析相结合的方法，从行业及市场变化趋势、产品销量价格和产品成本要素等方面对毛利率变动的合理性进行调查。

（2）如果注册会计师发现应收账款余额较大，或其增长幅度高于销售收入的增长幅度，注册会计师需要分析具体原因（如赊销政策和信用期限是否发生变化等），并在必要时采取恰当的措施，如扩大函证比例、增加截止测试和期后收款测试的比例等。

（3）如果注册会计师发现被审计单位的收入增长幅度明显高于管理层的预期，可以询问管理层的适当人员，并考虑管理层的答复是否与其他审计证据一致，例如，如果管理层表示收入增长是由于销售量增加所致，注册会计师可以调查与市场需求相关的情况。

7.2.4　控制测试

1. 概述

如果在评估认定层次重大错报风险时预期控制的运行是有效，注册会计师应当实施控制测试，就控制在相关期间和时点的运行有效性获取充分、适当的审计证据。在对被审计单位销售与收款交易实施控制测试时，还应注意以下几点。

（1）注册会计师应把测试重点放在被审计单位是否设计了由人工执行或计算机系统运行的更高层次的调节和比对控制，是否生成例外报告，管理层是否及时调查所发现的问题并采取管理措施，而不是全部只测试员工在数据输入阶段执行的预防性控制。

（2）注册会计师应当询问管理层用于监控销售与收款交易的关键业绩指标，例如，销售额和毛利率预算、应收账款平均收款期等。

（3）注册会计师应当考虑通过执行分析程序和截止测试，可以对应收账款的存在、准确性和计价等认定获取多大程度的保证。如果能获得充分保证，则意味着不需要执行大量的控制测试。

（4）为获取相关重大错报风险是否可能被评估为低的有关证据，注册会计师通常需要对被审计单位重要的控制，尤其是对容易出现高舞弊风险的现金收款和存储的控制的有效运行进行测试。因为这些控制大多采用人工控制。注册会计师主要的审计程序包括观察控制的执行，检查每日现金汇总表上是否留有执行比对控制的员工的签名，询问针对不一致的情况所采取的措施。

（5）如果注册会计师计划信赖的内部控制是由计算机执行的，那么需要就下列事项获取审计证据：①相关一般控制的设计和运行的有效性；②针对认定层次的控制，如收款折扣的计算；③人员跟进措施，如将打印输出的现金收入日记账与对应的由银行盖章的存款记录进行比对，以及根据银行存款对账单按月调节现金收入日记账。

（6）在控制风险被评估为低时，注册会计师需要考虑评估的控制要素的所有主要方面和控制测试的结果，以便能够得出这样的结论：控制能够有效执行，防止发现并纠正重大错误和舞弊。

如果将固有风险和控制风险评估为中或高，注册会计师可能仅仅需要在对控制活动的处理情况进行询问时记录对控制活动的了解，并检查已实施的相关证据。

（7）如果在期中实施了控制测试，注册会计师应当在年末审计时选择项目测试控制在剩余期间的运行情况，以确定控制是否在整个会计期间持续运行有效。

（8）控制测试所使用的审计程序的类型主要包括询问、观察、检查和重新执行等，注册会计师应当根据特定控制的性质选择所需实施审计程序的类型。

上述有关实施销售与收款循环的控制测试时的基本要求，就其原理而言，对其他业务循环的控制测试同样适用，因此，在后面讨论其他业务循环的控制测试将不再重复。

2. 销售与收款循环的控制测试目标与程序

销售与收款循环的控制测试从下列四个方面获取其是否有效运行的审计证据。

（1）销售与收款循环的控制在所审计期间的不同时点是如何运行的。

（2）控制是否得到一贯执行。

（3）控制由谁执行。

（4）控制以何种方式运行（如人工控制或自动控制）。

销售与收款循环的控制测试程序如下。

（1）询问被审计单位的人员，了解被审计单位销售和收款的主要控制制度是否被执行。

（2）观察销售和收款的关键控制点及特定控制点的控制实践。

（3）检查关键控制点生成的有关文件和记录。

（4）必要时通过重新执行来证实控制执行的有效性。

（5）通过追踪交易在财务报告信息系统中的处理过程（穿行测试），以提取对关键控制点控制有效支持的审计。

（6）根据上述程序的实施，评估控制是否可信赖。

3. 以内部控制目标为起点的控制测试

内部控制测试程序和活动是企业针对需要实现的内部控制目标而设计和执行的，控制测试则是注册会计师针对企业的内部控制程序和活动而实施的，因此，在审计实务中，注册会计师可以考虑以被审计单位的内部控制目标为起点实施控制测试。下面按照销售与收款交易内部控制的讨论顺序，择要简单阐述销售与收款交易的控制测试。

(1) 对于职责分离，注册会计师通常通过观察被审计单位有关人员的活动，以及与这些人员进行讨论，来实施职责分离的控制测试。

(2) 对于授权审批，注册会计师主要通过检查凭证在关键点上是否经过审批，可以很容易地测试出授权审批方面的内部控制效果。

(3) 对于充分的凭证和记录以及凭证预先编号这两项控制，常用的控制测试程序是清点各种凭证。比如从主营业务收入明细账中选取样本，追查至相应的销售发票存根，进而检查其编号是否连续，有无不正常的缺号发票和重号发票。视检查顺序和范围的不同，这种测试程序往往可同时提供有关发生可完整性目标的证据。

(4) 对于按月寄出对账单这项控制，观察制定人员寄送对账单，并检查客户复函档案和管理层的审阅记录，是注册会计师十分有效的一项控制测试。

(5) 对于内部核查程序，注册会计师可以通过检查内部审计人员的报告，或检查其他独立人员在他们核查的凭证上签字等方法实施控制测试。

4. 销售与收款循环的控制测试实务

注册会计师在执行销售与收款循环控制测试时形成的相关工作底稿有以下几类。

(1) "销售与收款循环控制测试程序"记录了注册会计师针对销售、记录应收账款、收款、保管顾客档案等内部控制设计控制测试执行的程序的情况，内容包括拟执行的控制测试具体程序、有关控制的执行频率、拟测试的样本数量以及执行相关程序的工作底稿的索引。

在执行财务报表审计业务时，注册会计师应运用职业判断，结合被审计单位的实际情况设计和执行控制测试。控制测试的程序包括询问、观察、检查以及穿行测试或重新执行。

(2) "销售与收款循环控制测试汇总表"只记录注册会计师测试的销售与收款循环控制活动及结论的汇总类底稿，既汇总了注册会计师风险评估中得出的"了解内容控制的初步结论"，也汇总了注册会计师对销售与收款循环执行控制测试得出结论。另外，由于销售与收款循环控制测试是为了确定销售与收款循环对实质性程序的性质、时间和范围的影响，因此，底稿中也列示了注册会计师专业判断销售与收款循环中相关交易和账户余额的总体审计方案以及审计时需要与治理层/管理层沟通的安排。

值得注意的是，如果注册会计师不拟对于某些控制活动实施控制测试，则应直接执行实质性程序，对相关交易和账户余额的认定进行测试，以获取足够的保证程度。

(3) "销售与收款循环控制测试过程"是注册会计师销售与收款循环中关键的控制环节分别抽取相关凭证进行测试而形成的底稿，直接支持"销售与收款循环控制测试汇总表"中的控制测试结论。销售与收款循环中关键的控制环节的关键测试内容见表7-6。

表 7-6 销售与收款循环中关键的控制环节的关键测试内容

序号	关键的控制环节	关键测试内容
1	与销售有关的业务活动的控制	是否复核顾客信用程度；销售发票是否经过复核；销售订单、销售发票、出运通知单、送货单内容是否一致；发票上是否盖"相符"印戳；收款凭证是否得到会计主管的适当审批；有关支持性文件是否盖"核销"章；付款人名称是否与顾客名称一致；销售订单、销售发票、出运通知单、送货单、报关单、银行进账单、信用证记录应收账款的凭证是否连续编号等
2	与新顾客承接有关的业务活动的控制	是否编制顾客申请表；是否编制新顾客基本情况表；是否取得新顾客信用等级的评定报告；是否经信用管理经理审批；是否根据经适当审批的文件建立新顾客档案等
3	比较销售信息报告与相关文件（销售订单）是否相符	应收账款记账员是否复核信息报告；销售订单是否连续编号等
4	与调整应收账款有关的业务活动的控制	是否编制应收账款账龄报告；是否与支持文件相符；是否经过恰当审批；应收账款调节表的编号与日期；是否已调节应收账款等
5	与核销坏账或计提特别坏账准备有关的业务活动的控制	坏账申请表的编号与日期；是否与支持文件相符；是否经过恰当审批；是否已调节应收账款等
6	与计提坏账准备有关的业务活动的控制	董事会是否制定与计提坏账准备有关的会计估计；年末销售经理是否编写应收账款可回收性分析；如较原先技术发生较大变化，会计主管是否编写会计估计变更建议；财务经理是否复核会计估计变更建议或减值调整建议；董事会是否审核会计估计变更建议；会计估计变更是否已进行恰当处理和列报；相关记账凭证是否连续编号等
7	与退货及索赔有关的业务活动的控制	顾客投诉处理表的编号与日期；财务部是否注明货款结算情况；生产经理是否确定质量责任；技术经理是否确定质量责任；是否经过恰当审批；是否已调节应收账款等
8	与顾客档案更改记录有关的业务活动的控制	更改申请是否经过恰当审批；是否包含在月度供应商信息更改报告中；月度供应商信息更改报告是否恰当复核；更改申请表号码是否包含在编号记录表中；编号记录表是否经复核等
9	与顾客档案及时维护有关的业务活动的控制	顾客名称和档案编号；最近一次与公司发生交易的时间；是否已按照规定对顾客档案进行维护等

【例 7-2】 扬帆会计师事务所承接了天津滨海机械股份有限公司（以下简称滨海机械）2015 年度财务报表审计业务，2015 年 10 月委派审计人员王红和刘新进行年报预审。王红在对被审单位与 1～9 月报表相关的内部控制进行控制测试时，了解到滨海机械在销售与收款循环中控制活动如下。

活动 1：销售部门收取顾客寄来的订单后，由销售经理 A 对品种、规格、数量、价格、付款条件、结算方式等详细审核后签章，由销售部门为每张顾客订单打印一式两联的销售单，一份送信用审核部门批准，一份与顾客订单一起存档，销售单未连续编号。

活动 2：信用审核部门检查经授权的相关客户剩余赊销信用额度，并在销售部门编制的销售单上签字。在剩余销售信用额度内的销售，由信用审核部门职员 B 审批，超过剩余赊销信用额度的销售，在职员 B 审批后，还需获得经授权的信用审核部门经理 C 的批准。

活动 3：储运部门收到经批准的销售单编制一式多联预先编号的装运单。仓库部门根据装运单发货，偶尔会出现顾客订单上的商品数量和类型与销售单或装运单上的记录不一致。

活动 4：会计部门收到销售单后，根据单中所列资料，开具统一的销售发票，将顾客联寄送顾客，将销售发票交应收账款专管员 F，作为记账和收款的凭证。

活动 5：应收账款专管员 F 收到发票后，将发票与销货单核对，如无错误，据以登记应收账款明细账和总账，并将发票和销货单按顾客顺序归档保存。

活动 6：为了提高办事效率，滨海机械的海昌分公司允许销货人员直接收款，销售人员收款后，部分销售人员直接将款项存入个人账户，延迟交款到公司财务部门。

活动 7：滨海机械对销售人员采用按销售额实施奖励的激励政策，出现了很多年末销售下年初退货的现象，销售退回货物由销售人员验收，每季度统一把相关凭证提交会计部门进行会计处理。

活动 8：被审单位 3 年以上的应收账款金额大，且经询问，有许多都是很早以前遗留的应收账款，当事人已经不在，债务方也很难找到，由于无人负责，只好挂账。

活动 9：预审后，王红和刘新与滨海机械的管理层交换意见，建议滨海机械加强销售和收款循环的内部控制的监督，完善其运行机制。

要求：（1）根据了解到的情况，请指出滨海机械销售与收款循环内部控制各项活动是否存在缺陷，如果存在请提出改进建议。

（2）根据对滨海机械销售与收款内部控制的了解和测试，请分别指出上述内部控制缺陷与哪些财务报表项目和科目的何种认定相关？

（3）如果王红和刘新在 2016 年 1 月审计滨海机械 2014 年财务报表时，发现被审单位除改善了销售与收款循环控制以上缺陷外，其他控制在剩余期间没有发生变化且被审单位的控制环境良好。请讨论注册会计师如何对剩余期间（10～12 月）的控制获取补充审计证据。

（4）如果王红和刘新在 2016 年 1 月审计滨海机械 2015 年财务报表时，发现被审单位销售与收款循环控制并未改善，且被审单位在信息系统、控制程序、人员等方面发生了重大变化。请讨论分析怎样对剩余期间（10～12 月）的控制获取补充审计证据。

（5）如果王红和刘新在 2016 年 1 月审计滨海机械 2014 年财务报表时，发现被审单位除销售与收款循环控制存在的以上缺陷改善了，其他控制在剩余期间没有发生变化，但王红和刘新敏感地感受被审计单位管理层存在年末粉饰财务报表的风险，请讨论怎样对剩余期间（10～12 月）的控制获取补充审计证据。

（6）讨论王红和刘新从销售与收款控制测试获取的证据得出对滨海机械内部控制的依赖程度如何影响实质性程序。

（7）如果王红和刘新预审中实施了实质性程序，但未对剩余期间的控制进行测试，那么对期中至年末这一期间所要实施的实质性程序的数量相比依赖剩余期间控制所要实施的实质性程序孰多孰少？为什么？

解析：（1）活动 1 有缺陷。销售单未连续编号，且一式两联不能向相关环节传递凭证核对，容易出现遗漏和虚假。建议：销售单应当连续编号，且最少一式五联。

活动 2 无缺陷。

活动 3 有缺陷。仓库部门发货前没有把装运单与顾客订单、销售发票、销售单相核对。容易出现错误发货。建议：仓库部门发货前应当把装运单与顾客订单、销售发票、销售单相核对。

活动 4 无缺陷。

活动 5 有缺陷。应收账款专管员 F 同时登记与销售业务相关的总账和明细账，不相容职务未进行分离。

活动 6 有缺陷。销售业务执行与货款收取由一人完成，不相容的职责未分离；收款存入个人账户，不及时交给会计人员。建议：加强对销售和收款业务的控制，禁止销售人员直接收取货款，加强原始凭证收集、传递和记账的控制，促使会计记录及时。

活动 7 有缺陷。对销售人员采用按销售额实施奖励的激励政策，缺乏科学的激励政策，退货由销售人员验收，不相容职责未分离，退货按季统一处理，会计处理不及时。建议：综合销售额和收款情况实施科学的对销售人员的激励政策，退货应当由仓储部门相关人员验收入库，退货收集的相关原始凭证应及时传递到会计部门进行会计处理。

活动 8 有缺陷。3 年以上的应收账款金额大，且挂账找不到债务人的应收账款多，坏账及其损失处理不及时。建议：应建立完善的应收账款对账制度、账龄分析制度、逾期应收账款追溯赔偿制度和坏账损失及时处理制度。

（2）滨海机械的内部控制缺陷及其会计科目认定见表 7-7。

表 7-7　内部控制缺陷及其会计科目认定

内部控制缺陷	相关科目认定
销售单未连续编号，且一式两联不能向相关环节传递凭证核对	营业收入的存在、准确性
仓库部门发货前，没有把装运单与顾客订单、销售发票、销售单相核对	营业收入准确性、应收账款的存在、准确性
应收账款专管员 F 同时登记与销售业务相关的总账和明细账	应收账款的存在、准确性
销售业务执行与货款收取由一人完成	营业收入的存在、准确性 应收账款的存在、计价与分摊
收款存入个人账户，不及时交给会计人员	营业收入的准确性、完整性 应收账款的计价与分摊、完整性
对销售人员采用按销售实施奖励的激励政策	营业收入的存在、准确性 应收账款的存在、计价与分摊 销售费用的存在、准确性
退货由销售人员验收，退货不能及时进行会计处理	营业收入、营业成本的存在、准确性 应收账款的存在、计价与分摊 存货的存在、计价与分摊
3 年以上的应收账款金额大，且挂账找不到债务人的应收账款多，坏账损失不及时处理	应收账款的存在、计价与分摊

（3）针对 10～12 月变化的销售与收款循环补充控制测试的证据。

（4）针对 10～12 月未改善的销售与收款循环以及信息系统、控制程序、人员等方面发生了重大变化的控制补充控制测试证据。

（5）针对 10~12 月与年末粉饰财务表的风险相关的内部控制补充控制测试证据，同时考虑是否信赖中期控制测试获取的证据。

（6）第一，如果通过控制测试获得销售与收款内部控制有效时，内控对财务报表认定需要的保证程度较低，实质性程序主要为分析程序＋对高风险项目细节测试。

第二，如果通过控制测试只能获得销售与收款循环有限的信赖时，实质性程序包括分析程序和细节测试。

第三，如果通过控制测试获得销售与收款内部控制无效时，审计人员将不信赖销售与收款相关活动及其会计处理，实质性程序以细节测试为主。

（7）注册会计师预审中实施了实质性程序，但未对剩余期间的控制进行测试时要比依赖剩余期间控制所要实施的实质性程序的数量多，原因是信赖内部控制时可以考虑减少实质性程序的数量。

任务 7.3　销售与收款循环的实质性程序

销售与收款循环涉及的主要财务报表项目见表 7-8。本任务重点讲解营业收入、应收账款、销售费用等项目的审计。

表 7-8　销售与收款循环涉及的主要财务报表项目

资产负债表项目	利润表项目
应收账款	营业收入
应收票据	营业成本
预收账款	税金及附加
应交税费	销售费用
其他应收款	

7.3.1　营业收入的实质性程序

1. 营业收入的审计目标

营业收入项目核算企业在销售商品、提供劳务等主营业务活动中所产生的收入，以及企业确认的除主营业务活动以外的其他经营活动实现的收入，包括出租固定资产、出租无形资产、出租包装物和商品、销售材料等实现的收入。

营业收入包括主营业务收入和其他业务收入。其审计目标一般包括：确定利润表中记录的营业收入是否已发生，且与被审计单位有关；确定所有应当记录的营业收入是否均已记录；确定与营业收入有关的金额及其他数据是否已恰当记录，包括对销售退回、销售折扣与折让的处理是否适当；确定营业收入是否已记录于正确的会计期间；确定营业收入是否已按照企业会计准则的规定在财务报表中作出恰当的列报。表 7-9 列出了营业收入审计目标与认定的对应关系。

表 7-9 营业收入审计目标与认定对应关系表

审计目标	财务报表认定					
	发生	完整性	准确性	截止	分类	列报
A. 利润表中记录的营业收入已发生，且与被审计单位有关	√					
B. 所有应当记录的营业收入均已记录		√				
C. 与营业收入有关的金额及其他数据已恰当记录			√			
D. 营业收入已记录于正确的会计期间				√		
E. 营业收入已记录于恰当的账户					√	
F. 营业收入已按照企业会计准则的规定在财务报表中作出恰当的列报						√

2. 营业收入的实质性程序

表 7-10 列出了营业收入审计目标与审计程序的对应关系。

表 7-10 审计目标与审计程序对应关系表

审计目标	可选择的审计程序
（一）主营业务收入	
C	1. 获取或编制主营业务收入明细表 （1）复核加计是否正确，并与总账数和明细账合计数核对是否相符，结合其他业务收入科目与报表数核对是否相符 （2）检查以非记账本位币结算的主营业务收入的折算汇率及折算是否正确
ABC	2. 实质性分析程序（必要时） （1）针对已识别需要运用分析程序的有关项目，并基于对被审计单位及其环境的了解，通过进行以下比较，同时考虑有关数据间关系的影响，建立有关数据的期望值：①将本期的主营业务收入与上期的主营业务收入进行比较，分析产品销售的结构和价格变动是否异常，并分析异常变动的原因；②计算本期重要产品的毛利率，与上期比较，检查是否存在异常，各期之间是否存在重大波动，查明原因；③比较本期各月各类主营业务收入的波动情况，分析其变动趋势是否正常，是否符合被审计单位季节性、周期性的经营规律，查明异常现象和重大波动的原因；④将本期重要产品的毛利率与同行业企业进行对比分析，检查是否存在异常；⑤根据增值税发票申报表或普通发票，估算全年收入，与实际收入金额比较 （2）确定可接受的差异额 （3）将实际的情况与期望值相比较，识别需要进一步调查的差异 （4）如果其差额超过可接受的差异额，调查并获取充分的解释和恰当的佐证审计证据（如通过检查相关的凭证等） （5）评估分析程序的测试结果
ABCD	3. 检查主营业务收入的确认条件、方法是否符合企业会计准则，前后期是否一致；关注周期性、偶然性的收入是否符合既定的收入确认原则、方法
C	4. 获取产品价格目录，抽查售价是否符合价格政策，并注意销售给关联或关系密切的重要客户的产品价格是否合理，有无以低价或高价结算的现象，相互之间有无转移利润的现象
ABCD	5. 抽取____张发货单，审查出库日期、品名、数量等是否与发票、销售合同、记账凭证等一致

审计目标	可选择的审计程序
ACD	6. 抽取____张记账凭证,审查入账日期、品名、数量、单价、金额等是否与发票、发货单、销售合同等一致
AC	7. 结合对应收账款的审计,选择主要客户函证本期销售额
A	8. 对于出口销售,应当将销售记录与出口报关单、货运提单、销售发票等出口销售单据进行核对,必要时向海关函证
D	9. 销售的截止测试 (1) 通过测试资产负债表日前后____天且金额大于____的发货单据,将应收账款和收入明细账进行核对;同时,从应收账款和收入明细账选取在资产负债表日前后____天且金额大于____的凭证,与发货单据核对,以确定销售是否存在跨期现象 (2) 复核资产负债表日前后的销售和发货水平,确定业务活动水平,确定业务活动水平是否异常(如与正常水平相比),并考虑是否有必要追回截止程序 (3) 取得资产负债表日后所有的销售退回记录,检查是否存在提前确认收入的情况 (4) 结合对资产负债表日应收账款的函证程序,检查有无未取得对方认可的大额销售 (5) 调整重大跨期销售
A	10. 存在销货退回的,检查手续是否符合规定,结合原始销售凭证检查其会计处理是否正确。结合存货项目审计关注其真实性
C	11. 检查销售折扣与折让 (1) 获取或编制折扣与折让明细表,复核加计正确,并与明细账合计数核对相符 (2) 取得被审计单位有关折扣与折让的具体规定和其他文件资料,并抽查较大的折扣与折让发生额的授权批准情况,与实际执行情况进行核对,检查其是否经授权批准,是否合法、真实 (3) 销售折让与折扣是否及时足额提交对方,有无虚设中介、转移收入、私设账外"小金库"等情况 (4) 检查折扣与折让的会计处理是否正确
ABCDE	12. 检查有无特殊的销售行为,如委托代销、分期收款销售、商品需要安装和检验的销售、附有退回条件的销售、售后租回、售后回购、以旧换新、出口销售等,选择恰当的审计程序进行审核
AC	13. 调查向关联方销售的情况,记录其交易品种、价格、数量、金额和比例,并记录占总销售收入的比例。对于合并范围内的销售活动,记录应合并抵销的金额
AC	14. 调查集团内部销售的情况,记录其交易价格、数量和金额,并追查在编制合并财务报表时是否已予以抵销
	15. 根据评估的舞弊风险等因素增加的审计程序
(二) 其他业务收入	
C	16. 获取或编制其他业务收入明细表,复核加计是否正确,并与总账数和明细账合计数核对是否相符,结合主营业务收入科目与营业收入报表数核对是否相符
ABCDE	17. 检查原始凭证等相关资料,分析交易的实质,确定其是否符合收入确认的条件,并检查其会计处理是否正确
AC	18. 用材料进行非货币性资产交换的,应确定其后是否具有商业实质且公允价值能够可靠计量
	19. 根据评估的舞弊风险等因素增加的审计程序
(三) 列报	
F	20. 检查营业收入是否已按照企业会计准则的规定在财务报表中作出恰当列报

下面重点讲解其中一些程序。

1）检查主营业务收入的确认条件、方法是否符合企业会计准则，前后期是否一致；关注周期性、偶然性的收入是否符合既定的收入确认原则、方法

按照《企业会计准则第 14 号——收入》的要求，企业商品销售收入应在下列条件均能满足时予以确认：①企业已将商品所有权上的主要风险和报酬转移给购货方；②企业既没有保留通常与所有权相联系的继续管理权，也没有对已售出的商品实施有效控制；③收入的金额能够可靠的计量；④相关的经济利益很可能流入企业；⑤相关的已发生或将发生的成本能够可靠的计量。因此，对主营业务收入的实质性程序，应在了解被审计单位确认产品销售收入的会计政策的基础上，重点测试被审计单位是否依据上述五个条件确认产品销售收入。具体来说，被审计单位采取的销售方式不同，确认销售的时点也是不同的。

（1）采用交款提货销售方式，通常应于货款已收货取得货款的权利，同时已将发票账单和提货账单交给购货单位时确认收入的实现。对此，注册会计师应着重检查被审计单位是否收到货款或取得收取货款的权利，发票账单和提货单是否已交付购货单位。应注意有无扣压结算凭证，将当期收入转入下期入账的现象，或者虚计收入、开具假发票、虚列购货单位，将当期未实现的收入虚转为收入记账，在下期予以冲销的现象。

（2）采用预收账款销售方式，通常应于商品已经发出时，确认收入的实现。对此，注册会计师应重点检查被审计单位是否收到货款，商品是否已经发出。应注意是否存在对已收货款并已将商品发出的交易不入账、转为下期收入，或开具虚假出库凭证、虚增收入等现象。

【例 7-3】 审计人员王红和刘新审计滨海机械 2015 年 12 月 31 日的销售业务时，发现企业采用预收形式，收到购货方货款 800 000 元，开出销售发票和提货单，当天没有提货，同时，做如下账务处理。

借：银行存款　　　　　　　　　　　　　　　　　936 000
　贷：主营业务收入　　　　　　　　　　　　　　　800 000
　　　应交税费——应交增值税（销项税额）　　　　136 000

王红和刘新怀疑此笔销售业务确认销售收入的时间不正确。根据会计准则，通过检查相关凭据，审计人员发现滨海机械存在虚增收入、虚增利润的情况。这个例子说明审计收入时要特别注意收入的确认问题。

（3）采用托收承付结算方式，通常应于支票已经发出，劳务已经提供，并已将发票账单提交银行、办妥收款手续时确认收入的实现。对此，注册会计师应重点检查被审计单位是否发货，托收手续是否办妥，货物发运凭证是否真实，托收承付结算回单是否正确。

【例 7-4】 审计人员王红和刘新在审计滨海机械 2015 年度财务报表时，通过测试发现，滨海机械 2016 年 1 月主营业务收入明细账和主营业务成本明细账上记载的一批甲产品的销售业务，在 2015 年 12 月已收妥款项，并符合销售收入确认条件，但在当月未做任何会计处理，而在 2016 年 1 月做如下会计处理。

借：银行存款　　　　　　　　　　　　　　　　11 700 000
　贷：主营业务收入　　　　　　　　　　　　　10 000 000

应交税费——应交增值税（销项税额）   1 700 000

王红和刘新提请滨海机械分别调整了2015年与2016年的账务。

（4）销售合同或协议明确销售价款的收取采用递延方式，可能实质上具有融资性质的，应当按照应收的合同或协议价款的公允价值确定销售商品收入金额。应收的合同或协议价款与其公允价值之间的差额，通常应当在合同或协议期间内采用实际利率法进行摊销，计入当期损益。

（5）长期工程合同收入，如果合同的结果能够可靠估计，通常应当根据完工百分比法确认合同收入。注册会计师应重点检查收入的计算。确认方法是否合乎规定，并核对应计收入与实际收入是否一致，注意查明有无随意确认收入、虚增或虚减本期收入的情况。

【例7-5】 审计人员王红和刘新在审计滨海机械2015年度财务报表时发现以下事项。

（1）2015年12月18日，滨海机械对正保公司销售商品一批，取得收入2 000万元（不含税），货款未收。2016年1月，正保公司提出该商品存在质量问题要求退货，滨海机械经与正保公司反复协商，达成一致意见：滨海机械给予折让5%，正保公司放弃退货的要求。滨海机械对此开具了红字增值税专用发票。滨海机械对于该销售折让冲减了2016年1月的销售收入，并进行了其他相关处理。

（2）2013年5月20日，滨海机械与大洋公司签订合同，向大洋销售某大型设备，该设备需按大洋公司的要求进行生产。合同约定：该设备应于合同签订后8个月内交货。滨海机械负责安装调试，合同价款为2 000万元（不含增值税），开始生产日大洋公司预付货款1 000万元，余款在安装调试达到预定可使用状态时付清，合同完成以安装调试达到预定可使用状态为标志。鉴于安装调试是该设备达到预定可使用状态的必要条件，根据以往经验，该类设备安装后未经调试时达到预定可使用状态的比率为70%。滨海机械在完成合同同时确认该设备的销售收入及相关成本。

2015年6月20日，滨海机械开始组织该设备的生产，并于当日收到大洋公司预付货款1 000万元，2015年12月31日该设备完工，实际生产成本1 800万元，滨海机械于当日开具发货通知单及发票，并将该设备运抵大洋公司。滨海机械就上述事项在2015年确认了销售收入2 000万元和销售成本1 800万元。

（3）滨海机械确认对A公司销售收入计1 000万元（不含税，增值税税率为17%）。相关记录显示：销售给A公司的产品系滨海机械生产的半成品，其成本为900万元，滨海机械已开具增值税发票且已经收到货款，A公司对其购进的上述半成品进行加工后又以1 287万元的价格（含税，增值税税率为17%）销售给了滨海机械，A公司已开具增值税发票且已收到货款，滨海机械已做存货购进处理。

要求：判断以上会计处理是否恰当，并说明理由。

解析：（1）会计处理不恰当。理由：2015年12月18日，滨海机械向正保公司销售商品时，该批商品存在质量问题这一事实已经存在，2016年1月，滨海机械给予5%的折让，只是对2015年12月18日已经存在的情况提供了进一步的证据，需要对2015年12月18日与确认销售收入有关项目的金额重新作出估计。因此，滨海机械给予正保公司的商品销售折让一事，属于资产负债日后事项中的调整事项，滨海机械应调整2015年财务报表中的营业收入100万元和相关项目的金额。滨海机械将该销售折让直接冲减2016年

1 月的销售收入是不正确的。

（2）会计处理不恰当。理由：销货方只有在将所售商品所有权上的相关主要风险和报酬全部转移给购货方后，才能确认相关的商品销售收入，本例中，2015 年 12 月 31 日将设备运抵大洋公司并未说明已安装调试验收合格，达到预定可使用状态，与该设备所有权相关的主要风险和报酬尚未全部转移给大洋公司，不符合收入确认条件。

（3）会计处理不恰当。理由：滨海机械与 A 公司之间属于委托加工交易，根据协议和相关的原始凭证，应当作出以下审计调整分录。

借：营业收入	10 000 000
应交税金——应交增值税（销项税额）	1 700 000
其他应收款	11 700 000
贷：存货	110 000 000
应交税金——应交增值税（进项税额）	1 870 000

同时

借：存货	9 000 000
贷：营业成本	9 000 000

2）实施销售的截止测试

（1）选取资产负债表日前后若干天一定金额以上的发运凭证，与应收账款和收入明细账进行核对；同时，从应收账款和收入明细账选取在资产负债表日前后若干天一定金额以上的凭证，与发运凭证核对，以确定销售是否存在跨期现象。

（2）复核资产负债表日前后销售和发货水平，确定业务活动水平是否异常，并考虑是否有必要追加实施测试程序。

（3）取得资产负债表日后所有的销售退回记录，确定是否存在提前确认收入的情况。

（4）结合对资产负债表日应收账款的函证程序，检查有无未取得对方认可的大额销售。

（5）调整重大跨期销售。

对销售实施截止测试，其目的在于确定被审计单位主营业务收入的会计记录归属期是否正确：应记入本期或下期的主营业务收入是否被推延至下期或提前至本期。

我国《企业会计准则——基本准则》规定："企业对于已经发生的交易或者事项，应当及时进行会计确认、计量和报告，不得提前或延后"，并规定"收入只有在经济利益很可能流入从而导致企业资产增加或者负债减少、且经济利益的流入能够可靠计量时才能予以确认"。据此，注册会计师在审计中应该把握三个与主营业务收入确认有着密切关系的日期：一是发票开具日期；二是记账日期；三是发货日期（服务业则是提供劳务的日期）。这里的发票日期是指开具增值税专用发票或普通发票的日期；记账日期是指被审计单位确认主营业务收入实现并将该笔经济业务记入主营业务收入账户的日期；发货日期是指仓库开具出库单并发出库存商品的日期。检查三者是否归属同一适当会计期间常常是主营业务收入截止测试的关键所在。

围绕上述三个重要日期，在审计实务中，注册会计师可以考虑选择三条审计路径实施主营业务收入的截止测试（见表 7-11）。

表 7-11　销售截止测试的三条审计路线对比

起点	路线	缺点	优点	目的
账簿记录	从报表日前后若干天的账簿记录查至记账凭证，检查发票存根与发运凭证	缺乏全面性和连贯性，只能查多计，无法查漏记	比较直观，容易追查至相关凭证记录	以证实已入账收入是否在同一期间已开具发票并发货，有无多计收入
销售发票	从报表日前后若干天的发票存根查至发运凭证与账簿记录	较费时费力，尤其是难以查找相应的发货及账簿记录，不易发现多记收入	较全面、连贯，容易发现漏记收入	确定已开具发票的货物是否已发货并于同一会计期间确认收入，有无少计收入
发运凭证	从报表日前后若干天的发运凭证查至发票开具情况与账簿记录	确定营业收入是否计入恰当的会计期间，有无少计收入		

上述三条审计路径在实务中均被广泛采用，它们并不是孤立的，注册会计师可以考虑并用这三条路径，甚至可以在同一主营业务收入科目审计中并用。实际上，由于被审计单位的具体情况各异，管理层意图各不相同，有的为了完成利润目标、承包指标，更多地享受税收等优惠政策，便于筹资等目的，可能会多计收入；有的则为了以丰补歉、留有余地、推迟缴税时间等目的而少计收入。因此，为提高审计效率，注册会计师应当凭借专业经验和所掌握的信息、资料作出正确判断，选择其中的一条或两条审计路径实施更有效的收入截止测试。

【例 7-6】　假如你是扬帆会计师事务所的审计人员，对阳光实业有限公司进行财务报表审计，请根据相关背景资料（见图 7-7～图 7-11）进行销售截止测试。

图 7-7　记账凭证

1100062650　　**北京增值税专用发票**　　№ 60972086　　1100062650 60972086

此联不作报销、扣税凭证使用　　开票日期：2015年12月28日

购买方	名　称：天虹有限责任公司 纳税人识别号：911101052014554227 地址、电话：北京市朝阳区雷锋路93号 01084562565 开户行及账号：中国建设银行北京朝阳分行 6222655466705234678O				密码区	3-657<19-*845<382+-*-/5+*81 75/375*-+/48*7)+>-2//5230-* >*85*-+/13+6+67-7<8*873/+<4 13-30026+-*+10+96*-+762-/>7	
货物或应税劳务、服务名称	规格型号	单位	数量	单价	金额	税率	税额
B产品		台	3	2000.00	6000.00	17%	1020.00
合　计					¥6000.00		¥1020.00
价税合计（大写）	⊗柒仟零贰拾元整				（小写）¥7020.00		
销售方	名　称：阳光实业有限公司 纳税人识别号：911101052014569640 地址、电话：北京市朝阳区万兴路26号 01083214233 开户行及账号：中国工商银行北京朝阳支行6222655466705266544				备注		

收款人：　　复核：　　开票人：胡龙飞　　销售方：（章）

税总函【XXXX】XXX号 XXXXXXXX公司

第一联：记账联　销售方记账凭证

图 7-8　后附原始凭证 1：增值税专用发票

销 售 单

购货单位：天虹有限责任公司　　地址和电话：北京市朝阳区雷锋路93号　01084562565　　单据编号：10972714

纳税识别号：911101052014554223　　开户行及账号：中国建设银行北京朝阳分行　6222655466705234678O　　制单日期：2015.12.28

编码	产品名称	规格	单位	单价	数量	金额	备注
1	B产品		台	2000.00	3	6000.00	
合计	人民币（大写）：陆仟圆整					¥6000.00	

总经理：　　销售经理：　　经手人：李容　　会计：周美　　签收人：

会计联

图 7-9　后附原始凭证 2：销售单

分页：1　总页：1

主营业务收入明细账

一级科目：主营业务收入　　二级科目：B产品

2015年 月	日	凭证 种类	号数	摘要	日页	借方	贷方	借或贷	余额
2	20	记	051	销售B产品			1000000	贷	1000000
2	28	记	110	结转收入		1000000		平	0
	28			本月合计		1000000	1000000	平	0
4	5	记	021	销售B产品			1200000	贷	1200000
4	30	记	110	结转收入		1200000		平	0
	30			本月合计		1200000	1200000	平	0
6	10	记	031	销售B产品			600000	贷	600000
6	30	记	110	结转收入		600000		平	0
	30			本月合计		600000	600000	平	0
7	10	记	031	销售B产品			800000	贷	800000
7	31	记	110	结转收入		800000		平	0
	31			本月合计		800000	800000	平	0
12	31			本年累计		3600000	3600000	平	0

图 7-10　主营业务收入明细账

分页:3　　总页:7

应收账款明细账

一级科目:应收账款　　　　二级科目:天虹有限责任公司

2015年 月	日	凭证 种类	号数	摘要	日页	借方	贷方	借或贷	余额
1	1			上年结转				借	1 000 000
1	31	记	104	收回货款			1 000 000	平	0
	31			本月合计			1 000 000	平	0
11	29	记	092	销售G产品		3 422 250		借	3 422 250
	30			本月合计		3 422 250		借	3 422 250
12	31			本年累计		3 422 250	1 000 000	借	3 422 250

图 7-11　应收账款明细账

解析：检查内容为：①是否正确过入收入、应收账款等明细账；②是否正确过入总账。经检查，可以看出发票开具日期和发货日期均为 2015 年 12 月 28 日，则该笔业务应在 2015 年 12 月进行确认，而记账日期却显示为 2016 年 1 月 5 日，同时，检查 2015 年收入、应收账款对应的明细账，也没有发现有此笔业务的记录，因此，表明被审单位对于该笔业务没有正确记账。

结论：经截止测试，发现期末有跨期核算收入、将收入推迟记账的现象。建议被审单位 2015 年的财务报表审计中做如下的分录调整。

借：应收账款　　　　　　　　　　　　　　　　　7 020.00

　　贷：主营业务收入　　　　　　　　　　　　　　6 000.00

　　　　应交税费——应交增值税（销项税额）　　　1 020.00

7.3.2　应收账款的实质性程序

应收账款余额一般包括应收账款账面余额和相应的坏账准备两部分。

应收账款指企业因销售商品、提供劳务而形成的债权，即由于企业销售商品、提供劳务等原因，应向购货客户或接受劳务的客户收取的款项或代垫的运杂费，是企业的债权性资产。

企业的应收账款是在销售交易或提供劳务过程中产生的。因此，应收账款的审计应结合销售交易来进行。

坏账是指企业无法收回或收回可能性极小的应收款项（包括应收票据、应收账款、预付款项、其他应收款和长期应收款等）。由于发生坏账而产生的损失称为坏账损失。企业通常应采用备抵法按期估计坏账损失。

企业通常应当定期或者至少于每年年度终了，对应收账款项进行全面检查，合理预计各项应收款项可能发生的坏账，相应计提坏账准备。坏账准备通常是审计的重点，并且，由于坏账准备与应收账款联系非常紧密，我们把对坏账准备的审计与对应收账款的审计合在一起讲述。

1. 应收账款的审计目标

应收账款的审计目标一般包括：确定资产负债表中记录的应收账款是否存在；确定所有应当记录的应收账款是否均已记录；确定记录的应收账款是否由被审计单位拥有或控制；确定应收账款是否可收回，坏账准备的计提方法和比例是否恰当，计提是否充分；确定应收账款及其坏账准备期末余额是否正确；确定应收账款及其坏账准备是否已按照企业会计准则的规定在财务报表中作出恰当列报。表 7-12 列出了应收账款的审计目标与认定的对应关系。

表 7-12　应收账款的审计目标与认定对应关系表

审计目标	财务报表认定				
	存在	完整性	权利和义务	计价和分摊	列报
A. 资产负债表中记录的应收账款是存在的	√				
B. 所有应当记录的应收账款均已记录		√			
C. 记录的应收账款由被审计单位拥有或控制			√		
D. 应收账款以恰当的金额包括在财务报表中，与之相关的计价调整已恰当记录				√	
E. 应收账款已按照企业会计准则的规定在财务报表中作出恰当列报					√

2. 应收账款的实质性程序

表 7-13 列出了应收账款的审计目标与审计程序的对应关系。

表 7-13　应收账款的审计目标与审计程序对应关系表

审计目标	可供选择的审计程序
D	1. 获取或编制应收账款明细表 （1）复核加计是否正确，并与总账和明细账合计数核对是否相符，结合坏账准备科目与报表数核对是否相符 （2）检查非记账本位币应收账款的折算汇率及折算是否正确 （3）分析有贷方余额的项目，查明原因，作重分类调整 （4）结合其他应收款、预收账款等往来项目的明细账余额，调查有无同一客户多出挂账、异常余额或销售无关的其他款项（如代销账户、关联方账户或雇员账户）。如有，应作出记录，必要时作调整 （5）标示重要的欠款单位，计算其欠款合计数占应收账款余额的比例
ABD	2. 检查涉及应收账款的相关财务指标 （1）复核应收账款借方累计发生额与主营业务收入是否配比，并将当期应收账款借方发生额占销售收入净额的百分比与管理层考核指标比较，如存在差异应查明原因 （2）计算应收账款周转率、应收账款周转天数等指标，并与被审计单位以前年度指标、同行业同期相关指标对比分析，检查是否存在重大异常

审计目标	可供选择的审计程序
D	3. 获取或编制应收账款账龄分析表 (1) 测试计算的准确性 (2) 将加总数与应收账款总分类余额相比较，并调查重大调节项目 (3) 检查原始凭证，如销售发票、运输记录等，测试账龄核算的准确性 (4) 请被审计单位协助，在应收账款明细表上标出至审计时已收回的应收账款金额，对已收回金额较大的款项进行常规检查，如核对收款凭证、银行对账单、销货发票等，并注意凭证发生日期的合理性，分析收款时间是否与合同相关要素一致
ACD	4. 对应收账款进行函证 除非有充分证据表明应收账款对财务报表不重要或函证很可能无效，否则，应对应收账款进行函证。如果不对应收账款进行函证，应在工作底稿中说明理由。如果认为函证很可能无效，应当实施替代审计程序获取充分、适当的审计证据 (1) 选取函证项目 (2) 对函证实施过程进行控制：核对询证函是否由注册会计师直接收发，被询证者以传真、电子邮件等方式回函的，应要求被询证者寄回询证函原件，如果未能收到积极式函证回函，应当考虑与被询证者联系，要求对方作出回应或再次寄送发询证函 (3) 编制"应收账款函证结果汇总表"，对函证结果进行评价。核对回函内容与被审计单位账面记录是否一致，如不一致，分析不符事项的原因，检查销售合同、发运单等相关原始单据，分析被审计单位对于回函与账面记录之间差异的解释是否合理，编制"应收账款函证结果调节表"，并检查支持性凭证，如果不符事项构成错报，应重新考虑所实施审计程序的性质、时间和范围 (4) 针对最终未回函的账户实施替代审计程序（如实施期后收款测试，检查运输记录、销售合同等相关原始资料及询问被审计单位有关部门等）
A	5. 对未函证应收账款实施替代审计程序。抽查有关原始凭据，如销售合同、销售订单、销售发票副本、发运凭证及回款单据等，以验证与其相关的应收账款的真实性
A	6. 抽查有无不属于结算业务的债权：抽查应收账款明细账，并追查至有关原始凭证，查证被审计单位有无不属于结算业务的债权。如有，应建议被审计单位作适当调整
A	7. 通过检查自资产负债表日至＿＿＿日止被审计单位授予欠款单位的、金额大于＿＿＿＿＿＿的减免应收账款凭证以促使其准确性。检查资产负债表日前后销售退回和赊销水平，确定是否存在异常迹象（如与正常水平相比），并考虑是否有必要追加审计程序
D	8. 评价坏账准备计提的适当性 首先，注册会计师应检查有无债务人破产或者死亡以及破产或以遗产清偿后仍无法收回的，或者债务人长期未履行清偿义务的应收账款；其次，应检查被审计单位坏账的处理是否经授权批准，有关会计处理是否正确 (1) 取得或编制坏账准备计算表，复核加计正确，与坏账准备总账数、选择合计数核对相符。将应收账款坏账准备本期计提数与资产减值损失相应的明细项目的发生额核对，检查是否相符 (2) 检查应收账款坏账准备计提和核销的批准程序，取得书面报告等证明文件。评价计提坏账准备所依据的资料、假设及方法，复核应收账款坏账准备是否按经股东（大）会或董事会批准的既定方法和比例提取，其计算和会计处理是否正确 (3) 根据账龄分析表中，选取金额大于＿＿＿＿＿＿的账户，逾期超过＿＿＿＿＿天的账户以及认为必要的其他账户（如有收款问题记录的账户、收款问题行业集中的账户）。复核并测试所选取账户期后收款情况。针对所选取的账户，与授信部门经理或其他负责人员讨论其可收回性，并复核往来函件或其他相关的信息，以支持被审计单位就此作出的声明。针对坏账准备计提不足情况进行调整 (4) 实际发生坏账准备损失的，检查转销依据是否符合有关规定，会计处理是否正确 (5) 已经确认并转销的坏账重新收回，检查其会计处理是否正确 (6) 通过比较前期坏账准备计提数和实际发生数，以及检查期后事项，评价应收账款坏账准备计提的合理性

审计目标	可供选择的审计程序
A	9. 复核应收账款和相关总分类账、明细分类账和现金日记账，调查异常项目。对大额或异常及关联方应收账款，即使回函相符，仍应抽查其原始凭证
A	10. 检查应收账款减少有无异常
D	11. 检查应收账款中是否存在债务人破产或死亡，以其破产财产或者遗产清偿后仍无法收回，或者债务人长期未履行偿债义务的情况，如果是，应提请被审计单位处理
ABCD	12. 标明应收关联方（包括持股 5% 以上（含 5%）股东）的款项，执行关联方及其交易审计程序，并注明合并报表时应予抵销的金额，对关联企业、有密切关系的主要客户交易事项作专门核查 （1）了解交易事项目的、价格和条件，作比较分析 （2）检查销售合同、销售发票、发运单证等相关资料 （3）检查收款凭证等货款结算单据 （4）向关联方、有密切关系的主要客户或其他注册会计师函证，以确认交易的真实性、合理性
C	13. 检查银行存款和银行贷款等询证的回函、会议纪要、价款协议和其他文件，确定应收账款是否已被质押或出售
	14. 根据评估的舞弊风险等因素增加的审计程序
E	15. 检查应收账款是否已按照企业会计准则的规定在财务报表中作出恰当列报

下面重点讲解其中一些程序。

1）获取或编制应收账款账龄分析表

（1）获取或编制应收账款账龄分析表分析账龄。

注册会计师可以通过获取或编制应收账款账龄分析表（见表 7-14）来分析应收账款的账龄，以便了解应收账款的可收回性。

表 7-14　应收账款账龄分析表

年　月　日　　　　　　　　　　　　　　　　货币单位：

客户名称	期末余额	账　龄			
		1 年以内	1～2 年	2～3 年	3 年以上
合　计					

应收账款的账龄，通常是指资产负债表中的应收账款从销售实现、产生应收账款之日起，至资产负债表日止所经历的时间。编制应收账款账龄分析表时，可以考虑选择重要的客户及余额列示，而将不要的或余额较小的汇总列示。应收账款账龄分析表的合计数减去已计提的相应坏账准备后的净额，应该等于资产负债表中的应收账款项目余额。

（2）测试应收账款账龄分析表计算的准确性，并将应收账款账龄分析表中的合计数与应收账款总分类账余额相比较，并调查重大调节项目。

（3）检查原始凭证，如销售发票、运输记录等，测试账龄划分的准确性。

2）对应收账款进行函证

函证应收账款的目的在于证实应收账款账户余额的真实性、正确性，防止或发现被审计单位及其有关人员在销售交易中发生的错误或舞弊行为。通过函证应收账款，可以比较有效地证明被询证者（即债务人）的存在和被审计单位记录的可靠性。

注册会计师应当考虑被审计单位的经营环境、内部控制的有效性、应收账款账户的性质、被询证者处理询证函的习惯做法及回函的可能性等，以确定应收账款函证的范围、对象、方式和时间。

（1）函证的范围和对象。除非有充分证据表明应收账款对被审计单位财务报表而言是不重要的，或者函证很可能是无效的，否则，注册会计师应当对应收账款进行函证。如果注册会计师不对应收账款进行函证，应当在审计工作中底稿中说明理由。如果认为函证很可能是无效的，注册会计师应当实施替代审计程序，获取相关、可靠的审计证据。函证数量的多少、范围是由下列诸多因素决定的。

① 应收账款在全部资产中的重要性。若应收账款在全部资产中所占的比重较大，则函证的范围相应扩大一些。

② 被审计单位内部控制的强弱。若内部控制制度较健全，则可以相应减少函证量；反之，则相应扩大函证范围。

③ 以前期间的函证结果。若以前期间函证中发现过重大差异，或欠款纠纷较多，则函证范围相应扩大一些。

一般情况下，注册会计师应选择以下项目作为函证对象：大额或账龄较长的项目；与债务人发生纠纷的项目；重大关联方项目；主要客户（包括关系密切的客户）项目；交易频繁但期末余额较小甚至余额为零的项目；可能产生重大错报或舞弊的非常的项目。

（2）函证的方式。注册会计师可采用积极式询证函（见图 7-12 和图 7-13）或消极式询证函（见图 7-14）实施函证，也可将两种方式结合使用。

（3）函证时间的选择。注册会计师通常以资产负债表日为截止日，在资产负债表日后适当时间内实施函证。如果重大错报风险评估为低水平，注册会计师可选择资产负债表日前适当日期为截止日实施函证，并对所函证项目自该截止日起至资产负债表日止发生的变动实施其他实质性程序。

（4）函证的控制。注册会计师通常利用被审计单位提供的应收账款明细账户名称及客户地址等资料据以编制询证函，但注册会计师应当对确定需要确认或填列的信息、选择适当的被询证者、设计询证函以及发出和跟进（包括收回）询证函保持控制。

① 通过邮寄的方式发出询证函采取的控制措施，为避免询证函被拦截、篡改等舞弊风险因素，在邮寄询证函时，项目组应选择独立于被审计单位管理层的邮寄服务机构，并亲自寄发询证函。例如，如果项目组利用快递人员寄发询证函，该快递人员应当是可靠并独立于管理层的，以确保函证直接送交目标收件人。同时，在询证函中明确要求被询证者将回函寄至会计师事务所，不得寄至被审计单位（即便项目组仍然在被审计单位执行现场审计工作）。

企业询证函

天津滨海机械股份有限公司（公司）：   编号：<u>ZD001</u>

    本公司聘请 扬帆 会计事务所正在对本公司 2016 年度财务报表进行审计，按照中国注册会计师审计准则的要求，应当询证本公司与贵公司的往来账项等事项。下列数据出自本公司账簿记录，如与贵公司记录相符，请在本函下端"信息证明无误"处签章证明；如有不符，请在"信息不符"处列明不符金额。回函请直接寄至 扬帆 会计师事务所。

回函地址：北京市朝阳区使馆路 63 号基金大厦 6 楼

邮编：100020   电话：01063727669   传真：01063727669 联系人：扬帆会计师事务所审计二部

1. 本公司与贵公司的往来账项列示如下：

单位：元

截止日期	贵公司欠	欠贵公司	备注
2016.12.31	216907.50		

2. 其他事项

本函仅为复核账目之用，并非催款结算。若款项在上述日期之后已经付清，仍请及时函复为盼。

（公司盖章）
2017 年 1 月 10 日

结论：1. 信息证明无误

（公司盖章）
年 月 日
经办人：

    2. 信息不符，请列明不符的详细情况：

（公司盖章）
年 月 日
经办人：

图 7-12   积极式询证函格式一

企业询证函

天津滨海机械股份有限公司（公司）：   编号：<u>ZD001</u>

    本公司聘请的 扬帆 会计师事务所正在对本公司 2016 年度财务报表进行审计，按照中国注册会计师审计准则的要求，应当询证本公司与贵公司的往来账项等事项。请列示截至 2016 年 12 月 31 日贵公司与本公司往来款项余额。回函请直接寄至 扬帆 会计师事务所。

回函地址：北京市朝阳区使馆路 63 号基金大厦 6 楼

邮编：100020   电话：01063727669   传真：01063727669 联系人：扬帆会计师事务所审计二部

本函仅为复核征募之用，并非催款结算。若款项在上述日期之后已经付清，仍请及时函复为盼。

（公司盖章）
2017 年 1 月 10 日

1. 贵公司与本公司的往来账项列示如下：

单位：元

截止日期	贵公司欠	欠贵公司	备注
2016.12.31	216907.50		

2. 其他事项

（公司盖章）
年 月 日
经办人：

图 7-13   积极式询证函格式二

企业询证函

天津滨海机械股份有限公司（公司）： 　　　　　　　　　　编号：<u>ZD002</u>

　　本公司聘请的 扬帆 会计师事务所正在对本公司 2016 年度财务报表进行审计，按照中国注册会计师审计准则的要求，应当询证本公司与贵公司的往来账项等事项。下列数据出自本公司账簿记录，如与贵公司记录相符，则无须回复；如有不符，请直接通知会计师事务所，并请在空白处列明贵公司认为是正确的信息。回函请直接寄至 扬帆 会计师事务所。

回函地址：北京市朝阳区使馆路 63 号基金大厦 6 楼

邮编：100020 　电话：01063727669 　传真：01063727669 联系人：扬帆会计师事务所审计二部

1. 本公司与贵公司的往来账项列示如下：

单位：元

截止日期	贵公司欠	欠贵公司	备注
2016.12.31	216907.50		

2. 其他事项

　　本函仅为复核账目之用，并非催款结算。若款项在上述日期之后已经付清，仍请及时核对为盼。

（公司盖章）
2017 年 01 月 10 日

<u>　　　　　　</u>会计师事务所：

　　上面的信息不正确，差异如下：

（公司盖章）
年 月 日
经办人：

图 7-14　消极式询证函格式

　　② 通过跟函的方式发出询证函的控制措施。如果项目组认为跟函的方式（即项目组独立或在被审计单位员工的陪伴下，亲自将询证函送至被询证者，在被询证者核对并确认回函后，亲自将回函带回的方式）能够获得可靠函证信息，可以采取该方式发出询证函并收回回函。如果被询证者同意跟函人员独自前往被询证者执行函证程序，跟函人员应独自前往。如果跟函人员跟函时有被审计单位员工陪伴，跟函人员需要在这个过程中保持对询证函的控制，同时，对被审计单位和被询证者之间串通舞弊风险保持警觉。

　　③ 对不实施函证的控制。注册会计师应当对应收账款实施函证程序，除非有充分证据表明应收账款对财务报表不重要，或函证很可能无效；如果函证很可能无效，注册会计师应当实施替代审计程序，获取相关、可靠的审计证据；如果不对应收账款函证，注册会计师应当在审计工作底稿中说明理由。

　　④ 对不回函的控制。如果采用积极的函证方式实施函证而未能收到回函，注册会计师应当考虑与被询证者联系，如果未能得到被询证者的回应，注册会计师应当实施替代审计程序。替代审计程序应当能够提供实施所能够提供的同样效果的审计证据，如针对应收账款存在性认定的替代程序有检查被审计单位资产负债日后收到有关款项的记录和凭证，包括银行进账单、汇款证明、银行存款日记账等，检查销售合同、销售发票和发货记录等证明交易确实已经发生的证据，检查被审计单位与客户之间的函电记录等。

191

在评价实施函证和替代审计程序获取的审计证据是否充分、适当时，注册会计师应当考虑：①函证和替代审计程序的可靠性；②不符事项的原因、频率、性质和金额；③实施其他审计程序获取的审计证据。

注册会计师可通过函证结果汇总表（见表 7-15）的方式对询证函的收回情况加以控制。

表 7-15 应收账款函证结果汇总表

被审计单位名称：　　　　　制表：　　　　　日期：

结账日：　年　月　日　　　复核：　　　　　日期：

询证编号	债务人名称	债务人地址及联系方式	账面金额	函证方式	函证日期		回函日期	替代程序	确认余额	差异金额及说明	备注
					第一次	第二次					
合计											

（5）对不符事项的处理。对应收账款而言，由于登记入账的时间不同而产生的不符事项主要表现为：①询证函发生时，债务人已经付款，而被审计单位尚未收到货款；②询证函发出时，被审计单位的货物已经发出并已做销售记录，但货物仍在途中，债务人尚未收到货物；③债务人由于某种原因将货物退回，而被审计单位尚未收到；④债务人对收到的货物的数量、质量及价格等方面有异议而全部或部分拒付货款等。如果不符事项构成错误，注册会计师应当评价该错报是否表明存在舞弊，并重新考虑所实施审计程序的性质、时间安排和范围。

（6）对函证结果的总结和评价。注册会计师对函证结果可进行如下评价。

① 重新考虑对内部控制的原有评价是否适当；控制测试的结果是否适当；分析程序的结果是否适当；相关的风险评价是否适当等。

② 如果函证结果表明没有审计差异，则可以合理的推论，全部应收账款总体是正确的。

③ 如果函证结果表明存在审计差异，则应当估算应收账款总额中可能出现的累计差错时多少，估算未被选中进行函证的应收账款的累计差错是多少。为取得对应收账款累计差错更加准确的估计，也可以进一步扩大函证范围。

需要指出的是，注册会计师应当将询证函回函作为审计证据，纳入审计工作底稿管理，询证函回函的所有权归属所在会计师事务所。除法院、检察院及其他有关部门依法查阅审计工作底稿，注册会计师协会对职业情况进行检查以及前后任注册会计师沟通等情形外，会计事务所不得将询证函回函提供给被审计单位作为法律诉讼依据。

【例 7-7】　审计人员王红和刘新对滨海机械 2015 年财务报表审计时，编制的应收账款函证结果汇总表（简表）见表 7-16。

表 7-16 应收账款函证结果汇总表 单位：万元

单位名称	询证函编号	函证方式	回函日期	账面金额	回函金额	差异金额	回函方式	说明
A 公司	X1	积极	1.24	5 000	2 384	2 616	邮寄原件	1
B 公司	X2	积极	1.10	3 000	0	3 000	邮寄原件	2
C 公司	X3	积极	2.8	7 618	7 618	0	传真件	3
D 公司	X4	积极		6 780			未回函	4
F 公司	X5	积极	2.9	4 320	4 230	0	跟函方式	5
G 公司	X6	积极	2.13	1 200	600	600	邮寄原件	6
H 公司	X7	积极	2.21	8 920		8 920	邮寄原件	7
I 公司	X8	积极	1.6	5 130			函件退回	8
J 公司	X9	积极	1.14	7 000	0	7 000	邮寄原件	9
K 公司	X9	积极	1.31	6 500	6 500	0	邮寄原件	10

审计说明：

1. 回函直接寄回本所。差异原因是 A 公司回函金额扣除了 2015 年 12 月 31 日以电汇方式已支付一笔 2 616 万元的货款。滨海机械已于 2016 年 1 月 5 日收到该笔款项，并记入 2016 年应收账款明细账。该回函差异不构成错报。

2. 回函直接寄回本所。差异原因是滨海机械 2015 年 12 月 31 日向 B 公司发出一批产品（合同价款 3 000 万元）并确认收入和应收账款，但 B 公司 2016 年 2 月 5 日才收到这批产品。经检查相关的销售合同、销售发票、出库单以及相关记账凭证，没有发现异常。该回函差异不构成错报。

3. 回函由 C 公司直接传真至本所。回函没有差异，无须实施进一步的审计程序。

4. 未收到回函，执行替代程序：从应收账款借方发生额中选取样本，检查相关销售合同、销售发票、出库单以及相关记账凭证，确认这些文件中记录是一致的，没有发现异常以后，无须实施进一步审计程序。

5. 注册会计师在业务员张明的陪同下直接带回回函，回函没有差异，无须实施进一步审计程序。

6. 回函直接寄回本所。差异原因是因货物在运输途中损坏，已提出诉讼要求半价支付货款。该回函差异构成错报，建议调整。

7. 回函直接寄回本所。差异原因是因产品质量问题，F 公司根据合同已于 2015 年 12 月 31 日退回货物（合同价款 8 920 万元）。该回函差异构成错报，建议调整。

8. 函件退回。原因是 I 公司已破产，建议全额计提坏账准备。

9. 回函直接寄回本所。差异原因是 J 公司 2015 年 12 月 24 日已收到滨海机械委托代销货物 7 000 万元，尚未行使。该回函差异构成错报，建议调整。

10. 回函直接寄回本所。回函中 K 公司注明：本信息是从电子数据库中取得，可能不包括被询证方所拥有的全部信息。回函没有差异，无须实施进一步的审计程序。

解析：（1）对于 A 公司回函差异，注册会计师应当结合货币资金审计，追查滨海机械公司在资产负债表日后是否收到 A 公司 2 616 万元货款，如果是，则该回函差异不构成错报。

（2）对于 B 公司回函差异，注册会计师应当针对 3 000 万元再次向 B 公司发函询证，以证实 B 公司 2016 年 2 月 5 日是否收到这批产品，如果是，则该回函差异不构成错报。

（3）注册会计师可以致电 C 公司的总机号码，确认该传真号码和发件人是否真实存在，并电话联系回函者，确定被询证者是否发了回函并验证回函内容，必要时，要求 C 公司将原件寄回事务所。

（4）未收到 D 公司回函，需要与 D 公司联系；如果未能得到 D 公司的回应，注册会计师应当实施替代审计程序，如检查被审计单位资产负债表日后收到有关款项的记录和凭证，包括银行进账单、汇款证明、银行存款日记账等，检查销售合同、销售发票和发货记录等证明交易确实已经发生的证据，检查被审计单位与客户之间的函电记录等。

（5）对于在业务员张明的陪同下直接带回回函，跟函人员需要在这个过程中保持对询证函的控制，如：①了解被询证者处理函证的通常流程和处理人士；②确认处理询证者人的身份和处理询证函权限，如索要名片、观察员工或姓名牌等；③观察处理函证人是否按照处理函证的正常流程认真处理询证函，如是否在其计算机系统或相关记录中核对相关信息，同时，对被审计单位和被询证者之间串通舞弊风险保持警觉。

（6）检查涉及诉讼的相关文件，并征求律师的意见，以确认应收货款金额。

（7）检查销售退回的有关文件，如销售退回通知单、退税证明；检查退回货物的红字发票及入库单，以确认货物是否退回及退回入库日期，如果已在期后时间内退回，建议调整该项应收账款。

（8）注册会计师应当追加程序获取并阅读I公司确已破产且无力清偿，建议滨海机械公司及时确认坏账损失；如果I公司正在破产清算过程中，建议滨海机械公司对该款项全额计提坏账准备。

（9）检查与J公司的货物代销合同及其货运凭证，检查代销清单。如果货物已发出，但J公司确实未销售出去，建议调整该项应收账款。

（10）对于K公司回函中带有限制性措辞，注册会计师应当考虑向被询证者澄清或寻求法律意见，以确定回函是否信赖，必要时执行替代审计程序。

3. 坏账准备的实质性程序

企业会计准则规定，企业应当在期末对应收款项进行检查，并合理预计可能产生的坏账损失。应收款项包括应收票据、应收账款、预付款项、其他应收款和长期应收款等，下面应收账款相关的坏账准备为例，阐述坏账准备审计常用的实质性程序。

（1）取得或编制坏账准备明细表，复核加计是否正确，与坏账准备总张数、明细账合计数核对是否相符。

（2）将应收账款坏账准备本期计提数与资产减值损失相应明细项目的发生额核对是否相符。

（3）检查应收账款坏账准备和核销的批准程序，取得书面报告等证明文件，评价计提坏账准备所依据的资料、假设及方法。

企业应根据所持应收账款的实际可收回情况，合理计提坏账准备，不得多提或少提，否则应视为滥用会计估计，按照重大会计差错的方法进行会计处理。

对于单项金额重大的应收账款，企业应当单独进行减值测试，如有客观证据证明其已发生减值，应当计提坏账准备。对于单项金额不重大的应收账款，可以单独进行减值测试，或包括在具有类似信用风险特征的应收账款组合中（例如账龄分析）进行减值测试。此外，单独测试为发生兼职的应收账款，应当包括具有类似信用风险特征的应收账款组合中（例如有账龄分析）再进行减值测试。

采用账龄分析法时，收到债务单位当期偿还的部分债务后，剩余的应收账款，不应改变其账龄，仍应按原账龄加上本期增加的账龄确定；在存在多笔应收账款但各笔应收账款账龄不同的情况下，收到债务单位当期偿还的部分债务，应当逐步认定是哪一笔应收账款；如果确实无法认定的，按照"先发生、先收回"的原则确定，剩余应收账款的账龄按上述同一原则确定。

在确定坏账准备的计提比例时，企业应当在综合考虑以往的经验、债务单位的实际财务状况和预计未来现金流量（不包括尚未发生的未来信用损失）等因素，以及其他相关信息的基础上作出合理估计。

（4）实际发生坏账准备损失的，检查转销依据是否符合有关规定，会计处理是否正确。对于被审计单位在被审计期间内发生的坏账损失，注册会计师应检查其原因是否清楚，是否符合有关规定，有无授权批准，有无已做坏账处理后又重新收回应收账款，相应的会计处理是否正确。对有确凿证据表明确实无法收回的应收账款，如债务单位已撤销、破产、资不抵债、现金流量严重不足等，企业应根据管理权限，经股东（大）会或董事会，或经理（厂长）办公室或类似机构批准作为坏账损失，冲销提取的坏账准备。

（5）已经确认并转销的坏账重新收回，检查其会计处理是否正确。

（6）检查函证结果。对债务人回函中反映的例外事项及存在争议的余额，注册会计师应查明原因并做记录。必要时，应建议被审计单位考虑是否存在坏账可能以及是否需要做相应的调整。

（7）实施分析程序。通过比较前期坏账准备计提数和实际发生数，以及检查期后事项，评价应收账款坏账准备计提的合理性。

（8）确定应收账款坏账准备的披露是否恰当。企业应当在财务报表附注中清晰地说明坏账的确认标准、坏账准备的计提方法和计提比例。

【例 7-8】　审计人员王红和刘新对滨海机械股份有限公司 2015 年财务报表审计，发现年末应收账款总账余额为 360 万元，其所属明细账中有借方余额的合计数为 380 万元，贷方余额的合计数为 20 万元；其他应收款总账余额为 40 万元。该公司采用余额百分比法计算应收账款和其他应收款的坏账准备，坏账准备的核算采用备抵法，计提比例确定为 3%。该企业坏账准备的明细账记录见表 7-17。

表 7-17　坏账准备明细账记录

日期	凭证字号	摘要	借方	贷方	余额
1/1	转字 42	上年结转			110（贷方）
20/4	转字 90	核销坏账	50		60（贷方）
8/10	转字 102	核销坏账	80		−20（贷方）
31/12		计提本年的坏账准备		36	16（贷方）

要求：（1）请审计被审计单位年末应计提的坏账准备金额是否正确。

（2）如果不正确，请作出调整分录。

解析：（1）该公司坏账准备的计提金额有误。

年末应提取的坏账准备金 $= 420 \times 3\% - (-20) = 32.6$（万元）

与被审计单位所提坏账准备的差额 $= 32.6 - 36 = -3.4$（万元）

因此，被审单位所提坏账准备不正确。

（2）调整分录。

借：资产减值损失　　　　　　　　　　　　　　　　　　（34 000）

贷：坏账准备　　　　　　　　　　　　　　　　　　　　　　（34 000）

7.3.3　税金及附加的审计

税金及附加核算企业经营活动发生的消费税、城市维护建设税、资源税、教育费附加及房产税、土地使用税、车船使用税、印花税等相关税费。依据财政部《关于印发〈增值税会计处理规定〉的通知》（财会〔2016〕22 号）规定：全面试行"营业税改征增值税"后，"营业税金及附加"科目名称调整为"税金及附加"科目；利润表中的"营业税金及附加"项目调整为"税金及附加"项目。

对于税金及附加的实质性程序，目前尚未有具体的文件。本书建议参照之前营业税金及附加的实质性程序进行：应在查明被审计单位应缴纳的税种基础上，结合"税金及附加"总账、明细账与相关原始凭证，自己与该账户对应的"应交税费"等账户进行检查，必要时，应向有关部门、单位和人员进行查询。

1. 审计目标与认定的对应关系

税金及附加的审计目标与认定对应关系见表 7-18。

表 7-18　税金及附加的审计目标与认定对应关系表

审计目标	财务报表认定					
	发生	完整性	准确性	截止	分类	列报
A. 确定利润表中记录的税金及附加已发生，且与被审计单位有关	√					
B. 确定所有应当记录税金及附加均已记录		√				
C. 确定与税金及附加有关的金额及其他数据已恰当记录			√			
D. 确定税金及附加记录于正确的会计期间				√		
E. 确定税金及附加中的交易和事项已记录于恰当的账户					√	
F. 税金及附加已按照企业会计准则的规定在财务报表中作出恰当列报						√

2. 审计目标与审计程序对应关系

税金及附加的审计目标与审计程序对应关系见表 7-19。

表 7-19　税金及附加的审计目标与审计程序对应关系表

审计目标	可供选择的审计程序
C	1. 获取或编制税金及附加明细表，复核加计是否正确，并与报表数、总账数和明细账合计数核对是否相符
CBADE	2. 根据审定的本期应纳消费品销售额（或数量），按规定适用的税率，分项计算、复核本期应纳消费税税额，检查会计处理是否正确
CBADE	3. 根据审定的本期应纳资源税产品的课税数量，按规定适用的单位税额，计算、复核本期应纳资源税税额、检查会计处理是否正确

审计目标	可供选择的审计程序
CBADE	4. 检查城市维护建设税、教育费附加等项目的计算依据是否和本期应纳增值税、营业税、消费税合计数一致，并按规定适用的税率或费率计算、复核本期应纳城建税、教育费附加等，检查会计处理是否正确
BCA	5. 结合应交税费科目的审计，复核其钩稽关系
	6. 根据评估的舞弊风险等因素增加的审计程序
F	7. 检查税金及附加是否已按照企业会计准则的规定在财务报表中作出恰当列报

7.3.4 销售费用的审计

销售费用核算企业销售商品和材料、提供劳务的过程中发生的各种费用，包括保险费、包装费、展览费和广告费、商品维修费、预计产品质量保证损失、运输费、装卸费等以及为销售本企业商品而专设的销售机构（含网点、售后服务网点等）职工薪酬、业务费、折旧费等经营费用。

1. 审计目标与认定的对应关系

销售费用的审计目标与认定对应关系见表 7-20。

表 7-20　销售费用的审计目标与认定对应关系表

审计目标	财务报表认定					
	发生	完整性	准确性	截止	分类	列报
A. 确定利润表中记录的营业税金及附加已发生，且与被审计单位有关	√					
B. 确定所有应当记录的营业税金及附加均已记录		√				
C. 确定与营业税金及附加有关的金额及其他数据已恰当记录			√			
D. 确定营业税金及附加记录于正确的会计期间				√		
E. 确定营业税金及附加中的交易和事项已记录于恰当的账户					√	
F. 营业税金及附加已按照企业会计准则的规定在财务报表中作出恰当列报						√

2. 审计目标与审计程序的对应关系

销售费用的审计目标与审计程序的对应关系见表 7-21。

表 7-21　销售费用的审计目标与审计程序对应关系表

审计目标	可供选择的审计程序
C	1. 获取或编制销售费用明细表 （1）复核加计数是否正确，并与报表数、总账数和明细表合计数核对是否相符 （2）将销售费用中的工资、折扣等与相关的资产、负债科目核对，检查其钩稽关系的合理性

审计目标	可供选择的审计程序
ABC	2. 对销售费用进行分析 (1) 计算分析各个月份销售费用总额及主要项目金额占主营业务收入的比率，并与上一年度进行比较，判断变动的合理性 (2) 计算分析各个月份销售费用中主要项目发生额及占销售费用总额的比率，并与上一年度进行比较，判断其变动的合理性
E	3. 检查各明细项目是否与被审计单位销售商品和材料、提供劳务以及专设的销售机构发生的各种费用有关
ABC	4. 检查销售费用佣金支出是否符合规定，审批手续是否齐全，是否取得有效的原始凭证，如超过规定，是否按规定进行了纳税调整
ABC	5. 检查广告费、宣传费、业务招待费的支出是否正确，审批手续是否齐全，是否取得有效的原始凭证，如超过规定限额，应在计算应纳所得税时调整
C	6. 检查由产品质量保证产生的预计负债，是否按确定的金额进行会计处理
ABC	7. 选择重要或异常的销售费用，检查销售费用各项目开支标准是否符合有关规定，开支内容是否被审计单位的产品销售或专设销售机构的经费有关，计算是否正确，原始凭证是否合法，会计处理是否正确
D	8. 抽取资产负债表日前后 n 天的 m 张凭证，实施截止测试，若存在异常迹象，应考虑是否有必要追加审计程序，对于重大跨期项目应作必要调整
	9. 根据评估的舞弊风险等因素增加相应的审计程序
F	10. 检查销售费用是否已按照企业会计准则的规定在财务报表中作出恰当的列报

【例 7-9】 审计人员王红和刘新对滨海机械 2015 年财务报表审计，在审查 5 月份销售费用明细账时，发现如下记录（见表 7-22）。

表 7-22 销售费用明细账

2015 年 月	日	摘要	包装费	运输费	装卸费	保险费	广告费	展览费	其他
5	1	付 1# 产品包装费	2 500						
	2	付报刊广告费					3 000		
	3	付展览公司展览费						9 500	
	3	付运费		650					
	5	招待客户用餐							1 050
	7	付装卸费			400				
	8	付赔偿金							6 000
	11	付 2# 产品包装费	3 000						
	13	付车站装卸费			860				
	18	付销货合同违约金							4 000
	22	付电台产品广告费					4 000		

2015 年		摘要	包装费	运输费	装卸费	保险费	广告费	展览费	其他
月	日								
	26	付运输保险费				1 480			
	31	付门市部职工工资							2 650
	31	付门市部差旅费							1 200
5	31	销售费用结转	(5 500)	(650)	(1 260)	(1 480)	(7 000)	(9 500)	(14 900)

要求:(1) 说明审计方法。

(2) 指出存在问题。

(3) 提出处理意见。

解析:(1) 审计方法:审阅销售费用明细账,抽查有关记账凭证和原始凭证。

(2) 存在问题:

5 月 5 日,招待客户用餐应列入"管理费用"账户。

5 月 8 日,付赔偿金应列入"营业外支出"账户。

5 月 18 日,付销货合同违约金应列入"营业外支出"账户。

由于上述业务处理错误,导致 5 月末销售费用结转金额不正确。

(3) 处理意见:上述已计入"销售费用"账户的各项支出,应按规定列支。其调整分录如下。

借:营业外支出　　　　　　　　　　　　　　　　　　　　10 000

　　管理费用　　　　　　　　　　　　　　　　　　　　　1 050

　　贷:销售费用　　　　　　　　　　　　　　　　　　　　　11 050

由于上述问题,导致 5 月末销售费用多计了 11 050 元。

7.3.5　应收票据的审计

应收票据核算企业因销售商品、产品、提供劳务而收到的商业汇票,包括银行承兑汇票和商业承兑汇票。

1. 审计目标与认定的对应关系

应收票据的审计目标与认定的对应关系见表 7-23。

表 7-23　应收票据的审计目标与认定对应关系表

审计目标	财务报表认定				
	存在	完整性	权利和义务	计价和分摊	列报
A. 资产负债表中记录的应收票据是存在的	√				
B. 所有应当记录的应收票据均已记录		√			
C. 记录的应收票据由被审计单位拥有或控制			√		

199

审计目标	财务报表认定				
	存在	完整性	权利和义务	计价和分摊	列报
D. 应收票据以恰当的金额包括在财务报表中，与之相关的计价调整已恰当记录				√	
E. 应收票据已按照企业会计准则的规定在财务报表中作出恰当列报					√

2. 审计目标与审计程序的对应关系

应收票据的审计目标与审计程序的对应关系见表 7-24。

表 7-24　应收票据的审计目标与审计程序对应关系表

审计目标	可供选择的审计程序
D	1. 获取或编制应收票据明细表 (1) 复核加计是否正确，并与总账数明细账合计数核对是否相符，结合坏账准备科目与报表数核对是否相符 (2) 检查非记账本位币应收票据的折算汇率及折算是否正确 (3) 检查逾期票据是否已转为应收账款
A	2. 取得被审计单位"应收票据备查簿"，核对其是否与账面记录一致。在应收票据明细表上标出至审计时已兑现或已贴现的应收票据，检查相关收款凭证等资料，以确认其真实性
ABD	3. 监盘库存票据，并与"应收票据备查簿"的有关内容核对，检查库存票据，注意票据的种类、号数、签收的日期、到期日、票面金额、合同交易号、付款人、承兑人、背书人姓名或单位名称，以及利率、贴现率、收款日期、收回金额等是否与应收票据登记簿的记录相符，关注是否对背书转让或贴现的票据负有连带责任，注意是否存在已作质押的票据和银行退回的票据
ACD	4. 对应收票据进行函证，并对函证结果进行汇总、分析，同时对不符事项作出适当处理
A	5. 对于大额票据，应取得相应销售合同或协议、销售发票和出库单等原始交易凭证并进行核对，以证实是否存在真实交易
D	6. 复核带息票据的利息计算是否正确，并检查会计处理是否正确
D	7. 对贴现的应收票据，复核其贴现计算是否正确，会计处理是否正确，编制已贴现和已转让但未到期的商业承兑汇票清单，并检查是否存在贴现保证金
D	8. 评价针对应收票据计提的坏账准备的适当性 (1) 取得或编制坏账准备计算表，复核加计正确，与坏账准备总账数、明细账合计数核对相符，将应收票据坏账准备本期计提数与资产减值损失相应明细项目的发生额核对，并确定其是否相符 (2) 检查应收票据坏账准备计提和核销的批准程序，取得书面报告等证明文件，评价坏账准备所依据的资金、假设及计提方法，复核应收票据坏账准备是否按经股东会或董事会批准的既定方法和比例提取，其计算和会计处理是否正确 (3) 实际发生坏账损失的，检查转销依据是否符合有关规定，会计处理是否正确 (4) 已经确认并转销的坏账重新收回的，检查其会计处理是否正确 (5) 通过比较前期坏账准备计提数和实际发生数，以及检查期后事项，评价应收票据坏账准备计提的合理性

审计目标	可供选择的审计程序
ADC	9. 标明应收关联方（包括持股5%以上（包含5%）股东）的款项，执行关联方及其交易审计程序，并注明合并报表时应予抵销的金额，对关联方企业、有密切关系的主要客户的交易事项作专门核查 （1）了解交易事项目的、价格和条件。作比较分析 （2）检查销售合同、销售发票、货运单证等相关文件资金 （3）检查收款凭证等货款结算的单据 （4）向关联方、有密切关系的主要客户或其他注册会计师函证，以确认交易的真实性，合理性
	10. 根据评估的舞弊风险等因素增加的审计程序
E	11. 检查应收票据是否已按照企业会计准则的规定在财务报表中作出恰当列报

【例 7-10】 审计人员王红和刘新对天津滨海机械股份有限公司 2015 年财务报表审计时，发现应收票据项目中出现问题，该公司于 2015 年 12 月 20 日贴现一张票面金额为 20 万元、年利率为 4%、120 天到期的带息应收票据，该公司已持有 60 天，银行贴现率 5%，记账凭证未附有关结息银行凭证，记账凭证上记载的会计分录如下。

借：银行存款　　　　　　　　　　　　　　　198 311.11
　　财务费用　　　　　　　　　　　　　　　　1 688.89
　　贷：应收票据　　　　　　　　　　　　　　200 000.00

审计人员针对贴现额进行了复核，发现贴现额有问题，应收贴现额如下。

　　应收贴现额＝200 000×（1＋4%×120÷360）×（1－5%×60÷360）
　　　　　　　＝200 977.78（元）

　　该公司少计贴现额＝200 977.78－198 311.11＝2 666.67（元）

经查，产生问题的原因为经管人员贪污。若向责任人追回贪污款，建议调账，其调整分录如下。

借：其他应收款——责任人员　　　　　　　　2 666.67
　　贷：财务费用　　　　　　　　　　　　　　2 666.67

7.3.6　应交税费的审计

应交税费核算企业按照税法规定计算应缴纳的各种税费，包括增值税、消费税、营业税、所得税、资源税、土地增值税、城市维护建设税、房产税、土地使用税、车船使用税、教育附加、矿产资源补偿费等。企业（保险）按规定应交纳的保险保障基金、企业代扣代缴的个人所得税，也通过"应交税费"科目核算。

1. 审计目标与认定的对应关系

应交税费的审计目标与认定的对应关系见表 7-25。

2. 审计目标与审计程序的对应关系

应交税费的审计目标与审计程序的对应关系见表 7-26。

表 7-25 应交税费审计目标与认定对应关系表

审计目标	财务报表认定				
	存在	完整性	权利额义务	计价和分摊	列报
A. 资产负债表中记录的应交税费是存在的	√				
B. 所有应当记录的应交税费均已记录		√			
C. 记录的应交税费是被审计单位应当履行的偿还义务			√		
D. 应交税费以恰当的金额包括在财务报表中，与之相关的计价调整已恰当记录				√	
E. 应交税费已按照企业会计准则的规定在财务报表中作出恰当列报					√

表 7-26 应交税费的审计目标与审计程序对应关系表（全面营改增之前）

审计目标	可供选择的审计程序
D	1. 获取或编制应交税费明细表 （1）复核加计是否正确，并与报表数、总账数和明细账合计数核对是否相符 （2）注意印花税、耕地占用税以及其他不需要预计应缴数的税金有无误入应交税费项目 （3）分析存在借方余额的项目，查明原因，判断是否由被审计单位缴税款引起
BCA	2. 首次接受委托时，取得被审计单位的纳税鉴定、纳税通知、减免税批准等文件，了解被审计单位适用的税种，附加税费、计税基础，税费率，以及征、免、减税的范围与期限。如果被审计单位适用特定的税基式优惠或税额式优惠或降低适用税率的，且该税收优惠需办理规定的审批或备案手续的，应检查相关的手续是否完整、有效。连续接受委托时，关注其变化情况
BA	3. 核对期初未交税金与税务机关受理的纳税申报资料是否一致，检查缓期纳税及延期纳税事项是否经过有权税务机关批准
BCD	4. 取得税务部门汇算清缴或其他确认文件、有关政府部门的专项检查报告、税务代理机构专业报告、被审计单位纳税申报资料等，分析其有效性，并与上述明细表账面数据进行核对，对于超过法定交纳期限的税费，应取得主管税务机关的批准文件
DBA	5. 检查应交增值税 （1）获取或编制应交增值税明细表，加计复核其正确性，并与明细账核对相符 （2）将应交增值税明细表与被审计单位增值税纳税申报表进行核对，比较两者是否总体相符，并分析其差额的产生原因 （3）通过"原材料"等相关科目匡算进项税是否正确 （4）抽查一定期间的进项税抵扣汇总表，并与应交增值税明细表相关数额合计数核对，如有差异，查明原因并做适当处理 （5）抽查重要进项税发票、海关完税凭证、收购凭证或运费发票，并与网上申报系统进行核对，注意进口货物、购进的免税农产品或废旧物资、支付运费、接受投资或捐赠、接受应税劳务等应计的进项税额是否按规定进行了会计处理，因存货改变用途或发生非常损失应计的进项税额转出数的计算是否正确，是否按规定进行了会计处理 （6）根据与增值税销项税额相关账户审定的有关数据，复核存货销售，或将存货用于投资、无偿馈赠他人、分配给股东（或投资者）应计的销项税额，以及将自产、委托加工的产品用于非应税项目的计税依据确定是否正确以及应计的销项税额是否正确计算，是否按规定进行了会计处理 （7）检查释放税率是否符合税法规定

审计目标	可供选择的审计程序
DBA	（8）取得《出口货物退税申报表》及办理出口退税有关凭证，复核出口货物退税的计算是否正确，是否按规定进行了会计处理 （9）对经主管税务机关批准实行核定征收率征收增值税的被审计单位，应检查其是否按照有关规定正确执行，如果申报增值税金额小于核定征收率计算的增值税金额，应注意超过申报额部分的会计处理是否正确 （10）抽查本期已交增值税资料，确定已交款数的正确性
DBA	6. 检查应交营业税的计算是否正确，结合营业税及附加等项目的审计，根据审定当期营业额，检查营业税计税依据是否正确，适用税率是否符合税法规定，是否按规定进行了会计处理，并分项复核本期应交数，抽查本期已交营业税资金，确定已交数的正确性
DBA	7. 检查应交消费税的计算是否正确，结合营业税及附加等项目。根据审定应税消费品销售额（或数量），检查消费税的计税依据是否正确。适用税率是否符合税法规定，是否按规定进行了会计处理，并分项复核本期应交消费税税额，抽查本期已交消费税资料，确定已交数的正确性
DBA	8. 检查应交资源税计算是否正确，是否按规定进行了会计处理
DBA	9. 检查应交增值税是否正确，是否按规定进行了会计处理 （1）根据审定的预售房地产预收账款，复核预交税款是否准确 （2）对符合项目清算条件的房地产开发项目，检查被审计单位是否按规定进行土地增值税清算，如果被审计单位已聘请中介机构办理土地增值税清算鉴证的，应检查核对相关鉴证报告 （3）如果被审计单位被主管税务机关核定了征收土地增值税的，应检查核对相关的手续
DBA	10. 检查应交城市维护建设的计算是否正确。结合营业税税金及附加等项目的审计，根据审定的计税基础和按规定适用的税率，复核被审计单位本期应交城市维护建设税的计算是否正确，是否按规定进行了会计处理，抽查本期已交城市维护建设税资料，确定已交数的正确性
DBA	11. 检查应交车船使用税和房产税的计算是否正确。获取被审计单位自有车船数量、吨位（或座位）及自有房屋建筑面积、用途、造价（购入原值）、构建年月等资料，并与固定资产（含融资租入固定资产）明细账复核一致，了解其使用，停用时间及其原因等情况，通过审核本期完税单，检查其是否如实申报和按期缴纳，是否按规定进行了会计处理
DBA	12. 检查应交土地使用税的计算是否正确，是否按规定进行了会计处理
DBA	13. 获取或编制应交所得税测算表，结合所得税项目，确定应纳所得税额及企业所得税税率，复核应交企业所得税的计算是否正确，是否按规定进行了会计处理，抽查本期已交所得税资料，确定已交数的正确性，汇总纳税企业所得税汇算清缴，并按税法规定追加相应的程序
DBA	14. 检查教育附加、矿产资源补偿费等计算是否正确，是否按规定进行了会计处理
DBA	15. 检查除上诉税项外的其他税项及代扣税项的计算是否正确，是否正确规定进行了会计处理
BD	16. 检查被审计单位获得税费减免或返还时的依据是否充分、合法和有效，会计处理是否正确
ABD	17. 抽查 h 笔应交税费相关的凭证，检查是否有合法依据，会计处理是否正确
	18. 根据评估的舞弊风险等因素增加的审计程序
E	19. 确定应交税费是否已按照企业会计准则的规定在财务报表中作出恰当列报

需要说明的是，随着我国"营改增"的全面推行，增值税的征收范围已延伸到生产、流通环节的所有商品及交通运输、电信、信息技术等现代服务业。增值税审计涉及面广，政策复杂交错，本书建议在审计中可重点把握四个环节。

1）纳税人资格认定环节

按照税法规定，增值税分为一般纳税人和小规模纳税人，两类纳税人的管理和征税方式差异较大。

审查方法如下。

一是通过分析中国税收征管信息系统（CTAIS）中的小规模纳税人税务登记和申报征收数据，从中筛选年应税销售额超过税法规定小规模纳税人认定标准的企业情况，包括企业年应税销售额、行业类型和已缴纳增值税额等内容。

二是将上述筛选结果交由税务部门逐一核实，并重点关注税务部门核实结果与筛选结果有差异的企业，以及这些企业在超过一般纳税人标准后，税务机关是否按规定时间下达了税务事项通知书，是否及时督促企业办理相关认定手续。

三是根据税务部门的核实结果，按照税法规定计算企业少缴税款的具体金额，并确定相关税务人员的责任。

2）销项和进项税额的申报环节

（1）销售收入的确认是否真实、准确和及时

审查方法如下。

一是审查纳税人申报的销售收入金额是否完整，是否包含了在销售时向购买方收取的包装费、包装物押金、手续费、奖励费、返还利润等各种性质的价外费用；是否存在通过设置"账外账"等方式，隐匿购销中的现金交易，达到偷逃税款的目的。

二是审查纳税人是否按照税法规定，以"货物发出或移送""收到销售款""取得索取销售款凭据"或"合同约定"等标准，及时确认应税销售收入；是否存在通过"压票"、收入挂往来科目等方式人为少计收入，少缴税款的问题。

（2）视同销售行为是否准确计算和缴纳税款

审查方法如下。

一是审核委托代销和受托代销货物行为是否足额申报销项税额，是否存在按扣除手续费后的余额计税，或直接挂往来科目不计收入的问题。

二是审核是否将不在同一地区的总分机构间调拨货物作为销售处理，是否计提了销项税额。

三是审核企业将自产、委托加工的货物用于职工福利、个人消费、投资入股以及捐赠等非应税项目后，是否及时足额计提了销项税额；是否存在直接成本对转，不计销售收入，或仅按货物成本价格核算，未按规定视同销售，导致少计税款的问题。

四是审核企业将外购的货物用于对外投资、捐赠等项目时，是否按规定视同销售并计提销项税额，是否存在错误使用进项税额转出的问题。

（3）兼营的非应税项目收入是否准确核算和申报纳税

一些大型综合性业务企业不按规定对正常销售业务和兼营的非应税项目进行准确核算，并将销售货物的销售额混入非应税项目的销售额中计缴营业税，从而少缴税款。

审查方法如下。

一是通过调阅企业经营业务合同，掌握销售业务和兼营的非应税业务的总体情况；二是查阅"其他业务收入"等核算非应税项目收入的明细账，重点关注其中贷方发生额较大、摘要记录异常的业务，通过审查相关凭证，进一步核实企业是否存在将正常销售业务混入非应税项目中核算、少缴税款的问题。

（4）非应税项目的进项税额是否转出

进项税额是纳税人当期应缴纳税额的抵扣项，但是，按照税法规定，纳税人用于非应税项目的进项税额即使取得了增值税专用发票也不得抵扣，需要做进项税额转出处理。

审查方法如下。

一是以企业"营业外支出"和"待处理财产损益"明细账为基础，审核企业是否存在发生原材料盘亏和非正常损失后，只按成本结转到"营业外支出"科目中，不相应转出进项税额的问题。

二是以"应付福利费""原材料""包装物"和"低值易耗品"等科目为基础，并与进项税额转出明细账进行核对，核实企业是否存在将外购货物用于集体福利和个人消费等不按规定转出进项税额的问题。

3）税率适用环节

税率是计算增值税税额的尺度。现行税法根据货物、劳务的不同类型，分别设置了17%、13%、11%、6%等多个增值税税率，由于各税率之间差距较大，因此纳税人通过混淆收入类型、适用较低税率少缴税款的问题比较常见。

（1）是否按规定分别核算不同税率的货物

审查方法如下。

一是掌握企业生产经营的产品类型，了解各类产品是否适用不同的税率。

二是通过查阅企业"主营业务收入"明细账，核实企业是否存在未按规定将不同税率的产品销售收入分别记账、单独核算，并按照低税率计算缴纳税款的问题。

三是根据企业"主营业务收入""应交增值税"明细账和相关凭证，重点审查金额较大的销售业务对应的产品类型及适用税率，核实是否存在将高税率产品销售收入混入低税率产品销售收入中计缴税款的问题。

（2）实施"营改增"后，是否将产品销售收入混入技术服务费等服务收入中少缴税款

审查方法如下。

一是调阅企业产品销售合同、协议，掌握其中技术服务和售后服务的相关条款内容，掌握一般产品销售收入与技术服务费、售后服务费等服务的收入规模、结构和差别。

二是以纳税申报表为依据，结合"主营业务收入""其他业务收入"明细账，检查销售行为申报销项税额的收入额是否完整、准确，重点关注有无将一般产品销售收入混入技术服务费、售后服务费等收入列入"其他业务收入"中核算，使用低税率少缴税款的问题。

4）增值税发票的使用环节

（1）增值税发票的开具和使用是否符合相关规定

审查方法如下。

一是检查纳税人在使用增值税防伪税控系统开具专用发票和普通发票时是否严格规范，特别是专用发票所附"销售货物或者提供应税劳务清单"的开具是否严格按规定使用了防伪税控系统，重点审查纳税人是否存在利用防伪税控系统管理漏洞，通过伪造"销售货物或者提供应税劳务清单"虚开增值税专用发票的问题。

二是审核一般纳税人是否按规定使用增值税专用发票，是否在零售消费品、向小规模纳税人销售货物和销售免税货物时也违规开具专用发票。

（2）发票的开具是否与真实购销业务一致

审查方法如下。

一是关注货物流的真实性，在分析税务机关和企业申报纳税的相关数据资料并锁定初步疑点的基础上，应采取突击方法全面取得企业真实的进、销、存业务资料和数据，对比分析企业财务核算购销与纳税申报的差异，审查纳税人发票的开具是否基于真实的业务往来。

二是关注资金流的真实性，通过调阅购销双方企业的资金和往来账户等相关财务资料，审核购销双方资金支付的真实性，查看是否存在以虚假票据付款或先支付后回流等虚假付款的问题。

三是重点关注发票中的购销双方与资金流向、货物（劳务）流向的对应关系不完全一致的问题，核实纳税人是否存在"真票假业务"等虚开、套开增值税专用发票或普通发票的问题。

（3）农产品收购发票等特殊票据的使用是否规范

审查方法如下。

一是通过"原材料""应付账款"等明细账及购入原材料有关的原始凭证，掌握原材料购进情况。

二是将合同、原材料台账与财务部门数据及结算情况进行对比分析，审核农产品收购发票的开具数量与其经营规模是否协调一致，是否存在收购农产品的内容和规模超过企业生产能力等违反"常识"的情况。

三是通过延伸调查原料采购地、货物承运单位等，核实企业购进农产品业务的真实性。

【例7-11】 审计人员王红和刘新对禾冒电子有限公司2015年财务报表审计，在审计应交税费时发现问题。请根据背景资料（见图7-15和图7-16）检查增值税，指出存在问题，提出处理意见。

解析：根据原始凭证（见图7-16），可以看出这是一笔购进材料的业务，通过核对记账凭证和原始凭证，可以看到被审计单位的记账凭证中会计分录的金额与原始凭证不相等，记账凭证不含税金额为3 000万元，而发票金额为300万元。因此，记账凭证上的金额是错误的，建议编制调整分录。

冲销原错误分录的账务处理如下。

借：材料采购——硅片　　　　　　　　　　　（27 000 000.00）

　　应交税费——应交增值税（进项税额）　　（4 590 000.00）

　　贷：应付账款——晨鸣有限公司　　　　　（31 590 000.00）

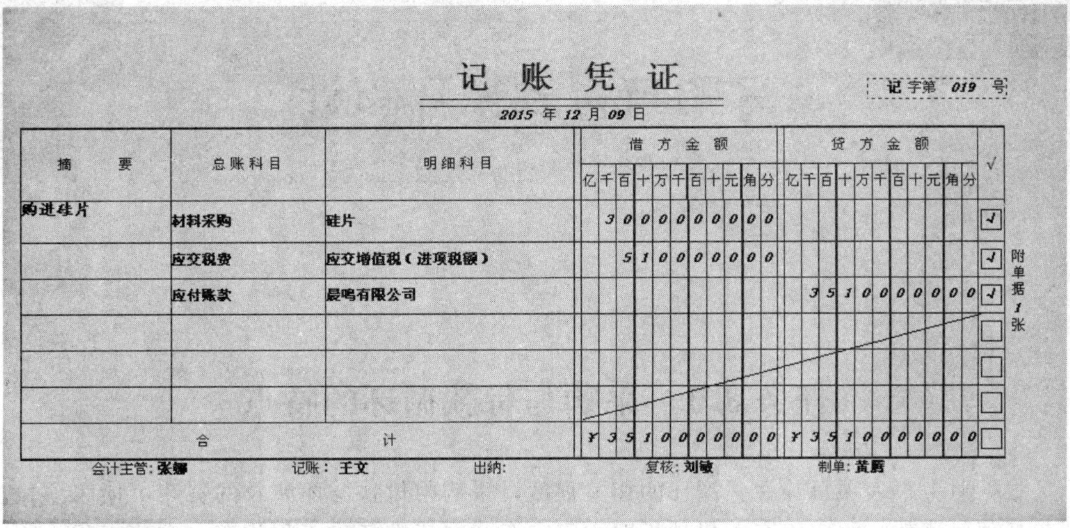

图 7-15　记账凭证

记 账 凭 证

记字第 019 号

2015 年 12 月 09 日

摘 要	总账科目	明细科目	借方金额	贷方金额	√
			亿 千 百 十 万 千 百 十 元 角 分	亿 千 百 十 万 千 百 十 元 角 分	
购进硅片	材料采购	硅片	3 0 0 0 0 0 0 0 0		√
	应交税费	应交增值税（进项税额）	5 1 0 0 0 0 0 0		√
	应付账款	晨鸣有限公司		3 5 1 0 0 0 0 0 0	√
合　　　计			￥ 3 5 1 0 0 0 0 0 0	￥ 3 5 1 0 0 0 0 0 0	

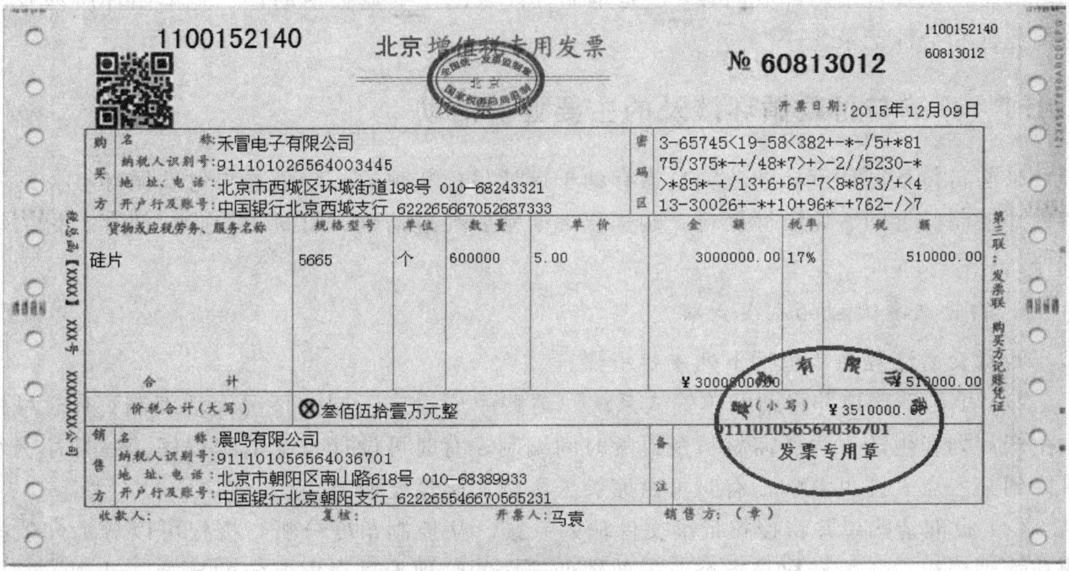

附单据 1 张

会计主管：张娜　　记账：王文　　出纳：　　复核：刘敏　　制单：黄鹏

图 7-16　增值税专用发票

采购与付款循环审计

任务 8.1 采购与付款循环的特点

根据财务报表项目与业务循环的相关程度，采购与付款循环涉及的资产负债表项目主要包括预付账款、固定资产、累计折旧、固定资产减值准备、工程物资、在建工程、固定资产清理、应付票据、应付账款等；所涉及的利润表项目主要是管理费用等。采购与付款循环的特性主要包括两部分内容：一是本循环涉及的主要业务活动；二是本循环所涉及的主要凭证和会计记录。

8.1.1 采购与付款循环涉及的主要业务活动

采购与付款循环审计的范围是指有助于审计目标实现的、与采购与付款循环有关的所有内部控制、合同、凭证等资料。购货业务通常要经过请购、订货、验收、储存、付款等程序。

1. 购货交易流程的主要步骤

购货交易流程通常包括下列主要步骤。

（1）填制请购单并将请购单输入系统。请购单应适应不同的情况灵活编制：有时可根据生产计划和生产工程所需材料及提货时间编制；有时可设计自动请购程序，一旦存货水平降到某一点，即可请购；有时可由库管人员依实际情况而定。

（2）批准请购单并将授权批准文件输入系统。从控制角度分析，授权可以分为一般授权和特别授权。一般授权是指企业内部较低层次的管理人员根据既定的预算、计划、制度等标准，在其权限范围之内对经常性经济行为进行的授权。特别授权是指对非经常经济行为进行专门研究作出的授权。与一般授权不同，特别授权的对象是某些例外的经济业务。这些例外的经济业务往往是个别的、特殊的，一般没有既定的预算、计划等标准，需要根据具体情况进行具体的分析研究，例如授权购买一项非经常性的大额采购。通常，采购请购单位应由企业计划部门根据年度预算或顾客订单进行批准。

（3）选择供应商订货。对于经常性的大额采购，应该采用招标的方式进行。

（4）实施采购。采购部门根据计划、授权或存储部门填制的请购单进行采购。购货之前均须填写按顺序编号的正式订货单，并将订单副本分送会计部门和验收部门。对于采购大宗商品、物资，应实行采购合同控制，并运用一定的技术与经验对请购单作有效的归类，分析，采用集中订货等措施，来获得合适的价格优惠。

（5）货物验收。购入的货物运达后，均应由独立于采购、存储等部门以外的其他部门负责验收。验收部门应该根据运单、发票、合同及产品说明书等检查货物的数量和质量，并据实填制验收单。验收单必须顺序编号。验收完毕应该立即将验收的货物转运存储部门，并将验收部门的商品和劳务，可以使用内部收货的承认手续，直接验证购货发票；对于过期交货商品，应建立特种批准程序；对于未入账的收货，应该根据供应商的发票和收货报告的对比来进行差异控制。

（6）复核购物发票的准确性并交财务部门。

（7）货物存储。为保证存货的安全及合理使用，应建立存储管理责任制，对各项存货的收、发、存都由专人负责，严格各项手续制度。货物入库，须由存储部门先行点验和检查，然后签收。签收后，根据实际入库货物的数量，填制入库单，及时通知会计部门。据此，存储部门确立了本身应负的责任，并对验收部门的工作进行再验证。此外，存储部门还应负责存货的安全；一方面要创造安全条件，即库房应有防火、防盗、防潮、防鼠等具体措施，以保证存货的安全完整；另一方面要规范存货存放秩序，即应该根据存货的品质等特征分类存放，并填制标签，妥善保管。

（8）编制存货采购明细账。采购固定资产的交易流程与采购存货、商品的类似，在此不再赘述。

2. 付款交易流程的主要步骤

付款交易流程通常包括下列主要步骤。

（1）复核发票。财务部门收到购货发票后，应立即送交采购部门将购货发票、订货单及验收单进行比较，确定货物种类、数量、价格、折扣条件、付款金额及方式是否相符。

（2）记录应付账款。会计部门收到有关单据后应及时编制记账凭证，登记账簿；应付账款总分类账和明细分类账应按月结账，并相互核对；对于现金折扣，应采用总价法记录，并制定严格的复制制度，审查是否发生折扣损失。

（3）对账。会计部门应按月向供货方取得对账单，并将其与应付账款明细分类账和未付凭单明细表相互调节，如有差异，应查明发生差异的原因。

（4）确定付款。有关现金支出须经采购部门填制应付凭单，并经有关部门批准后方可支付货款。采购部门应对所收各种单据、文件加盖收件日期时刻章。

3. 购货退回的主要流程

购货退回的交易流程通常包括下列主要步骤。

（1）处理购货退回的请求。

（2）批准请求。

（3）购货退回供应商。

（4）记录购货退回。

（5）更新应付账款账户。

8.1.2 采购与付款循环涉及的主要凭证和会计记录

采购与付款循环的主要凭证，除外部单证如供货单位的销售发票、提货单、运输部门的运单（或提单），以及银行机构的转账结算凭证以外，为了加强对采购与付款循环的有效管理和控制，企业应制定相关的内部凭证。典型的采购与付款循环所涉及的主要凭证和会计记录有以下几种。

(1) 请购单。是由仓库或有关部门填写，送交采购部门，申请购买商品、劳务或其他资产的书面凭证。请购单一般应包括生产通知单编号、所需要的材料和零件的型号，数量、库存数量、请购数量等。请购单应由有关授权人员签字确认。

(2) 采购合同。是由采购部门填写，向另一企业购买订购单上所指定商品、劳务或其他资产的书面凭证。采购合同应主要规定所需商品的品名、规格、数量、质量、价格、供货日期、结算方式、商品的包装与运输办法、质量检验手续、违约责任以及纠纷解决方式等。采购合同应预先编号并经过被授权的采购人员签名。其正联应送交供应商，副联则送至企业内部的验收部门、会计部门和编制请购单的部门。

(3) 验收单。是收到商品进行验收和检验所编制的凭证。验收单应列示从供应商处收到的商品的品名、说明、数量、到货时间、外观状况、质量状况等，并应签署验收意见。货品送交仓库或其他请购部门时，应由这些部门在验收单的副联上签收，验收单的一联还应送交会计部门。

(4) 退货单。采购过程中，如发现所收的材料与合同、发货单明显不符时，应办理手续，予以退回。退回时应填制退货单。退货单一般应填列的内容包括：原合同号数、原发票号数、退货原因、退货商品的名称、发票数量、退货数量、退货金额等。退货单应有授权人员的签字确认。

(5) 卖方发票。是供应商开具的，交给买方以载明发运的货物或提供的劳务、应付款金额和付款条件等事项的凭证。

(6) 付款凭单。是采购方企业的应付凭单部门编制的，记录已收到商品、资产或接受劳务的厂商应付款金额和付款日期的凭证，还是企业内部记录和支付负债的授权证明文件。

(7) 材料采购明细账。材料采购明细账应分别材料的类别（如原材料、辅助材料，燃料、包装物、低值易耗品等）分设账页，根据收料单、付款凭证、发票账单等登记。

(8) 应付账款明细账。企业以赊销方式购入的商品验收合格后，应根据供应商提供的销售发票和企业内部的验收单等原始凭证登记应付账款明细账。企业应按供应商分别登记，如需要按合同核算的，还应按合同明细核算。

(9) 转账凭证。是记录转账业务的记账凭证，它是根据有关转账业务（即不涉及现金、银行存款收付的各项业务）的原始凭证编制的。

(10) 付款凭证。包括现金付款凭证和银行存款付款凭证，是用来记录现金和银行存款支出业务的记账凭证。

(11) 卖方对账单。是由供货方按月编制的，标明期初余额、本期购买，本期支付给卖方的款项和期末余额的凭证。卖方对账单是供货方对有关业务的陈述，如果不考虑买卖双方在收发货物上可能存在的时间差异等因素，其期末余额通常应与采购方相应的应付账款期末余额一致。

表 8-1 列出了采购与付款循环中主要业务活动及对应的凭证和记录。

表 8-1　采购与付款循环中主要业务活动及对应的凭证和记录

序号	主要业务活动	对应的凭证和记录	相关的主要部门	相关的认定	重要控制点
1	请购商品和劳务	请购单	仓库、有关部门		请购单不编号，但要经过签字批准
2	编制订购单	订购单	采购部门	完整性	订购单预先编号，送至供应商及有关部门，独立检查处理
3	验收商品	验收单、订购单	验收部门	完整性、存在或发生	验收单一式多联、预先编号
4	储存已验收商品	验收单上签收	仓库、请购部门	存在或发生	保管与采购职责分离
5	编制付款凭单	付款凭单、验收单、订货单、供应商发票	应付凭单部门	存在或发生、估价或分摊、完整性	预先编号，并经过适当批准
6	确认与记录负债	应付账款明细账、应付凭单登记簿、供应商发票、验收单、订货单、卖方对账单、转账凭证	应付账款部门、会计部门	存在或发生、完整性、估价或分摊	记录现金收支的人员不得经手现金、有价证券和其他资产，独立检查入账及时性及金额正确性
7	支付负债	付款凭单、支票	应付凭单部门、财务部门	存在或发生、完整性、估价或分摊	支票预先编号，已签署的支票的相关凭证要注销
8	记录现金、银行存款支出	现金日记账、银行存款日记账、支票、付款凭证	会计部门	存在或发生、估价或分摊、完整性	独立编制银行存款调节表

【例 8-1】　采购与付款循环的起点是（　　）。

A. 编制付款凭单　　B. 请购商品和劳务　C. 编制订购单　　　D. 验收商品

答案：B

解析：请购商品和劳务是整个采购与付款循环的起点；订购单是证明管理层有关购货交易的"发生"认定的凭据之一，也是某笔购货交易的起点之一。

任务 8.2　采购与付款循环的内部控制和控制测试

采购与付款循环的控制测试主要包括购货业务测试、应付账款测试、固定资产测试三大内容。

8.2.1　购货业务的内部控制测试

1. 购货业务的内部控制

购货是存货流动的起点，购货记录是整个存货记录是否适当的基础，购货业务测试则是存货审计中的关键一环。根据《内部控制基本规范及配套指引》中规定，一个健全有效的采购与付款循环的内部控制应该包括以下内容。

1）采购与付款业务不相容职务相互分离控制

单位应当建立采购与付款业务的岗位责任制、明确相关部门和岗位的职责、权限，确保办理采购与付款业务的不相容岗位相互分离、制约和监督。采购与付款业务不相容岗位至少包括：①请购与审批；②确定供应商；③采购合同的订立；④采购与验收；⑤采购、验收与相关会计记录；⑥付款审批与付款执行。

单位不得由同一部门或个人办理采购与付款业务的全过程。

单位应当配备合格的人员办理采购与付款业务。办理采购与付款业务的人员应当具备良好的业务素质和职业道德。单位应当根据具体情况对办理采购与付款业务的人员进行岗位轮换。

2）采购与付款业务授权批准控制

单位应当对采购与付款业务建立严格的授权批准制度，明确审批人对采购与付款业务的授权批准方式、权限、程序、责任和相关控制措施，规定经办人办理采购与付款业务的职责范围和工作要求。

（1）审批人应当根据采购与付款业务授权批准制度的规定，在授权范围内进行审批，不得超越审批权限。

（2）单位对于重要和技术性较强的采购业务，应当组织专家进行论证，实行集体决策和审批，防止出现决策失误而造成严重损失。

（3）严禁未经授权的机构或人员办理采购与付款业务。

（4）单位应当按照请购、审批、采购、验收、付款等规定的程序办理采购与付款业务，并在采购与付款各环节设置相关的记录、填制相应的凭证，建立完整的采购登记制度。

3）采购与付款业务会计系统控制

（1）请购与审批控制（含预算控制）。企业请购事项应当明确，请购依据应当充分适当。具体控制政策和措施包括以下几个方面。

① 企业应当建立采购申请制度，依据购置商品或服务的类型，确定归口管理部门，授予相应的请购权，并明确相关部门或人员的职责权限及相应的请购程序。企业采购需求应当与企业生产经营计划相适应，具有必要性和经济性。需求部门提出的采购需求，应当明确采购类别、质量等级、规格、数量、相关要求和标准、到货时间等。有条件的企业应当设置专门的请购部门，对需求部门提出的采购需求进行审核，并进行归类汇总，统筹安排企业的采购计划。

② 企业应当加强采购业务的预算管理。对于预算内采购项目，具有请购权的部门应当严格按照预算执行进度办理请购手续；对于超预算和预算外采购项目，应当由审批人对请购申请进行审批，设置请购部门的，应当由请购部门对需求部门提出的申请进行审核后再行办理请购手续。

③ 企业应当建立严格的请购审批制度。对于超预算和预算外采购项目，应当明确审批权限，由审批人根据其职责、权限以及企业实际需要对请购申请进行审批。

（2）采购与验收控制。企业采购行为应当合法合规，采购与验收流程及有关控制措施应当明确规范。具体控制政策和措施包括以下几个方面。

① 企业应当建立采购与验收环节的管理制度，对采购方式确定、供应商选择、验收程序及计量方法等作出明确规定，确保采购过程的透明化以及所购商品在数量和质量方面符合采购要求。企业应当建立供应商评价制度，由企业的采购部门、请购部门、生产部门、财会部门、仓储部门等相关部门共同对供应商进行评价，包括对所购商品的质量、价格、交货及时性、付款条件及供应商的资质、经营状况、信用等级等进行综合评价，并根据评价结果对供应商进行调整。企业应当对紧急、小额零星采购的范围、供应商的选择作出明确规定。

② 企业应当根据商品或服务等的性质及其供应情况确定采购方式。大宗商品或服务等的采购应当采用招投标方式并签订合同协议；一般物品或服务等的采购可以采用询价或定向采购的方式并签订合同协议；小额零星物品或服务等的采购可以采用直接购买等方式。企业应当对例外紧急需求、小额零星采购等特殊采购处理程序作出明确规定。

③ 企业应当明确采购价格形成机制。大宗商品或劳务采购等应当采用招投标方式确定采购价格，并明确招投标的范围、标准、实施程序和评标规则。其他商品或劳务的采购，应当根据市场行情制定最高采购限价，不得以高于采购限价的价格采购。以低于最高采购限价进行采购的可以适当方式予以奖励。企业应根据市场行情的变化适时调整最高采购限价。委托中介机构进行招投标的，应当加强对中介机构的监督。

④ 企业应当充分了解和掌握有关供应商信誉、供货能力等方面的信息，由采购、使用等部门共同参与比质比价，并按规定的授权批准程序确定供应商。小额零星采购也应当由经授权的部门事先对采购价格等有关内容进行审核。对单价高、数量多的物资采购，企业应当制定严格的比质比价采购制度。

⑤ 企业应当根据规定的验收制度和经批准的订单、合同协议等采购文件，由专门的验收部门或人员、采购部门、请购部门以及供应商等各方共同对所购物品或服务等的品种、规格、数量、质量和其他相关内容进行验收，出具检验报告、计量报告和验收证明。对验收过程中发现的异常情况，负责验收的部门或人员应当立即向有关部门报告；有关部门应当查明原因，及时处理。

(3) 付款控制。企业付款方式和程序、与供应商的对账办法应当有明确规定。具体控制政策和措施包括以下几个方面。

① 财会部门应当参与商定对供应商付款的条件。企业采购部门在办理付款业务时，应当对采购合同协议约定的付款条件以及采购发票、结算凭证、检验报告、计量报告和验收证明等相关凭证的真实性、完整性、合法性及合规性进行严格审核，并提交付款申请，财务部门依据合同协议、发票等对付款申请进行复核后，提交企业相关权限的机构或人员进行审批，办理付款。

② 企业应当建立预付账款和定金的授权批准制度，加强预付账款和定金的管理。企业应当加强对大额预付账款的监控，定期对其进行追踪核查。对预付账款的期限、占用款项的合理性、不可收回风险等进行综合判断；对有疑问的预付账款及时采取措施，尽量降低预付账款资金风险和形成损失的可能性。企业应当加强应付账款和应付票据的管理，由专人按照约定的付款日期、折扣条件等管理应付款项。企业应当建立退货管理制度，对退货条件、退货手续、货物出库、退货货款回收等作出明确规定，及时收回退货货款。企业

应当定期与供应商核对应付账款、应付票据、预付账款等往来款项。如有不符，应当查明原因，及时处理。

4）采购与付款业务监督检查控制

单位应当建立对采购与付款内部控制的监督检查制度，明确监督检查机构或人员的职责权限，定期或不定期地进行检查。单位监督检查机构或人员应通过实施符合性测试和实质性测试检查采购与付款业务内部控制制度是否健全，各项规定是否得到有效执行。

采购与付款内部控制监督检查的内容主要包括以下几个方面。

（1）采购与付款业务相关岗位及人员的设置情况。重点检查是否存在采购与付款业务不相容职务混岗的现象。

（2）采购与付款授权批准制度的执行情况。重点检查大宗采购与付款业务的授权批准手续是否健全，是否存在越权审批的行为。

（3）应付账款和预付账款的管理。重点审查应付账款和预付账款支付的正确性、时效性和合法性。

（4）有关单据、凭证和文件的使用和保管情况。重点检查凭证的登记、领用、传递、保管、注销手续是否健全，使用和保管制度是否存在漏洞。

对监督检查过程中发现的采购与付款内容控制中的薄弱环节，单位应当采取措施，及时加以纠正和完善。

2. 购货业务内部控制的测试步骤

对于购货业务，测试的主要内容及步骤如下（见表8-2）。

（1）从采购部门的业务档案中抽取订货单（购货合同）样本。

（2）审核与订货单样本是否附有请购单或其他授权文件。

（3）审核订货单样本相对应的验收报告、卖方发票、已付讫支票存根和货物入库单，顺查有关的购货记录的购货记录和现金日记账、银行存款日记账。

（4）将订货单、发票与请购单相比较，了解它们在数量、价格和型号规格等方面是否一致。

（5）检查相关的记账凭证及账务处理，复核相关的材料运杂费在不同货物之间的分配。若材料是按计划成本核算的，还应注意材料成本差异的处理。

表 8-2　购货业务内部控制测试表

被审计单位：　　　　　　　　　　　年度：　　　　　　　　　　　　　索引号：

序号	购货合同或请购单编号	供货单位	购货合同								购货发票				会计凭证						入库单			
			日期	规格	品名	数量	单价	金额	核对		日期	编号	核对		日期	编号	核对				日期	编号	核对	
									1	2			3	4			5	6	7	8			9	10

核对说明：	有关测试说明及结论
1. 采购合同经授权批准。 2. 采购金额未超过采购数量、限价。 3. 购货发票的单价、金额、与购货合同一致。 4. 购货发票的品名、数量与购货合同一致。 5. 入库单的品名与发票一致。 6. 入库单有保管员和经手人签名。 7. 发票购货额预付款结算凭证一致。 8. 付款凭证有经手人与主管签名。 9. 发票购货额已正确记入材料采购和应付账款账户。 10. 进项税账务处理正确。	

表 8-3 对采购交易的控制目标、内部控制和控制测试进行了归纳总结。

表 8-3　采购交易的控制目标、内部控制和测试一览表

内部控制目标	关键内部控制	常用的内部控制测试	常用的交易实质性测试
1. 所记录的采购都确已收到商品或已接受劳务（管理费用/发生；存货/存在；固定资产/存在；应付账款/存在）	(1) 请购单、订货单、验收单和卖方发票一应俱全，并附在付款凭单后 (2) 采购经适当级别批准 (3) 注销凭证以防止重复使用 (4) 对卖方发票、验收单、订购单和请购单作内部核查	(1) 查验付款凭单后是否附有完整的相关单据 (2) 检查批准采购的标记 (3) 检查注销凭证的标记 (4) 检查内部核查的标记	(1) 复核采购明细账、总账及应付账款明细账，注意是否有大额或不正常的金额 (2) 检查卖方发票、验收单、订购单和请购单的合理性和真实性 (3) 追查存货的采购至存货永续盘存记录 (4) 检查取得的固定资产
2. 已发生的采购交易均已记录（管理费用/完整性；存货/完整性；固定资产/完整性；应付账款/完整性）	(1) 订货单均经事先连续编号并将已完成的采购登记入账 (2) 验收单均经事先连续编号并已登记入账 (3) 应付凭单均经事先连续编号并已登记入账	(1) 检查订货单连续编号的完整性 (2) 检查验收单连续编号的完整性 (3) 检查应付凭单连续编号的完整性	(1) 从验收单追查至采购明细账 (2) 从卖方发票追查至采购明细账
3. 所记录的采购交易估价正确（管理费用/准确性；存货/计价和分摊；固定资产/计价和分摊；应付账款/计价和分摊）	(1) 对计算准确性进行内部核查 (2) 采购价格和折扣的批准	(1) 检查内部核查的标记 (2) 检查批准采购价格和折扣的标记	(1) 将采购明细账中记录的交易同卖方发票、验收单和其他证明文件比较 (2) 复算包括折扣和运费在内的卖方发票填写金额的准确性
4. 采购交易的分类正确（分类）	(1) 采用适当的会计科目表 (2) 分类的内部核查	(1) 检查工作手册和会计科目表 (2) 检查有关凭证上内部核查的标记	参照卖方发票，比较会计科目表上的分类

内部控制目标	关键内部控制	常用的内部控制测试	常用的交易实质性测试
5. 采购交易按正确的日期记录（截止）	（1）要求收到商品或接受劳务后及时记录采购交易 （2）内部核查	（1）检查工作手册并观察有无未记录的卖方发票存在 （2）检查内部核查的标记	将验收单和卖方发票上的日期与采购明细账中的日期进行比较
6. 采购交易被正确记入应付账款和存货等明细账中，并被正确汇总（管理费用/准确性；存货/计价和分摊；固定资产/计价和分摊；应付账款/计价和分摊）	应付账款明细账内容的内部核查	检查内部核查的标记	通过加计采购明细账，追查过入采购总账和应付账款、存货明细账的数额是否正确，用以测试过账和汇总的正确性

8.2.2　付款交易的内部控制测试

根据《内部控制基本规范及配套指引》中规定的以下与付款交易相关的内部控制内容是应当共同遵循的。

（1）企业应当按照《现金管理暂行条例》《支付结算办法》等有关货币资金内部控制的规定办理采购付款交易。

（2）企业财会部门在办理付款交易时，应当对采购发票、结算凭证、验收证明等相关凭证的真实性、完整性、合法性及合规性进行严格审核。

（3）企业应当建立预付账款和定金的授权批准制度，加强预付账款和定金的管理。

（4）企业应当加强应付账款和应付票据的管理，由专人按照约定的付款日期、折扣条件等管理应付款项。已到期的应付款项需经有关授权人员审批后方可办理结算与支付。

（5）企业应当建立退货管理制度，对退货条件、退货手续、货物出库、退货货款回收等作出明确规定，及时收回退货款。

（6）企业应当定期与供应商核对应付账款、应付票据、预付款项等往来款项。如有不符，应查明原因，及时处理。

【题 8-2】　以下滨海机械与付款交易相关的内部控制内容不符合内部会计控制规范的是（　　）。

A. 滨海机械建立了退货管理制度，对退货条件、退货手续、货物出库、货款回收等作出明确规定

B. 滨海机械定期与供应商核对应付账款、应付票据、预付账款等往来款项

C. 滨海机械已到期的应付款项由主管会计（非授权的人员）办理结算与支付

D. 滨海机械财会部门在办理付款业务时，对采购发票、结算凭证、验收证明等相关凭证的真实性、完整性、合法性及合规性进行了严格审核

答案：C

解析：根据《内部控制基本规范及配套指引》的规定，应付账款和应付票据的管理，由专人按照约定的付款日期、折扣条件等管理应付款项，已到期的应付款项须经有关授权人员审批后方可办理结算与支付。

8.2.3 固定资产的内部控制测试

1. 固定资产的内部控制

1）固定资产的预算制度

注册会计师应注意检查固定资产的取得和处置是否均依据预算，对实际支出与预算之间的差异以及未列入预算的特殊事项，应检查其是否履行特别的审批手续。

2）授权批准制度

完善的授权批准制度包括：企业的资本性支出预算只有经过董事会等高层管理机构批准方可生效；所有固定资产的取得和处置均需经企业管理当局的书面认可。注册会计师不仅要检查被审计单位固定资产授权批准制度本身是否完善，还要关注授权批准制度有否得到切实执行。

3）账簿记录制度

一套设置完善的固定资产明细分类账和登记卡，将为注册会计师分析固定资产的取得和处置、复核折旧费用和修理支出的列支带来帮助。

4）职责分工制度

对固定资产的取得、记录、保管、使用、维修、处置等，均应明确划分责任，由专门部门和专人负责。明确的职责分工制度，有利于防止舞弊，降低注册会计师的审计风险。

5）资本性支出和收益性支出的区分制度

企业应制定区分资本性支出和收益性支出的书面标准。通常需要明确资本性支出的范围和最低金额，凡不属于资本性支出的范围、金额低于下限的任何支出，均应列作费用并抵减当期收益。

6）固定资产的处置制度

固定资产的投资、转出、报废、出售等，均要有一定的申请报批程序。

7）固定资产的定期盘点制度

对固定资产的定期盘点，是验证账面各项固定资产是否真实存在、了解固定资产放置地点和使用状况以及发现是否存在未入账固定资产的必要手段。

8）固定资产的维护保养制度

固定资产应有严密的维护保养制度，以防止其因各种自然和人为的因素而遭受损失，并应建立日常维护和定期检修制度，以延长其使用寿命。

2. 固定资产的控制测试

（1）索取或编制被审计单位固定资产内部控制制度的说明材料。

（2）对固定资产取得、处置实施符合性测试。

① 固定资产的取得是否与预测算相符，有无重大差异。

② 固定资产的取得和处置是否确实经过授权批准。

③ 固定资产的增减变动是否真实、完整的进行会计记录。

④ 资本性支出和收益性支出的区分，在实际执行中是否遵守被审计单位的有关规定。

（3）评价固定资产的内部控制制度。

① 确保会计记录的可靠性和正确性。

② 保护固定资产的完整性。

③ 若固定资产增减均能处于良好的经批准的预算控制之下，注册会计师即可适当减少对固定资产增加、减少审计的实质性测试的样本量。

表 8-4 对固定资产的内部控制和控制测试进行了归纳总结。

表 8-4　固定资产的内部控制和控制测试一览表

序号	关键内部控制点	重要控制程序	主要控制测试
1	预算制度（最重要的部分）	编制预算，合理运用资金	检查固定资产的取得和处置是否均依据预算，对实际支出与预算之间的差异以及未列入预算的特殊事项，应检查其是否履行特别的审批手续
2	授权批准制度	企业的资本性支出预算只有经过董事会等高层管理机构批准方可生效；所有固定资产的取得和处置均需经企业管理当局的书面认可	不仅要检查被审计单位固定资产授权批准制度本身是否完善，还要关注授权批准制度有否得到切实执行
3	账簿记录制度	除固定资产总账外，被审计单位还须设置固定资产明细分类账和固定资产登记卡，按固定资产类别、使用部门和每项固定资产进行明细分类核算	
4	职责分工制度	取得、记录、保管、使用、维修、处置要划分责任，专人负责	
5	资本性支出和收益性支出的区分制度	应制定区分资本性支出和收益性支出的书面标准	
6	固定资产的处置制度	固定资产的投资转出、报废、出售等，均要有一定的申请报批程序	
7	固定资产的定期盘点制度		应了解和评价盘点制度，查询盘盈、盘亏的处理
8	固定资产的维护保养制度	固定资产的保险对企业非常重要	了解固定资产的保险情况

3. 在建工程的内部控制

作为与固定资产密切相关的一个项目，在建工程项目有其特殊性。根据财政部于 2003 年 10 月发布的《内部会计控制——工程项目（试行）》，在建工程的内部控制通常包括以下内容。

1）岗位分工与授权批准

（1）企业应当建立工程项目业务的岗位责任制，明确相关部门和岗位的职责、权限，确保办理工程项目业务的不相容岗位相互分离、制约和监督。工程项目业务不相容岗位一般包括：项目建议、可行性研究与项目决策；概预算编制与审核；项目实施与价款支付；竣工决算与竣工审计。

（2）企业应当对工程项目相关业务建立严格的授权批准制度，明确审批人的授权批准方式、权限、程序、责任及相关控制措施，规定经办人的职责范围和工作要求。审批人应当根据工程项目相关业务授权批准制度的规定，在授权范围内进行审批，不得超越审批权限。经办人应当在职责范围内，按照审批人的批准意见办理工程项目业务。对于审批人超越授权范围审批的工程项目业务，经办人有权拒绝办理，并及时向审批人的上级授权部门报告。

（3）企业应当制定工程项目业务流程，明确项目决策、概预算编制、价款支付、竣工决算等环节的控制要求，并设置相应的记录或凭证，如实记载各环节业务的开展情况，确保工程项目全过程得到有效控制。

2）项目决策控制

企业应当建立工程项目决策环节的控制制度，对项目建议书和可行性研究报告的编制、项目决策程序等作出明确规定，确保项目决策科学、合理。

3）概预算控制

企业应当建立工程项目概预算环节的控制制度，对概预算的编制、审核等作出明确规定，确保概预算编制科学、合理。

4）价款支付控制

企业应当建立工程进度价款支付环节的控制制度，对价款支付的条件、方式以及会计核算程序作出明确规定，确保价款支付及时、正确。

5）竣工决算控制

企业应当建立竣工决算环节的控制制度，对竣工清理、竣工决算、竣工审计、竣工验收等作出明确规定，确保竣工决算真实、完整、及时。

6）监督检查

企业应当建立对工程项目内部控制的监督检查制度，明确监督检查机构或人员的职责权限，定期或不定期的进行检查。检查内容主要包括以下几个方面。

（1）工程项目业务相关岗位及人员的设置情况。

（2）工程项目业务授权批准制度的执行情况。

（3）工程项目决策责任制的建立及执行情况。

（4）概预算控制制度的执行情况。

（5）各类款项支付制度的执行情况。

（6）竣工决算制度的执行情况。

【例 8-3】 编制固定资产预算这一固定资产内部控制要求，与内部控制的（ ）要素相适应。

A. 控制环境　　　　B. 风险评估　　　　C. 控制活动　　　　D. 信息与沟通

答案：C

解析：根据《企业内部控制基本规范》，编制固定资产预算属于控制活动中的预算控制内容。

8.2.4 评价内部控制

注册会计师在完成控制测试程序之后，应根据所收集的证据，结合自己的专业分析与职业判断，对采购与付款循环的内部控制进行评价。评价的主要内容包括以下几个方面。

（1）采购与付款循环的内部控制是否健全完善。

（2）采购与付款循环的内部控制是否得到有效执行。

（3）采购与付款循环的内部控制的整体强弱及各部分的强弱。

（4）采购与付款循环的内部控制的可依赖性及内部控制风险。

通过评价，注册会计师可以了解哪些属于控制较强的部分，哪些属于控制较弱的部分，并依据对内部控制的可信赖程度，确立采购与付款循环实质性程序的步骤和重点，并针对薄弱环节提出改进建议。

【例8-4】 审计人员王红和刘新于2015年12月10日至13日对滨海机械采购与付款循环的内部控制进行了解和测试，并在相关审计工作底稿中记录了了解和测试的事项，摘录如下。

（1）滨海机械的材料采购需要经授权批准后方可进行。采购部根据经批准的请购单发出订购单。货物运达后，验收部根据订购单的要求验收货物，并编制一式多联的未连续编号的验收单。仓库根据验收单验收货物，在验收单上签字后，将货物移入仓库加以保管。验收单上有数量、品名、单价等要素。验收单一联交采购部登记采购明细账和编制付款凭单，付款凭单经批准后，月末交会计部；一联交会计部登记材料明细账；一联由仓库保留并登记材料明细账。会计部根据附验收单的付款凭单登记有关账簿。

（2）会计部审核付款凭单后，支付采购款项。滨海机械授权会计部的经理签署支票，经理将其授权给会计人员丁负责，但保留了支票印章。丁根据已适当批准的凭单，在确定支票受款人名称与凭单内容一致后签署支票，并在凭单上加盖"已支付"的印章。对付款控制程序的穿行测试表明，审计人员王红和刘新未发现与公司规定有不一致之处。

要求：根据上述摘录，请代审计人员王红和刘新指出采购与付款循环内部控制方面的缺陷，并提出改进建议。

解析：根据《内部控制基本规范及配套指引》和《企业内部控制应用指引第7号——采购业务》，滨海机械采购与付款循环内部控制方面的缺陷有以下几个方面。

（1）验收单未连续编号，不能保证所有的采购都已记录或不被重复记录。应建议滨海机械对验收单进行连续编号。

（2）付款凭单未附订购单及供应商的发票等，会计部无法核对采购事项是否真实，登记有关账簿时金额或数量可能就会出现差错。应建议滨海机械将订购单和发票等与付款凭单一起交会计部。

（3）会计部月末审核付款凭单后才付款，未能及时将材料采购和债务登账并按约定时间付款。应建议滨海机械采购部及时将付款凭单交会计部，按约定时间付款。

任务8.3 采购与付款循环的实质性程序

采购与付款循环的实质性程序主要是证实购货交易与现金支付的真实性以及应付账款账户余额的正确性。下面主要从购货交易与应付账款两个方面进行阐述。

8.3.1 购货交易的实质性程序

1. 取得或编制材料采购明细表

购货交易的实质性程序一般是从材料采购明细表开始的。注册会计师首先应该取得或编制材料采购明细表,并将其与材料采购明细账与总账进行核对,确定材料采购的余额及本期发生额是否相符。如果二者出现差异,应查明原因,并作出相应的调整。

2. 确定购货交易的真实性

注册会计师应该根据控制测试的评价结果,检查一定数量的材料采购账户。以确定购货交易的真实性。对于大额的采购业务,追查自订货至到货验收、入库全过程的合同、凭证、账簿记录,以确定其是否完整、正确,抽查有无购货折让、购货退回、损失赔偿、退款等事项,抽查若干在途材料项目,追查至相关购货合同及购货发票,以确定购货交易的真实性。

3. 复核采购成本的正确性

复核采购成本的正确性主要包括以下两个方面。

1)复核采购成本项目的正确性

重点查明是否按照买价加运输费、装卸费、保险费、运输途中的合理损耗、入库前的整理挑选费用等计价。审查时,应抽查审阅采购材料的原始单据并与记账凭证核对,追踪审查"材料采购"明细账,注意查明构成成本项目是否符合规定,有无将不该由材料负担的费用挤入材料成本的情况。

2)审查采购费用分摊的合理性

采购费用,若能分清应由哪种材料负担的,可直接计入该种材料的采购成本;若分不清的,则应按一定的方法(如买价或重量)在所购各种材料中进行分摊。注册会计师应采取复算的方法审查其分摊的合理性。

4. 抽查购货交易账务处理的合理性

此项抽查的重点包括三个方面:①账户设置的合规性;②账务处理的合规性;③成本差异计算与结转的正确性。

5. 进行购货交易年末截止测试

正确确定购货交易的截止日期,是正确、完整地记录企业年末存货的前提。购货交易年末截止测试就是要检查截至当年 12 月 31 日存货盘点范围内的存货与其对应的会计科目是否一并计入当年会计报表内。购货交易正确截止的关键在于存货实物纳入盘点范围的时间与存货引起的借贷双方会计科目的入账时间都处于同一会计期间。

一般情况下,会计档案中的每张发票均附有验收报告或入库单(或出库单,下同),因此,测试购销交易年末截止情况的主要方法是检查存货盘点日前后的购货发票与验收报告或入库单。如果 12 月底入账的发票附有 12 月 31 日之前日期的验收报告与入库单,则货物肯定已经入库,并包括在本年的实地盘点存货范围内;如果验收报告日期为 1 月份的日期,则货物补货列入年底的实地盘点存货中;反之,如果仅有验收报告与入库单而并无购货发票,则应认真审核每一验收报告单上面是否加盖暂估入库印章,并以暂估价计入当年存款账内,待次年初以红字冲销。

购销业务截止测试的另一审核方法是查阅验收部门的业务记录,凡是接近年底(包括此年年初)购入的货物,必须查明其相应的购货发票是否在同期入账。对于未收到购货发票的入库存货,应查明是否将入库单分开存放并暂估入账。

在确定截止测试样本时,一般以截止日期为限,分别向前倒推和向后顺推若干日,按顺序选取较大金额购货业务的发票或验收报告作测试样本。截止测试完成后，对于发现的截止错误，注册会计师应提请被审计单位作必要的会计账务调整。

6. 审查关联方交易及其披露情况

关联方交易及其披露应重点审查以下几个方面。

1) 审查关联方关系的确定

依据《企业会计准则第 36 号——关联方披露》准则，乙方控制、共同控制另一方或对另一方施加重大影响，以及两方或两方以上同受一方控制、共同控制或重大影响的，构成关联方。

2) 审查关联方交易的确认

关联方交易是指在关联方之间发生转移资源或义务的事项，而不论是否收取价款。

3) 审查关联方关系及其交易的披露内容、格式的合规性

依据《企业会计准则第 36 号——关联方披露》，在存在控制关系的情况下，关联方如为企业时，不论它们之间有无交易，都应在会计报表附注中披露如下事项：①母公司和子公司的名称；②母公司和子公司的业务性质、注册地、注册资本（或实收资本、股本）及其变化；③母公司对该企业或者该企业对子公司的持股比例和表决权比例。

企业与关联方发生关联方交易的，应当在附注中披露该关联方关系的性质、交易类型及其交易要素。披露的交易要素至少包括：①交易的金额；②未结算项目的金额、条款和条件，以及有关提供或取得担保的信息；③未结算应收项目的坏账准备金额；④定价政策。

8.3.2　应付账款的实质性程序

应付账款是企业在正常经营过程中，因购买材料、商品和接受劳务供应等经营活动而应付给供应单位的款项。可见，应付账款是随着企业赊购交易的发生而发生的，注册会计师应结合赊购交易进行应付账款的审计。

1. 获取或编制应付账款明细表

注册会计师在对应付账款余额进行实质性程序时，通常要从被审计单位取得或自己编制应付账款明细表，以确定被审计单位资产负债表上应付账款的数额与其明细记录是否相符。审计时，注册会计师必须将明细表上的数字进行加总并与总分类账相核对，如果二者出现差异，应查明原因，并作出相应的调整。此外，注册会计师还可抽查明细表中的一些项目，并将其与应付账款明细账和应付账款总分类账核对，查明账表是否相符。

2. 执行分析性复核程序

注册会计师通过执行分析性复核程序，可以发现应付账款记录的异常之处，从而判断被审计单位是否存在错误和舞弊的可能性，以便确定审计的重点。注册会计师一般通过计算有关的比率来实现分析性复核，主要比率的计算公式为

$$应付账款占流动负债比率 = \frac{应付账款}{流动负债}$$

$$应付账款占进货比率 = \frac{应付账款}{进货金额}$$

如果比率值异常偏低，则被审计单位可能低列或漏列应付账款。

3. 审查应付账款明细账直至原始凭证

注册会计师应当从应付账款明细账中抽取一部分样本，与购货发票、订货单、验收单等原始凭证以及现金日记账、银行存款日记账相核对，以确定已入账的应付账款确实是由于已发生的采购业务引起的。这项程序与应付账款的"存在与发生"认定相关。

4. 函证应付账款

与应收账款的实质性不同，函证应付账款并不是应付账款实质性程序的一个必经程序。这是因为以下几点。

(1) 函证应收账款是用最少的人力和费用，直接取得债务人叙述其债权债务关系的书面证据，但函证应付账款却无法提供是否存在未入账的负债的证据。

(2) 应收账款的记录完全来自公司的本身，应付账款则至少有一部分来自外界，如发票，注册会计师能够取得购货发票等外部凭证来证实应付账款的余额。

(3) 应收账款低列或漏记则收款困难，应付账款即使低列、漏记，债权人仍将催收。

(4) 决算日已经入账的大多数负债在完成审核前已告付讫，付款行为证实已入账债务的真实性。

(5) 应付账款函证不如应收账款函证那么重要。

因此，只要当注册会计师认为控制风险较高，某应付账款账户金额较大或被审计单位处于经济困难阶段时，注册会计师才考虑对应付账款进行函证。进行函证时，注册会计师选择较大金额的债权人，以及那些在资产负债表日金额不大甚至为零，但为企业重要供应人的债权人，作为函证对象。此外，还应考虑向上年度债权人及不送对账单的债权人进行函证。函证最好采用肯定式，并说明应付金额。在具体实施上，应付账款的函证与应收账款的函证一样，注册会计师必须对函证的过程进行控制，并要求直接回函。注册会计师应根据回函情况，编制与分析函证结果汇总表，对未回函的，根据情况决定是否再次函证。

如果存在未回函的重大项目或重要事项，注册会计师应采用替代程序，确定其是否真实，通常可以检查决算日后应付账款明细账及现金和银行存款日记账，核实其是否已支付，同时检查该笔债务的相关凭证资料，核实交易事项的真实性。

5. 查找未入账的应付账款

为了防止企业低估债务，注册会计师应审查被审计单位有无故意漏记应付账款。审查的方法与要点如下。

(1) 审查采购明细账、现金支出日记账、供应方发票档案，以查明未入账的应付账款。

(2) 测试截止期，以证实某一期间应予入账的所有交易都已入账。

(3) 将发票已到的收货报告与发票未到的收货报告相调节，以查明未入账的应付账款。

(4) 审核订货单的未清档案或待办档案，测试购货约定义务，以判明其是否构成负债。

(5) 检查资产负债表日未处理的不相符的购货发票（如抬头不符、与合同某项规定不符等），以及有材料入库凭证但未收到购货发票的经济业务。

（6）检查资产负债表日后至两周内收到的购货发票和应付账款明细账贷方发生额的相应凭证，确认其入账时间是否正确。

（7）向有关的管理人员询问，以了解期末有无入账的应付账款的约定义务。

（8）借助于分析性测试，了解未入账应付账款。

如果注册会计师在上述检查中发现某些未入账的应付账款，应将有关情况详细计入审计工作底稿，然后根据其重要性程度进行分析，确定是否建议被审计单位进行相应的调整。衡量一项未入账事项的重要性程度时，需考虑多种因素，如是否对净利润产生影响，影响是否重大，是否使财务状况产生重大改变等。

6. 审查应付账款是否存在借方余额

企业应付账款科目所属明细账科目的借方余额应在资产负债表的"预付账款"项目反映，因此，注册会计师应检查被审计单位有无应付账款的借方余额，并决定是否进行重分类。

7. 审查长期挂账的应付账款

对于无法偿还的应付账款，按制度规定，应转入营业外收入。因此，注册会计师应检查被审计单位有无长期挂账的应付账款，并查明原因，作出记录，必要时予以调整。

8. 审查外币应付账款的折算

如果被审计单位有外币应付账款，注册会计师应检查：非记账本位币折合记账本位币所采用的折算汇率，折算差额是否按规定进行会计处理，折算方法是否前后各期一致。

9. 确定应付账款是否已在资产负债表上充分披露

一般来说，注册会计师应将被审计单位资产负债表中应付账款的反映与会计准则的规定相比较，以发现不当之处。"应付账款"项目应根据"应付账款"和"预付账款"科目所属明细账科目的期末贷方余额的合计数填列。审计中，如果发现被审计单位因重复付款、付款后退货、预付货款等导致某些明细账户借方出现较大余额时，注册会计师应在审计工作底稿中编制重新分类的记录，以便将这些借方余额在资产负债表中列为资产。

【例 8-5】 案例分析——将收入隐匿在应付账款中。

2016 年 2 月，审计人员王红和刘新对滨海机械进行了 2015 年年度会计报表审计。在分析、审阅应付账款明细账时，发现其中 A 公司账户 12 月份发生的贷方记录，合计金额高达 580 万元，相当于前 11 个月合计数 1 000 万元的 58%。审计人员认为该月的应付账款记录不正常，于是将 12 月份账内的每笔记录与有关凭证进行了核对，其中 12 月 27 日账内一笔记录金额为 420 万元，会计分录如下。

借：银行存款   4 200 000

    贷：应付账款——A 公司   4 200 000

所附原始凭证为银行存款进账单回单和销售给 A 公司货物的销售发票。经询问被审计单位会计和出纳人员，证明该笔记录是一项销售业务，被审计单位为了转移或隐匿本年度的销售收入，采取了上述非法的账务处理。一般情况下，被审计单位会在第二年（2016 年）将上述所隐藏的销售收入予以冲回，审计人员通过审阅被审计单位 2016 年的有关账户，尚未发现有冲回记录。对此，审计人员应调整被审计单位 2015 年年度会计报表有关项目，作如下的账务调整。

借：应付账款——A公司   4 200 000

　贷：以前年度损益调整　　　　　　　　　　　　　　　　　3 589 743.60

　　　应交税费——应交增值税（销项税额）　　　　　　 610 256.40

注：所得税及利润分配项目调整略。

【例 8-6】 审计人员王红和刘新对滨海机械公司的应付账款项目进行了审计。根据需要，该审计人员决定对滨海机械公司四个明细账户（见表 8-5）中的两个进行函证。

表 8-5 明细账户

明细账户	应付账款年末余额/元	本年度进货总额/元
A公司	22 650	46 100
B公司	—	1 980 000
C公司	65 000	75 000
D公司	190 000	2 123 000

要求：

（1）请问该审计人员应该选择哪两位供货人进行函证？为什么？

（2）假定上述四家公司均为滨海机械公司的购货人，表 8-5 中后两栏分别是应收账款年末余额和本年销货总额，该审计人员应选择哪两家公司进行函证？为什么？

解析：（1）该审计人员应选择 B 公司和 D 公司进行应付账款余额的函证。因为函证客户的应付账款，应选择那些可能存在较大余额而并非在会计决算日有较大余额的债权人。函证的目的在于查实有无未入账负债，而不是验证具有较大年末余额的债务。本年度滨海机械公司从 B、D 两家公司采购了大量商品，存在漏记负债业务的可能性更大。

（2）该审计人员应选择 C 公司和 D 公司作为应收账款的函证对象。因为函证应收账款的目的，在于验证各期末余额的准确性，防止客户高计应收款，夸大资产。C、D 两家公司在会计决算日欠客户货款最多，高计的风险因而更大。

8.3.3 固定资产的审计

固定资产是指同时具有下列两个特征的有形资产：①为生产商品、提供劳务、出租或经营管理而持有的；②使用寿命超过一个会计年度。固定资产折旧则是指在固定资产的使用寿命内，按照确定的方法对应计折旧额进行系统分摊。

由于固定资产在企业资产总额中一般都占有较大的比例，固定资产的安全、完整对企业的生产经营影响极大，注册会计师应对固定资产的审计予以高度重视。

1. 索取或编制固定资产及累计折旧分类汇总表

固定资产及累计折旧分类汇总表（见表 8-6）是分析固定资产账户余额变动的依据之一，是固定资产审计的重要工作底稿。审计人员在进行实质性测试时，应当核对固定资产明细分类账和总分类账有关账户的余额是否相符，如果不相符，应查出从何时起不相符，并将从此时起的明细分类账与有关的原始凭证进行核对，查明不符的原因，予以调整。同样地，对各项固定资产的累计折旧也要加计汇总并与总分类账核对，揭示并查明差异原因。

表 8-6 固定资产及累计折旧分类汇总表

被审计单位：扬帆实业有限公司　编制：王红和刘新　日期：2016 年 1 月 15 日
截止日期：2015 年 12 月 31 日　复核：张磊　日期：2016 年 1 月 18 日

账户编号	固定资产类别	固定资产				折旧方法/元	折旧率/%	累计折旧			
		期初余额/元	增加/元	减少/元	期末余额/元			期初余额/元	增加/元	减少/元	期末余额/元
143	房屋建筑物	850 000			850 000	直线法	5	85 000	42 500		127 500
144	机器设备	146 000	34 000		180 000	直线法	10	29 200	1 700	4 000	30 900
145	运输工具	86 000	12 000	8 000	90 000	直线法	20	34 400	1 200		35 600
146	办公设备	12 000	3 000		15 000	直线法	20	4 800	300		5 100
合计		1 094 000	49 000	8 000	1 135 000			153 400	45 700	4 000	199 100

2. 分析性复核

根据被审计单位业务的性质，选择以下方法对固定资产实施分析性复核程序。

（1）计算固定资产原值与本期产品产量的比率，并与以前期间比较，可能发现闲置固定资产或已减少固定资产未在账户上注销的问题。

（2）计算本期计提折旧额与固定资产总成本的比率，将此比率同上期比较，旨在发现本期折旧额计算上的错误。

（3）计算累计折旧与固定资产总成本的比率，将此比率同上期比较，旨在发现累计折旧核算上的错误。

（4）比较本期各月之间、本期与以前各期之间的修理及维护费用，旨在发现资本性支出和收益性支出，区分以上可能存在的错误。

（5）比较本期与以前各期的固定资产增加和减少。由于被审计单位的生产经营情况在不断地变化，各期之间固定资产增加和减少的数额可能相关很大。注册会计师应当深入分析其差异，并根据被审计单位以往和今后的生产经营趋势，判断差异产生的原因是否合理。

（6）分析固定资产的构成及其增减变动情况，与在建工程、现金流量表、生产能力等相关信息交叉复核，检查固定资产相关金额的合理性和准确性。

3. 固定资产增加的审查

被审计单位如果不能正确核算固定资产的增加，将对资产负债表和利润表产生长期的影响，因此，审计固定资产的增加，是固定资产实质性测试中的重要内容。固定资产的增加有购置、自制自建、投资者投入、更新改造增加、债务人抵债增加等多种途径。注册会计师的审计要点如下。

1）审查固定资产增加是否列入计划、是否合法

（1）审查固定资产购建计划是否合理、合法。主要应查明所确定的购建项目是否符合生产经营需要，资金来源是否合法。

（2）审查固定资产购建合同是否严格执行。主要应查明购建合同是否符合合同法，其中所列的项目数量和质量是否符合计划要求，价格是否合理，合同的条款是否严格执行，有无违反的情况。

（3）审查固定资产购建支出是否符合规定。主要应查明固定资产购建的各项支出是否真实、合法，有无非法行为。

（4）审查固定资产利用程度是否符合预定的要求。主要审查有无闲置、未使用、不需要或不按用途使用的新增固定资产，对于存在的问题，应查明原因和追究责任。

另外，对于以投资形式转入的固定资产，应重点查明固定资产的投入是否有相应的审批手续和合同，是否经过了资产评估；投入的固定资产品名、型号、规格、数量是否与合同所规定的一致；投入固定资产是否为企业所需，有无以次充好的现象。

2）审查固定资产的计价是否符合规定

固定资产计价的正确与否，影响折旧的提取、成本的计算，所以要认真审查。固定资产计价一般以历史成本为标准，即企业为取得某项固定资产，按其全新状态所应支付的全部货币金额。但固定资产增加的途径不同，其原始价值计算方法也不同。注册会计师在审

核固定资产计价时，应区别不同情况，逐项仔细审查。审计中应注意以下几点。

（1）对于外购固定资产，通过核对购货合同、发票、保险单、发运凭证等文件，抽查测试其计价是否正确，授权批准手续是否齐备，会计处理是否正确。如果是房屋，还应检查契税的会计处理是否正确。

（2）对于在建工程转入的固定资产，应检查其竣工决算、验收和移交报告是否正确，与在建工程相关的记录是否核对相符，资本化利息金额是否恰当；对已经在用但尚未办理竣工决算的固定资产，检查其是否已经暂估入账，并按规定计提折旧；竣工决算完成后，是否及时调整。

（3）对于投资者投入的固定资产，应检查其入账价值与投资合同中关于固定资产作价的规定是否一致；须经评估确认的固定资产是否有评估报告并经国有资产管理部门等确认；固定资产交接手续是否齐全。

（4）对于更新改造增加的固定资产，应查明增加的固定资产原值是否真实；重新确定的剩余折旧年限是否恰当。

（5）对于因债务人抵债而获得的固定资产，应检查产权过户手续是否齐备，固定资产计价及确认的损益是否符合相关会计制度的规定。

（6）对于因其他原因增加的固定资产，应检查相关的原始凭证，核对其计价及会计处理是否正确，法律手续是否齐全。

3）审查固定资产的所有权是否归属企业

注册会计师对于房地产类的固定资产，应查明所有权或使用权的证明文件；对融资租入的固定资产，应验证有关合同，证实其并非经营租赁；对汽车等运输设备，应验证有关准购证和执照等，证实其非租入。

【例 8-7】 案例分析：资本性支出列入收益性支出。

（1）发现疑点。查账人员在审阅扬帆公司固定资产增加业务时发现，该企业 2015 年 10 月份建成的办公楼价值偏低，因为查账人员进驻该企业时，对其办公楼较高的内部装修档次留下了深刻的印象。通过审阅有关记账凭证，核查固定资产原值构成计算表发现，其中室内装修费用总额较少。为此，查账人员怀疑该企业是否将部分装饰费用记入期间费用。

（2）跟踪查证。为了弄清这一问题，查账人员首先审阅了该企业 10 月份所有的支出情况，没有发现有关装修费用支出内容。接着，查账人员又翻阅了该企业 8 月份的"销售费用""制造费用"的明细账及有关会计凭证，因为办公楼内部装修业务主要发生在 8 月份。经审查发现有两笔业务极不正常。第一笔为 8 月 20＃凭证，会计分录如下。

借：销售费用 1 500 000
　贷：银行存款 300 000
　　　应付账款——某装饰工程公司 1 200 000

此凭证的摘要栏内注明"结算某销售门市部装修费用"，而所附原始单据仅为一张该装饰工程公司开具的发票，并未附有关工程结算明细资料。第二笔为 8 月 43＃凭证，会计分录如下。

借：制造费用 600 000
　贷：银行存款 600 000

摘要栏内容为"核报车间地面重整及粉刷工程支出",所附单据均为上述装饰工程公司开具的发票,同样未附具体明细单据。查账人员首先向该企业财会人员索要其与装饰工程公司的工程合同,因为按规定,如此大额的装修工程必须签订工程合同,财会人员推说合同管理人员出差,拿不出合同。查账人员又让财会人员提供有关工程的明细单据,并做思想工作,讲明利害关系,还提出要到装饰工程公司调查。最后,财会人员不得不拿出工程合同,并主动解释真相:他们故意在会计凭证摘要栏内使用含混不清的语言,不附贴明细单据,以掩盖真实的支出内容,这样做的目的是:通过人为减少办公楼的原始价值,使一部分装修支出计入企业期间费用,以减少本年利润,避免下年的利润指标提高。

(3)调账。由于将装修支出列入期间费用,所以减少了固定资产的原始价值,因此,首先要调整固定资产的账面价值。假设此问题是在11月份发现的,则应编制如下会计分录。

借:固定资产——办公楼   2 100 000
 贷:销售费用   1 500 000
   制造费用   600 000

4. 固定资产减少的审查

企业固定资产的减少,大致有以下去向:出售、报废、毁损、向其他单位投资转出、盘亏等。为了保护固定资产的安全和完整,必须对固定资产的减少进行严格的审查,从而确定固定资产减少的合理性、合法性。由于固定资产减少的原因不同,注册会计师在审查时应分别不同情况,抓住审计重点。对各种固定资产减少的审计,注册会计师的审计重点如下。

(1)审查减少固定资产的批准文件。

(2)审查减少固定资产是否进行技术检验或评估。

(3)审查减少固定资产的会计账务处理是否正确,累计折旧是否冲销。

(4)审查减少固定资产的净损益,验证其正确性与合法性,并与银行存款、营业外收支、投资收益等有关账户相核对。

【例8-8】 在查找已提前报废但尚未作出会计处理的固定资产时,最有可能实施的是( )。

A. 以检查固定资产实物为起点,检查固定资产的明细账和投保情况

B. 以检查固定资产明细账为起点,检查固定资产实物和投保情况

C. 以分析折旧费用为起点,检查固定资产实物

D. 以检查固定资产实物为起点,分析固定资产维修和保养费用

答案:B

解析:查找已提前报废但尚未作出会计处理的固定资产时,主要是检查固定资产的真实存在性,从账簿入手,测试是否虚列资产。因此,应该以检查固定资产明细账为起点,检查固定资产实物和投保情况。

5. 对固定资产进行实地观察

实施实地观察审计程序时,注册会计师可以以固定资产明细分类账为起点进行实地追查,以证明会计记录中所列固定资产确实存在,并了解其目前的使用状况;也可以以实地

为起点，追查至固定资产明细分类账，以获取实际存在的固定资产均已入账的证据。

当然，注册会计师实地观察的重点是本期新增加的重要固定资产，有时，观察范围也会扩展到以前期间增加的固定资产。观察范围的确定需要依据被审计单位内部控制的强弱、固定资产的重要性和注册会计师的经验来判断。如为初次审计，则应适当扩大观察范围。

6. 调查未使用和不需用的固定资产

注册会计师应调查被审计单位有无已完工或已购建但尚未交付使用的新增固定资产，因改扩建等原因暂停使用的固定资产，以及多余或不适用的需要进行处理的固定资产，如有应作彻底调查，以确定其是否真实。同时，还应调查未使用、不需用固定资产的购建启用及停用时点，并作出记录。

7. 检查固定资产的抵押、担保情况

结合对银行借款等的检查，了解固定资产是否存在抵押、担保情况。如存在，应取证、记录，并提请被审计单位作必要披露。

8. 检查固定资产是否已在资产负债表上恰当披露

会计报表附注通常应说明固定资产的标准、分类、计价方法和折旧方法，各类固定资产的预计使用年限、预计净残值和折旧率，分类别披露固定资产在本期的增减变动情况，并应披露用作抵押、担保和本期从在建工程转入数、本期出售固定资产数、本期置换固定资产数等情况。

8.3.4 累计折旧的审计

影响折旧的因素通常有三个：一是折旧的基数（一般指固定资产的账面原价）；二是固定资产的残余价值；三是预计经济使用年限。审计时，也要从这三个方面入手。

（1）获取或编制固定资产及累计折旧分类汇总表，复核加计正确，并与报表数、总账数和明细账合计数核对相符。

（2）审查被审计单位制定的折旧政策和方法是否符合国家有关财务会计制度的规定，确定其所采用的折旧方法能否在固定资产使用年限内合理分摊其成本，前后期是否一致。如被审计单位采用加速折旧法，应取得其批准文件。如没有批准文件，应提请被审计单位改正并建议调整应纳税所得额。

（3）根据情况，选择以下方法对累计折旧进行分析性复核。

① 对折旧计提的总体合理性进行复核，是测试折旧正确与否的一个有效办法。计算、复核的方法是用应计提折旧的固定资产乘以本期的折旧率。计算之前，注册会计师应对本期增加和减少的固定资产、使用年限长短不一的固定资产和折旧方法不同的固定资产作适当调整。如果总的计算结果和被审计单位的折旧总额相近，固定资产及累计折旧的内部控制较健全，就可以适当减轻累计折旧和折旧费用的其他实质性测试工作量。

② 计算本期计提折旧额占固定资产原值的比率，并与上期比较，分析本期计提折旧额的合理性和准确性。

③ 计算累计折旧占固定资产原值的比率，评估固定资产的老化率，并估计因闲置、报废等原因可能发生的固定资产损失。

（4）审查折旧的计提和分配。

① 计算复核本期折旧费用的计提是否正确。

② 检查折旧费用的分配是否合理，与上期分配方法是否一致。

③ 注意固定资产增减变动时，有关折旧的会计处理是否符合规定。

④ 查明通过更新改造而增加的固定资产是否重新计算过折旧费用。

（5）将"累计折旧"账户贷方的本期计提折旧额与相应的成本费用中的折旧费用明细账户的借方相比较，以查明所计提折旧金额是否已全部摊入本期产品成本或费用。一旦发现差异，应及时追查原因，并考虑是否应建议作适当调整。

（6）结合固定资产审计，确定其折旧的计提是否正确无误，并追查至固定资产登记卡。特别应注意有无已提足折旧的固定资产，继续超提折旧的情况和在用固定资产不提或少提折旧的情况。

（7）对于因资产评估调整累计折旧的，取得有关资产评估报告和国有资产管理部门等的确认文件，检查其会计处理是否正确。

（8）验明累计折旧的披露是否恰当。会计报表附注通常应分类别披露累计折旧在本期的增减变动情况。

【例 8-9】　扬帆会计师事务所审计人员王红和刘新审计滨海机械 2015 年年度"固定资产"和"累计折旧"项目时发现下列情况。

（1）"未使用固定资产"中有固定资产——C 设备已于当年 5 月份投入使用，该公司未按规定转入"使用固定资产"和计提折旧。

（2）对所有的"空调器"，按其实际使用的时间（5 月至 9 月）计提折旧。

（3）公司有融资租入的设备 4 台，租赁期为 5 年，尚可使用时间为 6 年，公司确定的折旧期为 6 年。

（4）对已提足折旧继续使用的某设备，仍计提折旧。

（5）8 月初购入吊车 2 辆，价值 650 万元，当月已投入使用并同时开始计提折旧。

（6）该公司采用平均年限法计提折旧，但于本年度 9 月改为工作量法，这一改变已经股东大会批准，但未报财政及有关部门备案，也未在会计报表附注中予以说明。

要求：请代注册会计师王红和刘新指出上述各项中存在的问题，并提出改进建议。

解析：注册会计师王红和刘新对此应指出以下问题和建议。

（1）根据企业会计制度规定，房屋、建筑物以外的未使用、不需用的固定资产不计提折旧，但如根据生产经营的需要重新投入使用，则应自投入的次月开始计提折旧。该公司应把 C 设备及时转入"使用固定资产"，并自 6 月开始计提折旧。

（2）固定资产使用年限是指固定资产的实际使用寿命，作为一种具有特殊性质的"空调器"，其性质属于"季节性使用的固定资产"，按照制度规定停用期间应照常计提折旧；如果停用期间不提折旧，则使用期间所计提的折旧应当是折旧年限应提折旧金额。因此，该公司计提折旧的方法或按月份平均计提年折旧额的 1/12，或者是按实际使用月份平均分摊计提年折旧额。

（3）融资租入固定资产的折旧年限，应根据不同情况确定。若能合理确定租赁期届满时将取得租赁资产的所有权，则应在租赁资产尚可使用年限内计提折旧；若无法合理确定租赁届满时能否取得租赁资产的所有权，则应在租赁期与租赁资产尚可使用年限两个中较短的期间内计提折旧。该公司应区别不同情况,确定融资租赁固定资产的时间,而不应不分情况一律在租赁资产尚可使用年限内计提折旧。

(4)根据企业会计制度规定,已提足折旧继续使用的固定资产,不再计提折旧。该公司对其继续计提,造成多提折旧,应对多提的折旧进行冲回。

(5)根据企业会计制度规定,当月增加的固定资产从下月开始计提折旧。该公司的650万元的吊车应从9月份开始计提折旧,而不是8月份。

(6)企业会计制度规定,固定资产折旧方法一经确定,不得随意变更;如需要变更,应经股东大会批准,并应在会计报表附注中予以披露。该公司变更折旧方法后,未按规定程序披露,应加以纠正。

【例8-10】 审计人员王红和刘新在审计滨海机械2015年年度固定资产折旧时,发现2014年12月份新增已投入生产使用的机床一台,原价为1 000 000元,预计净残值为100 000元,预计使用年限为5年,使用年数总和法对该项固定资产进行折旧,其余各类固定资产均用直线法折旧,且该公司对这一事项在会计报表附注中未作揭示。

要求:根据上述情况,注册会计师王红和刘新应确定这一事项对被审计单位资产负债表和损益表的影响,并提请被审计单位在会计报表附注中作充分揭示。

解析:注册会计师认为该公司的固定资产折旧方法本期出现不一致,且未充分揭示,这是违反现行会计制度的。由此计算的该事项对资产负债表和损益表影响如下。

该机床用年数总和法计算的年折旧额=(1 000 000-100 000)×5÷15=300 000(元)

该机床用直线法计算的年折旧额=(1 000 000-100 000)÷5=180 000(元)

所以,由于折旧方法的改变,使本年度多提折旧额120 000元(300 000-180 000),致使资产负债表中的"累计折旧"项目增加120 000元,损益表中的"利润总额"项目减少120 000元。

对此,注册会计师要求被审计单位在会计报表附注中作这样的提示:"本公司由于对原值为1 000 000元,预计净残值为100 000元,预计使用年限为5年的机床采用年数总和法进行折旧,与采用直线法相比,使本年度的折旧额增加120 000元,利润总额减少120 000元,特此予以揭示"。

8.3.5 固定资产减值准备的审计

固定资产的可收回金额低于其账面价值称为固定资产减值。可收回金额是由固定资产的公允价值减去处置费用后的净额与资产预计未来现金流量现值两者之间的较高者确定。固定资产减值准备的实质性程序一般包括以下几个方面。

(1)获取或编制固定资产减值准备明细表,复核加计正确,并与总账数和明细账合计数核对相符。

(2)检查固定资产减值准备计提和核销的批准程序,取得书面报告等证明文件。

(3)检查被审计单位计提固定资产减值准备的依据是否充分及会计处理是否正确。

(4)检查资产组的认定是否恰当,计提固定资产减值准备的依据是否充分,会计处理是否正确。

(5)实施实质性分析程序,计算本期末固定资产减值准备占期末固定资产原值的比率,并与期初该比率比较,分析固定资产的质量状况。

（6）检查被审计单位处置固定资产时原计提的减值准备是否同时结转，会计处理是否正确。

（7）检查是否存在转回固定资产减值准备的情况。按照会计准则的规定，固定资产减值准备一经确认，在以后持有的会计期间不得转回。

（8）确定固定资产减值准备的披露是否恰当。

8.3.6 管理费用的审计

管理费用是指企业为组织和管理生产经营活动而发生的各项费用，包括企业在筹建期间的开办费、董事会和行政管理部门在企业的经营管理中发生的或者应由企业统一负担的公司经费、工会经费、董事会会费、聘请中介机构费、咨询费、诉讼费、业务招待费、技术转让费、矿产资源补偿费、研究费用、排污费等。管理费用项目较多，发生比较频繁，易产生错弊。管理费用的审计程序如下。

（1）取得或编制管理费用明细表，复核加计是否正确，与报表数、总账数及明细账数合计数核对是否相符。

（2）检查管理费用的明细项目的设置是否符合规定的核算内容与范围，结合成本费用的审计，检查是否存在费用分类错误，若有，应提请被审计单位调整。

（3）对管理费用进行分析。

① 计算分析管理费用中各项目发生额及占费用总额的比率，将本期、上期管理费用各主要明细项目作比较分析，判断其变动的合理性。

② 将管理费用实际金额与预算金额进行比较。

③ 比较本期各月份管理费用，对有重大波动和异常情况的项目应查明原因，检查费用的开支是否符合有关规定，计算是否正确，原始凭证是否合法，会计处理是否正确，必要时做适当处理。

（4）将管理费用中的职工薪酬、无形资产摊销、长期待摊费用摊销额等项目与各有关账户进行核对，分析其钩稽关系的合理性，并做出相应记录。

（5）选择管理费用中的重要明细项目作重点检查，并注意以下事项。

① 公司经费（包括行政管理部门职工薪酬、物料消耗、低值易耗品摊销、办公费和差旅费）是否经营管理中发生或应由公司统一负担的，检查相关费用报销内部管理办法，是否有合法原始凭证支持。

② 董事会费（包括董事会成员津贴、会议费和差旅费等），检查相关董事会及股东会决议，是否在合规范围内开支费用。

③ 业务招待费的支出是否合理，如超过规定限额，应在计算应纳税所得额时调整。

④ 差旅费支出是否符合企业开支标准及报销手续。

⑤ 中介机构费、咨询费（含顾问费），检查是否按合同规定支付费用，有无涉及诉讼及赔偿款项支出，并关注是否存在或有损失。

⑥ 检查诉讼费用并结合或有事项审计，检查涉及的相关重大诉讼事项是否已在附注中进行披露，还需进一步关注诉讼状态，判断有无或有负债，或是否存在损失已发生而未入账的事项。

⑦ 无形资产的摊销额和筹建期间内发生的开办费核算是否符合规定，筹建期间发生

的开办费（包括人员工资、办公费、培训费、差旅费、印刷费、注册登记费以及不计入固定资产成本的借款费用等）是否直接计入管理费用。

⑧ 支付外资机构的特许权使用费支出是否超过规定限额，必要时应建议作纳税调整。

⑨ 上交母公司或其他关联方的管理费用是否有合法的单据及证明文件。

⑩ 对被审计单位行政管理等部门发生的大额固定资产修理费，关注其原因。

⑪ 检查库存现金、存货等流动资产盘盈盘亏处理是否符合规定。

⑫ 针对特殊行业，检查排污费等环保费用是否合理计提。

⑬ 检查大额支出、不均匀支出和有疑问支出的内容和审批手续、权限是否符合有关规定。

⑭ 对管理费用中的支出内容，关注有无不正常开支。

（6）抽取资产负债表日前后若干天的一定数量的凭证，实施截止性测试，对于重大跨期项目，应作必要调整。

（7）检查管理费用是否已按照企业会计准则的规定在财务报表中作出恰当的列报。

【例 8-11】 招待费舞弊。

某炼油厂按规定应列支年度业务招待费为 28 万元，但到当年 6 月底招待费实际支出额已达 25 万元，为了使年度招待费不超过 28 万元，厂领导和会计人员便商定，以报销劳保用品为名套取现金，用于招待费支出。随后，从劳保商店搞来一张空白发票，自己编造了有关数据，填入空白发票，共计 10 万元，会计人员依照伪造的发票做了如下会计分录。

借：制造费用   100 000

    贷：现金   100 000

同时，会计人员进行了相关会计处理，套取现金 10 万元，以个人名义存储，专门用于"压缩"招待费超支。因此，审计人员要注意业务招待费的审计，审查其有无超支、是否合理。

【例 8-12】 审计人员在审查滨海机床厂 2015 年 12 月管理费用明细账时，发现如下情况。

（1）驾驶员违章罚款 200 元。

（2）未按期交纳税金而支付的滞纳金 1 000 元。

（3）广告费支出 2 400 元。

（4）利息支出 5 000 元。

（5）租入包装物押金 12 000 元。

要求：指出上述情况存在的问题，并编制调整分录。

解析：（1）和（2）中的驾驶员违章罚款以及未按期交纳税金而支付的滞纳金，不应作为管理费用处理，而应作为"营业外支出"处理。编制如下调整分录。

借：营业外支出   1 200

    贷：管理费用   1 200

（3）中的广告费支出不应作为管理费用处理，而应作为销售费用处理。编制如下调整分录。

借：销售费用   2 400

    贷：管理费用   2 400

（4）中的利息支出不能作为管理费用处理，而应作为财务费用处理。编制如下调整分录。

借：财务费用   5 000
 贷：管理费用   5 000

（5）中的租入包装物押金不能作为当期损益处理，应作为"其他应收款"处理。编制如下调整分录。

借：其他应收款   12 000
 贷：管理费用   12 000

8.3.7　固定资产清理的审计

固定资产清理的实质性测试程序主要有以下几个方面。

（1）获取或编制固定资产清理明细表，复核加计正确，并与报表数、总账数和明细账合计数核对相符。

（2）检查固定资产清理的发生是否有正当理由，是否经有关技术部门鉴定，固定资产清理的发生和转销是否经授权批准，相应的会计处理是否正确。

① 结合固定资产等账项的审计，检查固定资产、累计折旧等的账面转入额是否正确。

② 检查固定资产清理收入和清理费用的发生是否真实、准确，清理结果（净损益）的计算是否正确；与施工有关的是否计入工程成本；属于筹建期间的，是否计入长期待摊费用；属于生产经营期间的，是否计入营业外收支；属于清算期间的，是否计入清算损益。

（3）检查固定资产清理是否长期挂账，如有，应作出记录，必要时建议作适当调整。

（4）检查固定资产清理是否已在资产负债表上恰当披露。

生产与存货循环审计

生产与存货循环是企业处理有关生产成本计算和存货管理等业务的工作程序的总称。生产与存货业务是企业生产经营活动中的主要业务之一，也是生产经营的主要环节。本业务循环和采购与付款循环、销售与收款循环、薪酬业务循环密切关联。由于本循环涉及业务复杂、存货种类、数量繁多，计价方法各异，且产生成本、存货计价直接影响当期损益，因而审计风险较高，审计人员应给予高度重视。

根据财务报表项目与业务循环的相关程度，该循环所涉及的资产负债表项目主要是存货。

任务 9.1 生产与存货循环的特点

不同类型的企业生产与存货业务所包含的内容和程序不完全一致。制造业企业业务循环从原材料采购开始，涉及发出原材料、生产产品、核算产品成本、存储、对外发售等，其中材料采购和产品销售已分别在"销售与收款循环""采购与付款循环"中加以讲解。

9.1.1 业务循环综述

生产与存货业务循环涉及计划部门、仓库、财会部门、生产部门、销售部门、人力资源管理等部门，相关账户多，审计人员需要安排较多的时间。典型的生产与存货业务循环包括以下主要过程。

1. 制订和批准生产计划

由计划部门根据客户订单或销售预测等制订生产计划，交由被授权人员审批。决定授权生产后，签发预先编号的生产通知单，安排生产单位生产或执行。编制材料需求报告，列出所需要的材料、零部件及其库存情况。

2. 申请和发出材料

生产单位根据生产通知单，填写领料单，由部门经理批准后，交仓库部门领料。领料单上必须列示所需材料的名称、规格、品种、数量。在手工系统中，领料单通常一式三联，仓库发料后登记材料明细账留用一联，领料单位保存一联，财会部门进行材料收发核算、成本计算使用一联。

3. 生产加工产品

生产单位根据生产通知将生产任务安排给生产工人，并将领取的材料交给生产工人进行生产加工。完成生产任务后，将完工产品交生产单位清点并交验收员检验合格后验收入库，或将产品交下一工序继续加工。

4. 存货成本核算

产品的生产过程同时又是活劳动和物化劳动的耗费过程，为了加强管理，需要将生产控制与成本控制有机地结合起来。一方面，财会部门设置会计账户控制原材料的流动及成本形成；另一方面，随着生产的进行，成本会计人员要汇集生产过程的各种凭证，逐步登记、汇总材料费、人工费和制造费用，对产品成本进行核算。

5. 存货管理

材料或产品经验收入库后，保管人员根据入库单填写"仓库货物登记簿"并建立台账，及时反映产、销、供、耗、存情况，并与销售、财会部门经常对账。仓库要及时通知财会部门入库情况，财会部门进行相应记录。对于在库产品要有健全的保管制度和记录制度。入库和出库应根据收、发凭证进行，并及时登记，保证账、卡、物相符。

6. 产成品销售出库

销售部门接到客户订单，商定品种规格、数量质量、价格、交货期、结算方式后，报主管人员批准，在签订销售合同、开出销货单，交由独立的发运部门装运产品。经授权人员批准后，根据发运通知单发出产成品。依据经批准的发运通知单编制出库单，并根据出库单登记产成品永续盘存记录，出库单至少一式四联，一联交仓库；一联发运部门留存；一联送交顾客；一联作为给顾客开具发票的依据。

7. 存货的报废核销

在采购、运输、生产、存储、销售各环节均有可能发生存货报废，不论哪个环节发生存货报废都要由经办人员填写报废审批单，说明存货报废品种规格、金额、地点、原因等，经部门主管审批后交由财会部门、管理部门、存储部门、技术部门组成的"报废审核小组"审核，出具鉴定意见后，送被授权人批准。

9.1.2 业务循环中的主要凭证和记录

生产与存货业务循环中涉及的主要凭证和记录如下。

1. 生产通知单

生产通知单是由计划部门下达的制造产品等生产任务的书面文件，用以通知生产部门组织产品生产、供应部门组织材料供应、财会部门组织成本核算。生产通知单要连续编号。

2. 领料、发料凭证

领料、发料凭证是对材料发出进行控制所采用的各种凭证，主要有限额领料单、领料单、领料登记簿、退料凭证、发料凭证汇总表、入库凭证等。

3. 产量和工时记录

产量和工时记录是反映生产人员出勤日内完成的产品数量、质量、耗费工时数量的原始记录，如工作通知单、工序进程单、产量通知单、产量明细表、废品通知单等。

4. 工薪汇总表及工薪费用分配表

工薪汇总表是为了反映工薪结算情况，据以进行工薪费用分配而编制的，是分配工薪费用的依据。工薪费用分配表反映了各生产单位各种产品负担的生产人员的工资和福利费。

5. 产量费用分配表

产量费用分配表是用来汇总反映各生产单位各种产品所耗费材料费用的原始记录。

6. 制造费用分配汇总表

制造费用分配汇总表是用来汇总反映各生产单位各种产品负担的制造费用的原始记录。

7. 成本计算单

成本计算单是指按成本对象进行设置，用以计算某一成本对象的总成本和单位成本的文件。成本计算单按成本项目反映完工产品成本，同时也反映期末在产品成本。

8. 存货明细账

存货明细账是用来反映各种存货增减变动情况和期末库存量及相关成本信息的会计记录。该记录根据入库凭证和发出凭证登记，据以进行明细分类核算和实物控制。

9. 存货盘点报告表

存货盘点报告表是用以记录并报告存货品种、规格、数量、质量情况的凭证。该凭证由存货清查小组据实填制，并作为按规定报经有关部门批准后进行会计处理的原始凭证。

任务 9.2 生产与存货循环的内部控制和控制测试

通过对内部控制的测试，对生产与存货循环固有风险和控制风险作出客观的评价，指出其存在的薄弱环节和失控之处，确定对其可依赖的程度，确定实质性审查的范围、重点，并对期末余额、发生额进行实质性审查。

9.2.1 业务循环中的内部控制

为了预防、检查和纠正生产与存货中的错弊，健全的内部控制包括以下主要控制环节。

1. 职责分工

完整的生产与存货循环的主要职责有采购及验收材料、储存保管存货、制订审批生产计划、领用材料生产产品、分配归集产品的成本费用、检验和存储产成品、盘点存货、会计记录等，这些职责应当有明确的分工。

(1) 采购部门与验收、保管部门相互独立，防止购入不合格材料。

(2) 存储部门与生产部门或使用部门相互独立，防止多领材料或存货被盗。

(3) 生产计划的制订与审批相互独立，防止生产计划不合理。

（4）产成品生产与检验相互独立，防止不合格产品入库和售出。

（5）存货的保管与会计记录相互独立，防止篡改会计记录、财产流失。

（6）存货盘点由独立于保管人员之外的其他部门人员定期进行，保证盘点真实性。

2. 信息传递程序控制

管理层通过授权程序、成本控制、永续盘存制等信息传递程序实施严格控制。

（1）授权程序。企业生产与存货管理业务必须经过授权，各项业务要经过严格的审批手续方可办理。这些授权批准包括由授权的企业领导审批生产计划、经批准下达生产通知单、经批准领料、产品完工经检验入库、产品发出经核准的发出通知单方可办理、存货报经专门小组审批、存货盘盈或盘亏的账务处理被授权人批准、会计方法变更由企业财务主管批准等。

（2）成本控制。生产与价值流转控制主要由财会部门来执行，为了正确核算和有效控制生产与存货成本，必须建立健全生产与存货成本控制管理制度，将生产控制和成本控制有机结合起来。包括制订成本计划、费用预算或控制目标，严格审核原始凭证，设置生产与存货总账及明细账并进行核算，选择适当的成本计算方法科学计算产品成本和费用的归口分级管理控制制度等。

（3）永续盘存制。设置存货明细账对存货收、发、结存进行及时反映，根据有关会计凭证逐日、逐笔登记各种存货的收、发、存数量和金额，随时反映结存数量和金额；设置存货总分类账对存货收、发、存数量和金额及时汇总和记录，并将明细账置于总账的控制之下；经常核对总账与明细账，存货账面结存数与实际库存数核对，保证账账、账实相符；永续盘存记录由财会部门而不是仓储部门负责，以使管物与管账两个不相容职责分离。

3. 实物控制

生产与存货循环过程中存货种类繁多、收发频繁，对存货实物控制贯穿于采购、验收、存储、发货、生产和报废等多个环节，加强实物控制非常重要。主要措施有限制非授权人员接近存货，定期盘点、检查存货管理情况，保管与记录严格分工等。

9.2.2 业务循环内部控制测评

1. 调查了解生产与存货内部控制

审计人员通过查阅企业关于存货保管、存货领用、成本会计等方面的制度文件，了解控制环境、走访并实地观察生产部门、仓库、验收部门以及财会部门的工作方式，深入了解企业生产与存货管理各方面的制度是否健全，手续是否完备。经过调查了解，运用文字报告、内部控制调查表、流程图等方式，将内部控制情况描述记录于审计工作底稿。

以永续盘存制为财务报告的基础，确保会计系统能够及时、正确和完整的记录存货交易；恰当的核算收到的存货，通过独立的测试已正式达到规定标准；成本会计系统更新及时；成本被合理的确认和分配；分析、调查差异并进行了恰当的会计处理；管理层定期检查存货，处理多余的存货，把技术过失造成的存货损失降到最低程度。

2. 检查不相容职责的分离

观察、审查与存货管理有关的各个环节上，采购与保管部门、计划部门与生产部门、存货保管与盘点、生产与验收、存货保管与记录、存储与销售是否独立，对企业控制环节、会计准则的应用进行评价。各单位和岗位分工，职责明确分离，相互牵制，使每个环节都按规定的程序、标准和方法运作，则内部控制风险相对较低。

3. 抽查部分存货入库、出库业务，追踪其业务处理

存货入库主要是购入材料验收入库、完工产品入库；存货出库主要是生产领用和对外出售。审计人员根据重要性原则，抽取部分业务文件，测试各控制环节的执行情况，检查授权、审核、计量、记录等控制环节是否完整正确，核实评价信息与沟通系统的有效性。

4. 抽查盘点记录

通过存货项目的循环盘点、抽查盘点以及独立盘点对永续盘存制进行定期检查。审计人员应抽查若干月份的盘点记录，审查盘点的范围、组织方法、盘点结果与账面金额是否一致，盘点是否由企业内部审计人员或仓库保管人员以外的人员监督执行。

5. 产品生产、成本管理制度执行情况的审查

采用询问、实地观察法检查企业是否编制生产计划或进行预算控制，检查生产通知单是否连续编号，成本的归口分级管理制度执行情况如何，对有关原始凭证进行检查，判明其完备性、及时性、正确性。

6. 对成本核算和会计入账环节的审查

检查生产与存货业务会计科目是否健全，成本会计核算是否合理，抽查材料费用、工薪费用、制造费用分配的合理性，抽查成本计算单，检查其记录的正确性，选择若干标准成本与实际成本差异较大的账户，检查其差异调整有无差异分析和被授权人批准，观察有无独立人员检查账簿记录的正确性，对企业会计准则的应用进行评价。

7. 评价生产与存货业务内部控制

审计人员应了解存货合同和业务程序，确定什么时候存货的所有权发生转移。如果审计人员发现异常多的存货，就应当关注潜在的过时存货。有很多危险信号是生产和存货循环独有的，审计人员应当进行评价。这些危险信号包括：存货的增长率高于销售增长率；生产费用明显高于或低于行业平均水平；各种"准备"明显减少；生产费用账户发生重大的贷方记录；对审计人员建议的必要内部控制缺乏后续措施。

9.2.3 审计目标

在进行本业务循环内部控制测试的基础上，审计人员明确实质性审查的目标，围绕审计目标收集审计证据，证实有关账户余额、发生额的真实性和正确性，及其在财务报表上披露的正确性。

1. 生产业务审计目标

1）证实产品成本的真实性

产品成本的真实性，不仅关系到能否客观、正确的反映企业的生产经营成果，还关系到企业经营决策的成败和各个利益主体之间的经济利益关系。审计人员通过对构成产品成本各要素的检查，确保产品成本记录的金额是实际发生的，以证实成本的真实性。

2）证实成本形成的合规性

正确的划分成本的界限是保证产品成本和利润核算真实、正确的重要前提，企业必须遵照有关规定执行，使其记录符合法律法规规定。通过审计，可以揭露企业为调节档期成本和利润而人为的混淆成本界限，调整开支标准等行为。

3）证实截止期正确性

为了正确的反映企业一定会计期间的损益，需要遵循权责发生制原则、配比原则等会计准则，确认成本的归属期。通过对有关成本账户的审查，核实各项成本的性质和发生的日期，约定其归属期是否正确，查明有无借助任意调整产品成本支出的归属期而导致产品成本、利润计算错误或失真的问题存在。

4）证实计价正确性

企业应根据自身生产的特点和管理的要求选择适当的成本计算方法，计算产品总成本和单位成本，确保已经记录的金额是正确的。审计人员在了解企业生产特点和组织管理特点的基础上，分析评价成本计算的正确性和合理性。

5）证实成本会计处理的正确性

企业所发生的各项成本支出，应及时、完整、正确地进行会计处理。审计人员应注意账户的使用是否恰当，有无错记、漏记、重记的情况；本期发生的各项成本是否全部转入档期生产成本；本期发生的成本支出是否按规定进行了归集和分配，选用方法是否适当。采用核对法，验证各种分配表、记账凭证及账簿的一致性，从而证实账务处理的正确性。

2. 存货业务审计目标

1）证实存货的真实性、所有权与完整性

审计人员通过审查账目、监盘存货，确认企业的全部存货业务均已记入有关账户，有关账户中的存货确实存在并归企业所有，且记录的有关存货的金额是实际发生的。查明有无漏列或虚列存货，从而导致财务报表所反映的存货不真实问题。

2）证实存货计价正确性

存货计价方法有多种，各自的计价结果又不相同，而且不同存货项目可根据需要采用不同的计价方法。审计人员必须对循环计价进行审核，取得充分证据，对选用计价方法的合理性、计价结果的正确性及相邻会计期间计价方法的一贯性进行证实，并证实财务报表及有关存货账户的期末余额的正确无误。

按照会计准则规定，存货的采购成本包括存货在采购过程中的正当支出。审计人员应通过对账簿和有关凭证的审查，揭示任意扩大或缩小采购成本开支范围、间接费用分配不合理以及贪污舞弊等行为，证实存货采购成本的正确性。

3）证实存货采购和销售业务的合法性

审计人员应通过抽查账目和有关凭证，必要时调查走访有关部门和人员，证实企业发生的存货采购和销售业务符合国家有关方针、政策、法规及企业的规章制度，揭露在存货采购和销售业务中存在的各种违法违规行为。

4）证实存货账务处理和存货记录截止期的正确性

通过审查账目和有关会计凭证，确认存货采购、存货发出账务处理正确无误，并证实企业购入与销售的各种存货已按规定计入相应的会计期间。

5）证实财务报表中存货披露的正确性

审计人员在审核各有关账户的真实性、正确性的基础上，复核验证存货项目数额的正确性，证实存货抵押是否恰当披露，确保其正确地列示于财务报表中，以便对财务报表作出证实。

任务 9.3　生产与存货循环的实质性程序

9.3.1　营业成本的审计

1. 营业成本审计的目标

营业成本审计的目标一般包括：确定本期记录的营业成本是否已发生，且与被审计单位有关；确定本期营业成本的记录是否完整，确定与营业成本有关的金额及其他数据是否已恰当记录；确定营业成本是否已记录于正确的会计期间；确定营业成本的内容是否正确；确定营业成本与营业收入是否配比；确定营业成本的披露是否恰当。

2. 实质性程序

1）实施营业成本的实质性分析程序

营业成本的审计包括产品成本、主营业务成本、其他业务成本的审计等。其中产品成本审计的主要内容有运用分析方法进行总体判断，抽查成本计算单、检查成本开支的合法性，直接材料、直接人工、制造费用、辅助生产费用归集和分配的正确性，抽查复核产品成本计算的正确性。

（1）按产品类别或按成本构成项目汇总全部产品成本，将实际成本与计划或定额成本加以比较，确定每种产品或每个成本项目的增减金额和增减变化率，将变化幅度大的产品或项目确定为审查中的重点。

（2）为寻找各种产品或各个成本项目的变动原因，还应进行单位成本变动分析。审计人员一般首先检验各种产品单位成本的本年实际数与计划数、与上年实际数、与历史最佳水平实际数的增减幅度，之后按成本项目深入分析其增减变动的具体缘由。

（3）依据配比原则，将当期成本费用指标与同期反映生产、销售及经营成果的产值、营业收入和利润等指标相联系进行比率分析，据以评价企业本期增加成本费用带来的效率以及消耗成本费用赚取利润的能力。此类分析常用的指标有营业收入成本率、产值成本率及成本费用利润等。

2）标准成本系统审查

许多制造企业采用标准成本系统来控制成本、会计处理和计算存货成本。企业成本系统直接影响期末存货的计价，审计人员应该通过询问以便了解：制定标准成本的方法，包括是否对产品使用和人工投入进行工艺研究；识别制造费用的构成和将制造费用分配到产品的方法。

（1）审核以前年度工作底稿对表征成本系统的描述，询问该系统在本年度发生的主要变化。

（2）检查上期工作底稿与本年度的差异账户，以此为基础确定由标准成本会计系统确认的差异额，考虑该差异是否意味着应对标准成本系统进行修改。

（3）询问更新标准成本的程序，以确定其在本年度的修正程度。

（4）查看厂房设备，记录成本中心、工厂的大致布局、存货的储存；询问本年度生产流程是否进行了重大变动，是否有生产创新、增加了新产品。

（5）随机抽取几个产品的标准成本构成，审查产品的成本构成、工薪记录、制造费用分配的合理性，确定所有分录是否恰当记录。

（6）审核差异报告，确定被审计单位对差异产生原因的分析情况。确定差异产生的原因是否表明了有必要对标准成本系统进行修正；询问被审计单位年末将差异在存货和销货成本之间进行分配的方法，确定该方法的合理性以及是否与以前年度保持一致。

（7）对被审计单位标准成本系统进行评价并形成书面记录，说明是否可以依赖该标准成本系统分配到年末存货中。

3）成本项目的实质性程序

存货的加工成本，包括直接材料、直接人工以及按一定方法分配的制造费用等。首先审查产品成本开支范围的合法性。审查时，应抽取并检查生产成本（基本生产和辅助生产）明细账、制造费用明细账和其他有关明细账，证实企业严格的区分了已计入产品成本的费用与不应计入产品成本的费用的界限，查明有无乱挤乱摊成本或转移成本的问题。审查中对下列混淆成本开支的问题应予以特别注意。

（1）将购置固定资产、无形资产和其他资产的资本性支出列入成本支出。

（2）将对外投资支出列入成本支出。

（3）将有职工福利费开支的费用列入成本支出。

（4）将有税后利润开支的各项税收滞纳金、罚款及被没收财物损失列入成本支出。

（5）将企业对外赞助、捐赠及各种非常损失、赔偿金、违约金等营业外支出列入成本支出。

（6）将国家有关法律、法规规定以外的各种付费及不属于成本开支范围的开支列入成本支出。

4）直接材料的实质性程序

直接材料是产品成本的重要组成部分，其真实性、正确性程度对产品成本的计算有着决定性影响，应作为产品成本审查的重点。分析比较同一产品不同期间的直接材料费，如发现重大波动应查明原因。对直接材料的审查要点如下。

（1）直接材料耗用量的审查。对直接材料耗用量的审查，通常是以审查材料用途的方式进行的。企业产品生产、基本建设、生活福利部门往往都会因各自的需要领用材料。按领发料制度规定，领用单位必须在领料单上写明用途，以便在编制"材料费用汇总表"时分类汇总，分别记入有关账户。审查时，可抽取（对耗用量较大的原材料和价值昂贵的材料可用详查法）部分"领料单"，检查其"用途"一项填写是否明晰，经汇总后再与"材料费用汇总表"核对，验证其一致性。按规定，材料一经领出即作为消耗，车间已领未用的材料应于期末填写"退库单"办理退库，或者填写红色"领料单"办理假退库。审查中应注意领料单是否经授权批准、材料耗用量是否真实、是否存在多领未用材料未办理上述手续而虚增本期材料耗用量的问题，审查中的废料、边角料也应办理退库，从本期材料消耗量中冲减，故应审查是否存在废料退库或变卖、收入不予扣除导致成本虚增的现象。

（2）直接材料计价的审查。对按实际成本计价的，可采用先进先出法、加权平均法或个别计价法。首先应审查材料计价方法的合理性和前后期材料计价方法的一贯性，以防止企业利用计价方法的变化人为调节直接材料费，从而使产品成本失实。其次应进一步审查积极方法的运用及其计算结果的正确性，以防止因工作失误而出现差错。对于前者，可在调查、询问所用计价方法的基础上，抽取本期与上期"材料明细账"进行复算，证实计价方法一贯性。对于后者，则通过将"材料明细账"中某种（或某几种）材料的期末结存单价同该材料的耗用单价相比较，如有差异，应进行追踪调查，查明错误原因。

对按计划成本计价的，除进行上述调查外，还应审查材料成本差异的计算与分配的真实性和正确性。为了防止利用材料成本差异人为调节产品成本，审查中尤其注意：期末结转入库材料的成本差异的正确性；成本差异率计算的正确性；发出材料应负担的成本差异是否按当月成本差异率计算；成本差异率是否依规定按材料类别或品种计算等。

（3）直接材料费用分配的审查。直接材料费用分配正确性的审查，是通过检查、重新计算等方法，对"材料费用分配表"、有关记账凭证、"审查成本明细账"等进行审查，证实其分配依据、分配方法和分配结果的正确性。

① 直接材料费用分配依据的审查。直接材料费用分配的依据是"材料费用分配表"。它是依据领料单按使用部门（用途）和材料类别汇总编制而成，其真实性、正确性是直接材料费用分配正确性的重要前提。由于领料单数量大，宜用抽查法，抽取消耗量大、价值高、多种用途共用且易出现问题的材料领料单，审查其"用途""单价"的真实性、完整性，进行汇总，并与分配表内有关数据相核对。

② 直接材料费用分配方法的审查。该项审查的核心是分配方法的合理性。用于产品生产的原料及主要材料，通常按产品品种分别领用，可根据领料单直接计入各该产品的成本。一批材料为多种产品共用，则需采用简单合理的方法（如按定额消耗量比例、材料定额成本比例、产品重量比例）进行分配。生产中应注意分析所选用方法是否符合材料消耗的内在规律性和企业的实际情况，以及分配方法在一定会计期间内是否有变动。如有变动还需进一步分析该变动的合理性和必要性。

③ 直接材料费用分配结果的审查。直接材料费用分配结果的正确性审查应涉及两方面内容。

第一，在上述审查的基础上对"材料费用分配表"进行复算，证实计算结果的正确性。

第二，将"材料费用分配表"与有关记账凭证、"审查成本明细表"等进行核对，证实其账务处理的正确性。

（4）直接材料费用业务中常见的弊端。

① 领料单中"用途"一项未填写或填写不明确，从而造成生产用料与非生产用料、各种产品生产用料界限不清。

② 不按材料消耗定额或实际需要领料，缺乏严格的审批手续，从而造成材料的浪费，甚至公料私用。

③ 期末已领未用材料不退库，也不做"假退库"而留作下月使用，导致两个会计期间材料费失真。

④ 生产车间的边角料和废料不退库，或者退库后不做记录，造成直接材料费用和产

品成本虚增。

⑤ 在采用实际成本计价时，任意调整发出材料的计价方法，人为调节产品成本。

⑥ 在采用计划成本计价时，常采用以下手法人为调节成本：不依照规定按材料类别或品种计算成本差异率，而采用综合成本差异率；不依照规定按本月成本差异率计算分配成本差异，而根据调节成本的需要任意分配成本差异等。

⑦ 对不能直接计入某种产品成本的材料费未按规定的原则选用合理的分配方法进行分配，而是根据需要任意分配。

⑧ 分配方法选用不恰当，分配结果不正确。

⑨ 任意改变材料费的分配方法，造成前后期产品成本不可比、不真实等。

【例 9-1】　注册会计师对 M 公司 2016 年 12 月产品成本中的直接材料项目进行审计。生产成本中材料费用支出共计 37 692 元，其中期初在产品含材料费用 680 元。企业"原材料"和"材料成本差异"账户资料如下。

"原材料"账户期初余额 200 千克，金额 11 000 元；本期购进 750 千克，金额 41 200 元；本期发出 620 千克，金额 34 100 元。

"材料成本差异"账户期初借方余额 162 元；本期借方发生额 360 元。

要求：（1）计算验证该公司生产成本中直接材料费用的正确性。

（2）分析该公司材料核算中可能存在的问题。

解析：（1）计入当月生产成本中的材料费用＝37 692－680＝37 012（元）

材料成本差异率＝（162＋360）÷（11 000＋41 200）×100％＝1％

发出材料应负担差异额＝34 100×1％＝341（元）

发出材料实际成本＝34 100＋341＝34 441（元）

本月多计材料费用＝37 012－34 441＝2 571（元）

（2）验算结果证明，计入当月生产成本中的材料费用不正确，多计 2 571 元。其原因可能是将库存的材料成本差异分配到本期生产成本之中，应进一步查明原因，然后再做相应处理。

5）直接人工成本的实质性程序

直接人工审计一般应从审阅"生产成本""制造成本"明细账和工资分配表、工资汇总表等入手，抽查有关的费用凭证，验证直接人工成本归集和分配是否真实、合理。其主要审计程序包括以下几个方面。

（1）进行分析程序，将本年度直接人工成本与前期进行比较，查明其异常波动的原因；分析比较本年度各个月份的人工费用发生额，如有异常变动，应查明原因。

（2）抽查产品成本计算单，检查直接人工成本的计算是否正确，人工费用的分配标准与计算方法是否合理适当，是否与人工费用分配汇总表中该产品分摊的直接人工费用相符。

（3）结合应付职工薪酬的检查，抽查人工费用记录及会计处理是否正确。

（4）对采用标准成本法的企业，应抽查直接人工成本差异的计算、分配与会计处理是否正确，并查明直接人工的标准成本在本年内无重大变更。

6）对制造费用的实质性程序

制造费用是指企业的车间管理部门为组织和生产所发生的各项费用，主要包括工资和福利费用、折旧费、机物料消耗、劳动保护费、水电费、办公费、差旅费、运输费、保险费、季节性和修理期间的停工损失等项内容。制造费用的审计要点包括以下几个方面。

（1）获取或编制制造费用汇总表，并与明细账、总账核对是否相符；分析制造费用汇总表，如有波动应予查明。

（2）审阅制造费用明细账，检查其核算内容、范围是否正确，应注意是否存在异常会计事项，如有则应追查至记账凭证及原始凭证；重点查明企业有无将不应列入成本费用的支出计入制造费用，如投资支出、被没收的财物、支付的罚款、违约金、技术改造支出等。

（3）检查制造费用的分配是否合理；重点查明制造费用的分配方法是否符合企业自身的生产技术条件，是否体现受益原则，分配方法一经确定，是否在相当时期内保持稳定，有无随意变更的情况；分配率和分配额的计算是否正确，有无以人为估计数值代替分配数的情况。

（4）对于采用标准成本法的企业，应抽查标准制造费用的确定是否合理，计划成本计算单的数额是否正确，制造费用的计算、分配与会计处理是否正确，并查明标准制造费用在本年度有无重大变动，对按预定分配率分配费用的企业，还应查明计划与实际差异是否得到及时调整。

7）对生产成本的实质性程序

对直接材料、直接人工和制造费用审计的程序，都构成了生产成本审计的一部分内容，在对生产成本的料、工、费的归集进行审计后，"生产成本"账户有一项重要的审计内容，那就是对"生产成本"在产品和产成品之间分配的审计。审计人员在对该账户进行审计时，应关注被审计单位是否通过调整在产品和产成品成本，达到调整利润的目的。

【例 9-2】 审计人员王红和刘新在审计滨海机械 2016 年年度的会计报表时，抽查 12 月的生产成本资料，发现生产的甲产品已完工 600 件，月末在产品 300 件，原材料在生产时一次投入，月末完工产品与在产品之间的费用，按约当产量比例法进行分配，在产品完工程度为 50%。甲产品的成本计算资料见表 9-1。

表 9-1　甲产品的成本计算资料　　　　　　　　单位：元

项目	月初在产品	本期生产费用	完工产品成本	月末在产品
直接材料	16 000	149 000	138 000	27 000
直接人工	5 800	53 200	48 200	10 800
制造费用	2 350	17 112.5	15 712.5	3 750
合计	24 150	219 312.5	201 912.5	41 550

审计过程中注册会计师发现下列情况。

（1）生产车间建造生产线领用材料 30 000 元，计入直接材料成本。

（2）销售人员工资 5 000 元计入直接人工。

（3）本年度 11 月份出售 1 台价值 90 000 元的设备，该设备原为生产甲产品使用，企业当年一直未停计提折旧。该设备预计使用年限为 10 年，残值率 5%，该企业采用直线法计提折旧。

要求：（1）指出该单位计算的成本是否正确，验算甲产品完工产品总成本和单位成本，月末在产品总成本，列出计算过程。

（2）针对上述情况指出存在的问题以及处理方法。

解析：（1）生产车间建造生产线领用原材料 30 000 元应记入在建工程账户，因此直接材料应减少 30 000 元。

（2）销售人员工资 5 000 元应记入销售费用，因此直接人工应减少 5 000 元。

（3）11 月份出售生产使用设备，12 月应停止计提折旧。计算如下：

$$年折旧率 ＝（1－5\%）÷10＝9.5\%$$

$$12 月多提折旧额 ＝90 000×9.5\%÷12＝712.50（元）$$

因此，经上述复核确认后本期生产费用各项目如下。

$$直接材料 ＝149 000－30 000＝119 000（元）$$

$$直接工资 ＝53 200－5 000＝48 200（元）$$

$$制造费用 ＝17 112.50－712.50＝16 400（元）$$

$$直接材料费用分配率 ＝（16 000＋119 000）÷（600＋300）＝150$$

$$甲产品完工产品直接材料 ＝600×150＝90 000（元）$$

$$月末在产品直接材料 ＝300×150＝45 000（元）$$

$$直接人工费用分配率 ＝（5 800＋48 200）÷（600＋300×50\%）＝72$$

$$甲产品完工产品直接人工 ＝72×600＝43 200（元）$$

$$月末在产品直接人工 ＝72×150＝10 800（元）$$

$$制造费用分配率 ＝（2 350＋16 400）÷（600＋300×50\%）＝25$$

$$甲产品完工产品制造费用 ＝25×600＝15 000$$

$$月末在产品制造费用 ＝25×150＝3 750（元）$$

审计人员验证后的甲产品完工产品成本计算单见表 9-2。

表 9-2　甲产品完工产品成本计算单

2016 年 12 月　　　　　　　　　　　　　　　　　单位：元

项目	月初在产品	本期生产费用	完工产品成本	月末在产品
直接材料	16 000	119 000	90 000	45 000
直接人工	5 800	48 200	43 200	10 800
制造费用	2 350	16 400	15 000	3 750
合计	24 150	183 600	148 200	59 550

因此，该企业当月多转完工产品成本 53 712.50 元（201 912.50－148 200），少计月末在产品成本 18 000 元（59 550－41 550），审计人员应提请被审计单位进行调整。

8）对主营业务成本的实质性程序

主营业务成本核算企业因销售商品、提供劳务或让渡资产使用权等日常活动而发生的实际成本。它是由期初库存产品成本加上本期入库产品成本，再减去期末库存产品成本求得的。对产品销售成本粉饰的查证，审计人员应通过审阅主营业务成本明细账、库存商品明细账等记录，并对有关的原始凭证和记账凭证进行审计。其审计要点包括以下几个方面。

（1）获取或编制主营业务成本明细表，与明细账与总账核对是否相符。

（2）倒推表的基本等式包括：

原材料期初余额＋本期购进额－原材料期末余额－其他发出额＝直接材料成本

直接材料成本＋直接人工成本＋制造费用＝本期生产成本

本期生产成本＋在产品期初余额－在产品期末余额＝本期完工产品成本

本期完工产品成本＋产成品期初余额－产成品期末余额＝本期产品销售成本

（3）分析比较本年度与上年度主营业务成本总额，以及本年度各月份的主营业务成本金额，如有重大波动和异常情况，应查明原因。

（4）结合生产成本的检查，抽查主营业务成本结转数额的正确性，并检查其是否与销售收入相配比。

（5）检查主营业务成本账户中重大调整事项，如（销售退回、委托代销商品）是否有其充分理由。

（6）确定主营业务成本是否已在利润表上恰当披露。

【例9-3】　审计人员刘新对滨海机械的生产成本及主营业务成本进行审计，他将该公司生产成本及主营业务成本的相关明细账、总账及报表项目相互核对，之后确定"未审数"（见表9-3）。刘新通过凭证和账簿的审计，发现以下问题。

（1）生产车间年末剩余原材料共计2 500元，未做退料处理。

（2）年末原材料已入库，但结算单据未到的材料4 000元没有暂估入账。

（3）为建造厂房发生的人工工资3 000元，已计入产品的生产成本。

（4）经年末在产品实际盘点发现其实际结存金额为35 000元。

要求：依据以上审核资料代刘新编制"生产成本及主营业务成本倒推表"，并得出审计结论。

解析：代审计人员编制的生产成本及主营业务成本倒推表见表9-3。

表9-3　生产成本及主营业务成本倒推表　　　　　　　　　单位：元

被审计单位名称：天津滨海机械股份有限公司　　编制人：刘新　　日期：2017年2月1日

截止日期：2016年12月31日　　　　　　　　　　复核人：王红　　日期：2017年2月2日

项目	说明	数据来源	未审数	调整数或重分类金额	审定数
材料期初余额	1	总账"原材料"期初数	10 000	—	10 000
加：本期购入材料净额	2	"原材料"账户借方余额	25 000	借4 000	29 000
加：其他增加额	3	"原材料"账户借方其他发生额	—	—	—
减：期末材料余额	4	总账"原材料"期末数	8 000	借2 500	10 500
减：其他发生额	5	"原材料"账户贷方其他发生额	3 000		3 000
直接材料成本	6＝1＋2＋3－4－5	生产成本明细账	24 000	借1 500	25 500
直接人工成本	7	生产成本明细账	15 000	贷3 000	12 000
制造费用	8	生产成本明细账	12 000		12 000
其中：材料费用	9	"原材料"转入"制造费用"借方数	—		—

项目	说明	数据来源	未审数	调整数或重分类金额	审定数
产品生产成本	10=6+7+8	"生产成本"借方发生额	51 000	贷 1 500	49 500
加：在产品期初余额	11	"生产成本"期初数	23 000	—	23 000
减：在产品期末数	12	"生产成本"期末数	25 000	借 10 000	35 000
产成品成本	13=10+11-12	"生产成本"转入"产成品"借方数	49 000	贷 11 500	37 500
加：产成品期初数	14	"产成品"期初数	40 000	—	40 000
加：产成品盘盈数	15	盘点记录	—	—	—
加：产成品退回	16	退货记录	—	—	—
减：产成品期末数	17	"产成品"期末数	38 000		38 000
减：产成品折价，盘亏等	18	有关记录			
产品销售成本	19=13+14+15+16-19-18		51 000	贷 11 500	39 500

审计结论：不当处理影响企业的生产成本多列 1 500 元，产成品成本和主营业务成本分别多列 11 500元，利润总额虚减 11 500 元。

9.3.2 应付职工薪酬的审计

1. 应付职工薪酬审计的目标

应付职工薪酬审计的目标一般包括：确定期末应付职工薪酬是否存在；确定期末应付职工薪酬是否是被审计单位应履行的支付义务；确定应付职工薪酬计提和支出依据是否合理、记录是否完整；确定应付职工薪酬期末余额是否正确；确定应付职工薪酬的披露是否恰当。

2. 应付职工薪酬的实质性程序

1）应付职工薪酬的实质分析程序

（1）检查各月职工薪酬费用的发生额是否有异常波动，若有，则要求被审计单位予以解释。

（2）将本期职工薪酬费用总额与上期进行比较，要求被审计单位解释其增减变动原因，或取得公司管理当局关于员工薪酬水平的决议。

（3）了解被审计单位本期平均职工人数，计算人均薪酬水平，与上期或同行业水平进行比较。

2）应付职工薪酬的其他实质性程序

（1）检查本项目的核算内容是否包括工资、职工福利、社会保险金、住房公积金、工会经费、职工教育经费、非货币性福利、解除职工劳动关系补偿、股份支付等明细项目。企业包括外商投资企业按规定从净利润中提取的职工奖励及福利基金，也应在本项目内核算。

（2）检查职工薪酬的计提是否正确，分配方法前后是否一致，并将应付职工薪酬中职工工资的计提数与相关的成本、费用项目核对是否相符。此程序用到的审计工作底稿见表 9-4。

表 9-4 应付职工薪酬计提与分配检查表

被审计单位：　　　　　　　　　　　　　　编制：　　　　　　　索引号：
会计期间：　　　　　　　　　　　　　　　复核：　　　　　　　页次：
　　　　　　　　　　　　　　　　　　　　日期：　　　　　　　日期：

项目名称	计提					备注	分配					核对是否正确	差异原因
	已计提金额	应计提基数	计提比率	应计提金额	应提与已提的差异		管理费用	销售费用	生产成本	制造费用	合计		
工资													
住房公积金													
养老保险													
医疗保险													
失业保险													
工伤保险													
生育保险													
职工教育经费													
合计													

审计说明：

（3）检查应付职工薪酬的计量和确认。

① 国家有规定计提基础和计提比例的，应当按照国家规定的计提标准计提，如医疗保险费、养老保险费、失业保险费、工伤保险费、生育保险费、住房公积金、工会经费以及职工教育经费等；国家没有规定计提基础和计提比例的，如职工福利费等，应按实列支。

② 被审计单位以其自身产品或外购商品作为非货币性福利发放职工的，应根据受益对象，将该产品或商品的公允价值，计入相关的资产成本或当期损益，同时确认应付职工薪酬。

③ 被审计单位将其拥有的房屋等资产无偿提供给职工使用的，应当根据受益对象，将该住房每期应计提的折旧计入相关的资产成本或当期损益，同时确认应付职工薪酬。

④ 被审计的单位租赁住房等资产供职工无偿使用的，应当根据受益对象，将每期应付的租金计入相关的资产成本或当期损益，同时确认应付职工薪酬。

⑤ 对于外商投资企业，在税后利润中提取职工奖励及福利基金应以董事会决议为依据，并符合相关规定。

（4）审阅应付职工薪酬明细账，抽查应付职工薪酬各项明细项目的支出和使用情况，检查是否符合相关规定，是否履行审批程序。

（5）如果被审计单位是实行工效挂钩的，应取得有关部门确认的效益工资发放额的认定证明，并复核有关合同文件和实际完成的指标，检查其计提额、发放额是否正确，是否需要进行纳税调整；如果被审计单位实行计税工资制，应取得被审计单位平均人数证明并进行复核，计算可准予税前列支的费用额，对超支部分的工资及附加费进行纳税调整，对计缴的工会经费，未能提供工会经费拨缴款专用收据的，应提出纳税调整建议。

（6）检查应付职工薪酬期末余额中是否存在拖欠性质的职工薪酬，了解拖欠的原因，此外应检查被审计单位的辞退福利核算是否符合相关规定。

（7）确定应付职工薪酬的披露是否恰当。

【例 9-4】 2015 年 7 月 1 日，A 公司（房地产开发企业）将 100 套全新的公寓以优惠价格向职工出售，购买房产的职工共计 100 名，其中 80 名为销售业务骨干，20 名为公司总部管理人员。该公司向销售业务骨干出售的住房平均每套市场价为 100 万元，出售的价格为每套 80 万元，每套成本为 40 万元；向管理人员出售的住房平均每套市场价为 180 万元，向职工出售的价格为每套 150 万元，每套成本为 60 万元。假定该 100 名职工均在 2015 年 7 月 1 日购买了公司出售的住房，售房协议规定，职工在取得住房后必须在公司服务 10 年。不考虑其他因素，下列有关 100 套全新公寓向职工出售的会计处理中，不正确的是（   ）。

A. 出售住房时计入长期待摊费用的金额为 2 200 万元

B. 出售住房时不确认收入

C. 本年摊销时，借记"销售费用"科目，贷记"应付职工薪酬"科目 80 万元

D. 本年摊销时，借记"管理费用"科目，贷记"应付职工薪酬"科目 30 万元

答案：B

解析：根据企业会计准则，公司出售住房时应对该房屋视同销售处理，应做如下会计分录。

借：银行存款　　　　　　　　　　　　（80×80＋20×150）9 400
　　长期待摊费用　　　　　　　　　　（80×20＋20×30）2 200
　　贷：主营业务收入　　　　　　　　（80×100＋20×180）11 600

同时，结转主营业务成本 4 400 万元（80×40＋20×60），分录略。

公司应当按照直线法在未来 10 年内摊销长期待摊费用，本年应做如下会计分录。

借：销售费用　　　　　　　　　　　　　（80×20÷10÷2）80
　　管理费用　　　　　　　　　　　　　（20×30÷10÷2）30
　　贷：应付职工薪酬　　　　　　　　　　　　　　　　110
借：应付职工薪酬　　　　　　　　　　　　　　　　　110
　　贷：长期待摊费用　　　　　　　　　　　　　　　　110

9.3.3　存货审计

1. 存货审计的目标

存货是指企业在日常活动中持有以备出售的产成品或商品、处在生产过程中的在产品、在生产过程或提供劳务过程中耗用的材料和物料等。企业存货的品种、数量很多，收入支出频繁，在流动资产中存货金额所占比重较大，存货的耗用与在产品成本、完工产品成本、销售成本密切相关，由此决定了存货审计的重要性。

存货审计的目标一般包括：确定存货是否存在；确定存货是否归被审计单位所有；确定存货增减变动的记录是否完整；确定存货的品质状况、存货跌价准备的计提是否合理；确定存货的计价方法是否恰当；确定存货余额是否正确；确定存货在会计报表的披露是否恰当。

2. 存货审计的实质性程序

1）实施存货的实质性分析程序

分析程序在存货审计中是经常用到的方法，因为在一般制造企业，存货金额较大，并且存货流动频繁，在审计时很难做到全面确认和盘点，运用实质性分析程序可以大概分析出存货中是否存在巨额的高估或低估问题。

（1）比较前后各期及本年度各个月存货余额及其构成、存货成本差异率、生产成本总额及单位生产成本、直接材料成本、工资费用的发生额、制造费用、待摊费用、应付利息、主营业务成本总额及单位销售成本等，以评估其总体合理性。

（2）将存货余额与现有的订单、资产负债表日后各期的销售额和下一年度的预测销售额进行比较，以评估存货滞销和跌价的可能性。

（3）将存货跌价损失准备与本年度存货处理损失的金额相比较，判断被审计单位是否计提足额的跌价损失准备。

（4）将与关联企业发生存货交易的频率、规模、价格和账款结算条件、与非关联企业对比，判断被审计单位是否利用关联企业的存货交易虚构业务交易、调节利润。

2）确定各存货明细项目与总账、报表的余额是否相符

审计人员可以通过编制存货审定表（见表 9-5）来确认存货的余额，存货审计表可以按会计科目明细数列示，如原材料、低值易耗品、库存商品等。

表 9-5　存货审定表　　　　　　　　　　　　　　　　　　　　单位：元

被审计单位名称：××公司　　　　编制人：××　　　　日期：×年×月×日
截止日期：×年×月×日　　　　　　复核人：××　　　　日期：×年×月×日

项目	年初数	借方发生额	贷方发生额	年末余额
在途材料				
库存材料				
其中主要材料				
……				
低值易耗品				
库存商品				
生产成本				
合计				

审计说明：
1. 数据来源于总账、明细账，与材料报表核对一致。
2. 存货已经实地盘点有关资料见底稿××。
3. 生产成本复核无误，见底稿××。
4. 凭证抽查见××。
5. 审计结论：××。

3）存货监盘

（1）存货监盘的重要性。《中国注册会计师审计准则第 1311 号——存货监盘》规定，存货监盘是指审计人员现场观察被审计单位存货的盘点，并对已盘点的存货进行适当检查。可见存货监盘有两层含义：一是审计人员应亲临现场观察被审计单位存货的盘点；二是在此基础上，审计人员应根据需要适当抽查已盘点存货。

（2）存货监盘计划。这里我们主要介绍制订存货监盘计划的基本要求和应执行的程序。

① 制订存货监盘计划的基本要求。审计人员应当根据被审计单位存货的特点、盘存制度和存货内部控制的有效性等情况，在评价被审计单位存货盘点计划的基础上，编制存货监盘计划，对存货监盘作出合理安排。审计人员首先应当充分了解被审计单位存货的特点、盘存制度和存货内部控制的有效性等情况，并考虑获取、审阅和评价被审计单位预定的盘点程序。存货存在与完整性的认定具有较大的重大错报风险，而且审计人员通常只有一次机会通过存货的实际全盘对有关认定作出评价。根据计划过程所收集到的信息，有助于审计人员合理确定参与监盘的地点以及存货监盘的程序。

② 制订存货监盘计划应执行的程序。在编制存货监盘计划时，审计人员应当实施下列审计程序。

其一，了解存货的内容、性质、各存货项目的重要程度及存放场所。在评价存货项目的重要程度时审计人员需要考虑存货与其他资产和净利润的相对比率及内在联系、各类存货占存货总数的比重、各存放地存货占存货总数的比重，这一评价直接关系到审计人员如何恰当地分配审计资源。

253

其二，了解与存货相关的内部控制。在制订存货监盘计划时，审计人员应当了解被审计单位与存货相关的内部控制，并根据内部控制的完善程度确定进一步审计程序的性质、时间和范围。

其三，评估与存货相关的重大错报风险和重要性。存货通常具有较高水平的重大错报风险，影响重大错报风险的因素具体包括：存货的数量和种类、成本归集的难易程度、陈旧过时的速度或易损坏程度、遭受失窃的难易程度。这些因素有的与不同行业、不同生产过程有关，有的则与一些因素（如技术进步等）有关。在对存货错报风险的评估基础之上，审计人员应当合理确定存货项目审计的重要性水平。

其四，查阅以前年度的存货监盘工作底稿。审计人员可以通过查阅以前年度的存货监盘工作底稿，充分关注存货盘点的时间安排、周转缓慢的存货的识别、存货的截止确认、盘点小组人员的确定以及存货多处存放等内容，以此了解被审计单位的存货情况、存货盘点程序以及其他在以前年度审计中遇到的重大问题。

其五，考虑实地察看存货的存放场所，特别是金额较大或性质特殊的存货。这有助于审计人员熟悉库存及其组织管理方式，也有助于审计人员在盘点工作进行前发现潜在问题，如存在难以盘点的存货、周转缓慢的存货、过时存货、残次品以及代销存货等。

其六，考虑是否需要利用专家的工作或其他审计人员的工作。对一些特殊行业的存货资产，审计人员可能不具备其他专业领域的专长与技能，则应考虑利用专家的工作。

其七，复核或与管理层讨论其存货盘点计划。在复核或与管理层讨论企业存货盘点计划时，审计人员应从盘点的时间安排、存货盘点范围和场所、盘点人员的分工、存货的计量工具和方法、盘点期间存货移动的控制、盘点结果的汇总及分析等各个方面评价其能否合理确定存货的数量和状况。如果认为被审计单位的存货盘点计划存在缺陷，审计人员应当提请被审计单位予以调整。

（3）存货监盘程序。存货监盘程序包括观察程序、检查程序、存货监盘结束时的工作三项内容。

① 观察程序。在被审计单位盘点存货前，审计人员应将截止日存货的财务账面结存数与仓库账面结存数进行核对，编制财务账与仓库账核对表，见表9-6。在表9-6中列示财务账与仓库账的差异，并对差异的成因加以分析，形成审计工作底稿。其后，审计人员应当观察盘点现场确定应纳入盘点范围的存货是否已经适当整理和排列，并附有盘点标识，防止遗漏或重复盘点。对未纳入盘点范围的存货，审计人员应当查明未纳入的原因。对所有权不属于被审计单位的存货，审计人员应当取得其规格、数量等资料，确定是否已分别存放、标明，且未被纳入盘点范围。

② 检查程序。审计人员应当对已盘点的存货进行适当检查，将检查结果与被审计单位盘点记录相核对，并形成相应记录。审计人员可以从存货盘点记录中选取项目追查至存货实物，以测试盘点记录的准确性；也可以从存货实物中选取项目追查至存货盘点记录，以测试存货盘点记录的完整性。

③ 存货监盘结束时的工作。在被审计单位存货盘点结束前，审计人员应当再次观察盘点现场，以确定所有应纳入盘点范围的存货是否均已盘点，并检查已填用、作废以及未使用盘点表单的号码记录，确定其是否连续编号，查明已发放的表单是否均已收回，并与存货盘点的汇总记录进行核对。审计人员应根据自己在存货监盘过程中获取的信息对被审

计单位最终的存货盘点结果汇总记录进行复核，并评估其是否正确地反映了实际盘点结果。

表9-6　财务账与仓库账核对表　　　　　　　　　　单位：元

被审计单位名称：××公司　　　　　编制人：××　　　　　　日期：×年×月×日
截止日期：×年×月×日　　　　　　　复核人：××　　　　　　日期：×年×月×日
　　　　　　　　　　　　　　　　　　　　　　　　　　　　　　　索引号：

存货名称和规格	单位	截止日存货财务账面结存数		截止日存货仓库账面结存数		差异	差异原因分析
		数量	索引	数量	索引		
合计							

【例9-5】　审计人员王红和刘新正在拟定对滨海机械存货监盘计划，由助理人员实施监盘工作。下列监盘计划和监盘工作有无不妥当之处？若有，请予以更正。

（1）王红和刘新在制订监盘计划时，应与滨海机械沟通，确定检查的重点。

（2）对外单位存放于滨海机械的存货，王红和刘新在计划中未要求纳入盘点范围，助理人员也未实施其他审计程序。

（3）在检查存货盘点结果时，助理人员从存货实物中选取项目追查至存货监盘记录，目的在于测试存货监盘记录的完整性。

（4）滨海机械的一批重要存货，已经被银行质押，助理人员通过电话询问了其存在性。

解析：（1）不妥当。为了有效实施存货监盘，审计人员应与被审计单位就有关问题达成一致意见，但审计人员应尽可能地避免被审计单位了解自己将抽取测试的存货项目。

（2）不妥当。对所有权不属于被审计单位的存货，注册会计师应当取得其规格、数量等有关资料，确定是否分别存放、标明，且未纳入盘点范围。对于审计单位持有的受托代管存货执行有关补充程序。此外，审计人员还应向受托代管存货的所有权人确证受托代管存货属于所有权人。

（3）妥当。在检查时，审计人员应当从存货盘点记录中选择项目追查至存货实物，以测试盘点记录的准确性；审计人员还应当从存货实物中选择项目追查至存货盘点记录，以测试盘点记录的完整性。

（4）不妥当。如果存货以作质押，助理人员应当向债权人函证与被质押的存货有关的内容，取得书面证明。必要时到银行实施监盘程序。

【例9-6】　审计人员王红和刘新在观察被审计单位存货实地盘点时，发现了下列特殊项目。

（1）产成品仓库中有数箱产品未挂盘点单，经询问，这些属于被审计单位的已售出产品。

（2）公司小仓库中有 3 种布满灰尘的原材料，每种材料都挂有盘点标签，并且数额与实物相符。

（3）材料明细账上有一批存货记录，存货盘点表上没有，经询问，得知该批存货存放在外地。

要求：请问王红和刘新对这些项目应进一步采取何种审计程序？

解析：（1）查阅有关购销协议、结算凭证等，以确定该批产品的所有权。如果该批产品的销售尚未实现，应将其列入被审计单位的存货中。

（2）向有关生产主管查询该批材料是否还能用于生产，如果不能用于生产，属于报废或毁损的材料，则不应当列入被审计单位的存货中。

（3）委托存放地会计师事务所盘点，或亲自派人前往进行监盘，在存货量不大时，也可向寄存或寄售单位函证。

4）特殊情况的处理

如果存在由于存货的性质或位置较为特殊，无法实施监盘程序，或者由于一些不可预见的因素导致无法在预定日期实施存货监盘等情况，审计人员应当考虑能否实施替代审计程序，在获取有关期末存货数量和状况的充分、适当的审计证据的基础上，还应当实施以下一项或多项审计程序，以获取有关本期期初存货余额的充分、适当的审计证据：查阅前任审计人员工作底稿，复核上期存货盘点记录及文件，检查上期存货交易记录，运用毛利百分比法等进行分析。值得注意的是，监盘程序主要是对存货的结存数量予以确认，它不能证实被审计单位对存货拥有所有权。

5）存货计价审计

存货监盘程序主要是对存货的结存数量予以确认。为验证财务报表上存货余额的真实性，审计人员还必须对存货的计价进行审计，即确定存货实物数量和永续盘存记录中的数量是否经过正确的计价和汇总。存货计价测试主要是针对被审计单位所使用的存货单位成本是否正确所进行的测试，就广义而言，存货成本的审计也可以被视为存货计价测试的一项内容。

（1）计价审计样本的选择。计价审计的样本，应该从存货数量已经盘点、单价和总金额已经计入存货汇总表的结存存货中选择。选择样本时，审计人员应着重选择结存余额较大且价格变化比较频繁的项目，同时考虑所选样本的代表性。抽样方法一般采用分层抽样法，抽样规模应足以推断总体的情况。

（2）计价审计方法的确认。存货的计价方法多种多样，被审计单位应结合企业会计准则的基本要求选择符合自身特点的方法，审计人员除应了解和掌握被审计单位的存货计价方法外，还应对这种计价方法的合理性与一贯性予以关注，没有足够理由，计价方法在同一会计年度内不得变动。

（3）计价审计测试。进行计价测试时，审计人员首先应对存货价格的组成内容予以审核，然后按照所了解的计价方法对所选择的存货样本进行计价测试。测试时，审计人员应尽量排除被审计单位已有计算程序和结果的影响，进行独立测试。测试结果出来后，审计人员应就该结果与被审计单位账面记录进行对比，编制对比分析表，分析形成差异的原因。如果差异过大，审计人员应扩大测试范围，并根据审计结果考虑是否应提出审计调整建议。

【例 9-7】 在对滨海机械 2016 年年度财务报表审计中，审计人员王红和刘新负责生产成本及主营业务成本的审计。滨海机械的会计政策规定，入库产成品按实际生产成本入账，发出产成品按先进先出法核算。2016 年 12 月 31 日，滨海机械甲产品的相关明细资料见表 9-7（数量单位为件，金额单位为人民币万元，假定期初余额和所有的数量、入库单价均无误）。

表 9-7　库存商品明细账

月	日	摘要	入库 数量	入库 单价	入库 金额	出库 数量	出库 单价	出库 金额	结存 数量	结存 单价	结存 金额
1	1	期初余额							500	5	2 500
3	1	入库	400	5.1	2 040				900		4 540
4	1	销售				800	5.2	4 160	100		380
8	1	入库	1 600	4.6	7 360				1 700		7 740
10	3	销售				400	4.6	1 840	1 300		5 900
12	1	入库	700	4.5	3 150				2 000		9 050
12	31	销售				800	4.8	3 840	1 200		5 210
12	31	期末余额							1 200		5 210

要求：在进行相关测试后，王红和刘新应如何提出审计调整建议？

解析：王红和刘新应运用检查文件与记录和重新计算的审计程序。

该公司对甲产品发出计价未按照先进先出法核算。修正后的库存商品明细账见表 9-8。

表 9-8　修正后的库存商品明细账

月	日	摘要	入库 数量	入库 单价	入库 金额	出库 数量	出库 单价	出库 金额	结存 数量	结存 单价	结存 金额
1	1	期初余额							500	5	2 500
3	1	入库	400	5.1	2 040				500 400	5 5.1	4 540
4	1	销售				500 300	5 5.1	4 030	100	5.1	510
8	1	入库	1 600	4.6	7 360				100 1 600	5.1 4.6	7 870
10	3	销售				100 300	5.1 4.6	1 890	1 300	4.6	5 980
12	1	入库	700	4.5	3 150				1 300 700	4.6 4.5	9 130
12	31	销售				800	4.6	3 680	500 700	4.6 4.5	5 450
12	31	期末余额							500 700	4.6 4.5	5 450

2016 年 12 月 31 日甲产品的期末余额应为 5 450 万元。

被审计单位少计存货 240（5 450－5 210）万元，多转主营业务成本 240 万元。王红和刘新应提请滨海机械调整如下。

借：库存商品——甲产品   240

    贷：主营业务成本——甲产品   240

9.3.4　其他相关账户或项目的审计

生产与存货循环涉及的主要内容是存货的管理及生产成本的计算，这些内容前文已有详细阐述，除此以外，还有一些账户，虽然与生产和存货循环不直接相关，但这些账户的核算会影响存货及其相关账户。实务中经常出现被审计单位利用的这些账户调低或调高成本费用，从而达到其调整利润的目的的情况。这些账户主要包括：长期待摊费用、应付利息、管理费用、在建工程、工程物资等。下面以应付利息的审计为例进行简单介绍。

1. 应付利息审计的目标

应付利息审计的目标包括确定应付利息的计提和转销记录是否完整，确定应付利息的余额是否正确，确定应付利息在会计报表的披露是否恰当。

2. 应付利息的实质性程序

应付利息科目核算的是企业按照规定从成本费用中预先提取但尚未支付的短期借款利息费用。应付利息的主要审计程序包括以下几点。

（1）取得或编制应付利息明细表，与报表数、总账及明细账合计数核对是否相符。

（2）抽查大额应付利息发生的原始凭证及相关文件，验证其发生额是否正确。

（3）审查应付利息的预提方法及会计处理是否合理。

（4）审查应付利息在报表上恰当披露的情况。

筹资与投资循环审计

任务 10.1　筹资与投资循环的特点

10.1.1　企业筹资的特点

1. 筹资活动的定义

企业的筹资活动是指企业为满足生存和发展的需要，通过改变企业资本与债务规模和构成而筹集资金的活动，反映了企业的发展能力、偿债能力和经营能力。企业为了不断扩大自身的规模以及满足经营需求、偿还债务等原因，会通过筹资渠道和金融市场来获取更多的资金。

2. 筹资循环的特点

企业的筹资活动主要由借款交易和所有者权益交易构成，主要的筹资方式有投入资本、发行股票、发行债券、银行借款、商业信用等。在筹资循环审计的过程中，主要涉及需要审查的账户有短期借款、长期借款、财务费用等。

10.1.2　企业投资的特点

1. 投资活动的定义

企业的投资活动是企业为了通过分配来增加财富，或谋求其他利益，将资产让渡给其他单位而获得另一项资产的活动，投资活动主要由权益性投资交易和债券性投资交易组成。

2. 投资循环的特点

在企业日常的经营过程中，除了生产销售，合理高效的投资也能为企业带来大量的财富。当然，对企业来说大部分投资是具有一定风险性的，因此企业在进行投资交易的时候必须要综合考虑投入和回报及投资的风险。企业主要的投资方式有购买股票、债券、基金等方式，涉及需要审查的账户主要有持有至到期投资、交易性金融资产、投资收益等。

10.1.3　所有者权益审计

在筹资和投资过程中，企业的所有者权益结构和金额也会发生变化。所有者权益主要包括实收资本（股本）、资本公积、盈余公积和未分配利润。在对筹资和投资循环进行审计的时候，也要对这四个项目分别进行审查。

任务 10.2　筹资与投资循环的内部控制和控制测试

注册会计师在对被审计单位进行筹资与投资循环审计的时候，除了实施实质性程序外，还要进行控制测试，主要是检验被审计单位内部控制的有效性。审计人员要进行的控制测试步骤如下。

（1）针对了解的被审计单位筹资与投资循环的控制活动，确定拟进行测试的控制活动。

（2）测试控制运行的有效性，记录测试过程和结论。

（3）根据测试结论，确定对实质性程序的性质、时间和范围的影响。

（4）完成控制测试阶段的审计工作底稿，填写控制测试汇总表、控制测试程序表及控制测试过程表，用以记录控制测试的过程及结论。

表 10-1～表 10-4 是控制测试过程的审计工作底稿示例。

表 10-1　控制测试导引表

被审计单位：中泰纸业股份有限公司　　　　编制：陈仁静　　　日期：2017-1-15
会计期间：　　　2016 年度　　　　　　　复核：李清河　　　日期：2017-1-16
项目：　　　筹资与投资循环
测试本循环控制运行有效性的工作包括： 1. 针对了解的被审计单位筹资与投资循环的控制活动，确定拟进行测试的控制活动 2. 测试控制运行的有效性，记录测试过程和结论 3. 根据测试结论，确定对实质性程序的性质、时间和范围的影响
测试本循环控制运行有效性形成下列审计工作底稿： 1. 控制测试汇总表 2. 控制测试程序 3. 控制测试过程
编制要求或参考：
本审计工作底稿用以记录下列内容： 1. 汇总对本循环内部控制运行有效性进行测试的主要内容和结论 2. 记录控制测试程序 3. 记录控制测试过程

表 10-2 控制测试汇总表

被审计单位：中泰纸业股份有限公司　　　　编制：陈仁静　　　日期：2017.1.15　　　索引号：2104-2

会计期间：2016 年度　　　　　　　　　　复核：李清河　　　日期：2017.1.16　　　页次：

项目：筹资与投资循环

1. 了解内部控制的初步结论

(1) 控制设计合理，并得到执行　☑

(2) 控制设计合理，未得到执行　☐

(3) 控制设计无效或缺乏必要的控制　☐

2. 控制测试结论

控制目标	被审计单位的控制活动	控制活动对实现控制目标是否有效（是/否）	控制活动是否得到执行（是/否）	控制活动是否有效运行（是/否）	控制测试结果是否支持风险评估结论（支持/不支持）
借款经过适当审批	财务部门信贷管理员填写借款申请表。其中，金额在人民币 100 万元以下的申请应经财务经理和总经理审批；金额超过人民币 100 万元的借款申请由董事会审批。借款由董事会授权总经理签订借款合同	是	是	是	支持
借入的款项均已记录且记录准确	信贷记账员编制记账凭证，将借款合同、银行回单等单证交会计主管审核。会计主管审核无误后，在系统中批准、系统自动过账至借款明细账和总账	是	是	是	支持
借款费用均已准确计算并记录于适当期间	每季季末，信贷记账员编制记账凭证，将银行回单交会计主管审核。会计主管审核无误后，批准通过。如未能及时取得银行利息回单，由信贷管理员根据借款利率估算付息，经过会计主管复核后，该金额调节与表中体现的银行存款余额的利息金额相核对。同时，信贷记账员进行账务处理。同时，还将当月编制的银行利息划转到相应对	是	是	是	支持

3. 相关交易和账户余额的总体审计方案

(1) 对未进行测试的控制目标的汇总

根据计划实施的控制测试，我们未对下述控制目标进行测试。

业务循环	主要业务活动	控制目标	相关的交易和账户余额及其认定	原因

(2) 对未达到控制目标的结果的汇总

根据控制测试的结果，我们确定下述控制运行无效，在审计过程中不予信赖，拟实施实质性程序获取充分、适当的审计证据。

业务循环	主要业务活动	控制目标	相关交易和账户余额及其认定	原因

(3) 对相关控制测试的结果，制订下列审计方案：

根据控制测试的结果，制订下列审计方案：

受影响的交易、账户余额	完整性（控制测试结果/需从实质性程序中获取的保证程度）	发生/存在（控制测试结果/需从实质性程序中获取的保证程度）	准确性/计价和分摊（控制测试结果/需从实质性程序中获取程度）	截止（控制测试结果/需从实质性程序中获取的保证程度）	权利和义务（控制测试结果/需从实质性程序中获取的保证程度）	分类（控制测试结果/需从实质性程序中获取的保证程度）	列报（控制测试结果/需从实质性程序中获取的保证程度）
短期借款	低	低	低	不适用	低	不适用	低
财务费用	低	低	低	低	不适用	低	低

（注：由于假定收入存在舞弊风险，虽然控制测试的结果表明控制活动可以缓解该特别风险，我们仍拟从实质性程序中就收入的完整性、发生认定中获取中等保证程度。）

4. 沟通事项

是否需要就已识别的内部控制设计、执行以及运行方面的重大缺陷，与适当层次的管理层或治理层进行沟通？

续表

事项编号	事项记录	与治理层的沟通	与管理层的沟通

编制说明：

1. 本审计工作底稿记录注册会计师测试的控制活动及结论。

2. 如果注册会计师不拟对与某些控制目标相关的控制活动实施控制测试，则应直接执行实质性程序，对相关交易和账户余额的认定进行测试，以获取足够的保证程度。

表 10-3　控制测试程序

被审计单位：中泰纸业股份有限公司　编制：陈仁静　日期：2017.1.15　索引号：2104-3
会计期间：2016 年度　　　　　　　复核：李清河　日期：2017.1.16　页数：

业务活动一：	借款的审批与处理				
(1) 询问程序					
通过实施询问程序，被审计单位中泰纸业股份有限公司已确定下列事项：本年度未发现任何特殊情况、错报和异常项目；财务或投资管理部门的人员在未得到授权的情况下无法访问或修改系统内部数据；本年度未发现下列控制活动未得到执行；本年度未发现下列控制活动发生变化					
(2) 其他测试程序					
控制目标	被审计单位的控制活动	控制测试程序	执行控制的频率	所测试的项目数量	索引号
借款经过适当审批	财务部门信贷管理员填写借款申请表。其中，金额在人民币 100 万元以下的申请应经财务经理和总经理审批；金额超过人民币 100 万元的借款申请由董事会审批。董事会授权总经理签订借款合同	抽取借款申请单并检查是否得到适当审批	每月执行一次	1	2104-4
借入的款项均已记录且记录准确	信贷记账员编制记账凭证，将借款合同、银行回单等单证交会计主管审核。会计主管审核无误后，在系统中批准，系统自动过账至借款明细账和总账	检查凭证是否经过审核	每月执行一次	1	2104-4
业务活动二：	还款与利息支付				
(1) 询问程序					
通过实施询问程序，被审计单位中泰纸业股份有限公司已确定下列事项：本年度未发现任何特殊情况、错报和异常项目；财务或投资管理部门的人员在未得到授权的情况下无法访问或修改系统内部数据；本年度未发现下列控制活动未得到执行；本年度未发现下列控制活动发生变化					
(2) 其他测试程序					
控制目标	被审计单位的控制活动	控制测试程序	执行控制的频率	所测试的项目数量	索引号
借款费用均已准确计算并记录于适当期间	每季季末，信贷记账员编制记账凭证，将银行利息回单交会计主管审核。会计主管审核无误后，批准通过。如未能及时取得银行借款利息回单，由信贷管理员根据借款利率估算应付利息，经会计主管复核后，信贷记账员进行账务处理。同时，该金额还将与当月编制的银行存款余额调节表中体现的银行已划转的利息金额相核对	检查凭证是否经过审核	每季度执行一次	1	2104-4

表 10-4　控制测试过程——筹资与投资循环

被审计单位：中泰纸业股份有限公司　　　编制：陈仁静　　　日期：2017.1.15　　　索引号：2104-4

会计期间：2016 年度　　　　　　　　　　复核：李清河　　　日期：2017.1.16　　　页数：

项目：筹资与投资循环

1. 与日常借款有关的业务活动的控制

主要业务活动	测试内容	测试项目 1	测试项目 2	测试项目 3	测试项目 4	测试项目 5	测试项目 6
借款	借款申请表编号（日期）	JK2314（2015-7-18）					
	借款申请表是否经恰当批准（是/否）	是					
	借款合同编号（如适用）	JK023021（2015-7-23）					
	综合授信协议编号（如适用）	不适用					
	综合授信使用申请表编号（日期）	SX001（2015-7-23）					
记录借款（1）	收款凭证编号（日期）	42（2015-7-23）					
	借款合同金额、期限等内容是否与借款申请表内容一致（是/否）	是					
	是否记入短期借款明细账贷方（是/否）	是					
	是否登记借款备查账（是/否）						
记录借款（2）	明细账记录内容是否与借款备查账内容一致（是/否）						
	借款备查账记录内容是否与借款合同一致（是/否）						

2. 与偿还借款有关的业务活动的控制

具体业务名称	测试内容	测试项目 1	测试项目 2	测试项目 3	测试项目 4	测试项目 5	测试项目 6
偿还	借款合同编号	借款合同编号					
	综合授信协议编号（如适用）	SX001002（2015-7-23）					
	付款申请表编号（如适用）	不适用					
	付款申请表是否经恰当批准（如适用）	是					
	是否与借款合同规定还款日一致（是/否）	是					

具体业务名称	测试内容	测试项目1	测试项目2	测试项目3	测试项目4	测试项目5	测试项目6
记录还款	付款凭证编号（日期）	55 (2016-1-23)					
	还款金额、期限等内容是否与付款申请表内容一致（是/否）	是					
	是否记入短期借款明细账借方（是/否）	是					
	是否登记借款备查账（是/否）	是					
	明细账记录内容是否与借款备查账内容一致（是/否）	是					
	借款备查账记录内容是否与借款合同一致（是/否）	是					

3. 与信贷情况表有关的业务活动的控制

序号	选择的编制期间	是否编制信贷情况表	内容是否完整（是/否）	是否经适当层次的复核（是/否）
无				

4. 与借款差异调查表有关的业务活动的控制

序号	选择的编制期间	借款备查账金额	借款明细账金额	编制人、复核人是否签名（是/否）	是否有调节项目（是/否）	是否与支持文件相符（是/否）	是否经过适当审批（是/否）
本期无差异发生							

5. 与财务费用有关的业务活动的控制

序号	选择的期间	借款利息回单编号	如适用，是否估算借款利息（是/否）	如适用，是否与银行存款余额调节表核对一致（是/否）	记账凭证编号
1	2016年1月	000045	否	不适用	55

6. 与日常交易性金融资产有关的业务活动的控制

主要业务活动	测试内容	测试项目1	测试项目2	测试项目3
购入/出售	股票名称	无		
	交易流水单号码			
	是否登记投资备查账（是/否）			
确认、记录投资	转款凭证编号（日期）			
	股票名称			
	是否正确记入投资明细账（是/否）			
	是否正确确认投资收益（是/否）			

7. 与交易性金融资产差异核对有关的业务活动的控制

序号	选择的期间	是否编制核对表（是/否）	投资项目是否一致（是/否）	投资的金额是否一致（是/否）	编制人、复核人是否签名（是/否）	是否有调节项目（是/否）	是否与支持文件相符（是/否）
无							

8. 与月度交易性金融资产报告有关的业务活动的控制

序号	选择的期间	是否编制月度交易性金融资产报告（是/否）	复核人是否签名（是/否）
无			

9. 与交易性金融资产后续计量有关的业务活动的控制

序号	股票代码	公允价值	是否与支持性文件相符（是/否）	账面价值	记账凭证编号	是否有调节项目（是/否）
无						

任务10.3 筹资与投资循环的实质性程序

10.3.1 所有者权益审计

1. 实收资本（股本）审计程序

1）获取或编制实收资本（股本）明细表

（1）复核加计是否正确，并与报表数、总账数和明细账合计数核对是否相符。

（2）以非记账本位币出资的，检查其折算汇率是否符合规定，折算差额的会计处理是

267

否正确。

2）检查实收资本（股本）是否真实存在

（1）首次接受委托的客户，取得历次验资报告，将其所载明的投资者名称、投资方式、投资金额、到账时间等内容与被审计单位历次实收资本（股本）变动的账面记录、会计凭证及附件等核对复印。

（2）检查实收资本（股本）增减变动的原因，查阅其是否与公司章程、董事会纪要、补充合同、协议及其他有关法律性文件的规定一致，逐笔追查至原始凭证，检查其会计处理是否正确。注意有无抽资或变相抽资的情况，如有，应取证核实，做恰当处理。

① 对于股份有限公司，应检查股票收回的交易活动。检查的内容包括已发行股票的登记簿、收回的股票、银行对账单、会计账面记录等。

② 以发放股票股利增资的，检查股东（大）会决议，检查相关增资手续是否办理，会计处理是否正确。

③ 对于以资本公积、盈余公积和未分配利润转增资本的，应取得股东（大）会等资料，并审核是否符合国家有关规定，会计处理是否正确。

④ 以权益结算的股份支付行权时增资，取得相关资料，检查是否符合相关规定，会计处理是否正确。

⑤ 以回购股票以及其他法定程序报经批准减资的，检查股东（大）会决议以及相关的法律文件，手续是否办理，会计处理是否正确。

⑥ 中外合作经营企业在合作期间归还投资的，收集与已归还投资变动有关的公司章程、合同、董事会会议纪要、政府部门的批准文件等资料，查明其是否合规、合法，更新永久性档案，并对已归还投资的发生额逐项审计至原始凭证，检查应用的折算汇率和会计处理是否符合相关规定。

（3）必要时向投资者函证实缴资本额，对有关财产和实物价值进行鉴定，以确定投入资本的真实性。

① 对于发行在外的股票，应检查股票的发行活动。检查的内容包括已发行股票的登记簿、募股清单、银行对账单、会计账面记录等。必要时，可向证券交易所和金融机构函证股票发行的数量。

② 对于发行在外的股票，应检查股票发行费用的会计处理是否符合有关规定。

3）审阅公司章程、股东（大）会、董事会会议记录中有关实收资本（股本）的规定

收集与实收资本（股本）变动有关的董事会会议纪要、股东（大）会决议、合同、协议、公司章程及营业执照、公司设立批文、验资报告等法律性文件，并更新永久性档案。

【例 10-1】 2017 年 1 月 23 日，北京华城会计师事务所首次接受北京天华有限公司的委托，对其 2016 年年度会计报表进行审计。审计员李新华负责对该企业的所有者权益项目进行审计。假定该企业有关所有者权益各项目的期初数与前任会计师事务所的工作底稿相符，2016 年年度净利润数也是审定数。2016 年年度会计报表上：实收资本期初数 10 000 000.00 元，期末数 10 000 000.00 元；资本公积期初数 200 000.00 元，期末数 400 000.00 元；盈余公积期初数 800 000.00 元，期末数 8 300 000.00 元。根据以下资料

（见图 10-1～图 10-4）编制实收资本审计导引表和实收资本明细表（变化比例用百分数表示）。

分页：1　总页：1

总分类账

科目：实收资本

2016年 月	日	凭证 字	号	摘要	借方（亿千百十万千百十元角分）	贷方（亿千百十万千百十元角分）	借或贷	余额（亿千百十万千百十元角分）	√
1	1			上年结转			贷	1 0 0 0 0 0 0 0 0 0	□
									□
									□
									□
									□

图 10-1　实收资本总账

分页：1　总页：2

实收资本明细账

一级科目：实收资本　　二级科目：流星有限公司

2016年 月	日	凭证 种类	号数	摘要	日页	借方（百十万千百十元角分）	贷方（百十万千百十元角分）	借或贷	余额（百十万千百十元角分）
1	1			上年结转				贷	6 0 0 0 0 0 0 0 0

图 10-2　实收资本明细账——流星有限公司

分页：2　总页：2

实收资本明细账

一级科目：实收资本　　二级科目：广电有限公司

2016年 月	日	凭证 种类	号数	摘要	日页	借方（百十万千百十元角分）	贷方（百十万千百十元角分）	借或贷	余额（百十万千百十元角分）
1	1			上年结转				贷	4 0 0 0 0 0 0 0 0

图 10-3　实收资本明细账——广电有限公司

解析：通过检查北京天华有限公司的实收资本明细表，并与报表数、总账数和明细账合计数核对，发现该公司本期实收资本没有发生增减变动，流星有限公司的出资额为 6 000 000 元，占注册资本的 60%，广电有限公司的出资额为 4 000 000 元，占注册资本的 40%，该公司的总注册资本为 1 000 万元。通过检查验资报告等法律性文件及相关资料，确认其符合相关规定，可以编制如下的审计工作底稿，包括实收资本导引表（见表 10-5）和实收资本明细表（见表 10-6）。

北京天华有限公司（筹）全体股东：

我们接受委托，审验了贵公司(筹)截至 2006 年 08 月 03 日 申请设立登记的注册资本实收情况。按照国家相关法律、法规的规定和协议、章程的要求出资，提供真实、合法、完整的验资资料，保护资产安全、完整是全体股东及贵公司（筹）的责任。我们的责任是对贵公司（筹）注册资本的实收情况发表审验意见。我们的审验是依据《独立审计实务公告第1号——验资》进行的。在审验过程中，我们结合贵公司（筹）的实际情况，实施了检查等必要的审验程序。

根据有关协议、章程的规定，贵公司(筹)申请登记的注册资本为人民币　　壹仟万　　元，由流星有限公司（以下简称甲方）、广电有限公司（以下简称乙方）共同出资筹建。经我们审验，截至2006年08月03日，　贵公司（筹）已收到全体股东缴纳的注册资本合计人民币　　壹仟万　　元。其中：

甲方出资人民币 陆佰万元 整，占注册资本的60%；乙方出资人民币 肆佰万元 整，占注册资本的40%，以上出资方式均为货币资金。

本验资报告仅供贵公司（筹）申请设立登记及据以向全体股东签发出资证明时使用，不应将其视为是对贵公司（筹）验资报告日后资本保全、偿债能力和持续经营能力等的保证。因使用不当造成的后果，与执行本验资业务的注册会计师及会计师事务所无关。

北京天元会计师事务所有限公司　　　　中国注册会计师：王庆达
中国·北京　　　　　　　　　　　　主任会计师：刘西元

2006 年 08 月 08 日

附件1. 注册资本实收情况明细表
2. 验资事项说明

图 10-4　验资报告

表 10-5　实收资本导引表

被审单位：北京天华有限公司　　　　编制：李新华　　　　工作底稿编制时间：2017.01.23
审计期间/时点：2016.12.31　　　　复核：　　　　索引号：T7-1-1

序号	说明	期末数		期初数		变化	变化比例
		金额/元	比例/%	金额/元	比例/%		
1	流星有限公司	6 000 000	60	6 000 000	60		
2	广电有限公司	4 000 000	40	4 000 000	40		
调整							
调整后金额		10 000 000	100	10 000 000	100		

说明：
本期实收资本没有发生增减变动。

被审单位：北京天华有限公司
审计期间/时点：2016.12.31

表 10-6 实收资本明细表

编制：李新华　　　　工作底稿编制时间：2017.01.23
复核：　　　　　　　　索引号：T7-1-2

投资者名称或股权类别	属性	期初数		小计	送股	配股	公积金转入	其他	期末数		调整数	审定数	
		金额/元	比例/%						金额/元	比例/%		金额/元	比例/%
流星有限公司	私营企业	6 000 000.00	60						6 000 000.00	60		6 000 000.00	60
广电有限公司	私营企业	4 000 000.00	40						4 000 000.00	40		4 000 000.00	40
合计		10 000 000.00	100						10 000 000.00	100		10 000 000.00	100

说明：本期实收资本没有发生增减变动。

· 271 ·

2. 资本公积的主要审计程序

（1）获取或编制资本公积明细表，复核加计是否正确，并与报表数、总账数和明细账合计数核对是否相符。

（2）首次接受委托的单位，应对期初的资本公积进行追溯查验，检查原始发生的依据是否充分。

（3）根据资本公积明细账，对"资本（股本）溢价"的发生额逐项审查至原始凭证。

① 对股本溢价，应取得董事会会议纪要，股东（大）会决议，有关合同、政府批文，追查至银行收款等原始凭证，结合相关科目的审计，检查会计处理是否正确，注意发行股票溢价收入的计算是否已扣除股票发行费用。

② 对资本公积转增资本的，应取得股东（大）会决议、董事会会议纪要、有关批文等，检查资本公积转增资本是否符合有关规定，会计处理是否正确。

③ 若有同一控制下企业合并，应结合长期股权投资科目，检查被审计单位（合并方）取得的被合并方所有者权益账面价值的份额与支付的合并对价账面价值的差额计算是否正确，是否依次调整本科目、盈余公积和未分配利润。

④ 股份有限公司回购本公司股票进行减资的，检查其是否按注销的股票面值总额和所注销的库存股的账面余额，冲减资本公积。

⑤ 检查与发行权益性证券直接相关的手续费、佣金等交易费用的会计处理是否正确，是否将与发行权益性证券间接相关的手续费记入本账户；若有，判断是否需要被审计单位调整。

（4）根据资本公积明细账，对"其他资本公积"的发生额逐项审查至原始凭证。

① 检查以权益法核算的被投资单位除净损益以外所有者权益的变动，被审计单位是否已按其享有的份额入账，会计处理是否正确；处置该项投资时，应注意是否已转销与其相关的资本公积。

② 以自用房地产或存货转换为采用公允价值模式计量的投资性房地产，转换日的公允价值大于原账面价值的，检查其差额是否计入资本公积。处置该项投资性房地产时，原计入资本公积的部分是否已转销。

③ 将持有至到期投资重分类为可供出售金融资产，或将可供出售金融资产重分类为持有至到期投资的，是否按相关规定调整资本公积，检查可供出售金融资产的后续计量是否相应调整资本公积。

④ 以权益结算的股权支付，取得相关资料，检查在权益工具授予日和行权日的会计处理是否正确。

⑤ 对于在资产负债表日，满足运用套期会计方法条件的现金流量套期和境外经营净投资套期产生的利得和损失，是否进行了正确的会计处理。

（5）收集与资本公积变动有关的股东（大）会决议、董事会会议纪要、资产评估报告等文件资料，更新永久性档案。

（6）检查资本公积各项目，考虑对所得税的影响。

（7）记录资本公积中不能转增资本的项目。

（8）检查资本公积是否已按照企业会计准则的规定在财务报表中做出恰当列报。

（9）根据评估的舞弊风险等因素增加的审计程序。

【**例 10-2**】 请根据例 10-1 中的资料及以下资料（见图 10-5～图 10-8）对该公司的资本公积进行审计（注册会计师运用抽样方法抽到需检查的凭证为 18♯），编制相关的审计工作底稿。

分页：*1* 总页：*1*

总分类账

科目：资本公积

2016年		凭证		摘 要	借方											贷方											借或贷	余 额											√
月	日	字	号		亿	千	百	十	万	千	百	十	元	角	分	亿	千	百	十	万	千	百	十	元	角	分		亿	千	百	十	万	千	百	十	元	角	分	
1	1			上年结转																							贷			2	0	0	0	0	0	0	0	
5	8	记	018	进行债务重组														2	0	0	0	0	0	0	0	贷			4	0	0	0	0	0	0	0	
	31			本月合计														2	0	0	0	0	0	0	0	贷			4	0	0	0	0	0	0	0	
12	31			本年累计														2	0	0	0	0	0	0	0	贷			4	0	0	0	0	0	0	0	

图 10-5 资本公积总账

分页：1 总页：1

资本公积明细账

一级科目：**资本公积** 二级科目：**其他资本公积**

2016年		凭证		摘 要	日页	借方									贷方									借或贷	余 额								
月	日	种类	号数			百	十	万	千	百	十	元	角	分	百	十	万	千	百	十	元	角	分		百	十	万	千	百	十	元	角	分
1	1			上年结转																				贷		2	0	0	0	0	0	0	0
5	8	记	018	进行债务重组												2	0	0	0	0	0	0	0	贷		4	0	0	0	0	0	0	0
	31			本月合计												2	0	0	0	0	0	0	0	贷		4	0	0	0	0	0	0	0
12	31			本年累计												2	0	0	0	0	0	0	0	贷		4	0	0	0	0	0	0	0

图 10-6 资本公积明细账

记 账 凭 证

记字第 *018* 号

2016年 *05*月 *08*日

摘 要	总账科目	明细科目	借方金额											贷方金额											√
			亿	千	百	十	万	千	百	十	元	角	分	亿	千	百	十	万	千	百	十	元	角	分	
进行债务重组	应付账款	北京华达有限公司			2	4	0	0	0	0	0	0	0												√
	无形资产减值准备						5	0	0	0	0	0	0												√
	无形资产															2	2	5	0	0	0	0	0	0	√
	资本公积	其他资本公积															2	0	0	0	0	0	0	0	√
																									√
合 计			￥	2	4	5	0	0	0	0	0	0	0	￥	2	4	5	0	0	0	0	0	0	0	

会计主管：舒兆圆 记账：熊惠文 出纳： 复核：方金海 制单：包卫峰

图 10-7 18♯记账凭证

债务重组协议书

债权人：北京华达有限公司

债务人：北京天华有限公司

北京天华有限公司2009年1月从北京华达有限公司购入原材料C，货款价税合计240万元，由于2016年03月遭受火灾，损失严重，导致周转资金严重不足。2016年05月06日，经与北京华达有限公司协商，其同意北京天华有限公司以一项专利权抵货款240万元。该项无形资产的账面价值为225万元，已计提减值准备5万元，双方协议按公允价值220万元作价抵债，北京华达有限公司不再追偿剩余债权。本协议经双方签署后即生效。

债权人：（公章）　2016.05.06

债务人：（公章）　2016.05.06

图 10-8　债务重组协议书

解析：根据被审计单位的记账凭证和债务重组协议书，可以看出该企业因火灾发生了一项债务重组的经济业务，被审计单位对债务重组这个经济业务记录的会计分录如下。

借：应付账款——北京华达有限公司　　　　　　　　　　　2 400 000

　　无形资产减值准备　　　　　　　　　　　　　　　　　　50 000

　贷：无形资产　　　　　　　　　　　　　　　　　　　　2 250 000

　　资本公积——其他资本公积　　　　　　　　　　　　　200 000

根据新准则的规定，债务重组利得应计入营业外收入而不是资本公积。所以，正确的会计分录如下。

借：应付账款——北京华达有限公司　　　　　　　　　　　2 400 000

　　无形资产减值准备　　　　　　　　　　　　　　　　　　50 000

　贷：无形资产　　　　　　　　　　　　　　　　　　　　2 250 000

　　营业外收入　　　　　　　　　　　　　　　　　　　　200 000

因此，要对被审计的会计分录进行调整，调整会计分录如下。

借：资本公积　　　　　　　　　　　　　　　　　　　　　200 000

　贷：营业外收入　　　　　　　　　　　　　　　　　　　200 000

因此，注册会计师在审计该公司的资本公积时应该调减 200 000 元。

相关的审计工作底稿见表 10-7 和表 10-8。

表 10-7　实收资本审计抽凭底稿

被审计单位：北京天华有限公司　　　　编制：李新华　　　工作底稿编制时间：2017.01.23
审计期间/时点：2016.12.31　　　　　复核：　　　　　　　索引号：T7-2-2
资本公积——实质性测试——检查凭证
测试目的：确定资本公积是否存在；确定资本公积的增减变动是否符合法律、法规和合同、章程的规定，记录是否完整
测试方法：检查原始凭证
测试总体：资本公积每个明细项目
样本选取：对资本公积的增减变动全部检查
检查情况：

序号	日期	凭证号	金额	摘要	借方	贷方	附件	检查内容			
								1	2	3	4
1	2016.05.18	018	200 000.00	进行债务重组	应付账款/无形资产	资本公积/无形资产/银行存款	债务重组协议、转账支票存根	否	否		

说明：
1. 会计处理是否正确　　2. 入账金额是否正确
结论：
所检查的样本发现存在会计处理差错。建议做调整，调整分录如下：
借：资本公积　　　　　　　　　　　　　　　　　　　　200 000.00
　贷：营业外收入　　　　　　　　　　　　　　　　　　　　　200 000.00

表 10-8　资本公积审计导引表

被审计单位：北京天华有限公司　　编制：李新华　　　日期：2017.01.23　　索引号：T7-2-1
项目：资本公积　　　　　　　　　复核：　　　　　　　　　　　　　　页次：
截止日：2016.12.31

序号	项目	上年审定数	未审数				本年审计调整		审定数
			年初余额	本期借方	本期贷方	期末余额	Dr	Cr	
1	资本公积	200 000	200 000		200 000	400 000	200 000		200 000
	合计	200 000	200 000		200 000	400 000	200 000		200 000

审计说明：
资本公积的增加主要是由于债务重组而确认的，根据新准则的规定，债务重组利得应计入营业外收入而不是资本公积。

审计结论：
经审计该项目存在重大错报，建议做调整，调整分录如下。
借：资本公积　　　　　　　　　　　　　　　　　　　　200 000.00
　贷：营业外收入　　　　　　　　　　　　　　　　　　　　　200 000.00

3. 盈余公积的主要审计程序

（1）获取或编制盈余公积明细表，复核加计是否正确，并与报表数、总账数及明细账合计数核对是否相符。

（2）对法定盈余公积和任意盈余公积的发生额逐项审查至原始凭证。

① 审查法定盈余公积和任意盈余公积的计提顺序、计提基数、计提比例是否符合有关规定，会计处理是否正确。

② 审查盈余公积的减少是否符合有关规定，取得董事会会议纪要、股东（大）会决议，予以核实，检查有关会计处理是否正确。

（3）检查盈余公积的列报是否已按照企业会计准则的规定在财务报表中做出恰当列报。

【例 10-3】 请根据例 10-1 中信息和以下数据资料（见图 10-9～图 10-12、表 10-9）对该公司的盈余公积进行审计，并编制相关的审计工作底稿（相关记账凭证编号为132＃）。

图 10-9　盈余公积总账

图 10-10　盈余公积明细账——法定盈余公积

盈余公积明细账

一级科目：**盈余公积**　　　　　二级科目：**任意盈余公积**

2016年		凭证		摘　　要	日页	借　方	贷　方	借或贷	余　额
月	日	种类	号数			百十万千百十元角分	百十万千百十元角分		百十万千百十元角分
1	1			上年结转				贷	3 0 0 0 0 0 0 0
12	31	记	132	提取盈余公积			2 5 0 0 0 0 0 0	贷	2 8 0 0 0 0 0 0
	31			本月合计			2 5 0 0 0 0 0 0	贷	2 8 0 0 0 0 0 0
	31			本年累计			2 5 0 0 0 0 0 0	贷	2 8 0 0 0 0 0 0

图 10-11　盈余公积明细账——任意盈余公积

记 账 凭 证

2010 年 12 月 31 日　　　　　　　　记字第 **132** 号

摘　　要	总账科目	明细科目	借方金额	贷方金额	√
			亿千百十万千百十元角分	亿千百十万千百十元角分	
提取盈余公积	利润分配	提取法定盈余公积	5 0 0 0 0 0 0 0		√
	利润分配	提取任意盈余公积	2 5 0 0 0 0 0 0		√
	盈余公积	法定盈余公积		5 0 0 0 0 0 0 0	√
	盈余公积	任意盈余公积		2 5 0 0 0 0 0 0	√
	合　　计		￥ 7 5 0 0 0 0 0 0	￥ 7 5 0 0 0 0 0 0	

附单据 1 张

会计主管：**舒兆国**　　记账：**熊忠文**　　出纳：　　复核：**方金海**　　制单：**包卫峰**

图 10-12　132＃记账凭证

表 10-9　盈余公积提取计算表（132＃记账凭证附件）　　　　　单位：元

项　　目	金　　额
2016 年年度法定盈余公积提取数	50 000 000.00×10％＝5 000 000.00
2016 年年度任意盈余公积提取数	50 000 000.00×5％＝2 500 000.00

解析：根据查看的盈余公积总账和盈余公积明细账及检查的 132＃记账凭证的结果来看，该公司由于 2016 年出现了盈利，继而提取了法定盈余公积金和任意盈余公积金，其金额分别为 5 000 000 元和 2 500 000 元，记账凭证的会计分录正确。根据检查结果，审计底稿填写见表 10-10～表 10-12。

表 10-10　盈余公积审计导引表

被审计单位：北京天华有限公司　　编制：李新华　　　日期：2017.01.23　　索引号：T7-3-1
项目：盈余公积　　　　　　　　　复核：　　　　　　　　　　　　　　　　页次：
截止日：2016.12.31

序号	项目	上年审定数	未审数				本年审计调整		审定数
			年初余额	本期借方	本期贷方	期末余额	Dr	Cr	
1	法定盈余公积	500 000	500 000		5 000 000	5 500 000			5 500 000
2	任意盈余公积	300 000	300 000		2 500 000	2 800 000			2 800 000
	合计	800 000	800 000		7 500 000	8 300 000			8 300 000

审计结论：
我们未发现盈余公积余额有重大错误。

表 10-11　盈余公积审计明细表

被审计单位：北京天华有限公司　　　　编制：李新华　　审计底稿编制时间：2017.01.23
审计期间/时点：2016.12.31　　　　　复核：　　　　　索引号：T7-3-2
盈余公积——实质性测试——明细表

项目	期初数	本期增加	本期减少					期末数	调整数	审定数
			小计	弥补亏损	转增股本	分配股利	其他			
法定盈余公积	500 000	5 000 000								5 500 000
任意盈余公积	300 000	2 500 000								2 800 000
合计	800 000	7 500 000						8 300 000		8 300 000

说明：
本期盈余公积剧增是由于公司实现盈利 5 000 万元，按比例提取了盈余公积。

表 10-12　盈余公积审计抽凭表

被审计单位：北京天华有限公司　　　　编制：李新华　　　审计底稿编制时间：2017.01.23
审计期间/时点：2016.12.31　　　　　　复核：　　　　　　索引号：T7-3-3
盈余公积——实质性测试——检查凭证

测试目的：验证盈余公积的正确性
测试方法：抽样检查原始凭证
测试总体：盈余公积明细中的每一个项目
样本选取：
检查情况：

序号	日期	凭证号	金额	摘要	借方	贷方	附件	检查内容			
								1	2	3	4
1	2016.12.31	132	7 500 000	提取盈余公积	利润分配	盈余公积	盈余公积提取计算表	否	否		

说明：
1. 正确性是否存在疑问　　2. 依据是否存在疑问
结论：
所检查的样本并未发现重大问题。

4. 未分配利润的审计程序

（1）获取或编制利润分配明细表，复核加计是否正确，与报表数、总账数及明细账合计数核对是否相符。

（2）将未分配利润年初数与上年审定数核对是否相符，检查涉及损益的上年审计调整是否正确入账。

（3）获取与未分配利润有关的董事会会议纪要、股东（大）会决议、政府部门批文及有关合同、协议、公司章程等文件资料，并更新永久性档案。

（4）检查董事会会议纪要、股东（大）会决议、利润分配方案等资料，对照有关规定确认利润分配的合法性。

（5）了解本年利润弥补以前年度亏损的情况，确定本期末未弥补亏损金额。如果已超过弥补期限，且已因为抵扣亏损而确认递延所得税资产的，应当进行调整。

（6）检查本期未分配利润变动除净利润转入以外的全部相关凭证，结合所获取的文件资料，确定其会计处理是否正确。

（7）结合以前年度损益科目的审计，检查以前年度损益调整的内容是否真实、合理，注意对以前年度所得税的影响。对重大调整事项应逐项核实其发生原因、依据和有关资料，复核数据的正确性。

（8）检查未分配利润是否已按照企业会计准则的规定在财务报表中做出恰当列报；检查对资产负债表日后至财务报告批准报出日之间，由董事会或类似机构所制订利润分配方案中拟分配的股利，是否在财务报表附注中单独披露。

（9）根据评估的舞弊风险等因素增加的审计程序。

10.3.2 借款的主要审计程序

1. 短期借款的主要审计程序

（1）获取或编制短期借款明细表。

① 复核加计正确，并与报表数、总账数和明细账合计数核对是否相符。

② 检查非记账本位币短期借款的折算汇率及折算金额是否正确，折算方法是否前后期一致。

（2）检查被审计单位贷款卡，核实账面记录是否完整：对被审计单位贷款卡上列示的信息与账面记录核对的差异进行分析，并关注贷款卡中列示的被审计单位对外担保的信息。

（3）对短期借款进行函证。

（4）复核短期借款利息。

① 根据短期借款的利率和期限，检查被审计单位短期借款的利息计算是否正确；如有未计利息和多计利息，应做出记录，必要时提请进行调整。

② 根据短期借款平均余额、平均利率测算当期利息费用和应付利息，并与账面记录进行比较，将实际的情况与期望值相比较，识别需要进一步调查的差异。如果其差额超过可接受的差异额，调查并获取充分的解释和恰当的佐证审计证据（如通过检查相关的凭证）。评估分析程序的测试结果。

（5）检查短期借款是否已按照企业会计准则的规定在财务报表中做出恰当的列报。

① 检查被审计单位短期借款是否按信用借款、抵押借款、质押借款、保证借款分别披露。

② 检查期末逾期借款是否按贷款单位、借款金额、逾期时间、年利率、逾期未偿还原因和预期还款期等进行披露。

③ 对已到期的借款获得展期，应说明展期条件，新的到期日。

（6）根据评估的舞弊风险等因素增加的其他审计程序。

2. 长期借款的主要审计程序

（1）获取或编制长期借款明细表。

① 复核加计是否正确，并与总账数和明细账合计数核对是否相符，减去将于一年内偿还的长期借款后与报表数核对是否相符。

② 检查非记账本位币长期借款的折算汇率及折算是否正确，折算方法是否前后期一致。

（2）检查被审计单位贷款卡，核实账面记录是否完整。对被审计单位贷款卡上列示的信息与账面记录核对的差异进行分析，并关注贷款卡中列示的被审计单位对外担保的信息。

（3）对长期借款进行函证。

（4）复核长期借款利息。

① 根据长期借款的利率和期限，复核被审计单位长期借款的利息计算是否正确。如

有未计利息和多计利息，应做出记录，必要时进行调整。

② 根据借款平均余额、平均利率测算当期利息费用和应付利息，并与账面记录进行比较，将实际的情况与期望值相比较，识别需要进一步调查的差异。如果其差额超过可接受的差异额，调查并获取充分的解释和恰当的佐证审计证据（如通过检查相关的凭证）。评估分析程序的测试结果。

（5）检查长期借款是否已按照企业会计准则的规定在财务报表中做出恰当的列报。

① 被审计单位是否按信用借款、抵押借款、质押借款、保证借款分别披露。

② 对于期末逾期借款，是否分别贷款单位、借款金额、逾期时间、年利率、逾期未偿还原因和预期还款期等进行披露。

③ 被审计单位是否在附注中披露与借款费用有关的下列信息：当期资本化的借款费用金额；当期用于计算确定借款费用资本化金额的资本化率。

④ 一年内到期的长期借款是否列为一年内到期的非流动负债。

⑤ 被审计单位在资产负债表日或之前违反了长期借款协议，导致贷款人可随时要求清偿的负债，应当归类为流动负债。

⑥ 对已到期的借款获得展期，应说明展期条件，新的到期日。

（6）根据评估的舞弊风险等因素增加的其他审计程序。

3. 案例分析

【例 10-4】 2017 年 1 月 19 日，北京华城会计师事务所到北京广源有限公司对其 2016 年年度的会计报表进行审计。审计员顾宏伟负责对该企业的借款进行审计。该事务所对北京广源有限公司借款的重要性评价为 10 000 元。已知该企业报表上短期借款的期初数为 300 000.00 元，期末数为 400 000.00 元；长期借款的期初数为 1 000 000.00 元，期末数为 1 090 000.00 元。请根据以下资料（见图 10-13～图 10-29、表 10-13 和表 10-14）对该公司的借款项目进行审计并编制相关的审计工作底稿（变化比例用百分数表示，结果保留两位小数）。

图 10-13　短期借款总账

分页:1　总页:2

短期借款明细账

一级科目：短期借款　　二级科目：中国银行北京西城支行622265546693229

2016年		凭证		摘要	日页	借方	贷方	借或贷	余额
月	日	种类	号数			百十万千百十元角分	百十万千百十元角分		百十万千百十元角分
1	1			上年结转				贷	10000000
3	30	记	130	归还短期借款及利息		10000000		平	0
	31			本月合计		10000000		平	0
4	6	记	016	取得短期借款			10000000	贷	10000000
	30			本月合计			10000000	贷	10000000
10	6	记	026	归还短期借款及利息		10000000		平	0
	31			本月合计		10000000		平	0
12	31			本年累计		20000000	10000000	平	0

图 10-14　短期借款明细账——中国银行北京西城支行

分页:2　总页:2

短期借款明细账

一级科目：短期借款　　二级科目：中国工商银行北京西城支行6222442522174425?

2016年		凭证		摘要	日页	借方	贷方	借或贷	余额
月	日	种类	号数			百十万千百十元角分	百十万千百十元角分		百十万千百十元角分
1	1			上年结转				贷	20000000
5	13	记	073	取得流动资金借款			40000000	贷	60000000
	31			本月合计			40000000	贷	60000000
8	16	记	086	归还短期借款利息及本金		20000000		贷	40000000
	31			本月合计		20000000		贷	40000000
12	31			本年累计		20000000	40000000	贷	40000000

图 10-15　短期借款明细账——中国工商银行北京西城支行

分页:1　总页:1

总分类账

科目：长期借款

2016年		凭证		摘要	借方	贷方	借或贷	余额	√
月	日	字	号		亿千百十万千百十元角分	亿千百十万千百十元角分		亿千百十万千百十元角分	
1	1			上年结转			贷	1000000000	
	31			本月合计		750000	贷	1007500000	
2	28			本月合计		750000		1015000000	
3	31			本月合计		750000		1022500000	
4	30			本月合计		750000	贷	1030000000	
5	31			本月合计		750000	贷	1037500000	
6	30			本月合计		750000	贷	1045000000	
7	31			本月合计		750000		1052500000	
8	31			本月合计		750000	贷	1060000000	
9	30			本月合计		750000		1067500000	
10	31			本月合计		750000		1075000000	
11	30			本月合计		750000		1082500000	
12	31			本月合计		750000	贷	1090000000	
	31			本年累计			贷		

图 10-16　长期借款总账

长期借款明细账

一级科目：**长期借款**　　　　二级科目：**中国农业银行北京海淀支行622265565670654**

2016年 月	日	凭证 种类	凭证 号数	摘要	日页	借方	贷方	借或贷	余额
1	1			上年结转				贷	1 000 000.00
	31	记	131	计提长期借款利息			7 500.00	贷	1 007 500.00
	31			本月合计			7 500.00	贷	1 007 500.00
2	28	记	128	计提长期借款利息			7 500.00	贷	1 015 000.00
	28			本月合计			7 500.00	贷	1 015 000.00
3	31	记	131	计提长期借款利息			7 500.00	贷	1 022 500.00
	31			本月合计			7 500.00	贷	1 022 500.00
4	30	记	130	计提长期借款利息			7 500.00	贷	1 030 000.00
	30			本月合计			7 500.00	贷	1 030 000.00
5	31	记	131	计提长期借款利息			7 500.00	贷	1 037 500.00
	31			本月合计			7 500.00	贷	1 037 500.00
6	30	记	130	计提长期借款利息			7 500.00	贷	1 045 000.00
	30			本月合计			7 500.00	贷	1 045 000.00
7	31	记	131	计提长期借款利息			7 500.00	贷	1 052 500.00
				转次页			52 500.00	贷	1 052 500.00

图 10-17　长期借款明细账——中国农业银行北京海淀支行（第 1 页）

长期借款明细账

一级科目：**长期借款**　　　　二级科目：**中国农业银行北京海淀支行622265565670654**

2016年 月	日	凭证 种类	凭证 号数	摘要	日页	借方	贷方	借或贷	余额
7	31			承上页			52 500.00	贷	1 052 500.00
8	31	记	131	计提长期借款利息			7 500.00	贷	1 060 000.00
	31			本月合计			7 500.00	贷	1 060 000.00
9	30	记	130	计提长期借款利息			7 500.00	贷	1 067 500.00
	30			本月合计			7 500.00	贷	1 067 500.00
10	31	记	131	计提长期借款利息			7 500.00	贷	1 075 000.00
	31			本月合计			7 500.00	贷	1 075 000.00
11	30	记	130	计提长期借款利息			7 500.00	贷	1 082 500.00
	30			本月合计			7 500.00	贷	1 082 500.00
12	31	记	131	计提长期借款利息			7 500.00	贷	1 090 000.00
	31			本月合计			7 500.00	贷	1 090 000.00
	31			本年累计			90 000.00	贷	1 090 000.00

图 10-18　长期借款明细账——中国农业银行北京海淀支行（第 2 页）

记 账 凭 证

2016 年 10月 06日

摘 要	总账科目	明细科目	借方金额 亿千百十万千百十元角分	贷方金额 亿千百十万千百十元角分	√
归还短期借款及利息	短期借款	中国银行北京西城支行	1 0 0 0 0 0 0 0		√
	财务费用	利息	3 6 0 0 0 0		√
	银行存款	中国银行北京西城支行		1 0 3 6 0 0 0 0	√
合 计			￥ 1 0 3 6 0 0 0 0	￥ 1 0 3 6 0 0 0 0	

附单据2张

会计主管:李丽丽　　记账:张汇琴　　出纳:葛小金　　复核:慕容雪　　制单:丁群

图 10-19　26♯记账凭证

中国银行 转账支票存根（存）

00001029

附加信息

出票日期2016年10月06日
收款人:中国银行北京
金　额:￥103600.00
用　途:归还短期借款
单位主管　　会计

中国 银行利息回单

2016 年 10 月 06 日

收款单位	账 号	622265546687451	付款单位	账 号	622265546693229
	户 名	北京广源有限公司		户 名	北京广源有限公司
	开户银行	中国银行北京西城支行		开户银行	中国银行北京西城支行
贷款	户第	季度利息	利率	7.2%	利息 ￥3600.00

代付、收款通知书

银行盖章

中国银行
北京西城支行
2016.10.06
(01)

图 10-20　26♯记账凭证附件（支票存根及利息回单）

记 账 凭 证

2016 年 05月 13日

摘 要	总账科目	明细科目	借方金额 亿千百十万千百十元角分	贷方金额 亿千百十万千百十元角分	√
取得流动资金借款	银行存款	中国工商银行北京西城支行	4 0 0 0 0 0 0 0		√
	短期借款	中国工商银行北京西城支行		4 0 0 0 0 0 0 0	√
合 计			￥ 4 0 0 0 0 0 0 0	￥ 4 0 0 0 0 0 0 0	

附单据1张

会计主管:李丽丽　　记账:张汇琴　　出纳:葛小金　　复核:慕容雪　　制单:丁群

图 10-21　73♯记账凭证

借款借据（收账通知）

借款日期　　**2016年05月13日**　　　　借据编号 **055664**

收款单位	名　称	北京广源有限公司	付款单位	名　称	北京广源有限公司
	开户账号	6222442522174425221		放款户账号	6222442522174432818
	开户银行	中国工商银行北京西城支行		开户银行	中国工商银行北京西城支行

借款金额	人民币（大写）	肆拾万元整	千 百 十 万 千 百 十 元 角 分 ￥ 4 0 0 0 0 0 0 0

借款原因及用途	流动资金周转 工商银行 北京西城支行 **2016.05.13** （01） 你单位上列借款，已转入你单位结算户内。 此致 （银行盖章）	借款期限	2016年05月13日至2017年02月13日

此联退还借款单位

图 10-22　73♯记账凭证附件

记　账　凭　证

2016年12月31日　　　　　　　　　　　记字第 **131** 号

摘　要	总账科目	明细科目	借方金额 亿千百十万千百十元角分	贷方金额 亿千百十万千百十元角分	√
计提长期借款利息	财务费用	利息	7 5 0 0 0 0		✓
	长期借款	中国农业银行北京海淀支行		7 5 0 0 0 0	✓
					☐
					☐
					☐
					☐
合　　　　计			￥ 7 5 0 0 0 0	￥ 7 5 0 0 0 0	☐

附单据 **1** 张

会计主管:李丽丽　　记账:张汇琴　　出纳:　　复核:綦容雪　　制单:丁群

图 10-23　131♯记账凭证

表 10-13　长期借款利息计算单（131♯凭证附件）　　　　单位:元

计 息 期 间	利　　息
2016 年 12 月利息	1 000 000×0.75％＝7 500.00

表 10-14　长期借款利息计算单（130♯凭证附件）　　　　单位:元

计 息 期 间	利　　息
2016 年 6 月利息	1 000 000×0.75％＝7 500.00

图 10-24　130♯记账凭证

图 10-25　中国银行借款合同（1）

中国 银行借款合同

立合同单位：

借款单位(简称甲方) 北京广源有限公司

贷款单位(简称乙方) 中国银行北京西城支行

甲方为进行建设和发展的需要，依据_____国家规定_____,特向乙方申请借款，经乙方审查同意发放。为明确双方责任，恪守信用，特签订本合同，共同遵守。

一、甲方向乙方借款人民币(大写)__零__千__零__百__壹__拾__零__万元，规定用于___采购材料___。

二、借款期约定为__零__年__六__个月。即从__贰零壹陆__年__四__月__六__日至__贰零壹陆__年__十__月__六__日。乙方保证按设计计划和信贷计划，在下达的贷款指标额度内贷出资金。甲方保证按规定的借款用途用款。

三、贷款利息自支用贷款之日起，以实际贷款数按月息__千分之六__计算，按到期支付利息结息。

四、甲方保证按还款计划归还贷款本金。甲方如不能按期偿还，乙方有权从甲方的存款户中扣收。

违约责任:(略)

合同的附件:借款申请书，担保协议书

双方商定的其他条件:(略)

本合同自签订之日起生效，贷款本息全部偿还后失效。

本合同正本三份，甲方，乙方，保证方各执一份，副本___两___份送乙方财会部门和有关部门。

借款单位:(公章)　　　　　　　　　　　法定代表人(签字)刘冬冬

贷款单位:(公章)　　　　　　　　　　　法定代表人(签字)李沥沥

担保单位:(公章)　　　　　　　　　　　法定代表人(签字)将文丽

图 10-26　中国银行借款合同（2）

287

中国工商 银行借款合同

立合同单位：

借款单位(简称甲方) 北京广源有限公司

贷款单位(简称乙方) 中国工商银行北京西城支行

甲方为进行建设和发展的需要，依据_____国家规定_____，特向乙方申请借款，经乙方审查同意发放。为明确双方责任，恪守信用，特签订本合同，共同遵守。

一、甲方向乙方借款人民币(大写)__零__千__零__百__贰__拾__零__万元，规定用于___生产资金周转___。

二、借款期约定为__零__年__八__个月。即从__贰零壹伍__年__十二__月__十六__日至__贰零壹陆__年__八__月__十六__日。乙方保证按设计计划和信贷计划，在下达的贷款指标额度内贷出资金。甲方保证按规定的借款用途用款。

三、贷款利息自支用贷款之日起，以实际贷款数按月息__千分之六点五__计算，按到期支付利息结息。

四、甲方保证按还款计划归还贷款本金。甲方如不能按期偿还，乙方有权从甲方的存款户中扣收。

违约责任:(略)

合同的附件:借款申请书，担保协议书

双方商定的其他条件:(略)

本合同自签订之日起生效，贷款本息全部偿还后失效。

本合同正本三份，甲方，乙方，保证方各执一份，副本__两__份送乙方财会部门和有关部门。

借款单位:(公章)　　　　　　　　　　　法定代表人(签字)刘冬冬

贷款单位:(公章)　　　　　　　　　　　法定代表人(签字)马晓燕

担保单位:(公章)　　　　　　　　　　　法定代表人(签字)佟环环

图 10-27　中国工商银行借款合同（1）

中国工商 银行借款合同

立合同单位:

借款单位(简称甲方) 北京广源有限公司

贷款单位(简称乙方) 中国工商银行北京西城支行

甲方为进行建设和发展的需要,依据 __国家规定__ ,特向乙方申请借款,经乙方审查同意发放。为明确双方责任,恪守信用,特签订本合同,共同遵守。

一、甲方向乙方借款人民币(大写) __零__ 千 __零__ 百 __肆__ 拾 __零__ 万元,规定用于 __生产资金周转__ 。

二、借款期约定为 __零__ 年 __九__ 个月。即从 **贰零壹陆** 年 __五__ 月 __十三__ 日至 **贰零壹柒** 年 __二__ 月 __十三__ 日。乙方保证按设计计划和信贷计划,在下达的贷款指标额度内贷出资金。甲方保证按规定的借款用途用款。

三、贷款利息自支用贷款之日起,以实际贷款数按月息 __千分之六点五__ 计算,按到期支付利息结息 。

四、甲方保证按还款计划归还贷款本金。甲方如不能按期偿还,乙方有权从甲方的存款户中扣收。

违约责任:(略)

合同的附件:借款申请书,担保协议书

双方商定的其他条件:(略)

本合同自签订之日起至 贷款本息全部偿还后失效。

本合同正本三份,甲方,乙方,保证方各执一份,副本 __两__ 份送乙方财会部门和有关部门。

借款单位(盖公章) 法定代表人(签字)刘冬冬

贷款单位(盖章) 法定代表人(签字)马晓燕

担保单位:(公章) 法定代表人(签字)刘宏

图 10-28 中国工商银行借款合同 (2)

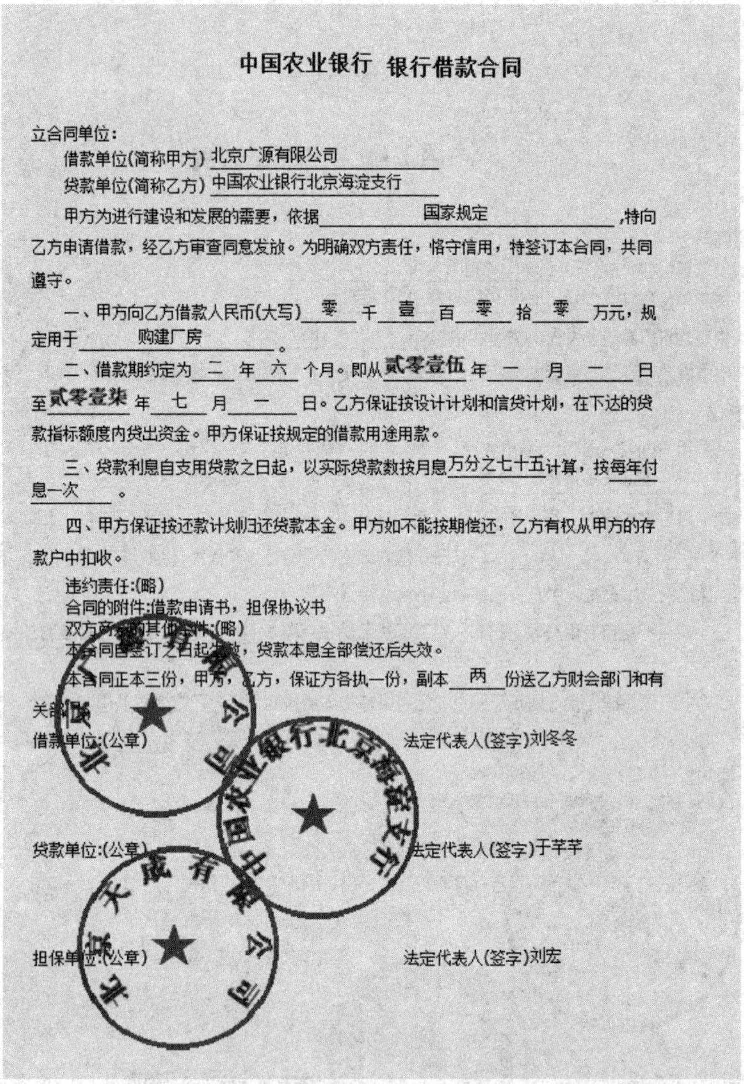

图 10-29　中国农业银行借款合同

解析：根据借款的审计程序，对借款的审计主要有以下几个步骤。

（1）在获取短期借款和长期借款总账和明细账后，检查账簿并复核总账和明细账合计数。

（2）对短期借款和长期借款进行函证。由于短期借款明细账——中国银行北京西城支行账上余额为 0，所以不对该银行发询证函，只对工商银行北京西城支行和中国农业银行北京海淀支行发询证函检验该公司的短期借款和长期借款余额（分别是 400 000 元和1 000 000 元）。对中国农业银行北京海淀支行发的银行询证函见图 10-30，对工商银行北京西城支行发的银行询证函略。

银行询证函

编号：1

中国农业银行北京海淀支行　　　（银行）：

　　本公司聘请的　北京华城　　　　会计师事务所正在对本公司 2016 年年度财务报表进行审计，按照中国注册会计师审计准则的要求，应当询证本公司与贵行相关的信息。下列信息出自本公司记录，如与贵行记录相符，请在本函下端"信息证明无误"处签章证明；如有不符，请在"信息不符"处列明不符项目及具体内容；如存在与本公司有关未列入本函的其他重要信息，也请在"信息不符"处列出其详细资料。回函请直接寄至北京华城　　　　会计师事务所。

回函地址：北京市朝阳区使馆路63号基金大厦6楼　　　　邮编：100020

电话：01063727669　　　　传真：01063727669　　　　联系人：北京华城会计师事务所审计：

截至 2016 年 12 月 31 日，本公司与贵行相关的信息列示如下：

1.银行存款。

账户名称	银行账号	币种	利率	余额	起止日期	是否被质押,用于担保或存在其他使用权限	备注

除上述列示的银行存款外，本公司并无在贵行的其他存款。

注："起止日期"一栏仅适用于定期存款，如为活期或保证金存款，可只填写"活期"或"保证金"字样。

2.银行借款。

借款人名称	币种	本息余额	借款日期	到期日期	利率	借款条件	抵(质)押品/担保人	备注
北京广源有限公司	人民币	1 000 000.00	2015.01.01	2017.07.01	9%	担保	北京天成有限公司	

除上述列示的银行借款外，本公司并无自贵行的其他借款。

注：此项仅函证截至资产负债表日本公司尚未归还的借款。

3.截至函证日之前12个月内注销的账户。

账户名称	银行账户	币　种	注销账户日

除上述列示的账户外，本公司并无截至函证日之前12个月内在贵行注销的其他账户。

4.委托存款。

账户名称	银行账号	借款方	币种	利率	余额	存款起止日期	备注

除上述列示的委托存款外，本公司并无通过贵行办理的其他委托存款。

图 10-30　银行询证函

5.委托贷款

账户名称	银行账号	资金使用方	币种	利率	本金	利息	贷款起止日期	备注

除上述列示的委托贷款外,本公司并无通过贵行办理的其他委托贷款。

6.担保:

(1)本公司为其他单位提供的、以贵行为担保受益人的担保。

被担保人	担保方式	担保金额	担保期限	担保事由	担保合同编号	被担保人与贵行就担保事项往来的内容(贷款等)	备注

除上述列示的担保外,本公司并无其他以贵行为担保受益人的担保。

注:如采用抵押或质押方式提供担保的,应在备注中说明抵押或质押物情况。

(2)贵行向本公司提供的担保。

被担保人	担保方式	担保金额	担保期限	担保事由	担保合同编号	备注

除上述列示的担保外,本公司并无贵行提供的其他担保。

7.本公司为出票人且由贵行承兑而尚未支付的银行承兑汇票。

银行承兑汇票号码	票面金额	出票日	到期日

除上述列示的银行承兑汇票外,本公司并无由贵行承兑而尚未支付的其他银行承兑汇票。

8.本公司向贵行已贴现而尚未到期的商业汇票。

商业汇票号码	付款人名称	承兑人名称	票面金额	票面利率	出票日	到期日	贴现日	贴现率	贴现净额

除上述列示的商业汇票外,本公司并无向贵行已贴现而尚未到期的其他商业汇票。

9.本公司为持票人且由贵行托收的商业汇票。

商业汇票号码	承兑人名称	票面金额	出票日	到期日

除上述列示的商业汇票外,本公司并无由贵行托收的其他商业汇票。

图 10-30(续1)

10.本公司为申请人、由贵行开具的、未履行完毕的不可撤销信用证。

信用证号码	受益人	信用证金额	到期日	未使用金额

除上述列示的不可撤销信用证外，本公司并无由贵行开具的、未履行完毕的其他不可撤销信用证。

11.本公司与贵行之间未履行完毕的外汇买卖合约。

类　别	合约号码	买卖币种	未履行的 合约买卖金额	汇率	交收日期
贵行卖予本公司					
本公司卖予贵行					

除上述列示的外汇买卖合约外，本公司并无与贵行之间未履行完毕的其他外汇买卖合约。

12.本公司存放于贵行的有价证券或其他产权文件。

有价证券或其他产权文件名称	产权文件编号	数量	金额

除上述列示的有价证券或其他产权文件外，本公司并无存放于贵行的其他有价证券或其他产权文件。

注：此项不包括本公司存放在贵行保管箱中的有价证券或其他产权文件。

13.其他重大事项。

不适用

注：此项应填列注册会计师认为重大且应予函证的其他事项，如信托存款等，如无则应填写"不适用"。

(公司盖章)

2011 年01 月19 日

以下仅供被询证银行使用

结论：1.信息证明无误。

(银行盖章)

年　月　日

经办人：

2.信息不符，请列明不符项目及具体内容(对于在本函前述第1项至第13项中漏列的其他重要信息，请列出详细资料)。

(银行盖章)

年　月　日

经办人：

图　10-30（续2）

（3）根据短期借款和长期借款的利率和期限，检查被审计单位短期借款的利息计算是否正确；如有未计利息和多计利息，应做出记录，必要时提请进行调整。对于北京广源有限公司，从借款合同中可以看到有以下几笔借款（见表10-15）。

表 10-15　北京广源有限公司借款明细

序号	借款银行	本金/元	借款期限	起止日期	月利率/‰	月利息/元	付息方法
1	中国银行北京西城支行	100 000	6 个月	2015.10.1—2016.3.30	6	600	到期支付利息
2	中国银行北京西城支行	100 000	6 个月	2016.4.6—2016.10.6	6	600	到期支付利息
3	工商银行北京西城支行	200 000	8 个月	2015.12.16—2016.8.16	6.5	1 300	到期支付利息
4	工商银行北京西城支行	400 000	9 个月	2016.5.13—2017.2.13	6.5	2 600	到期支付利息
5	中国农业银行北京海淀支行	1 000 000	2.5 年	2015.1.1—2017.7.1	7.5	7 500	每年付息一次

在对该公司记账凭证和原始凭证检查的过程中，发现该公司 2016 年在计提中国农业银行北京海淀支行的长期借款利息时，1～6 月的记账凭证上每月计提利息时借记"在建工程"，贷记"长期借款"，7～8 月计提长期借款利息时，每月记账凭证上的会计分录都是借记"财务费用"，贷记"长期借款"。根据《中国农业银行银行借款合同》规定，这笔金额为 100 万元的长期借款的借款期限为 2 年 6 个月（即 2.5 年），月息为万分之七十五，付息方法为每年付息一次，因此，该公司需要在 2016 年年末的时候支付银行本年利息 90 000 元（$1\,000\,000 \times 75 \div 10\,000 \times 12 = 90\,000$ 元）。

根据新的会计准则的要求，长期借款在对利息费用进行账务处理时应该根据借款用途不同做不同的处理。资产负债表日，应按摊余成本和实际利率计算确定的长期借款的利息费用，借记"在建工程""制造费用""财务费用""研发支出"等科目；按合同约定的名义利率计算确定的应付利息金额，贷记"应付利息"科目；按其差额，贷记"长期借款"科目（利息调整）。因此，编制的审计工作底稿见表10-16。

表 10-16　借款审计的抽凭测试

被审计单位：北京广源有限公司　　编制：顾宏伟　　工作底稿编制时间：2017.01.19
审计期间/时点：2016.12.31　　复核：　　索引号：T4-2-3
借款——实质性测试——测试表
测试目的：检查借款的完整性和正确性
测试方法：检查借款的收取凭证和合同及利息的计提
测试总体：各借款合同和利息计提
样本选取：选取大额进行测试
检查情况：

序号	日期	凭证号	金额	摘要	借方	贷方	附件	检查内容			
								1	2	3	4
1	2016.10.6	026	100 000.00	归还短期借款及利息	短期借款/财务费用	银行存款	转账支票存根、利息回单	是	是		
2	2016.5.13	073	400 000.00	取得流动资金借款	银行存款	短期借款	借款凭证	是	是		
3	2016.12.31	131	7 500.00	计提长期借款利息	财务费用	长期借款	利息计算表	否	是		
4	2016.6.30	130	7 500.00	计提长期借款利息	在建工程	长期借款	利息计算表	否	是		

说明：
1. 会计处理是否正确　2. 入账日期是否正确
结论：
在借款抽凭的测试中，发现长期借款的计价存在问题。建议作调整分录如下。
借：长期借款　　90 000.00
　贷：应付利息　　90 000.00

　　根据被审计单位的具体借款情况及利息计算情况，可以编制借款明细表（见表 10-17）和借款导引表（见表 10-18）。

表 10-17　借款明细表

被审计单位：北京广源有限公司　　　　　　编制：顾宏伟　　　　　　　工作底稿编制时间：2017.01.19
审计期间/时点：2016.12.31　　　　　　　　复核：　　　　　　　　　　索引号：T4-2-2
借款——实质性测试——明细表

单位名称	币种	金额/元	利率/%	合同起止日期	借款条件	用途	计息开始日	计息结束日	还款金额/元	是否逾期	计息天数	应计利息/元	回函确认金额	借款合同索引	函证索引
上期借本期还															
中国银行北京西城支行	人民币	100 000.00	7.20	2015.10.01—2016.03.30	担保	流动资金周转	2015.10.01	2016.03.29	100 000.00	否	6个月	3 600.00			
中国工商银行北京西城支行	人民币	200 000.00	7.80	2015.12.16—2016.08.16	担保	流动资金周转	2015.12.16	2016.08.15	200 000.00	否	8个月	10 400.00			
本期借本期还															
中国银行北京西城支行	人民币	100 000.00	7.20	2016.04.06—2016.10.06	担保	流动资金周转	2016.04.06	2016.10.05	100 000.00	否	6个月	3 600.00			
本期借本期未还															
中国工商银行北京西城支行	人民币	400 000.00	7.80	2016.05.13—2017.02.13	担保	流动资金周转	2016.05.13	2017.02.12		否	9个月	23 400.00			

续表

单位名称	币种	金额/元	利率/%	合同起止日期	借款条件	用途	计息开始日	计息结束日	还款金额/元	是否逾期	计息天数	应计利息/元	回函确认金额	借款合同索引	函证索引
上期借本期末还															
中国农业银行北京市海淀支行	人民币	1 000 000.00	9.00	2015.01.01—2017.07.01	担保	固定资产借款	2015.01.01	2017.06.30		否	2.5 年	225 000.00			

审计说明：明细账与总账、报表核对相符。

表 10-18　借款导引表

被审计单位：北京广源有限公司	编制：顾宏伟	工作底稿编制时间：2017.01.19

审计期间/时点：2016.12.31　　　复核：　　　　　　　索引号：T4-2-1

借款——实质性测试——导引表

项目	本年数/元	上年数/元	变化/元	变化比例/%
短期借款	400 000.00	300 000.00	100 000.00	33.33
调整	0.00	0.00	0.00	
调整后金额	400 000.00	300 000.00	100 000.00	33.33
长期借款	1 090 000.00	1 000 000.00	90 000.00	9.00
调整	−90 000.00	0.00	−90 000.00	
调整后金额	1 000 000.00	1 000 000.00	0.00	
合计	1 400 000.00	1 300 000.00	100 000.00	7.69

说明：
1. 总账、明细账、报表核实相符
2. 调整分录见抽凭底稿 T4-2-3
结论：经过审计发现存在重大差错，调整后可以确认

10.3.3　持有至到期投资的主要审计程序

（1）获取或编制持有至到期投资明细表。

① 复核加计正确，并与总账数和明细账合计数核对是否相符；结合持有至到期投资减值准备科目与报表数核对是否相符。

② 检查非记账本位币持有至到期投资的折算汇率及折算是否正确。

③ 与上年度明细项目进行比较，确定与上年度分类相同。具有到期日固定、回收金额固定或可确定、企业有明确意图和能力持有至到期、有活跃市场特征的金融资产可划分为持有至到期投资的金融资产。

（2）与被审计单位讨论以确定划分为持有至到期投资的金融资产是否符合企业会计准则的规定。就被审计单位管理层将投资确定划分为持有至到期投资的意图获取审计证据，并考虑管理层实施该意图的能力。应向管理层询问，并通过下列方式对管理层的答复予以印证。

① 考虑管理层以前所述的对于划分为持有至到期投资的实际实施情况。

② 复核包括预算、会议纪要等在内的书面计划和其他文件记录。

③ 考虑管理层将某项资产划分为持有至到期投资的理由。

④ 考虑管理层在既定经济环境下实施特定措施的能力。

（3）如可以向证券公司等获取对账单的，应取得对账单，并与明细账余额核对，需要时，向其发函询证，以确认其存在。如有差异，查明原因。做出记录或进行适当调整。

（4）确定持有至到期投资的计价正确。

① 检查持有至到期投资初始计量正确；复核其计价方法，检查是否按摊余成本计量，前后期是否一致。

② 与被审计单位讨论确定实际利率确定依据是否充分，非本期新增投资，复核实际利率是否与前期一致。

③ 重新计算持有期间的利息收入和投资收益。按票面利率计算确定当期应收利息，按持有至到期投资摊余成本和实际利率计算确定当期投资收益，差额作为利息调整。与应收利息（分期付息）或应计利息（到期付息）和投资收益中的相应数字核对无误。

（5）检查持有至到期投资的列报是否恰当。

① 各类持有至到期投资期初、期末价值。

② 确定持有至到期投资的依据。

③ 持有至到期投资利得和损失的计量基础。

（6）针对识别的舞弊风险等因素增加的审计程序。

【例10-5】 北京投资股份有限公司是一家 A 股上市公司，2017 年 1 月 9 日，光华事务所接受该公司委托对其 2016 年的财务报告进行审计。该单位为光华事务所的连续审计客户，负责对被审计单位的投资进行审计。根据以下资料（见图 10-31～图 10-38）审计持有至到期投资及投资收益。已知 2016 年资产负债表上持有至到期投资数为 300 000 000.00 元，与上年一致；利润表上投资收益数为 28 728 541.71 元，上年为 28 635 323.61 元。已知委托贷款利率为 9.57%。根据背景资料编制持有至到期投资审计导引表。

分页: 1　总页: 1

总分类账

科目:持有至到期投资

2016年 月	日	凭证 字	号	摘要	借方	贷方	借或贷	余额	√
1	1			上年结转			借	300 000 000 00	
3	27	记	096	计提北京长进置业有限公司委托贷款利息	7 083 750 00		借	307 083 750 00	
	27	记	097	收北京长进置业有限公司委托贷款利息		7 083 750 00	借	300 000 000 00	
	31			本月合计	7 083 750 00	7 083 750 00	借	300 000 000 00	
6	25	记	084	计提北京长进置业有限公司委托贷款利息	7 241 166 69		借	307 241 166 69	
	25	记	085	收北京长进置业有限公司委托贷款利息		7 241 166 69	借	300 000 000 00	
	30			本月合计	7 241 166 69	7 241 166 69	借	300 000 000 00	
9	21	记	070	计提北京长进置业有限公司委托贷款利息	7 241 166 69		借	307 241 166 69	
	21	记	071	收北京长进置业有限公司委托贷款利息		7 241 166 69	借	300 000 000 00	
	30			本月合计	7 241 166 69	7 241 166 69	借	300 000 000 00	
12	21	记	080	计提北京长进置业有限公司委托贷款利息	7 162 458 33		借	307 162 458 33	
	21	记	081	收北京长进置业有限公司委托贷款利息		7 162 458 33	借	300 000 000 00	
	31			本月合计	7 162 458 33	7 162 458 33	借	300 000 000 00	
	31			本年累计	7 162 458 33	7 162 458 33	借	300 000 000 00	

图 10-31　持有至到期投资总账

持有至到期投资明细账

一、级科目：持有至到期投资　　　　二、级科目：本金

2016年 月	日	凭证 种类	号数	摘　要	日页	借方 亿千百十万千百十元角分	贷方 亿千百十万千百十元角分	借或贷	余额 亿千百十万千百十元角分
1	1			上年结转				借	3 0 0 0 0 0 0 0 0 0 0
12	31			结转下年				借	3 0 0 0 0 0 0 0 0 0 0

图 10-32　持有至到期投资明细账——本金

持有至到期投资明细账

一、级科目：持有至到期投资　　　　二、级科目：应计利息

2016年 月	日	凭证 种类	号数	摘　要	日页	借方 亿千百十万千百十元角分	贷方 亿千百十万千百十元角分	借或贷	余额 亿千百十万千百十元角分
3	27	记	096	计提北京长进置业有限公司委托贷款利息		7 0 8 3 7 5 0 0 0		借	7 0 8 3 7 5 0 0 0
	27	记	097	收北京长进置业有限公司委托贷款利息			7 0 8 3 7 5 0 0 0	平	0
	31			本月合计		7 0 8 3 7 5 0 0 0	7 0 8 3 7 5 0 0 0	平	0
6	25	记	084	计提北京长进置业有限公司委托贷款利息		7 2 4 1 1 6 6 6 9		借	7 2 4 1 1 6 6 6 9
	25	记	085	收北京长进置业有限公司委托贷款利息			7 2 4 1 1 6 6 6 9	平	0
	30			本月合计		7 2 4 1 1 6 6 6 9	7 2 4 1 1 6 6 6 9	平	0
9	21	记	070	计提北京长进置业有限公司委托贷款利息		7 2 4 1 1 6 6 6 9		借	7 2 4 1 1 6 6 6 9
	21	记	071	收北京长进置业有限公司委托贷款利息			7 2 4 1 1 6 6 6 9	平	0
	30			本月合计		7 2 4 1 1 6 6 6 9	7 2 4 1 1 6 6 6 9	平	0
12	21	记	080	计提北京长进置业有限公司委托贷款利息		7 1 6 2 4 5 8 3 3		借	7 1 6 2 4 5 8 3 3
	21	记	081	收北京长进置业有限公司委托贷款利息			7 1 6 2 4 5 8 3 3	平	0
	31			本月合计		7 1 6 2 4 5 8 3 3	7 1 6 2 4 5 8 3 3	平	0
	31			本年累计		2 8 7 2 8 5 4 1 7 1	2 8 7 2 8 5 4 1 7 1	平	0

图 10-33　持有至到期投资明细账——应计利息

分页：1　总页：1

总分类账

科目：投资收益

2016年 月	日	凭证 字	号	摘要	借方	贷方	借或贷	余额	√
3	27	记	096	计提北京长进置业有限公司委托贷款利息		708375000	贷	708375000	
	31	记	107	结转收益	708375000		平	0	
	31			本月合计	708375000	708375000	平	0	
6	25	记	084	计提北京长进置业有限公司委托贷款利息		724116669	贷	724116669	
	30	记	130	结转收益	724116669		平	0	
	30			本月合计	724116669	724116669	平	0	
9	21	记	070	计提北京长进置业有限公司委托贷款利息		724116669	贷	724116669	
	30	记	101	结转收益	724116669		平	0	
	30			本月合计	724116669	724116669	平	0	
12	21	记	080	计提北京长进置业有限公司委托贷款利息		716245833	贷	716245833	
	31	记	110	结转收益	716245833		平	0	
	31			本月合计	716245833	716245833	平	0	
	31			本年累计	2872854171	2872854171	平	0	

图 10-34　投资收益总分类账

记 账 凭 证

记字第 071 号

2016年09月21日

摘要	总账科目	明细科目	借方金额	贷方金额	√
收北京长进置业有限公司委托贷款利息	银行存款	中国银行北京朝阳支行	724116669		√
	持有至到期投资	委托贷款——应计利息		724116669	√
合计			¥724116669	¥724116669	

附单据 1 张

会计主管：郑江　　记账：李亚华　　出纳：谭志洪　　复核：石光富　　制单：陈红

图 10-35　71♯记账凭证

中国银行 进账单（收账通知）　3

2016年 09月 21日

出票人	全称	北京长进置业有限公司	收款人	全称	北京投资股份有限公司
	账号	62226466705290332		账号	62226566705267121
	开户银行	中国银行北京西城支行		开户银行	中国银行北京朝阳支行

金额 人民币（大写）柒佰贰拾肆万壹仟壹佰陆拾陆元陆角玖分

亿千百十万千百十元角分 ￥724116669

中国银行 北京朝阳支行 2016.09.21 转讫（01）

票据种类	转账支票	票据张数	壹
票据号码	00023218		

复核　　记账9

收款人开户银行签章

此联是收款人开户银行交给收款人的收账通知

图 10-36　71♯记账凭证附件

记 账 凭 证

2016 年 03 月 27 日

摘 要	总账科目	明细科目	借方金额	贷方金额	√
			亿 千 百 十 万 千 百 十 元 角 分	亿 千 百 十 万 千 百 十 元 角 分	
收北京长进置业有限公司委托贷款利息	银行存款	中国银行北京朝阳支行	7 0 8 3 7 5 0 0 0		√
	持有至到期投资	委托贷款——应计利息		7 0 8 3 7 5 0 0 0	√
	合	计	¥ 7 0 8 3 7 5 0 0 0	¥ 7 0 8 3 7 5 0 0 0	

附单据 1 张

会计主管: 郑江   记账: 李亚华   出纳: 谭志洪   复核: 石光富   制单: 陈红

图 10-37   97#记账凭证

中国银行 进账单 (收账通知) 3

2016 年 03 月 27 日

出票人	全 称	北京长进置业有限公司	收款人	全 称	北京投资股份有限公司	此联是收款人开户银行交给收款人的收账通知
	账 号	62226466705290 3322		账 号	62226566705290 3211 北京朝阳支行	
	开户银行	中国银行北京西城支行		开户银行	中国银行北京朝阳支行	
金额	人民币(大写)	柒佰零捌万叁仟柒佰伍拾圆整			亿 千 百 十 万 千 百 十 元 角 分 7 0 8 3 7 5 0 0 0	
票据种类	转账支票		票据张数	壹		
票据号码	000237211					
		复核 记账			收款人开户银行签章	

图 10-38   97#记账凭证附件

解析:(1)鉴于持有至到期投资凭证较少且性质重要,需要直接进行凭证测试,抽取凭证 71 号和 97 号进行测试,检测结果见表 10-19。

(2)编制持有至到期投资明细表。检查和核对"持有至到期投资账户"的总账和明细账,取得委托贷款合同,重新计算持有期间的利息收入和投资收益,编制明细表(见表 10-20)。

(3)编制持有至到期投资审计导引表(见表 10-21)。

表 10-19 持有至到期投资凭证测试表

客户: 北京投资股份有限公司
项目: 持有至到期投资明细表
期间: 2016.01.01—2016.12.31

编制: 王刚   签名   日期 2017.01.09
复核:

索引号: 1501-2-2
页次:

月份	凭证号	明细科目	经济内容	对方科目	金额/元 借方	金额/元 贷方	检查内容 1	2	3	4	5	6	附件名称
3	097	应计利息	收北京长进置业有限公司委托贷款利息	银行存款		7 083 750	是	是	是	是			银行进账单
9	071	应计利息	收北京长进置业有限公司委托贷款利息	银行存款		7 241 166.69	是	是	是	是			银行进账单

审计说明:
1. 金额核对是否相符   2. 账务处理是否正确   3. 所附凭证是否齐全   4. 业务是否经恰当授权

审计结论: 持有至到期投资可以确认

表 10-20　持有至到期投资审计明细表

单位：元

客户：北京投资股份有限公司　　　　　　　　索引号：1501-2-1
项目：持有至到期投资明细表　　　　编制：　　签名　　日期　　　页次：
期间：2016.01.01—2016.12.31　　　复核：王刚　　　2017.01.09

明细表

序号	科目	明细项目	年初余额	未审数		期末余额	类别 1	类别 2
				本期借方	本期贷方			
1	持有至到期投资	本金	300 000 000.00			300 000 000.00		
2	持有至到期投资	应计利息		28 728 541.71	28 728 541.71			
		合计	300 000 000.00	28 728 541.71	28 728 541.71	300 000 000.00		

审计说明：
1. 复核加计正确，并与明细账及合计数、未审报表数核对相符。
2. 利息测算

| 本金 | 利率/% | 应计提数 | 企业计提数 | 差异 | 差异率/% |
| 300 000 000.00 | 9.57 | 28 710 000.00 | 28 728 541.71 | 18 541.71 | 0.06 |

差异较小，不予关注

3. 拟取得委托贷款合同
拟直接进行凭证测试，凭证测试见 1501-2-2

4. 鉴于持有至到期投资凭证较少且性质重要，拟直接进行凭证测试，凭证测试见 1501-2-2

审计结论：持有至到期投资可以确认

· 304 ·

表 10-21　持有至到期投资审计导引表

客户：北京投资股份有限公司
项目：持有至到期投资导引表
截止日：2016.12.31

编制：　　　　签名：王刚　　　　日期
复核：　　　　　　　　　　　　　索引号：1501B
页次：

单位：元

导引表序号	项目	上年审定数	未审数				本年审计调整		审定数
			年初余额	本期借方	本期贷方	期末余额	Dr	Cr	
1	持有至到期投资		300 000 000.00	28 728 541.71	28 728 541.71	300 000 000.00			300 000 000.00
合计			300 000 000.00	28 728 541.71	28 728 541.71	300 000 000.00			300 000 000.00

审计说明：
1. 上年未对本项目进行审计调整
2. 本年度该项目亦无调整事项
3. 无其他说明事项

审计结论：持有至到期投资可以确认

10.3.4 其他账户审计程序的主要审计程序

1. 交易性金融资产的主要审计程序

(1) 获取或编制交易性金融资产明细表。

① 复核加计正确,并与报表数、总账数和明细账合计数核对是否相符。

② 检查非记账本位币交易性金融资产的折算汇率及折算是否正确。

(2) 与被审计单位讨论以确定划分为交易性金融资产是否符合企业会计准则的规定。

就被审计单位管理层将投资确定划分为交易性金融资产的意图获取审计证据,并考虑管理层实施该意图的能力。应向管理层询问,并通过下列方式对管理层的答复予以印证。

① 考虑管理层以前所述的对于划分为交易性金融资产的意图的实际实施情况。

② 复核包括预算、会议纪要等在内的书面计划和其他文件记录。

③ 考虑管理层选择划分为交易性金融资产的理由。

④ 考虑管理层在既定经济环境下实施特定措施的能力。

(3) 确定交易性金融资产余额正确及存在,会计记录是否完整,并确定所购入交易性金融资产归被审计单位所拥有,获取股票、债券、基金等相关账户的流水单和对账单,与明细账核对,检查账面记录是否完整,余额是否相符。购入的交易性金融资产是否为被审计单位拥有,做出记录或进行适当调整。

(4) 确定交易性金融资产的计价是否正确。

① 复核交易性金融资产计价方法,检查其是否按公允价值计量,前后期是否一致。

② 复核公允价值取得依据是否充分。公允价值与账面价值的差额是否计入公允价值变动损益科目。

(5) 检查有无变现存在重大限制的交易性金融资产,如有,则查明情况,并做适当调整。必要时向相关机构发函,并确定是否存在变现限制,同时记录函证过程。

(6) 检查交易性金融资产是否已按照企业会计准则的规定在财务报表中做出恰当列报。

2. 投资收益的主要审计程序

(1) 获取或编制投资收益分类明细表。

① 复核加计是否正确,并与报表数、总账数和明细账合计数核对是否相符。

② 检查非记账本位币投资收益的折算汇率及折算是否正确。

(2) 检查投资收益是否已按照企业会计准则的规定在财务报表中做出恰当列报。

3. 投资性房地产的审计程序

(1) 获取或编制投资性房地产明细表。

① 复核加计正确,并与总账数和明细账合计数核对是否相符;结合投资性房地产累计摊销(折旧)、投资性房地产减值准备科目与报表数核对是否相符。

② 与被审计单位讨论以确定划分为投资性房地产的建筑物、土地使用权是否符合会计准则的规定。

(2) 根据被审计单位管理层的能力和意图,检查对投资性房地产的分类和采用的计量属性是否适当,是否符合会计准则的规定。

(3) 确定投资性房地产是否存在，期末余额是否正确。

① 获取本期投资性房地产增加和减少的明细表以及投资性房地产登记簿，投资性房地产增加、减少明细表和投资性房地产登记簿中的本期增减累计数应与投资性房地产变动表中的本期增减累计数相等；会计处理是否正确。

② 依据投资性房地产增加明细表和期初投资性房地产成本分别选取适量项目。

③ 如果选取的所有项目在期末仍存在，安排对其进行实地检查，复核该资产是否真实存在。

④ 如果挑选的样本在期末已清理或处理，需确认清理或处理的资产已经办理审批手续，其清理的收益或损失已正确的计算，并进行正确的会计处理。

(4) 确定投资性房地产增加计价是否恰当，并确定其归被审计单位所有，增减变动的记录是否完整、正确。

① 对于所选取的本期新增加的项目，追查至购买协议（合同）、原始发票、验收报告等，以确认其有效性、金额的正确性以及新增投资性房地产是否经过有效的批准，并归被审计单位所有。

② 检查建筑物权证、土地使用权证等证明文件，确定建筑物、土地使用权是否归被审计单位所有。

③ 对于所选取的本期增加和期初的投资性房地产项目，追查至会计截止日的投资性房地产备查簿，以确认挑选的样本是否已清理。

④ 对于所选取的本期减少的项目，需确认处置的资产已经办理审批手续，其处置的收益或损失已正确的计算，并进行正确的会计处理。

⑤ 与被审计单位讨论以确定投资性房地产后续计量模式选用的依据是否充分。与上期政策进行比较，确定后续计量模式的一致性。如不一致，则详细记录变动原因。

⑥ 获取租赁合同等文件，重新计算租金收入，检查投资性房地产的租金收入计算是否正确、会计处理是否正确，租金收入是否计入其他业务收入。

(5) 检查投资性房地产的列报是否恰当。

① 检查投资性房地产的种类、金额和计量模式。

② 采用成本模式的，检查投资性房地产的折旧或摊销，以及减值准备的计提情况。

③ 采用公允价值模式的，说明公允价值的确定依据和方法，以及公允价值变动对损益的影响。

④ 检查房地产转换情况、理由，以及对损益或所有者权益的影响。

⑤ 检查当期处置的投资性房地产及其对损益的影响。

4. 长期股权投资的主要审计程序

(1) 获取或编制长期股权投资明细表，复核加计是否正确，并与总账数和明细账合计数核对是否相符；结合长期股权投资减值准备科目与报表数核对是否相符。

(2) 确定长期股权投资是否存在，并归被审计单位所有；根据管理层的意图和能力，分类是否正确；针对各分类其计价方法、期末余额是否正确；确定长期股权投资增减变动的记录是否完整。

① 检查本期增加的长期股权投资，追查至原始凭证及相关的文件或决议及被投资单位验资报告或财务资料等，确认长期股权投资是否符合投资合同、协议的规定，会计处理

是否正确（根据企业合并形成、企业合并以外其他方式取得的长期股权投资分别确定初始投资成本）；根据有关合同和文件，确认长期股权投资的股权比例和时间，检查长期股权投资核算方法是否正确；取得被投资单位的章程、营业执照、组织机构代码证等资料。

② 分析被审计单位管理层的意图和能力，检查有关原始凭证，验证长期股权投资分类的正确性（分为对子公司、联营企业、合营企业和其他企业的投资四类），是否包括应由金融工具确认和计量准则核算的长期股权投资。

③ 对于应采用权益法核算的长期股权投资，获取被投资单位已经注册会计师审计的年度财务报表，如果未经注册会计师审计，则应考虑对被投资单位的财务报表实施适当的审计或审阅程序。

a. 复核投资损益时，根据重要性原则，应以取得投资时被投资单位各项可辨认资产的公允价值为基础，对被投资单位的净损益进行调整后加以确认。被投资单位采用的会计政策及会计期间与被审计单位不一致的，应当按照被审计单位的会计政策及会计期间对被投资单位的财务报表进行调整，据以确认投资损益，并做出详细记录。

b. 将重新计算的投资损益与被审计单位计算的投资损益相核对，如有重大差异，查明原因，并做适当调整。

c. 关注被审计单位在其被投资单位发生净亏损或以后期间实现盈利时的会计处理是否正确。

d. 检查除净损益以外被投资单位所有者权益的其他变动，是否调整计入所有者权益。

④ 对于采用成本法核算的长期股权投资，检查股利分配的原始凭证及分配决议等资料，确定会计处理是否正确；对被审计单位实施控制而采用成本法核算的长期股权投资，比照权益法编制变动明细表，以备合并报表使用。

⑤ 对于成本法和权益法相互转换的，检查其投资成本的确定是否正确。

⑥ 检查本期减少的长期股权投资，追查至原始凭证，确认长期股权投资的处理有合理的理由及授权批准手续，会计处理是否正确。

（3）检查长期股权投资的列报是否恰当。

① 检查子公司、合营企业和联营企业清单，包括企业名称、注册地、业务性质、投资企业的持股比例和表决权比例。

② 检查合营企业和联营企业当期的主要财务信息，包括资产、负债、收入、费用等的合计金额。

③ 检查被投资单位向投资企业转移资金的能力受到严格限制的情况。

④ 检查当期及累计未确认的投资损失金额。

⑤ 检查与对子公司、合营企业及联营企业投资相关的或有负债。

（4）根据评估的舞弊风险等因素增加的审计程序。

5. 营业外支出的主要审计程序

（1）获取或编制营业外支出明细表，复核其加计数是否正确，并与报表数、总账数和明细账合计数核对是否相符。

（2）检查营业外支出明细项目的设置是否符合规定的核算内容与范围，是否划清营业外支出与其他费用的界限。

（3）检查非公益性捐赠支出、税收滞纳金、罚金、罚款支出、各种赞助费支出是否进行应纳税所得额调整。

（4）检查营业外支出是否已按照企业会计准则的规定在财务报表中作出恰当列报。营业外支出应按非流动资产处置损失、非货币性资产交换损失、债务重组损失、公益性捐赠支出、非常损失、盘亏损失等各项目披露。

（5）根据评估的舞弊风险等因素增加的其他审计程序。

6. 资产减值损失的主要审计程序

（1）获取或编制资产减值损失明细表，复核加计是否正确，并与报表数、总账数和明细账合计数核对是否相符。

（2）检查本期增减变动情况。

① 对本期增加及转回的资产减值损失，与坏账准备、固定资产减值准备等科目进行交叉钩稽。

② 对本期转销的资产减值损失，结合相关科目的审计，检查会计处理是否正确。

（3）检查资产减值损失是否已按照企业会计准则的规定在财务报表中做出恰当列报。

① 当期确认的各项资产减值损失金额。

② 上期确认的各项资产减值损失金额。

（4）根据评估的舞弊风险等因素增加的审计程序。

7. 财务费用的主要审计程序

（1）获取或编制财务费用明细表，复核其加计数是否正确并与报表数、总账数和明细账合计数核对是否相符。

（2）检查财务费用明细项目的设置是否符合规定的核算内容与范围，是否划清财务费用与其他费用的界限。

（3）检查财务费用是否已按照企业会计准则的规定在财务报表中做出恰当的列报。

（4）检查根据评估的舞弊风险等因素增加的其他审计程序。

货币资金审计

任务 11.1　货币资金的特点

货币资金是指企业生产经营过程中处于货币形态的资产，包括库存现金、银行存款和其他货币资金。其特点是流动性强，具有普遍的可接受性；会计处理有其相对的特殊性。从企业资金运动的过程来看，货币资金是联结生产与流通环节的纽带，是资金运动的起点和终点。货币资金与前述的各个循环交易都具有直接或间接的关系。如果从循环的角度看企业的运作，货币资金是各个循环的枢纽，起着"资金池"的作用。

11.1.1　货币资金与各业务循环关系

货币资金最初以投资或筹资的形式从投资者或债权人手中流入企业。企业用这些货币资金去购买生产经营所需要的资源和劳务，并用购买的资源和劳务生产出产品和服务，然后将这些完工的产品和服务出售给顾客以换回货币资金，最后，换回的货币资金一部分作为股利或利息支付给投资者和债权人，另一部分则用来购买新的资源和劳务，继续下一轮的循环。从整个企业的大循环中可以看出货币资金的重要性和中心地位，也可以看出货币资金在各个循环交易中的流转和流向。

具体来说，当企业发生销售与收款业务时，货币资金增加；当企业发生购货与付款业务时，货币资金减少；当企业进行生产循环（如购买原料、支付工资和费用）时，货币资金减少；当企业发生筹资业务（如取得短期借款、筹资股本）时会使货币资金增加；当企业发生投资业务及支付利息时，会使货币资金减少。货币资金与各业务循环的关系具体见图 11-1。

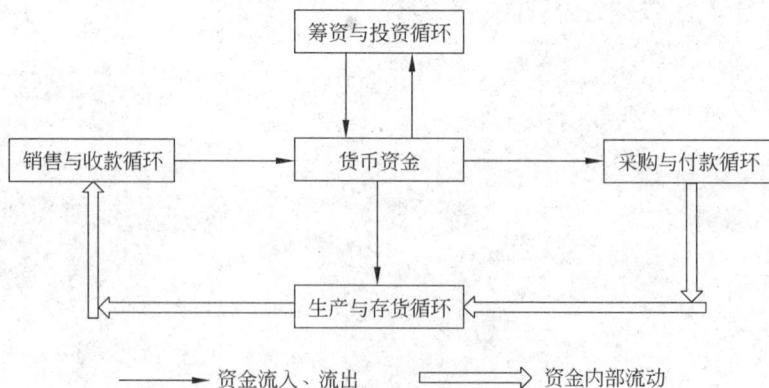

图 11-1　货币资金与各业务循环关系图

11.1.2　货币资金的主要凭证和会计记录

审计货币资金时，涉及的主要凭证和会计记录如下。

（1）现金总账、银行存款总账和其他货币资金总账。

（2）现金日记账和银行存款日记账。

（3）支票、发票存根、现金缴款单、进账单等相关原始凭证。

（4）现金、银行存款收款凭证和付款凭证。

（5）现金盘点表。

（6）银行对账单。

（7）银行存款余额调节表。

任务 11.2　货币资金的内部控制和控制测试

11.2.1　货币资金的内部控制

1. 货币资金内部控制的目标

由于货币资金流动性强，使用灵活，因此，发生弊端较多，存在着易被盗窃、贪污、挪用的风险。为了确保货币资金的安全与完整，保证货币资金符合国家的有关规定，防止各种违法乱纪行为的产生，企业必须加强对货币资金的管理。根据国家有关法律法规的规定，结合本部门或系统有关货币资金内部控制的规定，建立适合本单位业务特点和管理要求的货币资金内部控制制度，并组织实施，使其在生产经营中得到有效的执行。一般而言，一个良好的货币资金内部控制应该达到以下几点。

（1）货币资金收支与记账的岗位要分离。

（2）货币资金收入、支出要有合理、合法的凭据。

（3）全部收支能够及时准确入账，并且支出要有核准手续。

（4）控制现金坐支现象，当日收入现金应及时送存银行。

（5）按月盘点现金，编制银行存款余额调节表，以做到账实相符。

（6）加强对货币资金收支业务的内部审计。

2. 货币资金内部控制制度的内容

1）岗位分工及授权批准

（1）单位应当建立货币资金业务的岗位责任制度，明确相关部门和岗位的职责权限，确保办理货币资金业务的不相容岗位相互分离、制约和监督。例如，出纳人员不得兼任稽核、会计档案保管和收入、支出、费用、债权债务账目的登记工作，单位不得由一人办理货币资金业务的全过程等。

（2）单位办理货币资金业务，应当配备合格的人员，并根据具体情况进行岗位轮换。

（3）单位应当对货币资金建立严格的授权批准制度，明确审批人对货币资金的授权批准方式、权限、程序、责任和相关控制措施，规定经办人办理货币资金业务的职责范围和工作要求。审批人应当根据货币资金授权批准制度的规定，在授权范围内进行审批，不得超越审批权限。经办人应当在职责范围规定内，按照审批人的批准意见办理货币资金业务。对于审批人超越授权范围审批的货币资金业务，经办人有权拒绝处理，并及时向审批人的上级授权部门报告。

（4）单位应当按照规定的程序办理货币资金支付业务。

① 支付申请。单位有关部门或个人用款时，应当提前向审批人提交货币资金支付申请，注明款项的用途、金额、预算、支付方式等内容，并附有效经济合同或相关证明。

② 支付审批。审批人根据其职责、权限和相应程序对支付申请进行审批。对不符合规定的货币资金支付申请，审批人应当拒绝批准。

③ 支付复核。复核人应当对批准后的货币资金支付申请进行复核，复核货币资金支付申请的批准范围、权限、程序是否正确，手续及相关单证是否齐全，金额计算是否正确，支付方式、支付单位是否妥当等。复核无误后，交由出纳人员办理支付手续。

④ 办理支付。出纳人员应当根据复核无误的支付申请，按规定办理货币资金支付手续，及时登记库存现金和银行存款日记账。

（5）单位对于重要货币资金支付业务，应当实行集体决策和审批，并建立责任追究制度，防范贪污、侵占、挪用货币资金等行为。

（6）严禁未经授权的机构或人员办理货币资金业务或直接接触货币资金。

2）现金和银行存款的管理

（1）单位应当加强现金库存限额的管理，超过库存限额的现金应及时存入银行。

（2）单位必须根据《现金管理暂行条例》的规定，结合本单位的实际情况确定本单位现金的开支范围。不属于现金开支范围的业务应当通过银行办理转账结算。

（3）单位现金收入应当及时存入银行，不得用于直接支付单位自身的支出。因特殊情况需坐支现金的，应事先报经开户银行审查批准。单位借出款项必须执行严格的授权批准程序，严禁擅自挪用、借出货币资金。

（4）单位取得的货币资金收入必须及时入账，不得私设"小金库"，不得设账外账，严禁收款不入账。

（5）单位应当严格按照《支付结算办法》等国家有关规定，加强银行账户的管理，严格按照规定开立账户、办理存款、取款和结算。单位应当定期检查、清理银行账户的开立及使用情况，发现问题，及时处理。单位应当加强对银行结算凭证的填制、传递及保管等环节的管理与控制。

（6）单位应当严格遵守银行结算纪律，不准签发没有资金保证的票据或远期支票，套取银行信用；不准签发、取得和转让没有真实交易和债权债务的票据，套取银行和他人资金；不得无理拒绝付款，任意占用他人资金；不准违反规定开立和使用银行账户。

（7）单位应当指定专人定期核对银行账户，每月至少核对一次，编制银行存款余额调节表，使银行存款账面余额与银行对账单调节相符。如果调节不符，应查明原因，及时处理。

（8）单位应当定期和不定期进行现金盘点，确保现金账面余额与实际库存相符。如果发现不符，及时查明原因，作出处理。

3）票据及有关印章的管理

（1）单位应当加强与货币资金相关票据（支票、汇票、本票）的管理，明确各种票据的购买、保管、领用、背书转让、注销等环节的职责权限和程序，并专设登记簿进行记录，防止空白票据的遗失和被盗用。

（2）单位应当加强银行预留印章的管理。财务专用章由专人保管，个人用章必须由本人或其授权人员保管，严禁一人保管支付款项所需的全部印章。按规定需要有关负责人签字或盖章的经济业务，必须严格履行签字或盖章手续。

4）监督检查

（1）单位应当建立对货币资金业务的监督检查制度，明确监督检查机构人员的职责权限，定期和不定期的进行检查。

（2）货币资金监督检查主要包括如下内容。

① 货币资金业务相关岗位及人员的设置情况。重点检查是否存在货币资金业务不相容职务混岗现象。

② 货币资金授权批准制度的执行情况。重点检查货币资金支出的授权批准手续是否健全、是否存在越权审批行为。

③ 支付款项印章保管情况。重点检查票据的购买、领用、保管手续是否健全，票据保管是否存在漏洞。

（3）对监督过程中发现的货币资金内部控制中的薄弱环节，应当及时采取措施，加以纠正和完善。

11.2.2　货币资金控制测试

对货币资金的审计，必须首先对货币资金的内部控制制度进行测试，然后根据测试结果，确定货币资金审计的适当程序。

1. 了解内部控制制度

注册会计师通过询问、观察和阅读有关资料等手段，收集必要的资料，了解企业货币资金的内部控制状况。通过编制流程图、设计调查表和编写文字说明等方法描述被审计单位货币资金内部控制，以便分析、评价被审计单位内部控制是否健全、设计是否合理。若年度审计工作底稿中已有以前年度的流程图、调查表和文字说明，也可以根据调查结果加以修正，以供本年度审计之用。一般来讲，了解货币资金内部控制制度，还应该注意检查货币资金内部控制是否建立并严格执行。

2. 抽取并审查收款凭证

在一个企业中，出纳员同时登记应收账款明细账，则很可能出现循环挪用的情况。为了测试货币资金收款的内部控制，应选取适当的样本量，抽取收款凭证，做如下检查。

（1）核对收款凭证与存入银行账户的日期和金额是否相符。

（2）核对现金、银行存款日记账的入账金额是否正确。

（3）核对收款凭证与银行对账单是否相符。

（4）核对收款凭证与应收账款等相关明细账的有关记录是否相符。

（5）核对实收金额与销货发票等相关凭证是否一致。

3. 抽取并检查付款凭证

为了测试货币资金付款内部控制，还应当选取适当样本及抽取付款凭证进行如下检查。

（1）检查付款的授权批准手续是否符合规定。

（2）核对现金、银行存款日记账的付出金额是否正确。

（3）核对付款凭证与银行对账单是否相符。

（4）核对付款凭证与应付账款等相关明细账的记录是否一致。

（5）核对实付金额与购货发票等相关凭证是否相符。

4. 抽取一定时间的现金、银行存款日记账与总账核对

（1）抽取一定时间的现金、银行存款日记账，检查其有无计算错误，加总是否正确无误。如果发现问题较多，说明被审计单位货币资金会计记录不够可靠。

（2）应根据日记账提供的线索，核对总账中的现金、银行存款、应收账款、应付账款等有关账户的记录。

5. 检验一定时间的银行存款余额调节表的编制及核算

为了检查银行存款记录的正确性，必须抽取一定时间的银行存款余额调节表，将其与银行对账单、银行存款日记账进行核对，确定被审计单位是否按月正确编制并复核银行存款余额调节表。

6. 检查外币资金的折算方法是否符合有关规定，并与上年度一致

着重检查企业的外币资金银行存款账户的余额是否按期末市场汇率折合为记账本位币金额，有关汇兑损益的计算和记录是否正确。

7. 评价货币资金内部控制

在完成上述程序后，应对货币资金内部控制进行评价，确定其可信赖的程度，分析其存在的薄弱环节，从而确定货币资金实质性程序的范围。

【例 11-1】 2016 年 2 月，扬帆会计师事务所对天津滨海机械股份有限公司 2015 年年度财务报表进行审计。负责货币资金审计的审计人员刘新在对相关内部控制进行测评时，了解到货币资金循环的职责分工如下。

A. 出纳员负责现金、银行存款日记账和总账的登记

B. 报销单据的填制和审核分离

C. 支票与印章由不同人保管

D. 出纳员以外人员负责银行存款余额调节表的编制

上述选项易导致内部控制失效的是（　　）。

答案：A

解析：根据《内部会计控制规范——货币资金（试行）》中岗位分工及授权批准的规定，"出纳人员不得兼任稽核、会计档案保管和收入、支出、费用、债权债务账目的登记工作"。因此，现金、银行存款日记账和总账应分人登记。

任务 11.3　货币资金的实质性程序

11.3.1　货币资金的审计目标

货币资金的审计目标见表 11-1。

表 11-1　货币资金审计目标与认定对应关系表

审计目标	财务报表认定				
	存在	完整性	权利和义务	计价和分摊	列报
A. 资产负债表中记录的货币资金是存在的	√				
B. 所有应当记录的货币资金均已记录		√			
C. 记录的货币资金由被审单位拥有或控制			√		
D. 货币资金以恰当的金额包括在财务报表中，与之相关的计价调整已恰当记录				√	
E. 货币资金已按照企业会计准则的规定在财务报表中做出恰当列报					√

11.3.2　库存现金实质性程序

1. 库存现金审计目标与实质性程序

库存现金的审计目标与实质性程序见表 11-2。

表 11-2　库存现金审计目标与审计程序对应关系表

审计目标	可供选择的审计程序
D	1. 核对现金日记账与总账余额是否相符，检查非记账本位币库存现金的折算汇率及折算金额是否正确
ABCD	2. 监盘库存现金
ABD	3. 抽查大额库存现金的收支。检查原始凭证是否齐全、记账凭证与原始凭证是否相符、账务处理是否正确、是否记录于恰当的会计期间等内容
—	4. 需要增加的其他审计程序

2. 主要实质性程序操作

1) 核对现金日记账与总账余额是否相符

审计人员监测库存现金余额的起点是核对现金日记账与总账的余额是否相符。如果不相符，查明原因，并做出记录或进行适当的调整。

2) 监盘库存现金

监盘库存现金是证实资产负债表所列现金是否存在的一项重要程序。通过监盘库存现金，可以查明被审计单位是否严格执行现金管理制度，有无以白条抵库、私人借款、挪用公款、私设小金库以及贪污等舞弊问题。

企业盘点现金通常包括对已收到单位存到银行的现金、零用钱、找换金等的盘点。盘点时，应对各部门经营的现金同时进行检查，以防止移东补西。一般先由出纳开箱盘点，然后将初点过的现金全部交审计人员当场复点。盘点中，除盘点库存现金外，还要注意有无票据、证券、邮票等物件和凭证、单据、白条等。

盘点库存现金的步骤和方法如下。

(1) 确定库存现金盘点的时间和参加的人员。库存现金盘点的时间一般选择企业营业时间的上午上班前或下午下班时，以避开现金收支的高峰期。为防止有关人员在盘点前采取措施掩盖问题，审计人员不事先通知有关人员，采取突击盘点方式。盘点时被审计单位会计主管人员和出纳人员必须参与，并由审计人员进行监督盘点。

(2) 确定库存现金账面应有金额。在进行现金盘点前，应由出纳员将现金集中起来存入保险柜。必要时可加以封存，然后由出纳员把已办妥现金收付手续的收付款凭证登入库存现金日记账。如果被审计单位库存现金存放部门有两处以上的，应同时进行盘点。

审阅库存现金日记账并同时与现金收付款凭证相核对。一方面检查库存现金日记账的记录与凭证的内容是否相符；另一方面了解凭证日期与库存现金日记账是否相符或接近。

由出纳根据库存现金日记账加计累计数额，结出现金结余额。

(3) 实地盘点库存现金。启封保险柜，实点现金、未入账的凭单、有价证券等。

(4) 编制库存现金监盘表。实地盘点清楚后，应当场及时做好记录。实存数应按不同币种、面值分别加总，并与审核后的现金余额表中账面应有金额相核对，看其是否相符，如果不相符，须查明溢缺数及其原因，然后编制库存现金监盘表。企业会计主管人员和出纳员应在监盘表上签字，并加盖单位盖章或财务专用章。如果盘点在资产负债表日后进行，应倒推至资产负债表日的金额，经盘点调整后的金额与现金日记账的金额进行核对。

库存现金实存额的审查，还应该查明被审计单位对现金的出纳、保管和使用等是否执行现金管理制度，有无超额库存、以白条顶库、私人借支、挪用公款、私设"小金库"以及贪污舞弊等行为。对现金保管条件予以检查，检查技术设施是否按照保管现金制度规定予以落实，是否合理完善，以促使企业单位加强现金管理，保证库存现金的安全和完整。

3) 抽查大额库存现金的收支

抽查大额库存现金的收支的原始凭证是否齐全、原始凭证的内容是否完善、有无授权批准、记账凭证和原始凭证是否相符、账务处理是否正确、是否记录于恰当的会计期间等内容。

【例11-2】 2016年1月15日下午，由注册会计师刘新参加的现金盘点小组盘点了天津滨海机械股份有限公司出纳员所经管的现金，当天的现金日记账已登记完毕，结出现金余额为683.20元，清点结果如下。

(1) 现金实存数：10元40张，5元16张，1元25枚，5角6枚，1角20枚。

(2) 在保险柜内发现下列凭证，已付款但尚未制证出账。

① 职工张红2015年6月15日借差旅费100元，经领导批准。

② 职工李磊借款一张，日期为2015年6月6日，金额为60元，未经批准，也没有说明用途。

(3) 门市部送来当天零售货款258元一包（不包括在实有数内），未送存银行，没有入账。

（4）待领工资 848 元，单独包封。

（5）银行核定库存现金限额为 500 元。

（6）经汇总 2016 年 1 月 1 日至 15 日，收入现金总额为 5 573.50 元，支出金额为 4 924.60 元。2015 年 12 月 31 日现金账面余额为 1 332.10 元。

要求：（1）根据清点结果，编制库存现金监盘表。

（2）提出审计意见。

解析：（1）编制库存现金监盘表（见表 11-3）。

表 11-3　库存现金监盘表

被审计单位：天津滨海机械股份有限公司　编制：刘新　　日期：2016.01.15　索引号：1001-1
截止日期：2015.12.31　　　　　　　复核：＿＿＿　日期：＿＿＿＿＿＿　页次：＿1＿

检查核对记录				现金盘点记录				
项目	行次	币种：人民币	币种：美元	面额	币种：人民币		币种：美元	
					数量	金额	数量	金额
盘点日账面库存结余额	1	683.20		100 元				
盘点日未记账凭证收入金额	2	0		50 元				
盘点日未记账凭证支出金额	3	100.00		20 元				
盘点日账面应存金额	4＝1＋2－3	583.20		10 元	40	400.00		
盘点实存金额	5	510.00		5 元	16	80.00		
应存金额与实存金额差额	6＝4－5	73.20		1 元	25	25.00		
追溯至报表日账面结存金额				5 角	6	3.00		
报表日至盘点日支出总额	7	5 573.50		1 角	20	2.00		
报表日至盘点日收入总额	8	4 924.60		合计		510.00		
报表日应有账面余额	9＝1＋7－8	1 332.10		盘点地点：天津滨海机械股份有限公司 财务部				
报表日账面汇率	10			盘点日期：2016.01.15				
合计				盘点人：任丽				
调整数		0		企业会计主管：邱明 审计：刘新				
审定数		1 332.10						

审计说明：（应对第 6 行的差异原因做出说明）
经审查盘亏 73.20 元，其中 60 元为白条，应催促李磊尽快还款，另外 13.20 元还须进一步审查
资产负债表日现金账面余额可以确认

（2）指出存在问题，提出审计意见。

① 盘点日库存现金账实不符，盘亏 73.20 元，除去白条 60 元，仍有 13.20 元须进一

步查明。

②职工张红借支的差旅费 100 元属于现金支出范围，且经过领导授权批准，可以作为已付款未出账的事项进行调节。

③职工李磊借款一张 60 元，未经批准，也没有说明用途，属于白条，白条不能抵库，应催促其及时归还。

11.3.3 银行存款实质性程序

1. 银行存款的审计目标

银行存款的审计目标与实质性程序见表 11-4。

表 11-4 银行存款审计目标与审计程序对应关系表

审计目标	可供选择的审计程序
D	1. 获取或编制银行存款余额明细表
ABD	2. 计算银行存款累计余额应收利息收入，分析比较被审计单位银行存款应收利息收入与实际利息收入的差异是否恰当，评估利息收入的合理性，检查是否存在高息资金拆借，确认银行存款余额是否存在，利息收入是否已经完整记录
ACE	3. 检查银行存单
ABD	4. 取得并检查银行存款余额调节表
ACD	5. 函证银行存款余额，编制银行函证结果汇总表，检查银行回函
C	6. 检查银行存款账户存款人是否为被审计单位，若存款人非被审计单位，应获取该账户户主和被审计单位的书面声明，确认资产负债表日是否需要调整
CE	7. 关注是否存在质押、冻结等对变现有限制或存在境外的款项，是否已做必要的调整和披露
E	8. 对不符合现金及现金等价物条件的银行存款在审计工作底稿中予以列明，以考虑对现金流量表的影响
ABD	9. 抽查大额银行存款收支的原始凭证
AB	10. 检查银行存款收支的截止日期是否正确
—	11. 需要增加的其他审计程序

2. 主要实质性程序

1）获取或编制银行存款余额明细表

获取或编制银行存款余额明细表后，复核加计是否正确，并与总账数和日记账数核对是否相符。

2）函证银行存款

函证银行存款有三个目的：①证实被审计单位银行存款的真实存在；②了解被审计单位所欠银行的债务；③发现被审计单位未登记的银行借款。因此，函证银行存款余额是证实资产负债表所列银行存款是否存在的一项重要审计程序。

银行存款函证的范围应当是被审计单位在被审计年度内存过款（含外埠存款、银行汇票存款、银行本票存款、信用证存款）的所有银行，包括银行存款账户已结清的存款账户虽已结清，但仍可能有银行借款或其他负债存在。同时，即使审计人员已直接从某一银行取得了银行的账单和所有已付支票，但仍应向这一银行进行函证。

3）发函索取银行对账单

由于双方存在未达账项，银行对账单与银行存款日记账往往不一致，需要编制银行存款余额调节表，检查双方余额是否相符。如果不相符，查明是由于漏列未达账项还是由于工作中差错或其他原因所造成。还应该注意审查是否有企业或银行单方存在金额相同的一收一付，而另一方并无记录的情况，若有这种情况，应详查有无出租出借银行存款账户的非法活动，值得注意的是，不能把出租出借银行存款账户的事项当作未达账项来调节。

4）取得并检查银行存款余额调节表，验证其正确性

获取资产负债表日的银行存款余额调节表，检查调节表中加计是否正确，调节后银行存款日记账余额与银行对账单余额是否一致。

5）检查一年以上定期存款或限定用途存款，验证其真实性

一年以上的定期银行存款或限定用途的银行存款，不属于被审计单位的流动资产，应列于其他资产类下。对此，审计人员应查明情况，作出相应的记录。

6）抽查大额银行存款的收支，验证其合规性

审计人员应抽查大额银行存款（含外埠存款、银行汇票存款、银行本票存款、信用证存款）收支的原始凭证。审查其内容是否完整，有无授权批准，并核对相关账户，如有与被审计单位生产经营业务有关的收支事项，应查明原因，并做相应的记录。

7）检查银行存款收支的截止日期，验证其正确性

资产负债表上银行存款余额应当包括被审计单位当年最后一天收到的所有存款放于银行的款项，而不得包括其后收到的款项；同样，年终前开出的支票，不得在年后入账。进行银行存款截止测试，即验证银行存款收支的日期是否正确时，审计人员应当在清点支票及支票存根时，确定各银行账户最后一张支票的号码，同时查实该号码之前的所有支票均已开出。在结账日未开启的支票及其后开出的支票，均不得作为结账日的存款收付入账。

【例 11-3】　天津海川科技公司为一家上市公司，扬帆会计师事务所第一次接受该公司的审计工作，以前年度的注册会计师均出具了标准无保留意见审计报告，在审计 2015 年年度报表时，该所会计师顶住压力，出具了保留意见的审计报告，公司注册资本 28 443 万元，业务范围包括高科纺织等。至 2015 年 12 月 31 日，公司资产 88 888 万元，负债 34 356 万元，净资产 54 532 万元，经营困难。

该所 4 名审计人员对该公司进行了审计，其中一人担任银行存款审计，时间为 2016 年 3 月 20 日至 4 月 5 日，审计收费 45 万元，该所审计后，出具了对公司固定资产发表保留意见的审计报告。审计报告出具不久，公司被证监会查处，发现该公司于 2014 年有一笔大额（2 500 万元）借款未入账，并将此情况通报该所。

经检查审计工作底稿，该所注册会计师发现银行审计方面存在未严格执行审计程序的问题。至报表日，公司银行存款余额 5 716 万元，共有 19 个银行账户，其中 7 个账户余额为 0，对 0 余额账户的审计，审计人员均未进行函证，但获取的银行对账单上大都有注销账户的记录；对有余额的 11 个账户，审计人员对其中 10 个账户进行了函证，另一账户余额为 16.56 元，仅获取了对账单，未函证；后来发现的未入账的负债正与未函证的账户相关。

解析：此案例说明，就银行存款的审计，我们必须进一步明确，对所有余额（含零余额）均应进行函证，函证的目的包括确认余额和发现未入账负债，余额的大小不能作为确定是否函证的依据。

【例 11-4】 扬帆会计师事务所接受天津滨海机械股份有限公司的委托，对其 2015 年 12 月 31 日的资产负债表进行审计，在审计资产负债表"货币资金"项目时，发现该公司 2015 年 12 月 31 日银行存款账面余额为 32 500 元，派审计人员向开户银行取得对账单一张，2015 年 12 月 31 日的银行对账存款余额为 42 000 元。另外查有下列未达账款。

（1）12 月 23 日公司送存转账支票 5 000 元，银行尚未入账。

（2）12 月 24 日公司开出转账支票 7 200 元，持票人尚未到银行办理转账手续。

（3）12 月 25 日委托银行收款 10 500 元，银行已收妥入账，收款通知尚未到达公司。

（4）12 月 31 日银行代付水费 3 200 元，但银行付款通知单尚未到达公司。

要求：据上述资料，编制银行存款余额调节表，并提出银行存款余额是否真实的分析意见。

解析：（1）编制银行存款余额调节表（见表 11-5）。

表 11-5　银行存款余额调节表

2015 年 12 月 31 日　　　　　　　　　　　　　　　　　　　　单位：元

项　　目	金　　额	项　　目	金　　额
银行存款日记账余额 加：企业已收，银行未收款 减：企业已付，银行未付款	32 500 10 500 3 200	银行对账单余额 加：企业已收，银行未收款 减：企业已付，银行未付款	42 000 5 000 7 200
调节后余额	39 800	调节后余额	39 800

（2）提示分析意见：从银行存款余额调节表可以看出，天津滨海机械股份有限公司 2015 年 12 月 31 日银行存款的数额经调整后应为 39 800 元，从而证明公司银行存款账面余额 32 500 元是真实的。

11.3.4　其他货币资金实质性程序

其他货币资金包括企业为到外地进行临时或零星采购而汇往采购地银行开立采购专户的款项形成的外埠存款，企业为取得银行汇票按照规定存入银行的款项所形成的银行汇票存款，企业为取得银行本票按照规定存入银行的款项所形成的银行本票存款，企业为取得信用卡按照规定存入银行的款项所形成的信用卡存款，采用信用证结算方式的企业为开具信用证而存入银行信用证保证金专户的款项所形成的信用证存款，企业已存入证券公司单位但尚未进行短期投资的现金所形成的存出投资款等。

其他货币资金的实质性程序如下。

（1）获取或编制其他货币资金明细表。

① 复核银行汇票存款、银行本票存款、信用卡存款、信用证保证金存款、存出投资款、外埠存款等加计是否正确，并与总账数和日记账明细账合计数核对是否相符。

② 检查非记账本位币其他货币资金的折算汇率及折算是否正确。

（2）取得并检查其他货币资金余额调节表。

① 取得被审计单位银行对账单，检查被审计单位提供的银行对账单是否存在涂改或修改的情况，确定银行对账单金额的正确性，并与银行回函结果核对是否一致，抽样核对账面记录的已付款金额及存款金额是否与对账单记录一致；应将保证金户对账单与相应的交易进行核对，检查保证金与相关债务的比例和合同约定是否一致，特别关注是否存在有保证金发生，而被审计单位账面无对应的保证事项的情形；若信用卡持有人是被审计单位职员，应取得该职员提供的确认书，并应考虑进行调整。

② 获取资产负债表日的其他货币资金存款余额调节表，检查调节表中加计数是否正确，调节后其他货币资金日记账余额与银行对账单余额是否一致。

③ 检查调节事项的性质和范围是否合理，如存在重大差异，应做审计调整。

（3）函证银行汇票存款、银行本票存款、信用卡存款、信用证保证金存款、存出投资款、外埠存款等期末余额，编制其他货币资金函证结果汇总表，检查银行回函。

（4）检查其他货币资金存款账户存款人是否为被审计单位，若存款人非被审计单位，应获取该账户户主和被审计单位的书面声明，确认资产负债表日是否需要调整。

（5）关注是否有质押、冻结等对变现有限制、存放在境外或有潜在回收风险的款项。

（6）选取资产负债表日前后的凭证，对其他货币资金收支凭证实施截止测试，如有跨期收支事项，应考虑是否进行调整。

（7）抽查大额其他货币资金收付记录。检查原始凭证是否齐全、记账凭证与原始凭证是否相符、账务处理是否正确、是否记录于恰当的会计期间等项内容。

（8）对不符合现金及现金等价物条件的其他货币资金在审计工作底稿中予以列明，以考虑对现金流量表的影响。

（9）检查其他货币资金的列报是否恰当。根据有关规定，企业的其他货币资金在资产负债表的"货币资金"项目中反映，所以，注册会计师应在实施上述审计程序后，确定其他货币资金的期末余额是否恰当，进而确定其他货币资金是否在资产负债表上恰当列报。

【例 11-5】　某公司在东北某大型钢铁厂设有办事处，派 4 名公关较强的人员常驻。通过各种关系和手段，这 4 名公关人员打通了这家钢铁厂的销售环节，能以优惠价格购到各种钢材，其数量不仅能满足本厂生产需要，还能提供给其他单位，于是该公司决定，除保证本公司生产经营需要外，还需要多搞一些钢材转手倒卖，从中获利。该公司便通过银行向某钢铁厂所在地工商银行某办事处汇去资金 280 万元，作为采购钢材的周转金。要求钢材无论销往何地，其款项都要由公司办事处统一收取，每月将净利润存入特别开设的银行账户，以达到隐瞒利润、偷漏所得税的目的。

解析：1. 查证经过

查证人员对被查公司进行审计时发现，"其他外币资金——外埠存款"账户自上年一月份到本年二月的借方余额一直为 280 万元。外埠存款是企业到外地进行临时性或零星采购材料时的暂时存款，采购业务一旦结束应抽回资金，撤销该类存款。而该公司的外埠存款挂了一年多，平时也没有什么增减变化，很值得怀疑。从发生这笔业务的记账凭证摘要中看出，该笔款项是用于向东北某钢铁厂采购钢材的。查证人员通过材料采购账户，发现每月都有从东北某钢铁厂购回的钢材，而且每次购买都是通过银行汇去现款进行结算的。这样，280 万元的外埠存款就更值得怀疑。通过调查知道被查公司在钢铁厂设有 4 人的办事处，他们除给公司购买钢材外，可能还购买大批钢材进行转手倒卖。查证人员通过外商，找到了那 4 位工作人员，通过查阅他们记录的流水账和银行汇款记录，查明该办事处汇回款项的记录，于是查证人员肯定该公司在搞"账外经营"，通过内查外调，发现该公司通过关系在本地工商银行某分理处另外开设了银行账户，却没有在公司账上反映。经查，上年一共汇入账外经营利润 400 万元，尚未支付过款项。经营过程中发生的增值税已向东北某钢铁厂所在地税务机关缴纳。

2. 账款调整

（1）把账外经营利润转入公司账上。

借：银行存款   4 000 000

　　贷：本年利润   4 000 000

（2）撤销外埠存款户。

借：银行存款   2 800 000

　　贷：其他货币资金——外埠存款   2 800 000

（3）要求注销在工商银行某分理处开设的非法银行账户，把款项转入被查公司的合法银行账上。

认识独立性

任务 12.1 理解独立性的基本要求

12.1.1 独立性的概念框架

1. 独立性的内涵

独立性包括实质上的独立性和形式上的独立性。

1) 实质上的独立性

实质上的独立性是一种内心状态，使注册会计师在提出结论时不受损害职业判断的因素影响，诚心行事，遵循客观和公正原则，保持职业怀疑态度。

2) 形式上的独立性

形式上的独立性是一种外在表现，使一个理性且掌握充分信息的第三方，在权衡所有相关事实和情况后，认为会计师事务所或审计项目组成员没有损害诚信原则、客观和公正原则以及职业怀疑态度。

2. 独立性概念框架的内涵

独立性概念框架是指解决独立性问题的思路和方法，用以指导注册会计师：①识别对独立性的不利影响；②评价不利影响的严重程度；③必要时采取防范措施消除不利影响或将其降低至可接受的水平。

如果无法采取适当的防范措施消除不利影响或将其降低至可接受的水平，注册会计师应当消除产生不利影响的情形，或者拒绝接受审计业务委托或中止审计业务，在用独立性概念框架时，注册会计师应当运用职业判断。

在确定是否接受或保持某项业务，或者某一特定人员能否作为审计项目组成员时，会计师事务所应当识别和评价各种对独立性的不利影响。

如果不利影响超出了可接受的水平，在确定是否接受某项业务或某一特定人员能否作为审计项目组成员时，会计师事务所应当确定能否采取防范措施以消除不利影响或将其降低至可接受的水平。

在确定是否保持某项业务时，会计师事务所应当确定现有的防范措施是否仍然有效，如果无效，是否需要采取其他方面措施或者中止业务。在执行业务过程中，如果注意到对独立性产生不利影响的新情况，会计师事务所应当运用独立性概念框架评价不利影响的严重程度。

在评价不利影响的严重程度时，注册会计师应当从性质和数量两个方面予以考虑。由于会计师事务所规模、结构和组织形式不同，会计师事务所人员对独立性承担的责任也不同。会计师事务所应当按照《会计师事务所质量控制准则第 5101 号——业务质量控制》的要求制定政策和程序，以合理保证按照职业道德守则的要求保持独立性，项目合伙人应当就审计项目组遵守相关独立性要求的情况形成结论。

任务 12.2　了解经济利益

经济利益是指因持有某一实体的股权、债券和其他证券以及其他债务性的工具而拥有的利益，包括未取得这种利益享受的权利和承担的义务。经济利益包括直接经济利益和间接经济利益。

12.2.1　直接经济利益的概念

直接经济利益是指下列经济利益：①个人或实体直接拥有并控制的经济利益（包括授权他人管理的经济利益）；②个人和实体通过投资工具拥有的经济利益，并且有能力控制这些投资工具，或影响其投资决策。一些常见的直接经济利益包括证券和其他参与权，诸如股票、债券、认沽权、期权、权证和卖空权等。

间接经济利益是指个人或实体通过投资工具拥有的经济利益，但没有能力控制这些投资工具或影响其投资决策。

受益人可能通过投资工具拥有经济利益。确定经济利益是直接的还是间接的，取决于受益人能否控制投资工具或具有影响投资决策的能力。如果受益人能够控制投资工具或具有影响投资决策的能力，这种经济利益为直接经济利益。如果受益人不能控制投资工具或不具有影响投资决策的能力，这种经济利益为间接经济利益。比如投资经理投资了共同基金，而这些共同基金投资了一揽子基础金融产品，那么在这种情况下，该共同基金属于直接经济利益，而这些基础金融产品将被视为间接经济利益。

在审计客户（即被审计单位，余同）中拥有经济利益，可能因自身利益导致不利影响，不利影响存在与否及其严重程度取决于下列因素：①拥有经济利益人员的角色；②经济利益是直接的还是间接的；③经济利益的重要性。

12.2.2　对独立性产生不利影响的情形和防范措施

1. 在审计客户中不被允许拥有的经济利益

以下列举了多种在审计客户中拥有直接经济利益或重大间接经济利益，将因自身利益产生非常严重的不利影响，导致没有防范措施能够将其降低至可接受的水平的情况。

（1）会计师事务所，审计项目组成员或其主要近亲属不得在审计客户中拥有直接经济利益或重大间接经济利益。

审计项目组成员的定义中包括的人员除了为执行审计业务成立的项目组外，还包括会计师事务所及网络事务所中能够直接影响审计业务结果的其他人员，例如，能对审计项目合伙人提出薪酬建议，以及进行直接指导、管理或监督的人员，为执行审计业务提供技术或行业具体问题、交易或事项的咨询的人员（如针对与审计相关的准备计提或价值评估工作进行复核的财务交易咨询部的专业人员），或对审计业务实施项目质量控制复核的人员等。

主要近亲属是指配偶、父母或子女。

（2）当一个实体在审计客户中拥有控制性的权益，并且审计客户对该实体重要时，会计师事务所审计项目组成员或其主要近亲属不得在该实体中拥有直接经济利益或重大间接经济利益。

（3）当其他合伙人与执行审计业务的项目合伙人同处一个分部时，其他合伙人或其主要近亲属不得在审计客户中拥有直接经济利益或重大间接经济利益。

执行审计业务的项目合伙人所处的分部不一定是其所隶属的分部，当项目合伙人与审计项目组的其他成员隶属不同的分部时，会计师事务所应当确定项目合伙人执行审计业务时所处的分部。例如，某一审计客户的大部分业务发生在北京，执行此审计业务时均由北京分部的项目组成员（除合伙人外）负责，而项目合伙人是从香港分部被委派往北京分部协助其业务发展的，其身份隶属于香港分部。在此情况下，项目合伙人执行审计业务所处的分部通常被认为是北京分部，因此，在北京分部的其他合伙人或其主要近亲属不得在审计客户中拥有直接经济利益或重大间接经济利益。

（4）为审计客户提供非审计服务的其他合伙人。管理人员或其主要近亲属不得在审计客户中拥有直接经济利益或重大间接经济利益。

【例 12-1】　刘新是审计天津滨海机械股份有限公司的审计小组成员，现持有滨海机械公司的股票 1 000 股，市值约 6 000 元。由于数额较小，刘新未将该股票售出，也未予回避。请思考：

（1）是否对独立性造成威胁？

（2）简要说明理由。

（3）若影响独立性，事务所可采用下列哪些措施消除这种威胁或将其降至可接受水平？

A. 要求刘新将所有的股票处置

B. 要求刘新将所持有的股份数变少，如降至持有 100 股

C. 将刘新调离该审计项目组

D. 拒绝执行该审计业务

解析：（1）根据独立性原则与要求，该例中对独立性造成威胁。

（2）理由是：持有该股票属于直接经济利益，影响独立性。

（3）因为拥有此经济利益的人员为审计小组成员，而不是项目负责人，且数额较小，因此可以采用 A、C 两种方式消除这种威胁或将其降至可接受水平。

2. 对审计项目组成员其他近亲属的要求

如果审计项目组某一成员的其他近亲属在审计客户中拥有直接经济利益或重大间接经济利益，将因其自身利益产生非常严重的不利影响。其他近亲属是指兄弟姐妹、祖父母、外祖父母、孙子女、外孙子女。不利影响的严重程度主要取决于下列因素。

（1）审计项目组成员与其他近亲属之间的关系。

（2）经济利益对其他近亲属的重要性。会计师事务所应当评价不利影响的严重程度，

并在必要时采取防范措施消除不利影响或将其降低至可接受的水平，防范措施主要包括以下几种。

① 其他近亲属尽快处置全部经济利益，或处置全部直接经济利益，并处置足够数量的间接经济利益，以使剩余经济利益不再重大。

② 由审计项目组以外的注册会计师复核该成员已执行的工作。

③ 将该成员调离审计项目组。

（3）会计师事务所的退休金计划。如果审计项目组成员通过会计师事务所的退休金计划，在审计客户中拥有直接经济利益和重大间接经济利益，将因自身利益产生不利影响。注册会计师应当评价不利影响的严重程度，并在必要时采取防范措施消除不利影响或将其降低至可接受的水平。

3. 主要近亲属因受雇于审计客户而产生的经济利益

执行审计业务的项目合伙人所处分部的其他合伙人，或向审计客户提供非审计服务的合伙人或管理人员，如果其主要近亲属在审计客户中拥有经济利益，只要其主要近亲属作为审计客户的员工有权（例如通过退休金和股票期权计划）取得该经济利益，并且在必要时能够采取防范措施消除不利影响，或将其降低至可接受的水平，则不被视为损害独立性。但是，如果其主要近亲属拥有和取得处置该经济利益的权利，例如按照股票期权方案有权行使期权，则应当尽快处置或放弃该经济利益。

4. 在非审计客户中拥有经济利益

除了在审计客户中拥有经济利益外，会计师事务所、审计项目组成员和其主要近亲属在其他实体中拥有的经济利益也可能影响其独立性。

1）审计客户也在实体中拥有经济利益

如果会计师事务所、审计项目组成员和其主要近亲属在某一实体中拥有经济利益，并且审计客户在该实体中拥有经济利益，可能因自身利益产生不利影响。

如果经济利益并不重大，并且审计客户不能对该实体施加重大影响，则不被视为损害独立性。

如果经济利益重大，并且审计客户能够对该实体施加重大影响，则没有防范措施能够将不利影响降低至可接受的水平，会计师事务所不得拥有此类经济利益。拥有此类经济利益的人员，在成为审计项目组成员之前，应当处置全部经济利益，或处置足够数量的经济利益，使剩余经济利益不再重大。

2）审计客户的利益相关者同时在该实体中有经济利益

如果会计师事务所、审计项目组成员或其主要近亲属在某一实体中拥有经济利益，并且知悉审计客户的董事、高级管理人员或具有控制权的所有者也该在实体中拥有经济利益，可能因自身利益、密切关系或外在压力产生不利影响。不利影响存在与否及其严重程度主要取决于下列因素。

（1）该项目组成员在审计项目组中的角色，例如，项目合伙人，负责执行项目或对项目进度及质量进行汇报或能直接影响审计业务结果的其他人员，都被视为重要的角色。

（2）实体的所有权是由少数人持有还是多数人持有。

（3）经济利益是否使投资者能够控制该实体，或对其施加重大影响。

（4）经济利益的重要性。

注册会计师应当评价不利影响的严重程度，并在必要时采取防范措施消除不利影响或将其降低至可接受的水平。防范措施主要包括：①将拥有该经济利益的审计项目组成员调离审计项目组；②由审计项目组以外的注册会计师复核该成员已执行的工作。

5. 受托管理人

如果会计师事务所、审计项目组成员或其主要近亲属作为受托管理人在审计客户中拥有直接经济利益或重大间接经济利益，将因自身利益产生不利影响。

如果下列人员作为受托管理人在审计客户中有直接经济利益和重大间接经济利益，也将因自身利益产生不利影响。

（1）与执行审计业务的项目合伙人处于同一分部的其他合伙人。

（2）向审计客户提供非审计服务的其他合伙人和管理人员。

（3）上述人员的主要近亲属。

只有在同时满足下列条件时，才允许拥有上述经济利益。

（1）审计项目组成员及其主要近亲属和会计师事务所均不是受托财产的受益人。

（2）委托人在审计客户中拥有的经济利益对委托人而言并不重大，例如，在审计客户中拥有的经济利益占委托人的资产净值低于某个百分比（如 5%）及其在实体中并未拥有可影响实体运营和财务上等重大决策的控制权和表决权主。

（3）委托人不能对审计客户施加重大影响。

（4）针对委托人在审计客户中拥有的经济利益，受托管理人及其主要近亲属和会计师事务所对其任何投资决策都不能施加重大影响。

6. 其他相关人员拥有经济利益

审计项目组成员应当确定下列人员在审计客户中拥有已知的经济利益是否因自身利益产生不利影响：①除前述提及的人员外，会计师事务所合伙人，专业人员或其主要近亲属；②与审计项目组成员存在密切私人关系的人员。

这些经济利益是否因自身利益产生不利影响主要取决于下列因素：①会计师事务所的组织结构、经营模式和沟通机制；②相关人员与审计项目组成员之间的关系。

注册会计师应当评价不利影响的严重程度，并在必要时采取防范措施消除不利影响或将其降低至可接受的水平。防范措施主要包括以下几种。

（1）将存在密切私人关系的审计项目组成员调离审计项目组。

（2）不允许该项目组成员参与有关审计业务的任何重大决策。

（3）由审计项目组以外的注册会计师复核该审计项目组成员已执行的工作。

7. 通过继承、馈赠或因合并而获得经济利益

对会计师事务所、合伙人或其主要近亲属、员工或其主要近亲属的经济利益限制，也适用于通过继承、馈赠或合并而获得的经济利益。如果会计师事务所、合伙人或其主要近亲属、员工或其主要近亲属，通过继承，馈赠或合并从审计客户处获得直接经济利益或重大间接经济利益，应当采取下列措施。

（1）如果会计师事务所获得经济利益，应当立即处置全部经济利益，或处置全部直接经济利益，并处置足够数量的间接经济利益，以使剩余经济利益不再重大。

（2）如果审计项目组成员或其主要近亲属获得经济利益，应当立即处置全部经济利益，或处置全部直接经济利益，并处置足够数量的间接经济利益，以使剩余经济利益不再重大。

（3）如果审计项目组以外的人员或其主要近亲属获得经济利益，应当在合理期限内尽快处置全部经济利益，或处置全部直接经济利益，并处置足够数量的间接经济利益，以使剩余经济利益不再重大。在完成处置该经济利益前，会计师事务所应当确定是否需要采取防范措施。

任务 12.3　识别影响独立性的常见情形

12.3.1　贷款和担保

1. 从银行或类似金融机构等审计客户取得贷款或获得贷款担保

如果会计师事务所、审计项目组成员或其主要近亲属从银行或类似金融机构的审计客户处取得贷款，或获得贷款担保，可能对独立性产生不利影响。

如果审计客户不按照正常的程序、条款和条件提供贷款或担保，将因自身利益产生非常严重的不利影响，导致没有防范措施能够将其降低至可接受的水平。会计师事务所、审计项目组成员和其主要近亲属不得接受此类贷款和担保。

如果会计师事务所按照正常的贷款程序、条款和条件，从银行或类似金融机构等审计客户处取得贷款，即使该贷款对审计客户和会计师事务所影响重大，也可能通过采取防范措施将因自身利益的不利影响降低至可接受的水平。

采取的防范措施包括网络中未参与执行审计业务并且未接受该贷款的会计师事务所复核已执行的工作等。

2. 从银行或金融机构等审计客户处取得贷款或由其提供担保

审计项目组成员或其主要近亲属从银行或类似金融机构等审计客户处取得贷款，或由审计客户提供贷款担保，如果按照正常的程序、条款和条件取得贷款或担保，则不会对其独立性产生不利影响。

3. 从不属于银行和类似金融机构等审计客户中取得贷款或由其提供担保

如果会计师事务所、审计项目组成员或其主要近亲属从不属于银行或类似金融机构的审计客户处取得贷款，或由审计客户提供贷款担保，将因自身利益产生非常严重的不利影响，导致没有防范措施能够将其降低至可接受的水平。

4. 向审计客户提供贷款或为其提供担保

如果会计师事务所、审计项目组成员或其主要近亲属向审计客户提供贷款或为其提供担保，将因自身利益产生非常严重的不利影响，导致没有防范措施能够将其降低至可接受的水平。

5. 在审计客户开立存款或交易账户

如果会计师事务所、审计项目组成员或其主要近亲属在银行或类似金融机构等审计客户开立存款或交易账户，账户按照正常的商业条件开立，则不会对独立性产生不利影响。

【例12-2】 扬帆会计师事务所由于扩大业务规模，按照正常借款条件和程序于2016年向中国工商银行南联支行借款500万元，且对公司具有重要性。2017年5月，该所承接了南联支行的审计业务。请思考：

（1）这一情形是否损害独立性？

（2）可以采取"请华兴会计师事务所以外的其他注册会计师复核已做的工作"这一措施来防范这一威胁吗？

解析：（1）根据独立性原则及要求，"会计师事务所，审计项目组成员或其主要近亲属从银行或类似金融机构的审计客户处取得贷款，或获得贷款担保，可能对独立性产生不利影响"。因此，这一情形可能损害独立性的。

（2）根据独立性原则及要求，"如果会计师事务所按照正常的贷款程序、条款和条件，从银行或类似金融机构等审计客户处取得贷款，即使该贷款对审计客户或会计师事务所影响重大，也可能通过采取防范措施将因自身利益产生的不利影响降低至可接受的水平"。"采取的防范措施包括网络中未参与执行审计业务并且未接受该贷款的会计师事务所复核已执行的工作等。"因此可以采取"请华兴会计师事务所以外的其他注册会计师复核已做的工作"这一措施来防范这一威胁。

12.3.2 商业关系

1. 商业关系的种类及防范措施

如果会计师事务所、审计项目组成员或其主要近亲属与审计客户或其高级管理人员之间，由于商务关系和或共同的经济利益而存在密切的商业关系，可能因自身利益和外在压力产生严重的不利影响。这些商业关系主要包括以下几种。

（1）在与客户或其控股股东、董事、高级管理人员共同开办的企业中拥有经济利益。

（2）按照协议，将会计师事务所的产品或服务于客户的产品或服务结合在一起，并以双方名义捆绑销售。

（3）按照协议，会计师事务所销售或推广客户的产品或服务，或者客户销售或推广会计师事务所的产品或服务。

会计师事务所不得介入此类商业关系；如果存在此类商业关系，应当予以终止。如果在商业关系涉及审计项目组成员，会计师事务所应当将该成员调离审计项目组。

如果审计项目组成员的主要近亲属与审计客户或其高级管理人员存在此类商业关系，注册会计师应当评价不利影响的严重程度，并在必要时采取防范措施消除不利影响或将其降低至可接受的水平。

2. 与审计客户或利益相关者一同在某股东人数有限的实体中拥有利益

如果会计师事务所、审计项目组成员或其主要近亲属，在某股东人数有限的实体中拥有经济利益，而审计客户或其董事、高级管理人员也在该实体中拥有经济利益，在同时满足下列条件时，这种商业关系不会对独立性产生不利影响。

（1）这种商业关系对于会计师事务所，审计项目组成员或其主要近亲属以及审计客户均不重要。

（2）该经济利益对一个或几个投资者并不重大。

（3）该经济利益不能使一个或几个投资者控制该实体。

3. 从审计客户购买商品或服务

如果会计师事务所、审计项目组成员或其主要近亲属从审计客户处购买商品或服务，按照正常的商业程序公平交易，通常不会对独立性产生不利影响。

如果交易性质特殊或金额较大，可能因自身利益产生不利影响。会计师事务所应当评价不利影响的严重程度，并在必要时采取防范措施消除不利影响或将其降低至可接受的水平。防范措施主要包括以下两种。

（1）取消交易或降低交易规模。

（2）将相关审计项目组成员调离审计项目组。

【例 12-3】 扬帆会计师事务所的审计客户之一是天兴销售公司，该事务所自主开发的内部控制软件是由该销售公司代理销售的，针对上述情况，回答下列问题：

（1）扬帆会计师事务所是否出现了威胁独立性的因素？

（2）若独立性受到威胁，采取下列哪些措施可以降低其影响？

A. 会计师事务所终止该经营业务

B. 会计师事务所降低经营关系的重要性，使经济利益不重大，经营关系明显不重要

C. 拒绝执行该鉴证业务

D. 出具非标准审计报告

解析：（1）根据独立性原则及要求，扬帆会计师事务所出现了威胁独立性的因素。属于"将会计师事务所的产品或服务于客户的产品或服务结合在一起，并以双方名义捆绑销售"的情形。

（2）根据独立性原则及要求，"会计师事务所不得介入此类商业关系；如果存在此类商业关系，应当予以终止"。因此，应选择 A、C 选项。

12.3.3 家庭和私人关系

如果审计项目组成员与审计客户的董事、高级管理人员和（或）所处职位能够对客户会计记录或被审计财务报表的编制施加重大影响的员工（以下简称特定员工）存在家庭和私人关系，可能因自身利益、密切关系和外在压力产生不利影响。不利影响存在与否及其严重程度取决于多种因素，包括该成员在审计项目组的角色，其家庭成员或相关人员在客户中的职位以及关系的密切程度等。

1. 审计项目组成员的主要近亲属处在重要职位

如果审计项目组成员的主要近亲属是审计客户的董事、高级管理人员或特定员工，或者在业务期间或财务报表涵盖的期间曾担任上述职务，只有把该成员调离审计项目组，才能将对独立性的不利影响降低至可接受的水平。

2. 审计项目组成员的主要近亲属可以对财务报表施加重大影响

如果审计项目组成员的主要近亲属在审计客户中所处职位能够对客户的财务状况、经营成果和现金流量施加重大影响，将对独立性产生不利影响。不利影响严重程度主要取决于下列因素：①主要近亲属在客户中的职位；②该成员在审计项目组中的角色。

会计师事务所应当评价不利影响的严重程度，并在必要时采取防范措施消除不利影响或将其降低至可接受的水平。防范措施主要包括以下两种。

（1）将该成员调离审计项目组。

（2）合理安排审计项目组成员的职责，使该成员的工作不涉及其主要近亲属的职责范围。

3. 审计项目组成员的其他近亲属处在重要职位和可以对财务报表施加重大影响

如果审计项目组成员的其他近亲属是审计客户的董事、高级管理人员或特定员工，将对独立性产生不利影响。不利影响的严重程度主要取决于下列因素：①审计项目组成员与其他近亲属的关系；②其他近亲属在客户中的职位；③该成员在审计项目组中的角色。

会计师事务所应当评价不利影响的严重程度，并在必要时采取防范措施消除不利影响并将其降低至可接受的水平。防范措施主要包括以下两种。

（1）将该成员调离审计项目组。

（2）合理安排审计项目组成员的职责，使该成员的工作不涉及其他近亲属的职责范围。

4. 审计项目组成员与审计客户重要职责的人员具有密切关系

如果审计项目组成员与审计客户的员工存在密切关系，并且该员工是审计客户的董事、高级管理人员或特定员工，即使该员工不是审计项目组成员的近亲属，也将对独立性产生不利影响。拥有此类关系的审计项目组成员应当按照会计师事务所的政策和程序的要求，向会计师事务所内部或外部的相关人员咨询。

不利影响的严重程度主要取决于下列因素：①该员工与审计项目组成员的关系；②该员工在客户中的职位；③该成员在审计项目组中的角色。

会计师事务所应当评价不利影响的严重程度，并在必要时采取防范措施消除不利影响并将其降低至可接受的水平。防范措施主要包括以下两种。

（1）将该成员调离审计项目组。

（2）合理安排该成员的职责，使其工作不涉及与之存在密切关系的员工的职责范围。

5. 非审计项目组成员的合伙人或员工与审计客户重要职位的人员存在家庭或个人关系

会计师事务所中审计项目组以外的合伙人或员工，与审计客户的董事、高级管理人员或特定员工之间存在家庭或私人关系，可能因自身利益、密切关系或外在压力产生不利影响。会计师事务所合伙人或员工在知悉此类关系后，应当按照会计师事务所的政策和程序进行咨询。不利影响存在与否及其严重程度主要取决于下列因素：①该合伙人或员工与审计客户的董事、高级管理人员或特定员工之间的关系；②该合伙人或员工与审计项目组之间的相互影响；③该合伙人或员工在会计师事务所中的角色；④董事、高级管理人员和特定员工在审计客户中的职位。

会计师事务所应当评价不利影响的严重程度，并在必要时采取防范措施消除不利影响或将其降低至可接受的水平。防范措施主要包括以下两种。

（1）合理安排该合伙人或员工的职责以减少对审计项目组可能产生的影响。

（2）由审计项目组以外的注册会计师复核已执行的相关审计工作。

【例 12-4】   李鑫注册会计师 2017 年 5 月接受事务所指派，参加中国银行东城支行 2016 年年度财务报表的审计项目。李鑫注册会计师的妹妹在该银行担任财务经理。请思考：

(1) 是否威胁独立性？

(2) 威胁主要来自哪个方面？

(3) 可采用下列哪种方式降低这种威胁？

A. 将李鑫调离该项目组

B. 让李鑫不处理其妹妹负责的领域

C. 让其他人复核李鑫工作

D. 事务所拒绝承接该业务

解析：(1) 根据独立性原则及要求，"如果审计项目组成员的主要近亲属是审计客户的懂事、高级管理人员或特定员工，或在业务期间或财务报表涵盖的期间曾担任上述职务，只有把该成员调离审计项目组，才能把对独立性的不利影响降低至可接受的水平"。因此，此种情形是威胁独立性的。

(2) 威胁主要来自"家庭和私人关系"这一方面。

(3) 根据独立性原则及要求，选择 A 选项。

12.3.4   与审计客户发生雇用关系

如果审计客户的董事、高级管理人员或特定员工，曾经是审计项目组的成员或会计师事务所的合伙人，可能因密切关系或外在压力产生不利影响。

1. 审计项目组前任成员和前任合伙人担任审计客户的重要职位而且与事务所保持重要联系

如果审计项目组前任成员和（或）会计事务所前任合伙人加入审计客户，担任董事、高级管理人员或特定员工，并且与会计事务所仍保持重要交往，将产生非常严重的不利影响，导致没有防范措施能够将其降低至可接受的水平。

如果审计项目组前任成员或会计事务所前任合伙人加入审计客户，担任董事、高级管理人员或特定员工，除非同时满足满足下列条件，否则将被视为损害独立性。

(1) 前任成员或前任合伙人无权从会计事务所获取报酬或福利（除非报酬和福利是按照预先确定的固定金额支付的，并且支付金额对会计事务所不重要）。

(2) 前任成员和前任合伙人未继续参与，并且在外界看来未参与会计事务所的经营活动和专业活动。

2. 审计项目组前任成员和前任合伙人担任审计客户的重要职位但未与事务所保持重要联系

如果审计项目组前任成员或会计事务所前任合伙人加入审计客户，担任董事、高级管理人员或特定员工，但前任成员或前任合伙人与会计师事务所已经没有重要交往，因密切关系或外在压力产生的不利影响存在与否及其严重程度，主要取决于下列因素：①前任成员或前任合伙人在审计客户中的职位；②前任成员或前任合伙人在其工作中与审计项目组交往的程度；③前任成员或前任合伙人离开会计事务所的时间长短；④前任成员或前任合伙人以前在审计项目组或会计事务所中的角色，例如，前任成员或前任合伙人是否负责与客户治理层或管理层保持定期联系。

会计事务所应当评价不利影响的严重程度，并在必要时采取防范措施消除不利影响或将其降低至可接受的水平。防范措施主要包括以下三种。

（1）修改审计计划。

（2）向审计项目组分派经验更丰富的人员。

（3）由审计项目组以外的注册会计师复核前任审计项目组成员已执行的工作。

3. 前任合伙人加入的某一实体成为审计客户

如果会计事务所前任合伙人加入某一实体，而该实体随后成为会计师事务所的审计客户，会计师事务所应当评价对独立性不利影响的严重程度，并在必要时采取防范措施消除不利影响或将其降低至可接受的水平。

4. 审计项目组某成员拟加入审计客户

如果审计项目组某一成员参与审计业务，当知道自己在未来某一时间将要或有可能加入审计客户时，将因自身利益产生不利影响。会计师事务所应当制定政策和程序，要求审计项目组成员在与审计客户协商受雇于该客户时，向会计师事务所报告。在接到报告后，会计师事务所应当评价不利影响的严重程度，并在必要时采取防范措施消除不利影响或将其降低至可接受的水平。防范措施主要包括以下两种。

（1）将该成员调离审计项目组。

（2）由审计项目组以外的注册会计师复核该成员在审计项目组中作出的重大判断。

【例 12-5】 王红原来是中信会计师事务所的项目经理，在事务所工作了 5 年以后，于 2016 年 2 月跳槽到海天公司任财务总监，中信事务所考虑接受海天公司的 2016 年财务报表的审计委托，这一情形的防范措施可能有（　　）。

A. 委派更有经验的人来进行该项审计

B. 请其他注册会计师复核工作或提供建议

C. 进行业务质量控制复核

D. 针对这一情况与公司管理层沟通

答案：A、B、C

解析：根据独立性原则及要求，防范措施主要包括：①修改审计计划；②向审计项目组分派经验更丰富的人员；③由审计项目组以外的注册会计师复核前任审计项目组成员已执行的工作。

12.3.5　与客户长期存在业务关系

会计师事务所长期委派同一名合伙人或高级员工执行某一客户的审计业务，将因密切关系和自身利益产生不利影响。不利影响的严重程度主要取决于下列因素：①该人员加入审计项目组的时间长短；②该人员在审计项目组中的角色；③会计师事务所的组织结构；④审计业务的性质；⑤客户的管理团队是否发生变动；⑥客户的会计和报告问题的性质或复杂程度是否发生变化。

会计师事务所应当评价因密切关系和自身利益产生的不利影响的严重程度，并在必要时采取防范措施消除不利影响或将其降低至可接受的水平。防范措施主要包括以下三种。

（1）将该人员轮换出审计项目组。

（2）由审计项目组以外的注册会计师复核该人员已执行的工作。

（3）定期对该业务实施独立的质量复核。

12.3.6 影响独立性的其他事项

1. 薪酬和业绩评价政策

如果某一审计项目组成员的薪酬和业绩评价与其向审计客户推销的非鉴证服务挂钩，将因自身的利益产生不利影响。不利影响的严重程度取决于下列因素：① 推销非鉴证服务的因素在该成员薪酬和业绩评价中的比重；②该成员在审计项目组中的角色；③推销非鉴证服务的业绩是否影响该成员的晋升。

会计师事务所应当评价不利影响的严重程度。如果不利影响超出了可接受的水平，会计师事务所应当修改该成员的薪酬计划和业绩评价程序，或者采取其他防范措施消除不利影响或将其降低至可接受的水平。防范措施主要包括以下两种。

（1）将该成员调离审计项目组。

（2）由审计项目组以外的注册会计师复核该成员已执行的工作。

关键审计合伙人的薪酬和业绩评价不得与其向审计客户推销的非鉴证服务直接挂钩。职业道德准则并不禁止会计师事务所合伙人之间正常的利润分享安排。

2. 礼品和款待

会计师事务所和审计项目组成员接受审计客户的礼品和款待，可能因自身利益和密切关系产生不利影响。

如果会计师事务所和审计项目组成员接受审计客户的礼品，将产生非常严重的不利影响，导致没有防范措施能够将其降低至可接受的水平。会计师事务所和审计项目组成员不得接受礼品。

会计师事务所和审计项目组成员应当评价接受款待产生不利影响的严重程度，并在必要时采取防范措施消除不利影响或将其降低至可接受的水平。如果款待超出业务活动中的正常往来，会计师事务所和审计项目组成员应当拒绝接受。

3. 诉讼或诉讼产生威胁

如果会计师事务所和审计项目组成员与审计客户发生诉讼或很可能发生诉讼，将因自身利益和外在压力产生不利影响。

会计师事务所和客户管理层由于诉讼或诉讼威胁而处于对立地位，将向管理层提供信息的意愿从而因自身利益和外在压力产生不利影响。不利影响的严重程度主要取决于下列因素：①诉讼的重要性；②诉讼是否与前期审计业务相关。

会计师事务所应当评价不利影响的严重程度，并在必要时采取防范措施消除不利影响或将不利影响降低至可接受的水平。防范措施主要包括以下两种。

（1）如果诉讼涉及某一审计项目组成员，将该成员调离审计项目组。

（2）由审计项目组以外的专业人员复核已执行的工作。

如果此类防范措施不能将不利影响降低至可接受的水平，会计师事务所应当拒绝接受审计业务委托。或解除审计业务约定。

【例 12-6】 南方银行拟公开发行股票，委托华夏会计师事务所审计其 2014 年年度和 2015 年年度的会计报表。双方于 2015 年年底签订审计业务约定书。

假定华夏会计师事务所及其审计小组成员与南方银行存在以下情况，请问哪些是损害独立性的？

A. 审计业务约定书约定：审计费用为 1 500 000 元，南方银行在华夏会计师事务所提交审计报告时支付 50% 的审计费用，剩余 50% 视股票能否上市决定是否支付

B. 2014 年 7 月，华夏会计师事务所按照正常借款条件和程序，向南方银行以抵押贷款方式借款 10 000 元，用于购置办公用房

C. 华夏会计师事务所的合伙人李峰注册会计师目前担任南方银行的独立董事

D. 审计小组成员王康注册会计师自 2013 年以来一直协助南方银行编制会计报表

E. 审计小组成员李非注册会计师的妻子自 2014 年以来一直担任南方银行的柜台终端记录文员

答案：A、C、D

解析：根据独立性原则及要求，A 选项属于"或有收费"；C 选项属于"与审计客户发生雇用关系中的'关键审计合伙人加入审计客户担任重要职位'"；D 选项中注册会计师王康协助客户编制会计报表，随后又加入审计小组审计该会计报表，将因自我评价产生不利影响。

出具审计报告

任务 13.1 完成审计工作

13.1.1 审计工作的完成阶段

注册会计师在完成控制测试与实质性测试之后，就进入审计工作的完成阶段和审计报告阶段。审计工作的完成阶段主要有两个步骤：汇总审计调整分录和编制试算平衡表。审计工作流程可用图 13-1 来表示。

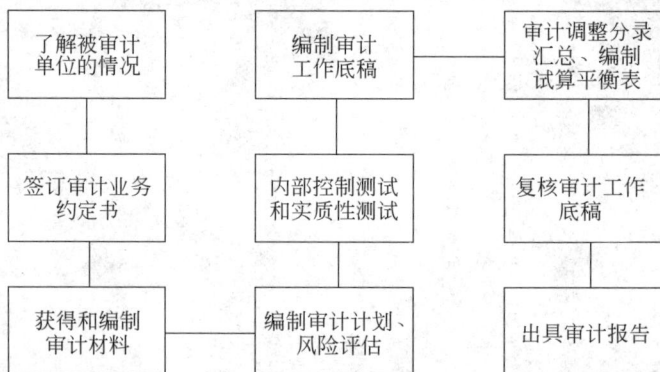

```
┌──────────────┐   ┌──────────────┐   ┌──────────────┐
│  了解被审计   │   │  编制审计     │   │  审计调整分录 │
│  单位的情况   │   │  工作底稿     │   │  汇总、编制   │
│              │   │              │   │  试算平衡表   │
└──────────────┘   └──────────────┘   └──────────────┘
                                              │
┌──────────────┐   ┌──────────────┐   ┌──────────────┐
│  签订审计业务 │   │  内部控制测试 │   │  复核审计工作 │
│  约定书       │   │  和实质性测试 │   │  底稿         │
└──────────────┘   └──────────────┘   └──────────────┘
                                              │
┌──────────────┐   ┌──────────────┐   ┌──────────────┐
│  获得和编制   │   │  编制审计计划、│   │  出具审计报告 │
│  审计材料     │   │  风险评估     │   │              │
└──────────────┘   └──────────────┘   └──────────────┘
```

图 13-1　审计工作流程

从审计工作流程（见图 13-1）可以看出，完成审计工作阶段是整个工作流程的最后阶段，也是取得审计成果的重要阶段。

1. 汇总审计调整分录

注册会计师在进行控制测试和实质性测试的过程中可能会发现被审计单位的某些会计记录有错记、漏记等情况，因此注册会计师要编写审计调整分录更正其中的错误。在完成审计的主要测试程序，编写审计工作底稿之后，注册会计师就要对调整的会计分录进行整理、汇总。审计调整分录汇总见表 13-1。

2. 编制试算平衡表

这一阶段的试算平衡表主要是注册会计师在被审计单位编制的财务报表的基础上经过调整分录的汇总，调整出最后的审定余额。主要是编制资产负债表试算平衡表、利润表试算平衡表和现金流量表试算平衡表等。

表 13-1　审计调整分录汇总表　　　　　　　单位：元

序号	索引号	调整原因说明	报表项目	调整金额	
				借方金额	贷方金额

1）资产负债表试算平衡表

资产负债表试算平衡表（见表 13-2）的作用主要是将资产、负债和所有者权益项下的需要调整的项目进行调整后得出最后的审定余额。

表 13-2　资产负债表试算平衡表

编制单位：　　　　　　　年　　月　　日　　　　　　　　单位：元

项　　目	调整前期末余额	调整分录		调整后余额
		借方	贷方	
流动资产：				
货币资金				
交易性金融资产				
应收票据				
应收账款				
预付款项				
其他应收款				
应收利息				
应收股利				
存货				
一年内到期的非流动资产				
其他流动资产				
流动资产合计				
非流动资产：				
可供出售金融资产				
持有至到期投资				
长期应收款				
长期股权投资				
投资性房地产				
固定资产				

项　　目	调整前期末余额	调整分录		调整后余额
		借方	贷方	
在建工程				
工程物资				
固定资产清理				
生产性生物资产				
油气资产				
无形资产				
开发支出				
商誉				
长期待摊费用				
递延所得税资产				
其他非流动资产				
非流动资产合计				
资产总计				
流动负债：				
短期借款				
交易性金融负债				
应付票据				
应付账款				
预收款项				
应付职工薪酬				
应交税费				
应付利息				
应付股利				
其他应付款				
一年内到期的非流动负债				
其他流动负债				
流动负债合计				
非流动负债：				
长期借款				
应付债券				
长期应付款				
专项应付款				
预计负债				

项　　目	调整前期末余额	调整分录		调整后余额
		借方	贷方	
递延所得税负债				
其他非流动负债				
非流动负债合计				
负债合计				
所有者权益（或股东权益）：				
实收资本（或股本）				
资本公积				
盈余公积				
未分配利润				
所有者权益（或股东权益）合计				
负债和所有者（或股东权益）合计				

2）利润表试算平衡表

利润表试算平衡表（见表 13-3）的作用主要是将被审计单位关于收入、费用、利润类的需要调整的项目进行调整后得出最后的审定余额。

表 13-3　利润表试算平衡表

编制单位：　　　　　　　　　　　　　　年　　月　　　　　　　　　　　单位：元

项　　目	调整前期末余额	调整分录		调整后余额
		借方	贷方	
一、营业收入				
减：营业成本				
税金及附加				
销售费用				
管理费用				
财务费用				
资产减值损失				
加：公允价值变动净收益				
投资收益				
其中：对联营企业和合营企业的投资收益				
二、营业利润（亏损以 "—" 号填列）				

项　目	调整前期末余额	调整分录		调整后余额
		借方	贷方	
加：营业外收入				
减：营业外支出				
其中：非流动资产处置损失				
三、利润总额（亏损以"－"号填列）				
减：所得税费用				
四、净利润				
五、每股收益				
（一）基本每股收益				
（二）稀释每股收益				

3）现金流量表试算平衡表

现金流量表试算平衡表（见表 13-4）主要是对被审计单位的三大经济活动（经营活动、投资活动、筹资活动）产生的现金流入和流出量中需要调整的项目进行调整以得出最后的调整后余额。

表 13-4　现金流量表试算平衡表

编制单位：　　　　　　　　　　　年　　月　　　　　　　　　　单位：元

项　目	调整前期末余额	调整分录		调整后余额
		借方	贷方	
一、经营活动产生的现金流量：				
销售商品、提供劳务收到的现金				
收到的税费返还				
收到其他与经营活动有关的现金				
经营活动现金流入小计				
购买商品、接受劳务支付的现金				
支付给职工以及为职工支付的现金				
支付的各项税费				
支付其他与经营活动有关的现金				
经营活动现金流出小计				
经营活动产生的现金流量净额				
二、投资活动产生的现金流量：				
收回投资收到的现金				
取得投资收益收到的现金				

项　　目	调整前期末余额	调整分录		调整后余额
		借方	贷方	
处置固定资产、无形资产和其他长期资产收回的现金净额				
处置子公司及其他营业单位收到的现金净额				
收到其他与投资活动有关的现金				
投资活动现金流入小计				
购建固定资产、无形资产和其他长期资产支付的现金				
投资支付的现金				
取得子公司及其他营业单位支付的现金净额				
支付其他与投资活动有关的现金				
投资活动现金流出小计				
投资活动产生的现金流量净额				
三、筹资活动产生的现金流量：				
吸收投资收到的现金				
取得借款收到的现金				
收到其他与筹资活动有关的现金				
筹资活动现金流入小计				
偿还债务支付的现金				
分配股利、利润或偿付利息支付的现金				
支付其他与筹资活动有关的现金				
筹资活动现金流出小计				
筹资活动产生的现金流量净额				
四、汇率变动对现金及现金等价物的影响				
五、现金及现金等价物净增加额				
加：期初现金及现金等价物余额				
六、期末现金及现金等价物余额				
一个小计（四、汇率变动对现金及现金等价物的影响）				
一个小计（加：期初现金及现金等价物余额）				

4）所有者权益变动表试算平衡表

在注册会计师审计的过程中，如果被审计单位关于所有者权益项目的余额有错报需要进行会计分录的调整，则注册会计师需要编制所有者权益变动表试算平衡表（见表13-5）。

表 13-5 所有者权益变动表试算平衡表

编制单位：　　　　　　　　年　　月　　日　　　　　　　　　　　　　　单位：元

| 项目 | 归属于母公司股东权益 | | | | | | | | | | | | | | | | | | 少数股东权益 | | | 股东权益合计 | | |
| | 股本 | | | 资本公积 | | | 减：库存股 | | | 盈余公积 | | | 未分配利润 | | | 其他 | | | | | | | | |
	未审数	调整数	审定数	未审数	调整数	审定数	未审数	调整数	审定数	未审数	调整数	审定数	未审数	调整数	审定数	未审数	调整数	审定数	未审数	调整数	审定数	未审数	调整数	审定数
一、上年年末余额																								
加：会计政策变更																								
前期差错更正																								
二、本年年初余额																								
三、本年增减变动金额（减少以"-"号填列）																								
（一）净利润																								
（二）直接计入所有者权益的利得和损失																								
1. 可供出售金融资产公允价值变动净额																								
2. 权益法下被投资单位其他股东权益变动的影响																								
3. 与计入所有者权益项目相关的所得税影响																								
4. 其他																								
上述（一）和（二）小计																								
（三）所有者投入和减少股本																								
1. 所有者投入股本																								

项　目	归属于母公司股东权益																		少数股东权益			股东权益合计		
	股本			资本公积			减：库存股			盈余公积			未分配利润			其他								
	未审数	调整数	审定数	未审数	调整数	审定数	未审数	调整数	审定数	未审数	调整数	审定数	未审数	调整数	审定数	未审数	调整数	审定数	未审数	调整数	审定数	未审数	调整数	审定数
2. 股份支付计入股东权益的金额																								
3. 其他																								
(四) 利润分配																								
1. 提取盈余公积																								
2. 对股东的分配																								
3. 其他																								
(五) 所有者权益内部结转																								
1. 资本公积转增股本																								
2. 盈余公积转增股本																								
3. 盈余公积弥补亏损																								
4. 其他																								
四、本年末余额																								

13.1.2 审计小结

审计人员在完成了风险评估、控制测试及主要的审计实质性程序等测试之后，会对审计过程进行小结、汇总。审计小结主要包含以下几个方面的内容：①序言；②审计目的、范围及策略；③审计中发现的主要问题和重要调整事项；④审计意见（见图 13-2）。

审计小结

我们接受委托，对××有限公司××年度的资产负债表、利润表、现金流量表、所有者权益变动表、财务报表附注进行审计，现小结如下。

一、序言

1. 公司背景的补充说明见审计计划。

2. 重要会计政策见已审计报告附注。

3. 审计计划执行的重大偏差。

审计计划在执行过程中没有产生重大偏差。

二、审计目的、范围及策略

1. 会计报表关键项目的审计情况

（1）银行存款函证及回函情况，或实施的其他替代审计程序

银行存款明细情况见已审计会计报表附注，审计及取证情况见 3111-3、3111-4-1、3111-4-2，已审查银行存款对账单并已对所有期末余额向有关银行函证。

（2）应收账款的审计情况

应收账款的详细情况见已审会计报表附注，其审计及取证情况见 3113。

（3）固定资产的审计情况

固定资产的详细情况见已审会计报表附注，其审计及取证情况见 3118。

（4）应交税费的审计情况

应交税费的详细情况见已审会计报表附注，其审计及取证情况见 3216。

（5）应付职工薪酬的审计情况

应付职工薪酬的详细情况见已审会计报表附注，其审计及取证情况见 3215。

（6）营业收入、营业成本的审计情况

营业收入的审计及取证情况见 3411，营业成本的审计见 3412。

2. 不符事项的调整或未调整

无。

3. 关联方关系及关联交易的审计情况

关联方关系及交易见已审会计报表附注披露。

4. 财务承诺的审计情况

无财务承诺事项。

5. 或有事项的审计情况

无须披露的或有事项。

6. 期后事项

无须披露的期后事项。

7. 须提请合伙人注意的其他事项

无须提请合伙人注意的其他事项。

三、审计中发现的主要问题和重要调整事项

往来单位××有限公司实为××股份有限公司的关联企业，且销售给该公司的货物实际并未发出。根据收入的确认原则，企业未将商品所有权上的主要风险和报酬全部转移给购买方，不能确认为收入，应调整其营业收入。

四、审计意见

我们拟对××股份有限公司本年度会计报表出具保留意见的审计报告。

图 13-2　审计小结

任务 13.2　认知审计报告

13.2.1　审计报告的定义

根据《中国注册会计师审计准则第 1501 号——对财务报表形成审计意见和出具审计报告》中对审计报告的定义，审计报告是指注册会计师根据审计准则的规定，在执行审计工作的基础上，对财务报表发表审计意见的书面文件。对注册会计师来说，审计报告就是这一段审计过程的劳动成果，它体现了审计人员对被审计单位的审计结论和意见。

13.2.　审计报告分类

根据审计报告的内容表述段不同，可以将审计报告分为标准审计报告和非标准审计报告。

1. 标准审计报告

标准审计报告是指不含有说明段、强调事项段、其他事项段或其他任何修饰性用语的无保留意见的审计报告。

包含其他报告责任段，但不含有强调事项段或其他事项段的无保留意见的审计报告也被视为标准审计报告。

2. 非标准审计报告

非标准审计报告是指带强调事项段或其他事项段的无保留意见的审计报告和非无保留意见的审计报告。

13.2.3　审计报告的基本内容

1. 标题

根据《中国注册会计师审计准则第 1501 号——对财务报表形成审计意见和出具审计报告》的要求，审计报告应当具有标题，统一规范为"审计报告"。

2. 收件人

审计报告应当按照审计业务约定的要求载明收件人。一般情况下，由于会计师事务所接受委托人的委托进行审计，因此在审计报告中称谓部分应写明"××有限公司全体股东""××有限责任公司董事会"等全称。

3. 引言段

审计报告的引言段应当包括下列方面。

（1）指出被审计单位的名称。

（2）说明财务报表已经审计。

（3）指出构成整套财务报表的每一财务报表的名称。

（4）提及财务报表附注（包括重要会计政策概要和其他解释性信息）。

（5）指明构成整套财务报表的每一财务报表的日期或涵盖的期间。

4. 管理层对财务报表的责任段

审计报告应当包含标题为"管理层对财务报表的责任"的段落。管理层对财务报表的责任段应当说明，编制财务报表是管理层的责任，这种责任包括以下两个方面。

（1）按照适用的财务报告编制基础编制财务报表，并使其实现公允反映；

（2）设计、执行和维护必要的内部控制，以使财务报表不存在由于舞弊或错误导致的重大错报。

5. 注册会计师的责任段

注册会计师的责任段应当说明下列内容。

（1）注册会计师的责任是在执行审计工作的基础上对财务报表发表审计意见。

（2）注册会计师按照中国注册会计师审计准则的规定执行了审计工作。中国注册会计师审计准则要求注册会计师遵守中国注册会计师职业道德守则，计划和执行审计工作以对财务报表是否不存在重大错报获取合理保证。

（3）审计工作涉及实施审计程序，以获取有关财务报表金额和披露的审计证据。选择的审计程序取决于注册会计师的判断，包括对由于舞弊或错误导致的财务报表重大错报风险的评估。在进行风险评估时，注册会计师考虑与财务报表编制和公允列报相关的内部控制，以设计恰当的审计程序，但目的并非对内部控制的有效性发表意见。

审计工作还包括评价管理层选用会计政策的恰当性和做出会计估计的合理性，以及评价财务报表的总体列报。

（4）注册会计师相信获取的审计证据是充分、适当的，为其发表审计意见提供了基础。

如果结合财务报表审计对内部控制的有效性发表意见，注册会计师应当删除本条第（3）项中"但目的并非对内部控制的有效性发表意见"的措辞。

6. 审计意见段

审计报告应当包含标题为"审计意见"的段落。如果对财务报表发表无保留意见，除非法律法规另有规定，审计意见应当使用"财务报表在所有重大方面按照【适用的财务报告编制基础（如企业会计准则等）】编制，公允反映了……"的措辞。

7. 注册会计师的签名和盖章

审计报告应当由注册会计师签名和盖章。注册会计师在审计报告上签名和盖章，有利于明确法律责任。

8. 会计师事务所的名称、地址和盖章

审计报告应当载明会计师事务所的名称和地址，并加盖会计师事务所公章。在实务中，审计报告通常载于会计师事务所同意印刷的、标有该所详细通讯地址的信笺上，因此，无须在审计报告中注明详细地址。

9. 报告日期

审计报告应当注明报告日期。审计报告日不应早于注册会计师获取充分、适当的审计证据，并在此基础上对财务报表形成审计意见的日期。图 13-3 为一份标准审计报告。

审计报告

天津滨海机械股份有限公司全体股东：

我们审计了后附的天津滨海机械股份有限公司（以下简称滨海机械）的财务报表，包括 2016 年 12 月 31 日的资产负债表，2016 年年度的利润表、现金流量表和所有者权益变动表以及财务报表附注。

（一）管理层对财务报表的责任

编制和公允列报财务报表是滨海机械管理层的责任。这种责任包括：（1）按照企业会计准则的规定编制财务报表，并使其实现公允反映。（2）设计、执行和维护必要的内部控制，以使财务报表不存在由于舞弊或错误导致的重大错误。

（二）注册会计师的责任

我们的责任是在执行审计工作的基础上对财务报表发表审计意见，我们按照中国注册会计师审计准则的规定执行了审计工作，中国注册会计师审计准则要求我们遵守职业道德守则，计划和执行审计工作以对财务报表是否不存在重大错误获取合理保证。

审计工作涉及实施审计程序，以获取有关财务报表金额和披露的审计证据，选择的审计证据取决于注册会计师的判断。包括对由于舞弊或错误导致的财务报表重大错报的评估。在进行风险评估时，注册会计师考虑与财务报表编制和公允列报相关的内部控制，以设计恰当的审计程序，但目的并非对内部控制的有效性发表意见。审计工作还包括评价管理层选用会计政策的恰当性和做出会计估计的合理性，以及评价财务报表的总体列报。

我们相信，我们获取的审计证据是充分的、适当的，为发表审计意见提供了基础。

（三）审计意见

我们认为，天津滨海机械股份有限公司财务报表在所有重大方面按照企业会计准则的规定编制，公允反映了天津滨海机械股份有限公司 2016 年 12 月 31 日的财务状况以及 2016 年年度的经营成果和现金流量。

北京网中会计师事务所
（盖章）

中国注册会计师：王一梅
（签名及盖章）
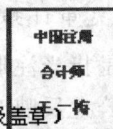

中国注册会计师：薛林丽
（签名及盖章）

中国·北京　　　　　　　　　　　　　　　　　2017 年 02 月 01 日

图 13-3　对按照企业会计准则编制的财务报表出具的标准审计报告

任务 13.3　编制审计报告

13.3.1　审计报告的编制要求

1. 语言精练、表述清楚

注册会计师应该用精练易懂的语言将审计事项及结论在审计报告中表达出来。在审计报告中不应使用有歧义、让人容易误解的语句和词语。

2. 证据充足、适当

注册会计师在搜集审计证据时，既要考虑到审计证据的质量，又要考虑到审计证据的数量。要保证运用合适的充足的审计证据来进行合理保证，发表公允的审计意见。

3. 格式规范、内容完整

根据审计报告的意见类型不同，审计报告的格式也略有不同，主要的区别在于非标准审计报告（保留意见、否定意见和无法表示意见）中有一个事项段，需要将发表非无保留意见的原因列示出来。因此，注册会计师应该根据自己发表的审计意见，选择正确的审计报告格式，完整地列示出应该表达的审计意见内容。

4. 责任明确、意见恰当

在审计报告中，注册会计师应当列示出注册会计师和被审计单位的职责和义务（除无法表示意见审计报告中不载明注册会计师的责任），并声明是按照审计准则及职业道德规范进行审计，在分析审计证据的基础上对被审计单位的财务报表应发表合理、恰当的审计结论。

13.3.2　审计报告意见类型

注册会计师根据搜集到的审计证据，对被审计单位的财务状况和经营成果进行分析和判断，对财务报表形成相应的审计意见，并以书面报告的形式表达出来。审计报告的意见类型主要有以下两种：无保留意见和非无保留意见。

1. 无保留意见审计报告

无保留意见是指当注册会计师认为财务报表在所有重大方面按照适用的财务报告编制基础编制并实现公允反映时发表的审计意见。具体格式见上一节图 13-3。

2. 非无保留意见审计报告

如果财务报表没有实现公允反映，注册会计师应当就该事项与管理层讨论，并视适用的财务报告编制基础的规定和该事项得到解决的情况，决定是否有必要按照《中国注册会计师审计准则第 1502 号——在审计报告中发表非无保留意见》的规定在审计报告中发表非无保留意见。非无保留意见，是指保留意见、否定意见或无法表示意见。

注册会计师确定恰当的非无保留意见类型，取决于下列事项：①导致非无保留意见的事项的性质，是财务报表存在重大错报，还是在无法获取充分、适当的审计证据的情况下，财务报表可能存在重大错报；②注册会计师就导致非无保留意见的事项对财务报表产生或可能产生影响的广泛性做出的判断。其中广泛性是描述错报影响的术语，用以说明错报对财务报表的影响，或者由于无法获取充分、适当的审计证据而未发现的错报（如存在）对财务报表可能产生的影响。

当存在下列情形之一时，注册会计师对财务报表清楚地发表恰当的非无保留意见：①根据获取的审计证据，得出财务报表整体存在重大错报的结论；②无法获取充分、适当的审计证据，不能得出财务报表整体不存在重大错报的结论。

1）保留意见审计报告

当存在下列情形之一时，注册会计师应当发表保留意见。

（1）在获取充分、适当的审计证据后，注册会计师认为错报单独或汇总起来对财务报表影响重大，但不具有广泛性。

（2）注册会计师无法获取充分、适当的审计证据以作为形成审计意见的基础，认为未发现的错报（如存在）对财务报表可能产生的影响重大，但不具有广泛性。

2）否定意见审计报告

在获取充分、适当的审计证据后，如果认为错报单独或汇总起来对财务报表的影响重大且具有广泛性，注册会计师应当发表否定意见。

3）无法表示意见审计报告

如果无法获取充分、适当的审计证据以作为形成审计意见的基础，但认为未发现的错报（如存在）对财务报表可能产生的影响重大且具有广泛性，注册会计师应当发表无法表示意见。

在极其特殊的情况下，可能存在多个不确定事项。尽管注册会计师对每个单独的不确定事项获取了充分、适当的审计证据，但由于不确定事项之间可能存在相互影响，以及可能对财务报表产生累积影响，注册会计师不可能对财务报表形成审计意见。在这种情况下，注册会计师应当发表无法表示意见。

13.3.3　非标准审计报告格式

如果对财务报表发表非无保留意见（保留意见、否定意见或无法表示意见），除在审计报告中包含《中国注册会计师审计准则第 1501 号——对财务报表形成审计意见和出具审计报告》规定的审计报告要素外，注册会计师还应当增加一个段落，说明导致发表非无保留意见的事项，并且标清审计意见的标题，如"保留意见""否定意见"或"无法表示意见"。

注册会计师应当直接在审计意见段之前增加该段落，并使用恰当的标题，如"导致保留意见的事项""导致否定意见的事项"或"导致无法表示意见的事项"。

如果财务报表中存在与具体金额（包括定量披露）相关的重大错报，注册会计师应当在导致非无保留意见的事项段中说明并量化该错报的财务影响。如果无法量化财务影响，注册会计师应当在导致非无保留意见的事项段中说明这一情况。

如果财务报表中存在与叙述性披露相关的重大错报，注册会计师应当在导致非无保留意见的事项段中解释该错报错在何处。

如果财务报表中存在与应披露而未披露信息相关的重大错报，注册会计师应当采取以下措施：①与治理层讨论未披露信息的情况；②在导致非无保留意见的事项段中描述未披露信息的性质；③如果可行并且已针对未披露信息获取了充分、适当的审计证据，在导致非无保留意见的事项段中包含对未披露信息的披露，除非法律法规禁止。

如果因无法获取充分、适当的审计证据而导致发表非无保留意见，注册会计师应当在导致非无保留意见的事项段中说明无法获取审计证据的原因。

以下是三种非无保留意见的事项段各自的格式特点。

1. 保留意见

当无法获取充分、适当的审计证据而导致发表保留意见时，注册会计师应当在审计意见段中使用"除……可能产生的影响外"等措辞。

【例 13-1】 由于财务报表存在重大错报而出具保留意见的审计报告。

审计报告

天津滨海机械股份有限公司全体股东：

我们审计了后附的天津滨海机械股份有限公司（以下简称滨海机械）的财务报表，包括 2016 年 12 月 31 日的资产负债表，2016 年年度的利润表、现金流量表和所有者权益变动表以及财务报表附注。

（一）管理层对财务报表的责任

编制和公允列报财务报表是滨海机械管理层的责任。这种责任包括：（1）按照企业会计准则的规定编制财务报表，并使其实现公允反映。（2）设计、执行和维护必要的内部控制，以使财务报表不存在由于舞弊或错误导致的重大错误。

（二）注册会计师的责任

我们的责任是在执行审计工作的基础上对财务报表发表审计意见，我们按照中国注册会计师审计准则的规定执行了审计工作，中国注册会计师审计准则要求我们遵守职业道德守则，计划和执行审计工作，以对财务报表是否不存在重大错误获取合理保证。

审计工作涉及实施审计程序，以获取有关财务报表金额和披露的审计证据，选择的审计证据取决于注册会计师的判断。包括对由于舞弊或错误导致的财务报表重大错报的评估。在进行风险评估时，注册会计师考虑与财务报表编制和公允列报相关的内部控制，以设计恰当的审计程序，但目的并非对内部控制的有效性发表意见。审计工作还包括评价管理层选用会计政策的恰当性和做出会计估计的合理性，以及评价财务报表的总体列报。

我们相信，我们获取的审计证据是充分的、适当的，为发表审计意见提供了基础。

（三）导致保留意见的事项

滨海机械 2016 年 12 月 31 日资产负债表中存货的列示金额为××元。管理层根据成本对存货进行计量，而没有根据成本与可变现净值孰低的原则进行计量，这不符合企业会计准则的规定。公司的会计记录显示，如果管理层以成本与可变现净值孰低来计量存货，存货列示金额将减少×元。相应地，资产减值损失将增加×元，所得税、净利润和所有者权益将分别减少×元、×元和×元。

（四）保留意见

我们认为，除"（三）导致保留意见的事项"段所述事项产生的影响外，天津滨海机械股份有限公司财务报表在所有重大方面按照企业会计准则的规定编制，公允反映了天津滨海机械股份有限公司 2016 年 12 月 31 日的财务状况以及 2016 年年度的经营成果和现金流量。

北京网中会计师事务所   中国注册会计师：王一梅

（盖章）   （签名及盖章）

中国注册会计师：薛林丽

（签名及盖章）

中国·北京   2017 年 02 月 01 日

2. 否定意见

当发表否定意见时，注册会计师应当根据适用的财务报告编制基础在审计意见段中说明：注册会计师认为，由于导致否定意见的事项段所述事项的重要性，财务报表没有在所有重大方面按照适用的财务报告编制基础编制，未能实现公允反映。

当发表保留意见或否定意见时，注册会计师应当修改对注册会计师责任的描述，以说明：注册会计师相信，注册会计师已获取的审计证据是充分、适当的，为发表非无保留意见提供了基础。

【**例 13-2**】 由于财务报表存在重大错报而出具否定意见的审计报告。

审计报告

天津滨海机械股份有限公司全体股东：

我们审计了后附的天津滨海机械股份有限公司（以下简称滨海机械）的财务报表，包括 2016 年 12 月 31 日的资产负债表，2016 年年度的利润表、现金流量表和所有者权益变动表以及财务报表附注。

（一）管理层对财务报表的责任

编制和公允列报财务报表是滨海机械管理层的责任。这种责任包括：（1）按照企业会计准则的规定编制财务报表，并使其实现公允反映。（2）设计、执行和维护必要的内部控制，以使财务报表不存在由于舞弊或错误导致的重大错误。

（二）注册会计师的责任

我们的责任是在执行审计工作的基础上对财务报表发表审计意见，我们按照中国注册会计师审计准则的规定执行了审计工作，中国注册会计师审计准则要求我们遵守职业道德守则，计划和执行审计工作，以对财务报表是否不存在重大错误获取合理保证。

审计工作涉及实施审计程序，以获取有关财务报表金额和披露的审计证据，选择的审计证据取决于注册会计师的判断。包括对由于舞弊或错误导致的财务报表重大错报的评估。在进行风险评估时，注册会计师考虑与财务报表编制和公允列报相关的内部控制，以设计恰当的审计程序，但目的并非对内部控制的有效性发表意见。审计工作还包括评价管理层选用会计政策的恰当性和作出会计估计的合理性，以及评价财务报表的总体列报。

我们相信，我们获取的审计证据是充分的、适当的，为发表审计意见提供了基础。

（三）导致否定意见的事项

如财务报表附注×所述，2016 年滨海机械的长期股权投资未按企业会计准则的规定采用权益法核算。如果按权益法核算，滨海机械的长期股权投资账面价值将减少×万元，净利润将减少×万元，从而导致滨海机械由盈利×万元变为亏损×万元。

（四）否定意见

我们认为，由于受到前段所述事项的重大影响，天津滨海机械股份有限公司财务报表没在所有重大方面按照企业会计准则的规定编制，未能公允反映天津滨海机械股份有限公司 2016 年 12 月 31 日的财务状况以及 2016 年年度的经营成果和现金流量。

北京网中会计师事务所　　　　　　　　　　　　　中国注册会计师：王一梅

（盖章）　　　　　　　　　　　　　　　　　　　　（签名及盖章）

中国注册会计师：薛林丽

（签名及盖章）

中国·北京　　　　　　　　　　　　　　　　　　　2017 年 02 月 01 日

3. 无法表示意见

当由于无法获取充分、适当的审计证据而发表无法表示意见时，注册会计师应当在审计意见段中说明：由于导致无法表示意见的事项段所述事项的重要性，注册会计师无法获取充分、适当的审计证据以为发表审计意见提供基础，因此，注册会计师不对这些财务报表发表审计意见。

当由于无法获取充分、适当的审计证据而发表无法表示意见时，注册会计师应当修改审计报告的引言段，说明注册会计师接受委托审计财务报表。

注册会计师还应当修改对注册会计师责任和审计范围的描述，并仅能做出如下说明："我们的责任是在按照中国注册会计师审计准则的规定执行审计工作的基础上对财务报表发表审计意见。但由于导致无法表示意见的事项段中所述的事项，我们无法获取充分、适当的审计证据以为发表审计意见提供基础。"

【例 13-3】　由于注册会计师无法针对财务报表多个要素获取充分、适当的审计证据而出具无法表示意见的审计报告。

审计报告

天津滨海机械股份有限公司全体股东：

我们接受委托，审计后附的天津滨海机械股份有限公司（以下简称滨海机械）的财务报表，包括 2016 年 12 月 31 日的资产负债表，2016 年年度的利润表、现金流量表和所有者权益变动表以及财务报表附注。

（一）管理层对财务报表的责任

编制和公允列报财务报表是滨海机械管理层的责任。这种责任包括：（1）按照企业会计准则的规定编制财务报表，并使其实现公允反映。（2）设计、执行和维护必要的内部控制，以使财务报表不存在由于舞弊或错误导致的重大错误。

（二）注册会计师的责任

我们的责任是在按照中国注册会计师审计准则的规定执行审计工作的基础上对财务报表发表审计意见。但由于"（三）导致无法表示意见的事项"段中所述的事项，我们无法获取充分、适当的审计证据以为发表审计意见提供基础。

（三）导致无法表示意见的事项

我们于2017年1月接受滨海机械的审计委托，因而未能对2016年年初金额为×元的存货和年末金额为×元的存货实施监盘程序，其中，期末存货占期末资产总额的40%。此外，我们也无法实施替代审计程序获取充分、适当的审计证据。因此，我们无法确定是否有必要对存货以及财务报表其他项目做出调整，也无法确定应调整的金额。

（四）无法表示意见

由于"（三）导致无法表示意见的事项"段所述事项的重要性，我们无法获取充分、适当的审计证据以为发表审计意见提供基础，因此我们不对天津滨海机械股份有限公司财务报发表审计意见。

北京网中会计师事务所　　　　　　　　　　　中国注册会计师：王一梅
　　　（盖章）　　　　　　　　　　　　　　　　（签名及盖章）

　　　　　　　　　　　　　　　　　　　　　中国注册会计师：薛林丽
　　　　　　　　　　　　　　　　　　　　　　（签名及盖章）

中国·北京　　　　　　　　　　　　　　　　　　2017年02月01日

4. 带强调事项段的无保留意见的审计报告

审计报告的强调事项段是指审计报告中含有的一个段落，一般会在审计意见段之后增加对重大事项予以强调的段落。该段落提及已在财务报表中恰当列报或披露的事项，根据注册会计师的职业判断，该事项对财务报表使用者理解财务报表至关重要。

增加强调事项段是为了提醒财务报表使用者关注某些事项，并不影响注册会计师的审计意见。当存在可能导致对持续经营能力产生重大疑虑的事项或情况，或存在可能对财务报表产生重大影响的不确定事项，但不影响已发表的审计意见时，审计人员应当在审计意见段之后增加强调事项段对此予以强调。

【例13-4】　带强调事项段的无保留意见的审计报告。

审计报告

天津滨海机械股份有限公司全体股东：

我们审计了后附的天津滨海机械股份有限公司（以下简称滨海机械）的财务报表，包括2016年12月31日的资产负债表，2016年年度的利润表、现金流量表和所有者权益变动表以及财务报表附注。

（一）管理层对财务报表的责任

编制和公允列报财务报表是滨海机械管理层的责任。这种责任包括：①按照企业会计准则的规定编制财务报表，并使其实现公允反映。②设计、执行和维护必要的内部控制，以使财务报表不存在由于舞弊或错误导致的重大错误。

（二）注册会计师的责任

我们的责任是在执行审计工作的基础上对财务报表发表审计意见，我们按照中国注册会计师审计准则的规定执行了审计工作，中国注册会计师审计准则要求我们遵守职业道德守则，计划和执行审计工作，以对财务报表是否不存在重大错误获取合理保证。

审计工作涉及实施审计程序，以获取有关财务报表金额和披露的审计证据，选择的审计证据取决于注册会计师的判断。包括对由于舞弊或错误导致的财务报表重大错报的评估。在进行风险评估时，注册会计师考虑与财务报表编制和公允列报相关的内部控制，以设计恰当的审计程序，但目的并非对内部控制的有效性发表意见。审计工作还包括评价管理层选用会计政策的恰当性和做出会计估计的合理性，以及评价财务报表的总体列报。

我们相信，我们获取的审计证据是充分的、适当的，为发表审计意见提供了基础。

（三）审计意见

我们认为，天津滨海机械股份有限公司财务报表在所有重大方面按照企业会计准则的规定编制，公允反映了天津滨海机械股份有限公司 2016 年 12 月 31 日的财务状况以及 2016 年年度的经营成果和现金流量。

（四）强调事项

我们提醒财务报表使用者关注，如财务报表附注×所述，滨海机械在 2016 年发生亏损×万元，在 2016 年 12 月 31 日，流动负债高于资产总额×万元。滨海机械已在财务报表附注×充分披露了拟采取的改善措施，但其持续经营能力仍然存在重大不确定性。本段内容不影响已发表的审计意见。

北京网中会计师事务所　　　　　　　　　　中国注册会计师：王一梅

　　（盖章）　　　　　　　　　　　　　　　　　（签名及盖章）

　　　　　　　　　　　　　　　　　　　　　中国注册会计师：薛林丽

　　　　　　　　　　　　　　　　　　　　　　（签名及盖章）

中国·北京　　　　　　　　　　　　　　　2017 年 02 月 01 日

参 考 文 献

[1] 中国注册会计师协会. 审计［M］. 北京：经济科学出版社，2015.

[2] 中国注册会计师执业准则研究组. 注册会计师手册（上、下册）［M］. 大连：大连出版社，2011.

[3] 傅丽，刘爱萍. 审计基础与实务［M］. 北京：经济科学出版社，2010.

[4] 周海彬. 审计实务［M］. 北京：高等教育出版社，2014.

[5] 刘桂春. 审计案例分析［M］. 北京：经济科学出版社，2011.

[6] 杜海霞. 审计实务［M］. 北京：机械工业出版社，2010.

[7] 汪振纲. 新编审计学［M］. 北京：北京邮电大学出版社，2012.

[8] 赵保卿. 审计学［M］. 北京：中央广播电视大学出版社，2011.

[9] 李晓慧. 审计学实务与案例［M］. 3版. 北京：中国人民大学出版社，2014.

[10] 袁小勇，陈郡. 审计学［M］. 2版. 北京：首都经济贸易大学出版社，2012.